编委会

普通高等学校“十四五”规划旅游管理类精品教材
教育部旅游管理专业本科综合改革试点项目配套规划教材

普通高等学校“十四五”规划旅游管理类精品教材
教育部旅游管理专业本科综合改革试点项目配套规划教材

总主编◎马　勇

酒店管理概论

（第二版）

Fundamentals of Hotel Management（Second Edition）

主　编◎魏　卫
副主编◎王晓宇　周　霄　李沐纯　邓念梅
罗　伟　张红喜　杨　结

華中科技大學出版社
http://press.hust.edu.cn
中国·武汉

内 容 提 要

“酒店管理”是教育部旅游管理类本科专业的核心课程之一，本书系统阐述了酒店管理理论、实践发展及其前沿趋势，引导学生学习、掌握如何观察酒店业的现象，如何思辨，如何解决问题的途径和方法。

全书共分为十二章，包括酒店管理概述、酒店战略与组织管理、酒店业务运营管理、酒店服务质量管理、酒店营销管理、酒店品牌管理、酒店人力资源管理、酒店企业财务与收益管理、酒店设备物资管理，以及酒店投资规划管理、酒店安全危机管理和中外酒店集团化管理。本书为学生提供了丰富的知识活页、知识关联、经典案例、思考与练习等，不仅适合旅游高等院校、旅游研究机构、高等职业教育、自学考试人员等作为教材，也可作为旅游企业及相关从业人员的参考书。

图书在版编目(CIP)数据

酒店管理概论/魏卫主编．—2版．—武汉：华中科技大学出版社，2024.1(2025.8 重印)
ISBN 978-7-5772-0503-8

Ⅰ.①酒…　Ⅱ.①魏…　Ⅲ.①饭店-商业企业管理-高等学校-教材　Ⅳ.①F719.2

中国国家版本馆 CIP 数据核字(2024)第 011855 号

酒店管理概论(第二版)　　　　魏　卫　主编
Jiudian Guanli Gailun(Di-er Ban)

总 策 划：李　欢
策划编辑：李　欢　王　乾
责任编辑：张　琳　王梦嫣
封面设计：原色设计
责任校对：刘　竣
责任监印：周治超
出版发行：华中科技大学出版社(中国·武汉)　　电话：(027)81321913
　　　　　武汉市东湖新技术开发区华工科技园　　邮编：430223
录　　排：华中科技大学惠友文印中心
印　　刷：武汉科源印刷设计有限公司
开　　本：787mm×1092mm　1/16
印　　张：19.25
字　　数：448 千字
版　　次：2025 年 8 月第 2 版第 4 次印刷
定　　价：59.80 元

本书若有印装质量问题，请向出版社营销中心调换
全国免费服务热线：400-6679-118　竭诚为您服务

总序

Introduction

习近平总书记在党的二十大报告中深刻指出，要实施科教兴国战略，强化现代化建设人才支撑。要坚持教育优先发展、科技自立自强、人才引领驱动，开辟发展新领域新赛道，不断塑造发展新动能新优势。这为高等教育在中国式现代化进程中实现新的跨越指明了时代坐标和历史航向。

同时，我国的旅游业在疫情后全面复苏并再次迎来蓬勃发展高潮，客观上对现代化高质量旅游人才提出了更大的需求。因此，出版一套融入党的二十大精神、把握数字化时代新趋势的高水准教材成为我国旅游高等教育和人才培养的迫切需要。

基于此，在教育部高等学校旅游管理类专业教学指导委员会的大力支持和指导下，教育部直属的全国重点大学出版社——华中科技大学出版社，在党的二十大精神的指引下，主动创新出版理念和方式方法，汇聚一大批国内高水平旅游院校的国家教学名师、资深教授及中青年旅游学科带头人，在已成功组编出版的“普通高等院校旅游管理专业类‘十三五’规划教材”基础之上，进行升级，编撰出版“普通高等学校‘十四五’规划旅游管理类精品教材”。本套教材具有以下特点：

一、深刻融入党的二十大报告精神，落实立德树人根本任务

党的二十大报告中强调：“坚持和加强党的全面领导。”党的领导是我国高等教育最鲜明的特征，是新时代中国特色社会主义教育事业高质量发展的根本保证。因此，本套教材在编写过程中注重提高政治站位，全面贯彻党的教育方针，融入课程思政，融入中华优秀传统文化和现代化发展新成就，将正确政治方向和价值导向作为本套教材的顶层设计并贯彻到具体章节和教学资源中，不仅仅培养学生的专业素养，更注重引导学生坚定理想信念、厚植爱国情怀、加强品德修养，以期落实“立德树人”这一教育的根本任务。

二、基于新国标下精品教材沉淀改版，权威性与时新性兼具

在教育部2018年发布《普通高等学校本科专业类教学质量国家标准》后，华中科技大学出版社特邀教育部高等学校旅游管理类专业教学指导委员会副主任、国家“万人计划”教学名师马勇教授担任总主编，同时邀请了全国近百所高校的知名教授、博导、学科带头人和一线骨干教师，以及旅游行业专家、海外专业师资联合编撰了“普通高等院校旅游管理专业类‘十三五’规划教材”。该套教材紧扣新国标要点，融合数字科技新技术，配套立体化教学资源，于新国标颁布后在全国率先出版，被全国数百所高等学校选用后获得良好反响。其中《旅游规划与开发》《酒店管理概论》《酒店督导管理》等教材已成为教育部授予的首批国家级一流本科课程的配套教材，《节事活动策划与管理》等教材获得省级教学类奖项。

此外，编委会积极研判"双万计划"对旅游管理类专业课程的建设要求，对标国家级一流本科课程，积极收集各院校的一线教学反馈，在此基础上对"十三五"规划系列教材进行更新升级，最终形成"普通高等学校'十四五'规划旅游管理类精品教材"。

三、全面配套教学资源，打造立体化互动教材

华中科技大学出版社为本套教材建设了内容全面的线上教材课程资源服务平台：在横向资源配套上，提供全系列教学计划书、教学课件、习题库、案例库、参考答案、教学视频等配套教学资源；在纵向资源开发上，构建了覆盖课程开发、习题管理、学生评论、班级管理等集开发、使用、管理、评价于一体的教学生态链，打造了线上线下、课内课外的新形态立体化互动教材。

在旅游教育发展的新时代，主编出版一套高质量规划教材是一项重要的教学出版工程，更是一份重要的责任。本套教材在组织策划及编写出版过程中，得到了全国广大院校旅游管理类专家教授、企业精英，以及华中科技大学出版社的大力支持，在此一并致谢！衷心希望本套教材能够为全国高等院校的旅游学界、业界和对旅游知识充满渴望的社会大众带来真正的精神和知识营养，为我国旅游教育教材建设贡献力量。也希望并诚挚邀请更多高等院校旅游管理专业的学者加入我们的编者和读者队伍，为我们共同的事业——我国高等旅游教育高质量发展——而奋斗！

总主编

2023 年 7 月

前言

Preface

近十多年来，中国酒店集团在世界的排名大幅度提升，中国酒店业无论是规模还是品牌影响力方面，在国际上的竞争力显著增强。酒店业是讲好中国故事、传播中国声音的窗口行业，同时，也是科技、业态、人才创新应用的服务业。根据教育部颁布的《旅游管理类教学质量国家标准》，“酒店管理概论”是酒店管理专业核心课程之一。华中科技大学出版社出版的《酒店管理概论》自 2019 年出版以来，受到广大师生的好评，销售量稳居出版社教材类前十名。2019 年以来，酒店行业发生了很多新的变化，为了更加适应行业的发展和教学的需求，我们启动了《酒店管理概论》的改版工作。《酒店管理概论（第二版）》具有以下特点。

第一，教材深入贯彻党的二十大精神，探索融入课程思政新元素。根据党的二十大精神，结合酒店管理专业要求，我们在每一章节增加了德育目标，结合各章节内容具体应用，如反映文化自信、人才战略、工匠精神等在中国酒店业的体现，并分享由学生创作的课程思政教学成果之一——“寻踪中国文化，讲好酒店（美食）故事”（第 11 页，二维码视频），该案例在全国教学研讨会上获得师生们的一致好评。

第二，教材内容具有系统性、前瞻性和补缺性的特点。《酒店管理概论（第二版）》在对酒店管理理论知识体系的系统编写的基础上，增加了酒店发展前沿问题探索，教材案例全部更新为 2020 年以来的案例，结合智慧教学需求，增加了视频、音频案例，使得教材内容更丰富、更立体。同时，教材中还补充了一般酒店管理概论教材很少涉及但又实用的知识，如酒店设备物资管理、酒店企业财务与收益管理、酒店筹建与开业管理等内容。

第三，教材具有可读性强、启发性强、实用性强的特点。教材框架合理、教学资源丰富，除了理论性的分析，还补充了知识活页、知识关联、经典案例等元素，并增加学习引导、学习目标、思维导图、思考与练习等，有利于激发学生的学习兴趣并增加他们的知识储备。教材全新升级了教学课件、教学大纲、教学设计、试题库、案例库等配套数字化教学资源，方便老师们教学使用。

第四，教材实现了优质资源强强联合，叠加优势显著。魏卫教授主讲的国家级一流线上课程“酒店管理原理”连续获得线上 MOOC 累计选课量、平均每学期选课量全国旅游酒店类双第一，教材销量稳居全国同类专业教材前列。同时，“酒店管理原理慕课”微信公众号的内容不断更新，实现主编与读者零距离沟通，获取酒店管理学术及行业相关的最新资讯。

第五，本教材由全国985、双一流院校华南理工大学旅游管理学科带头人，国家一流线上课程主持人魏卫教授策划并设计编写大纲。全书共分十二章：第一章和第九章、第二章和第八章由华南理工大学魏卫教授、李沐纯教授编写；第三章和第五章、第四章和第七章由武汉轻工大学罗伟副教授、周霄教授编写；第六章、第十二章由三峡大学邓念梅副教授、广东第二师范学院王晓宇博士编写；第十章、第十一章由广东第二师范学院王晓宇博士编写。广东第二师范学院王晓宇博士参加了全书部分章节资料的收集、修改和全书校对工作，贵州民族大学张红喜博士、副教授参与了书稿整理以及部分章节的修改工作，广州南沙大酒店杨结总经理提供实践案例。全书由魏卫教授统编定稿。

本书在编写过程中，参考引用了部分专家、学者的成果，并将文献目录附于书后，在此一并表示诚挚的谢意。特别感谢华中科技大学出版社王乾编辑、李欢分社长为本书的出版付出的辛勤工作。限于学识局限和时间约束，此次编写难免会有缺憾和不足，敬请各位同行与读者批评指正。

编　者

2024年1月于广州

目录

Contents

Note

Note

第一章
酒店管理概述

学习引导

尽管环境不确定性给旅游酒店业带来了前所未有的冲击，但仍然不会改变人们对美好生活的向往，酒店业将迎来更广阔的发展前景。本课程将带领大家学习酒店经营管理的相关理论，解析实践案例，探索酒店经营创新。本章通过学习酒店业的发展历史、酒店管理的基本概念与内涵、酒店业的特征，使学生掌握现代酒店业的分类标准、新兴的酒店业态及发展特征。了解酒店的分类与等级划分既能帮助消费者更好地选择酒店，也有利于学习研究者分析酒店经营服务产品。

学习目标

知识目标：了解世界酒店的发展历程、酒店与酒店管理概念、酒店分类标准。

能力目标：具备分析酒店经营特征，把握酒店业态发展规律的能力。

德育目标：通过学习中国酒店业的发展，增强中国酒店文化自信，展示中华优秀文化，增强学生的民族自豪感。

思维导图

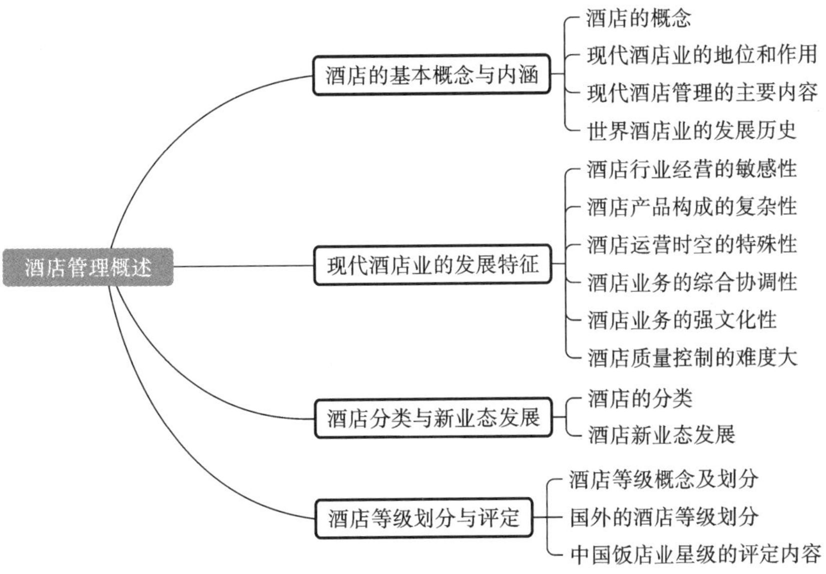

第一节　酒店的基本概念与内涵

一、酒店的概念

Hotel(酒店)一词来源于法语 Hostel，原意为法国贵族招待贵宾的乡间别墅，后来逐步演变发展至今。中华人民共和国文化和旅游部颁布的《旅游饭店星级的划分与评定》中对旅游饭店的定义是，以间(套)夜为单位出租客房，以住宿服务为主，并提供商务、会议、休闲、度假等相应服务的住宿设施，按不同习惯可能也被称为宾馆、酒店、旅馆、旅社、宾舍、度假村、俱乐部、大厦、中心等。现代酒店是度假旅游者的安适之家和休闲中心，是商务旅游者和商业集团的商务活动场所，因而常常被称为城市的“城中之城”和旅游者的“家外之家”。

国外一些权威的辞典对于酒店的定义如下。

酒店是装备完好的公共住宿设施，一般提供膳食、酒水及其他服务。——《美利坚百科全书》

酒店是在商业性的基础上向公众提供住宿，也往往提供膳食的建筑物。——《不列颠百科全书》

酒店是人们支付报酬以获取住宿和餐饮服务的建筑物。——《朗文当代高级英语辞典》

酒店是人们通常短时期内停留，并支付报酬以获取住宿和膳食的建筑物。——《牛津词典》

由此可见，酒店是为公众提供以住宿服务为主的商业性场所，根据酒店的性质和等级不同，提供住宿和其他相关产品与服务。现代酒店是指通过有形的空间、产品、设备和无形的氛围、服务等，为顾客提供一段涵盖吃、住、行、游、购、娱等方面的住宿体验与经历。现代酒店提供的产品服务日益多样化、个性化和综合化，为顾客带来全方位的住宿体验。

二、现代酒店业的地位和作用

(一) 酒店业是旅游业的重要支柱产业

酒店业是旅游业发展的物质基础，是实现旅游活动的主要条件。酒店可以为旅游者提供吃、住、行等活动场所，同时还可以提供会议、展览、社交、休闲等多种功能。现代酒店业由过去的旅游活动实现的配套设施逐步发展成旅游吸引物，吸引了一大批游客慕名前来，推动当地旅游业的发展，如迪拜帆船酒店、澳门威尼斯人酒店综合度假村等。

（二）现代酒店业助力地区经济增长

酒店业是旅游业创收创汇的主要部门，是蓬勃发展的朝阳产业之一，随着人民生活水平的提高，旅游的需求也不断提高。世界旅游业理事会（WTTC）的调查数据显示，近年来，旅游业对全球国内生产总值（GDP）的综合贡献占全球 GDP 总量的 10%，其提供的就业率同样占全球就业总量的 10%。世界旅游业理事会前总裁大卫·斯科斯尔（David Scowsill）表示：面对全球经济挑战，旅游业的增长速度超过了全球经济发展速度，旅游业成为推动经济增长和增加工作机会的源头。

中国经济的快速发展和巨大的旅游市场发展空间，吸引了众多国际著名酒店集团前来投资布局，世界知名酒店集团前十位全部在中国进行了投资，根据 2022 年中国饭店协会的统计，洲际酒店集团在中国管理的酒店数达 601 家、万豪国际酒店集团 434 家、雅高酒店集团 355 家。

（三）酒店业推动服务品牌和接待能力提升

酒店业是我国最早对外开放的行业，一大批国际知名酒店集团进入中国，带来了国际标准的酒店服务与管理，酒店品牌深入人心，如丽思卡尔顿酒店、瑞吉酒店代表着万豪国际酒店集团的高端品牌，雅乐轩、福朋喜来登则代表其中端简约品牌，酒店集团也应用品牌优势拓展其发展范围。与此同时，一大批中国酒店品牌崛起并快速发展，尤其是以经济酒店为代表的酒店品牌，如七天、如家等。目前，其所在的锦江国际集团、首旅集团已经跻身成为全球前十的酒店集团。随着酒店业的竞争与发展，酒店的服务管理水平不断提高，酒店接待服务礼仪、金钥匙服务等被广泛地应用到服务行业，促进了社会的文明交流。

（四）现代酒店业提升地区综合幸福指数

酒店业的发展在一定程度上可以反映一个国家和地区的文明程度、开放程度，也是反映人民幸福指数、社会和谐程度的标志之一，旅游、文化、体育、健康、养老被誉为五大幸福产业，在我国国民经济社会发展中的功能和作用日益凸显。

《“十四五”旅游业发展规划》中强调“以文塑旅，以旅彰文”。旅游业对于传播中国文化和现代化建设成就、培育社会主义核心价值观，提高人民生活质量具有重要作用。旅游业不仅仅是服务业，是覆盖第一、第二、第三产业的综合性产业，加快旅游业的发展，对于扩就业、增收入，推动中西部发展和贫困地区脱贫致富，促进经济平稳增长和生态环境改善意义重大。现代酒店业的发展能够反映和促进地区经济、文化、社会等多方面的发展，从而提高地区居民的综合幸福指数。

三、现代酒店管理的主要内容

（一）现代酒店管理的概念

现代酒店管理是酒店管理者在了解市场的前提下，为了有效实现酒店的既定目标，

Note

遵循一定的原则，运用各种管理方法，对酒店所拥有的有形与无形等综合资源进行决策、计划、组织、指挥、控制、协调等一系列活动的总和。

这一概念包含了五个方面的内涵，即市场导向，以及酒店管理的目标、手段、要素和职能。

(1) 市场导向：有别于过去的生产导向，客源市场有多种需求，且是不断变化的。

(2) 酒店管理的目标：要取得最佳的管理效果，包括经济效益、社会效益和生态效益，如酒店声誉、宾客评价、酒店投资效益和环境效益等。

(3) 酒店管理的手段：遵循一定的管理原则，强调把酒店管理的基础理论、原理等转化为实践的运作形式与方法。从经验管理走向科学管理，如将系统管理、决策、激励、领导等理论运用到实践中。

(4) 酒店管理的要素：酒店的人、财、物要素，有形与无形资源，如特许经营中的品牌资产等。

(5) 酒店管理的职能：职能是实现高效管理的基础，各管理职能共同发挥作用，不能错位，如计划职能应与控制职能分开，以体现监督机制等。

（二）酒店管理的主要内容

现代酒店是由多种经营业务和职能部门所组成的经济组织。酒店业务的多样性和服务的综合性，决定了酒店经营管理的复杂性。因此，一个较好的酒店经营管理者必须明确酒店经营管理的主要内容，才能抓住关键，成功地管理好酒店。根据对酒店经营管理工作的分类和概括，其经营管理的内容主要包括以下几个方面：①酒店与酒店管理；②酒店战略与组织管理；③酒店业务运营管理；④酒店服务质量管理；⑤酒店营销管理；⑥酒店品牌管理；⑦酒店人力资源管理；⑧酒店财务与收益管理；⑨酒店设备物资管理；⑩酒店投资规划管理；⑪酒店安全危机管理；⑫酒店集团化管理。

四、世界酒店业的发展历史

酒店发展史包括其硬件发展与经营管理发展的不同阶段，它主要受三个因素的影响：社会经济和生产力的发展水平、市场需求，以及酒店经营管理的发展水平。社会经济和生产力的发展水平是决定性的因素。产业革命以前，最豪华的酒店也只能用蜡烛或煤油灯照明，而现在，最普通的酒店也是用电灯照明，既明亮、方便，又清洁、美观、安全。市场需求是导向性因素。正是在现实或潜在的市场需求的引导下，酒店建筑设备与产品变得越来越舒适、方便、多功能。酒店经营管理的发展水平是保障性因素，酒店的投资、建设、经营管理等都需要靠良好的经营管理去实现。因此，世界酒店业的发展历史可以分为以下几个阶段。

（一）古代客栈时期（古罗马时期至 18 世纪初）

酒店业有着悠久的历史，西方可以追溯到古罗马时期的客栈，是为了满足人们在旅行中吃、喝、睡等基本需求而产生的。在意大利南部旅游胜地庞贝和赫库兰尼姆，还留存着几千年前的客栈遗迹，从中可以对古罗马时期客栈的面貌有一个基本了解。

古罗马时期至 18 世纪初的欧洲部分国家，当时能加入旅行行列的人主要是传教士、信徒、外交官吏及商人。其目的主要是朝圣、求学、观光、经商等。他们使用的交通方式通常是步行、骑马、驿车。满足这些人旅行生活需要的服务设施主要设在古道边、车马道路边及驿站附近。

从客栈的设施条件来看，早期的客栈、驿站等一般多独立经营、规模小、设施简陋、房租低廉、服务项目少，只提供简单的食、宿服务等，谈不上舒适，且安全、卫生条件差。甚至有些店主与盗匪勾结，劫掠旅客的财物。

中国最早的酒店形态可追溯到春秋战国之前的驿站。驿站的规模比较大，一般都有几十个房间。厩栏里养着马，供过往的信使使用，过往的旅客可以将自己携带的牲畜拴在厩栏里喂料、饮水。

（二）大酒店时期(18 世纪末至 20 世纪初)

18 世纪末，英国的产业革命为现代旅游的发展注入了“兴奋剂”，科技的发展、机器的使用引起了交通工具的革命，轮船、火车先后被发明和使用，比起以前的马车，既舒适又快捷。此后一家家旅馆拔地而起，而当时能够四处游历的主要是王公贵族、豪门巨富与社会名流，大酒店(Grand Hotel)便在这种背景下应运而生，旅馆规模仍不大，但设施豪华，价格昂贵，讲求一定服务礼节，服务较正规。大酒店时期代表性的饭店(酒店)有波士顿的特里蒙特饭店(Tremont House)、伦敦萨伏伊酒店(Savoy Hotel)、巴黎里兹饭店(Ritz Hotel)等。

知识关联

恺撒·里兹(Cesar Ritz)

大酒店时期的代表人物是恺撒·里兹(Cesar Ritz)，他提出“客人永远是对的”的理念，定义了欧洲以及后来影响全球的顶级、奢华酒店的管理思想，创立了丽思卡尔顿酒店。同时，以他名字命名的瑞士恺撒里兹酒店管理大学，颇具影响力，成为培养世界酒店职业经理人的摇篮。图 1-1 为恺撒·里兹。

图 1-1 恺撒·里兹

我国近代酒店阶段是从 19 世纪末 20 世纪初到 1949 年中华人民共和国成立。鸦片战争后，随着帝国主义列强的侵略，大批外国的资本家、冒险家、商人、传教士和军人进入我国。为了满足来华外国人的需要，西方各国在我国各大城市，特别是沿海城市建立了酒店，如当时北京的六国饭店、天津的利顺德大饭店等。

（三）商业酒店时期(19 世纪末至 20 世纪 50 年代)

商业酒店时期是从 19 世纪末到 20 世纪 50 年代。随着西方资本主义经济迅速发展，交通运输工具不断更新，商务活动在世界范围内频繁起来，商务、游览旅游者日益增多。以前设施简陋、偏远的小客栈，或者豪华昂贵的大酒店都无法满足商业旅行的需求，于是商业酒店(Business Hotel)应运而生。

20世纪初，商业旅馆首先在美国出现。1907年，美国人斯塔特勒(Statle)在布法罗城建成了一家以他自己名字命名的旅馆，其特点是专为旅行者设计，并按统一标准来管理他的饭店，300间客房每套都配有浴室，每间房有电话、收音机、梳妆台、防火安全门等，提供洗衣熨衣服务、免费报纸，供应可口的饭菜，一天只收费1.5美元，房价公开，明码标价。由于设备舒适、服务周到、价格低廉，并为旅行者提供了良好的住宿条件，旅馆一经建成就受到广泛欢迎，名声大振。

商业酒店时期的另一位代表人物是享誉世界的希尔顿酒店集团创始人康纳德·希尔顿(Conrad N. Hilton)。他倡导酒店提供全面服务，将酒店的经营范围大幅扩大；运用心理学原理为顾客提供优质服务，提出了"微笑服务"原则；以开发进取的精神发展酒店连锁经营，创造了希尔顿酒店集团，并于1954年收购了斯塔特勒的酒店公司。

该时期，接待客人为公务旅行者，交通工具有了汽车、飞机、火车等，所在地点为城市中心及公路沿线，服务特点为设施方便、舒适、清洁、安全，服务项目健全但较简单，经营方向开始以顾客为中心，价格合理、公道。

值得一提的是，在此阶段，汽车旅馆随着汽车工业的发展而兴起。早期的汽车饭店(Motel)较简陋，仅有些简单房及帐篷，客人自带行李，但到后期汽车饭店逐渐向高级化、集团化发展。

商业酒店时期酒店的主要特点是酒店企业规模较大、面向普通大众(主要是商业旅行者)，采用科学的管理方法降低企业管理费用，为顾客提供高质量的廉价服务。

知识关联

康纳德·希尔顿

图1-2 希尔顿酒店集团创始人康纳德·希尔顿

康纳德·希尔顿(见图1-2)，美国旅馆业巨头、酒店大亨，1887年出生于美国新墨西哥州。

1907年，正当美国发生经济大恐慌的那年圣诞节，年仅20岁的希尔顿在美国新墨西哥州圣-安东尼奥镇堆满杂货的土坯房里开办了家庭式旅馆，以维持生计并庆祝自己的生日。他许下愿望："我要集资100万美元，盖一座以我的名字命名的新旅馆。"又指着报纸上一大堆地名说，"我要在这些地方都建起旅馆，一年开一家"。

1919年希尔顿在得克萨斯州创建了他的第一家旅馆，而第一家以Hilton命名的酒店于1925年建成于达拉斯。1928年，在康纳德·希尔顿41岁生日这天，他所有的梦想都一一实现，在阿比林、韦科、马林、普莱恩维尤、圣安吉洛和拉伯克等地相继建起了希尔顿饭店。

其后希尔顿的酒店事业不断发展，到 1943 年，希尔顿建立了首家联系东西海岸的酒店连锁集团，特别集中款待商务旅客。此外，他还收购了不少豪华的旅馆，包括旧金山的弗朗西斯·德雷克爵士酒店、纽约的华尔道夫酒店，以及芝加哥帕尔默酒店。希尔顿酒店集团跨出美国，向全世界拓展。

康纳德·希尔顿于 1979 年去世，在世时他创立了慈善机构希尔顿基金会和休斯敦大学的康纳德希尔顿饭店与餐饮管理学系，于 1957 年出版了自传《宾至如归》。

至 2023 年，希尔顿酒店集团旗下拥有 18 个酒店品牌，在全球 122 个国家拥有 7200 多家酒店，共设有 110 多万间客房，为来自世界各地的顾客提供卓越的酒店服务。

（资料来源：经网上相关资料整理获得）

随着西方商业饭店的发展，外国资本在旧中国的租界地及其势力范围内，兴建了多家饭店。这些饭店习惯上被称作西式饭店，与当时中国旧式饭店相比，其建筑规模宏大，皆为三层以上的洋楼，楼顶多辟有花园，内部设有酒吧间、舞池、球房、理发室、会客室和商品部等。中国的民族资本家也相继兴建了一大批具有中西结合风格的饭店。这些饭店均为楼房，建筑风格富有西方特色，餐厅不仅供应中餐，还供应西餐，如上海和平饭店等。

（四）现代酒店时期(20 世纪 50 年代至今)

现代酒店时期是从 20 世纪 50 年代至今。第二次世界大战结束之后，随着世界经济的复苏，以及交通的日益便捷，旅游活动重新繁荣起来，呈现出大众化、普及化、国际化的趋势。酒店的接待对象已不再局限于商业旅行者，日益增长的游客群体成为酒店的一大客源市场。越来越多的满足不同市场需求的酒店开始出现，会议酒店、度假酒店、经济型酒店、精品酒店、客栈民宿、分时度假、共享住宿等酒店类型不断兴起，酒店朝着多元化的方向不断发展。同时酒店资本迅速积累，出现了许多国际酒店集团，又称国际酒店联号，其成立是通过公司所有制或出售特许经营权实现的，酒店集团的出现使世界酒店业发生了巨大的变化。

同一个酒店集团的成员不但使用统一的名称、标志、管理方法和服务程序，更通过电脑预订垄断客流市场和价格。如今，世界各个酒店集团控制了世界 60%以上的酒店，如国际知名的洲际、万豪、希尔顿、凯悦、温德姆、雅高等酒店集团发展规模不断扩大，酒店之间的兼并收购也频频出现。2016 年万豪收购喜达屋，这是近年来酒店行业较大的一次收购案，对国际酒店市场产生了巨大的影响。

现代酒店时期酒店的主要特点是市场竞争激烈，接待对象大众化，经营规模扩大化，类型多样化，服务综合化，管理日趋科学化和现代化，管理理论不断发展成熟。

中国现代酒店阶段是从 1978 年对外开放至今，经历 40 余年的发展，我国现代酒店业无论是从酒店数量、酒店规模、行业结构，还是从管理理念、管理规范和管理水平都有了质的飞跃。其中具有代表性的是北京建国饭店，它是中国第一家合资酒店，也是北京商务中心区(CBD)唯一的花园式酒店。广州白天鹅宾馆是改革开放后第一家引进境外资金投资建设的酒店，也是中国改革开放以来第一家挂牌的五星级酒店。

我国现代酒店的投资形式多样化，从由国家投资的方式，转变为由国家、集体、个体和外商等多主体并存的投资形式。这使得我国酒店行业规模迅速扩大，以适应不断增长的市场需求。据统计，2021 年全国共有星级酒店 7676 家，各类住宿设施超过 70 万家。

国际酒店集团在华发展迅猛。近年来，国际酒店集团纷纷入驻中国，在各大城市不断扩张酒店数量。国际前十的高端酒店集团品牌全部进入中国，如万豪、希尔顿、洲际等，同时一批中端酒店品牌也将投资的重点转到中国，国际酒店集团也带来了先进的酒店管理团队和管理理念，推动着国内酒店的发展。同时，国内经济型酒店异军突起，取得了令人刮目相看的成绩。

2022 年餐饮住宿行业十大热点

第二节　现代酒店业的发展特征

酒店作为一个企业，具有一般企业的特征，如盈利性，利用其内外部资源向消费者提供商品和服务等，同时，酒店业又具有自身特点，主要表现在以下几个方面。

一、酒店行业经营的敏感性

酒店业经营的敏感性是指一个国家和地区的酒店业与经济、政治、政策形势密切相关，随着这些因素的波动及时变化。

酒店行业经营容易受到所在地的经济波动、政策变化等外部环境的影响，从图 1-3 全国星级酒店利润分布图中可以看到 1990—2021 年全国星级酒店利润走势的情况。1998—2000 年经历了亚洲金融危机，导致 1999 年出现亏损低谷；2009 年受全球金融危机影响，星级酒店业绩出现亏损；之后酒店利润随着经济的复苏强势反弹，2011 年，全国星级酒店利润达到峰值，为 61.43 亿元，也反映酒店消费的刚性加强，此后随着五星级酒店日益增多，星级以上酒店的总利润未见好转，反而恶化至亏损；2013 年星级酒店亏损 20.88 亿元，成为近 10 年来除 2009 年外的首次行业亏损，2014 年利润率继续大幅下降，创十年来最低；2015 年星级酒店亏损有所缓和，从 2016 年起盈利出现高速增长，并于 2018 年达到 78.24 亿元的历史最高峰值；2019 年下半年酒店行业进入寒冬，而后持续几年的疫情则让酒店业跌入冰点，2021 年亏损额甚至达到 118.44 亿元，是近三十年内全国星级酒店亏损最严重的时期。

2013—2014 年酒店业经营的大幅度亏损，给酒店业从业者以深刻的反思，对中国酒店业发展具有里程碑意义。大幅度亏损主要源于两大因素：一是酒店行业风云突变、需求骤减，酒店业从消费结构到市场结构均发生了深刻变化；二是移动互联网的迅猛发展，冲击了商业、酒店业等传统行业，一大批“互联网＋住宿”的产品，如民宿、短租、主题酒店等加入酒店市场同台竞争。这两大因素对酒店业的冲击发生在同一时期有一定的偶然性，但它们并不孤立，且相互作用，因而对中国酒店业产生重大而深远的影响，同时，也为酒店业的转型升级发展带来新的机遇。

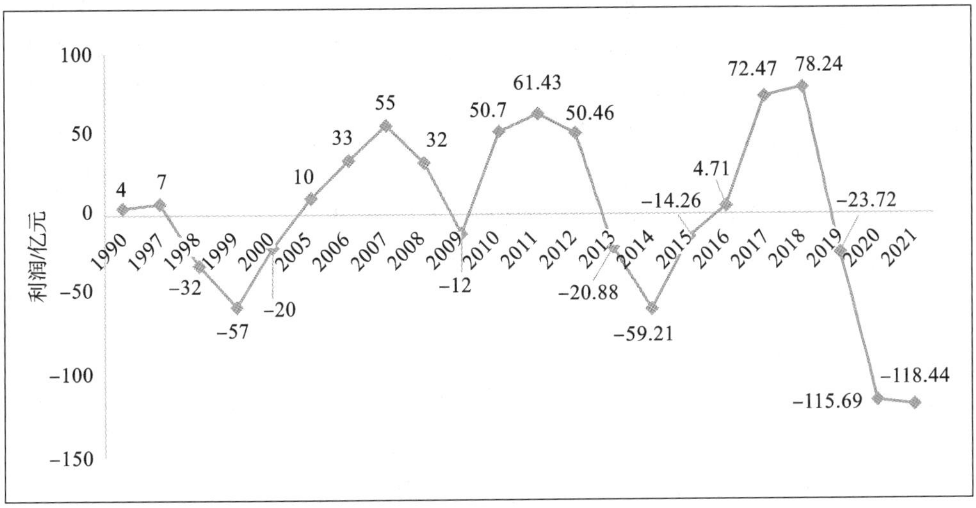

图 1-3　全国星级酒店利润分布图

2020—2021 年疫情的暴发是对中国酒店业的严峻考验，深刻体现了酒店业的敏感性，具体表现在以下方面：一是国内旅游业几乎进入停滞状态，入境游政策收紧，连带影响到酒店市场的盈利能力；二是为了配合防控防疫规定，人们多采取居家休闲和办公的方式，出行意愿大大降低，减少了外出酒店消费的需求。

二、酒店产品构成的复杂性

酒店产品包含多个要素，从第一个层次而言，酒店产品是由有形产品和无形产品构成，包括酒店设施设备、客房、餐饮等有形产品，以及服务、劳务等无形产品，这是最基本的对于酒店产品构成的划分。

从第二个层次而言，酒店产品是由酒店的三个使用价值构成，即实物产品的使用价值（餐饮产品）、各种设备设施的使用价值（包括空间的使用价值等），以及服务劳务的使用价值，酒店为顾客提供产品是在为顾客提供产品的使用价值。

从第三个层次而言，酒店产品构成是客人的一段住宿经历，是一个组合产品，包括有形的物质产品部分，如食品饮料；感观感受部分，如视觉、听觉、触觉、嗅觉感受，分为有形和无形两类；无形的心理感受部分，即客人所得到的尊重感、地位感、舒适度、满意度等，通过酒店综合营造的服务环节体现。组合产品的每一部分都要令客人满意，才能使客人的住宿经历精彩难忘，才能不断培养忠诚顾客。

三、酒店运营时空的特殊性

酒店运营时空的特殊性主要体现在三个方面。

（1）空间的不可移动性与多功能性共存。酒店的经营存在空间上的不可移动性，酒店的客房、服务设施等都只能在酒店范围内使用，为来店的客人服务。酒店可以提供多种产品，如酒店的多功能厅兼具宴会厅、展示厅、会议厅等功能，为顾客提供多元化的产品服务。

（2）时间的不可储存性。酒店的产品和服务不同于一般的实物产品，在时间上无法储存，酒店员工所提供的服务、酒店的客房、酒店的会议室等，一旦产生空置，其当下的价值将永远消逝，从而影响酒店的收益管理，所以酒店都致力于减少空置率，提高入住率。

（3）时空组合价值的差异性。同样的空间在不同的时间其价值存在差异，如淡旺季的差别等。将不同的时间和空间进行一定的组合，可以产生不同的效果，酒店经营者可以针对不同的时间制定不同的产品营销策略，比如在淡季更多地举办会议，从而拉动酒店综合消费，在旺季适当提高客房价格，从而提高客房盈利水平等。

四、酒店业务的综合协调性

酒店业务涉及多个方面，需要各部门的协调合作，才能更好地为顾客提供服务，比如销售部联系了会议和客人入住，房务部需要及时跟进会议和住宿安排。

各部门需要具备以下几种意识：首先，各部门需要具备整体意识，即整体大于部门，整体的利益高于部门的利益，有时候为了整体利益甚至要牺牲部门利益。如接待一个会议团的客人，在其总费用中包含房费、餐费，可能会减免其会议室相关费用等；对于提供会务服务的部门就需要有总体利益观念，同时酒店的绩效考核也应该从各部门的实际贡献来分配利益。其次，各部门需要具备补台意识，当一个部门因服务受到顾客的抱怨或投诉时，其他相关部门应该积极配合，在其他消费环节让客人满意，完成补台。最后，各部门还需要具备服务意识，上级支持服务下级，职能部门服务一线营运部门，这样才能提高工作效率，更好地服务客人。

五、酒店业务的强文化性

酒店业务的强文化性表现在两个方面：其一是地域文化，不同的地区有不同的文化。例如，陕北一带有窑洞宾馆，九寨沟国际大酒店体现了藏族特色，而城市中心的酒店多是高楼大厦等，如新加坡滨海湾金沙酒店、三亚美丽之冠酒店等。其二还体现在主题文化方面，包括主题饭店、主题餐厅、经营特色等，各种主题酒店风格各异。锦江国际是目前国内规模最大，国际排名第二大的酒店集团。锦江饭店由中国近代企业家、女权运动的先驱董竹君女士于 1951 年创办[①]。锦江饭店开张后成为接待中央首长和外宾的国宾馆。历史上，这里曾接待过尼克松、里根、撒切尔夫人等外国元首，我国国家领导人也曾在此住过。

锦江国际秉承创业之初的高品质产品、幽雅环境与温馨服务的企业文化，关注到疫情后高品质、个性化酒店需求成为新趋势，国潮、运动健康、度假休闲市场迎来潜在机会，通过锦江全球创新中心（GIC）孵化出一系列满足未来新消费的酒店创新品牌。比如，2020 年入市的“原拓”，是本土市场第一家围绕“国潮”概念打造的酒店品牌；名字很运动的“缤跃”，是第一家 360 度围绕健康活力生活方式的酒店；还有以东方禅意文化为主题的高端品牌“暻阁”、中高端国风城市度假品牌“云居”、旅游景区度假品牌“欧暇·地中海”等，产品组合与文化内涵不断丰富。

---

① 资料来源：21 世纪经济报道，2022-12-13。

Note

经典案例

课程思政教师怎么讲，学生如何学，效果又如何？华南理工大学《酒店管理原理》国家级一流本科课程教学团队，探索了一条课程思政与专业课程在知识内容上同向同行，在教学方法上如盐入水，在学生参与中有趣有料的教学改革，践行党的二十大提出的全面贯彻党的教育方针，落实立德树人根本任务。学生在教师指导下完成的“寻踪中国文化，讲好酒店（美食）故事”优秀作品，在全国教学研讨会上获得老师学生们的广泛好评。

文化主题旅游饭店基本要求与评价

寻踪中国文化，讲好酒店（美食）故事

六、酒店质量控制的难度大

（一）服务流程的分散性

酒店服务流程分散在多个部门，虽然有先进的设施设备可以供客人使用，但服务人员是通过一对一的方式提供服务，酒店服务受酒店提供产品的特性所限，不像实物产品生产企业可以进行规模化大生产。

酒店客人的需求及消费随机性很强，客人在酒店的活动轨迹是不固定的，因而酒店生产流程显现出非线性特点，每一个服务岗位和环节都是酒店产品的一道生产工序，但各工序之间的上下关系却很难固定，一个点出现问题，就意味着整个产品存在缺陷。因此，酒店生产流程的管理是散点式进行的，人的独立作业有别于机器化生产，质量难以控制，这一特点决定了酒店管理必须注重目标管理，使各个岗位明确工作方向和预期目标，管理是否成功，只能以完成目标的程度来衡量。

（二）管理对象的复杂性

在管理活动中，人的管理是最复杂的管理，一般企业人的管理只是针对员工而言，但酒店业是人的行业，对人的管理既包括对员工又包括对宾客的管理，二者必须同时兼顾。

服务人员既是酒店产品的生产者，又是酒店产品的组成元素，其形象、素质、气质都构成宾客对酒店产品的印象，是酒店产品不可或缺的一部分。每个员工的性格、志趣、知识结构、成长背景、工作能力、综合素质、追求目标都存在很大的差异，这种差异增加了员工统一管理的难度，管理的成功往往在于管理者能否激发和鼓励下属人员，员工工作的灵活性大，可安排员工提供针对性服务，以提高服务质量。此外，客人也具有很大的差异性，年龄、性格、兴趣、偏好、民族、习惯、出行目的都不尽相同，这些差异增加了服务的难度。酒店质量标准难以把控，客人主观感受也会影响酒店服务的质量，酒店管理的规范性要求与客人的个性化需求之间存在许多矛盾。因此，要求酒店员工在为客人提供标准化服务的基础上，能够为客人提供一定的定制化、个性化服务，以更好地满足客人的需求。

Note

第三节 酒店分类与新业态发展

一、酒店的分类

酒店的业态类型日益丰富，一方面是因为顾客消费选择的需要不断增加，另一方面是因为根据酒店经营管理的需要，要制定不同类型的营销策略。业态类型、建设标准、经营服务方式有所差别，顾客需求也会存在差异。

通常酒店主要业态类型有以下四类划分方式。

（一）根据酒店性质划分

在激烈的市场竞争中，越来越多的酒店对市场进行细分，争取在“小市场中求大份额”。因此，在划分大类的基础上，会继续划分细类，使酒店找准市场定位，从而在市场竞争中取得更多主动权。按性质，可以将酒店分为以下类型。

1. 商务类酒店

商务类酒店包括商务型和商住型酒店。商务型酒店的主要目标群体为商务旅客，以短期入住为主，1—3 天居多，多位于城区，临近商业中心，交通便利。商务型酒店档次多样，既包括豪华奢侈的高档商务型酒店，也包括平价实惠的经济型酒店，满足不同层次的商旅顾客的需求。高档的商务型酒店要求内外装饰豪华，各项功能完备，须具备高水平的餐饮、客房、娱乐设施，设备齐全，为顾客提供国际电话、打印、传真等服务及商务中心、会议室等商务设施，以满足顾客的办公需求。经济型酒店可以满足一般商务需求，拥有干净整洁的客房、便利的交通等。而商住型酒店主要满足较长时间商务需要，如签订一个月以上的住宿合同，也称为长包房客人，如某公司为异地办公员工提供的酒店住宿，有些是商务办公和住宿都在酒店里，因住宿期较长，通常酒店可以给这类客人提供房费折扣优惠，同时也可以简化服务流程，降低客人总费用。

2. 会议类酒店

会议类酒店的主要目标群体为会议团体。会议类酒店包括会议型和会展型酒店。此类酒店宾客的平均消费水平一般高于旅游度假客人，多位于大城市和经济、政治中心，交通便利；也有部分此类酒店与度假结合，位于风景区。国际会展业主要分为会议、奖励旅游、大型企业会议、活动展览及节事活动四大类，会议型酒店除了拥有酒店基础的住宿和餐饮设施以外，还必须具备足够数量的会议室和会议厅，并且配备会议设备，如先进的通信、视听设备等，接待国际会议的酒店还要求具备同声传译设备。会展型酒店要求配备不同类型展览厅或多功能厅，提供会议与展览相关服务产品。会议类酒店一般会有专门的部门负责协调组织和跟进会议的各项事务，包括跟进会议的整个流程，提供会场布置、参会人员接待、会议纪念品、食宿安排、接送机等服务。

3. 观光类酒店

观光类酒店包括观光型和过境型酒店。观光类酒店的主要目标群体为观光游客，

Note

多位于风景名胜区附近或沿线，交通比较便利。观光型酒店需要具备基础的住宿和餐饮设施，且根据酒店档次的不同，提供不同标准的服务，一般会提供行李寄存、旅游咨询、导游讲解等服务。有些过境型酒店与观光型类似，为旅游者提供配套的旅游服务设施。过境型酒店时间性更强，如有些酒店位于去往风景区的中间位置，一般以提供中餐服务为主，或者有些是以过夜服务为主。这类酒店因自身或周边没有太多特色，难以吸引游客久留，需要拓展其产品和服务。

4. 休闲类酒店

休闲类酒店包括娱乐型和休闲型酒店。休闲类酒店的主要目标群体为休闲者，多位于环境宁静、交通便利的地点。休闲类酒店对于提供的服务项目和设施设备的舒适程度有一定的标准，需要为顾客提供按摩、茶室、桑拿、温泉等服务和设施；有些与体育健身结合，满足客人健身娱乐的需要，同时提供配套的餐饮和舒适的客房设施。休闲类酒店吸引的一般为较近距离的顾客，在酒店的停留时间较短。

5. 度假类酒店

度假类酒店包括度假型和休养型酒店。度假型酒店的主要目标群体为度假的游客，多位于风景优美的海滨、山区、温泉、草原、森林等地，为宾客提供多种多样的游乐项目，包括划船、钓鱼、冲浪、潜水、登山、骑马、温泉、高尔夫等。度假型酒店与观光型酒店的不同之处在于，度假型酒店通常是游客的目的地，而观光型酒店则是客人旅游的辅助设施，所以度假客人在酒店停留时间较长，在酒店消费的项目较多。因此，度假型酒店需要不断开发新的游乐项目，提高服务质量，延长客人在酒店的停留时间，吸引客人更多地在酒店消费，从而提高酒店的收益。休养型酒店则是以休养、疗养为主的酒店。我国的风景名胜区附近曾经建设过不少休养型酒店。

6. 疗养类酒店

疗养类酒店包括医疗型和康体型酒店。疗养类酒店的主要目标群体为康体、疗养型游客，其在酒店停留时间较长，酒店多位于风景优美、气候舒适的地区。疗养类酒店与上述休养型酒店的不同之处在于，其针对的客人多是亚健康客人，这类客人平时工作较忙，忽视了健康，但又不喜欢医院病人较多的环境，如果酒店能够提供一些健康体检，以及相应的疗养、辅助治疗、康复方式，会受到客人的青睐。这类酒店需要为客人提供医疗健康保障服务，酒店员工需要具备一定的医疗知识，同时需要配备一定的专业人员，能够为客人提供及时、高效的医疗服务。酒店需要配备专业的医疗设备，客房也需有一些基础的医疗设备。

7. 主题类酒店

主题类酒店包括主题型和特色型酒店。主题类酒店的主要目标群体为相应主题的爱好者。主题类酒店通常是以某一特定的主题来体现整个酒店的建筑设计、内外装饰、文化氛围等，为顾客提供个性化的、富有特色的住宿体验。现有的主题酒店类型多样，包括历史、文化、音乐、卡通、性别等主题。主题型酒店要围绕某一主题综合打造，而特色型酒店一般可以是局部的、单一要素的。主题类酒店对于酒店的装饰设计、服务设施等要求较高，需要在满足顾客实际使用需求的基础上体现酒店的主题文化，为顾客带来富有创意的主题文化体验。

现阶段，主题类酒店发展态势良好，越来越多的主题文化被挖掘并赋予了新的内

Note

涵，为世界范围内的主题爱好者们带来了与众不同的文化体验。

（二）根据规模划分

酒店规模是酒店业确定酒店实力的重要标准，比如万豪国际酒店集团收购喜达屋酒店集团后，一跃成为全球首个拥有酒店客房数超过100万间的酒店集团。国际酒店集团排名不是以酒店数量统计，而是以客房总数进行排名的。酒店规模划分标准如表1-1所示。

表 1-1　酒店规模划分标准

酒店规模划分标准	小型/间	中型/间	大型/间	超大型/间
国内	300以内	300—500	500以上	—
国外	100以内	100—300	300以上	1000以上

一般以酒店的客房数来表示酒店的规模大小。国内将酒店划分为大、中、小型三类，划分标准如下：300间以下的为小型酒店，300—500间为中型酒店，500间以上为大型酒店；国外的划分规模相比国内更小，100间以下为小型酒店，100—300间为中型酒店，300间以上为大型酒店，1000间以上则为超大型酒店。

（三）根据酒店所处的地理位置划分

1. 城市中心酒店

城市中心酒店是酒店业中最为重要的部分，往往是当地商业、政治、文化、社会活动中心所在地。酒店多为高层建筑的高楼大厦，如商务型、会议型、会展型酒店。

2. 近机场的郊区酒店

近机场的郊区酒店多为中低层建筑，有露天停车场，有一定的娱乐、休闲、会议、宴会设施。

3. 休养地度假酒店

休养地度假酒店通过自然景观、人造景观，或阳光、沙滩、温泉等旅游资源来吸引游客，这类酒店往往称为度假村、度假俱乐部。酒店内有多种娱乐和餐饮设施，一般也都有完善的会议与宴会设施。

4. 高速公路沿线酒店

高速公路沿线酒店即汽车酒店（Motel）。汽车旅馆从Motel起步。高速公路沿线酒店一般配备充足的停车空间以及舒适便捷的客房和餐饮服务。

5. 移动的酒店——海上邮轮

海上邮轮已成为当今度假的新兴业态，是为游客提供综合服务的海上移动酒店。邮轮住宿的时间一般较长，短则一周，长达一个月，从中端的亚洲范围内的航线，到高端的极地探险、环球旅行航线，游客可有多种类型的选择。

海上邮轮拥有齐全的设施设备，为顾客提供综合全面的服务。顾客所支付的费用包含了在邮轮上的餐饮、住宿、船上设施及娱乐节目和活动等，顾客可在指定的餐厅免费用膳，也可享受船上多姿多彩的娱乐设施和活动。邮轮为顾客提供了多种多样的选择，包括不同类型的餐厅、酒吧、购物商店等。

（四）世界各地风格奇特主题型酒店

世界各地风格奇特的主题型酒店，一般根据酒店建筑或经营特色划分，如云南、西藏的民族特色酒店，澳门的博彩型酒店，珠海长隆的企鹅酒店、马戏酒店，广州长隆的熊猫酒店，拉斯维加斯的音乐硬石摇滚酒店，以及圣城麦加的宗教型酒店等，都是根据当地特色和文化建设的主题酒店。

长隆飞船酒店

二、酒店新业态发展

（一）度假酒店势不可挡

随着经济发展，旅游已经成为人们的日常消费，国际研究表明，人均收入水平达到5000美元以上的地区就已进入大众度假休闲旅游时代。据统计，2021年我国人均国民收入已超过10000美元，珠三角地区已超过12000美元。因此，随着旅游需求的不断升级，度假休闲已经成为人们重要的生活方式之一。

图 1-4 迪拜帆船酒店

为了更好地满足人们的度假需求，度假式酒店近年来实现了快速增长，其中既包括全球顶级奢华酒店，比如迪拜帆船酒店（见图 1-4），它是世界上极奢华、较具创新意识的酒店；也有亲民的农家乐、渔家乐，比如北京的农家乐——绿茵溪谷，环境清幽宁静、与世隔绝，打造了以“养生山吧、采摘篱园、休闲农庄、山水人家”等不同主题的休闲度假活动项目，是城市居民平日度假休闲的好去处。

知识活页

地中海俱乐部(Club Med)

来自法国的Club Med是全球知名的度假连锁集团，遍及全球30个国家的80多家度假村，坐落于世界上风光旖旎的地方，致力于传达欢乐、分享、自由、热情、发现的品牌精神。

Club Med的服务人员被称为GO (Gentle Organizer)，他们来自全世界各地，是Club Med的灵魂。不同于一般饭店的服务人员，他们能说多种语言，热情又专业，并且拥有独特专长，免费指导顾客开展各项水上、陆上活动或在儿童俱乐部照顾小孩，与顾客共进早餐或晚餐，是顾客的朋友也是玩伴，甚至还是晚间精彩秀中的Superstar，他们同顾客一起营造快乐亲切的度假氛围。顾客在度假村，被亲切地称呼为GM，意思是“可爱的

Note

客人”(Gentle Member)。Club Med 不仅让 GM 感到宾至如归，更让 GM 感觉远离都市束缚，清新而自在。

Club Med 为顾客提供定制的餐饮服务，超过 20 种不同的体育活动，以及相应的训练课程，包括高尔夫、帆船、滑雪、冲浪、网球、瑜伽、壁球、射箭等。在度假村中，GO 会按照每晚的主题安排晚间大型演出、自助餐以及派对，并且定义着装主题色。Club Med 也为 4—17 岁的孩子准备适合其年龄段的俱乐部。在专业 GO 的带领下，孩子们将领略到大自然的奇妙，在一种轻松的气氛中探索对运动的热爱、创意的表达以及艺术的热情，与来自世界各地的朋友建立友谊。

（资料来源：地中海俱乐部(Club Med)官网）

（二）美丽乡村体验乡情

随着新时代人们对美好生活的需求不断提升，旅游逐渐成为人们生活的必要组成部分。党的十九大提出乡村振兴战略，该战略的实施及美丽乡村建设，使农村脱贫致富，吸引快节奏、强压力的城市一族来乡村旅游，让游客记住乡愁，体验异质性生活，实现旅游的根本目的。乡村旅游中，各种类型的农家乐异彩纷呈，北京市文化和旅游局制定了农家乐评审标准，有国际驿站、采摘篱园、乡村酒店、养生山吧、休闲农庄、生态渔村、山水人家和民族风苑八种类型。

（三）分享住宿渐成时尚

假期消费市场观察：打造个性化“微旅游”，乡村民宿预订火爆

共享经济又被称为分享经济和协同消费，是指基于分享、交易、商业贸易或租赁产品使用权来代替购买的经济模式。从具体的过程来看，共享经济就是消费者利用线上或线下的社区等平台工具进行沟通，实现合作或互利消费的一种经济模式，包括在拥有、租赁、使用或互相交换物品与服务、集中采购等方面的合作。

随着互联网时代下分享经济的兴起，作为分享经济的重要板块，短租公寓盘活了城市与度假地的大量闲置房产资源，并获得迅猛发展。而这种分享经济无疑对传统酒店产业产生了巨大的冲击。其中以 Airbnb、HomeAway、途家、小猪、蚂蚁短租等国外、国内分享住宿平台为代表，分享住宿被越来越多的人接受，逐渐成为年轻人的一种时尚和潮流。

旅游民宿基本要求与评价

根据《旅游民宿基本要求与评价》，民宿是指“利用当地闲置资源，民宿主人参与接待，为游客提供体验当地自然、文化与生产生活方式的小型住宿设施”。根据所处地域不同，可分为城镇民宿与乡村民宿。

（四）产权酒店投资多赢

由于度假的兴起，各种度假产权式酒店也应运而生，它是将酒店客房产权出售给客人，客人将客房再委托给酒店管理公司管理，酒店管理公司保证客人每年能够获得一定的租金回报，以及一定时间的免费入住。这样客人既可以每年花费一定的时间去享受

Note

休闲度假，又可以在平时空置的时候获取租金收益，这种酒店结合了房地产产品的属性，实现一次性销售、投资增值、分享利润，又结合了酒店的属性，使相关服务设施完善。

根据其性质不同，又可以分为时权酒店和产权式酒店，前者是拥有一定时间的使用权，如 20 年中每年 10 天或一周，并且可以在一定范围内互相交换，后者则是完全拥有产权。其中，时权酒店也是分时度假的一种形式，分时度假目前已成为全球发展速度较快的旅游细分行业之一，它仍将以两倍于全球旅游业的发展速度持续增长。分时度假(Timeshare，又称 Vocation Ownership 或 Holiday Ownership)，是将一处住宿设施(如酒店、公寓、度假别墅等)的住宿单元每年的使用期分为 52 周，将 52 周中的 51 周分时销售给顾客。顾客就在约定的时期内(一般为 20—40 年)每年在这一住宿单元中拥有住宿一周的权利，同时还享有转让、馈赠、继承等一系列权益以及酒店其他设施的优惠使用权。分时度假产品是一种房地产产品和酒店产品的结合，不但充分发挥了房地产产品可以增值和获得回报的潜力，以及酒店完善的设施和专业的服务等优势，而且规避了房地产产品一次性购买所有权的高成本和传统酒店住宿产品销售过于零碎等弊端。

(五) 智慧酒店颠覆传统

随着科技的快速发展，智慧酒店的建设不断推进，无人酒店已横空出世。借助科技的手段，酒店不需要工作人员就能为顾客提供全方位的酒店服务，而且更加高效、安全、舒适。

2018 年，阿里的 FlyZoo Hotel(菲住布渴)酒店在杭州开业，这是全球第一家支持全场景刷脸住宿的酒店。该酒店包含全流程的智慧服务。在该酒店，客人在 App 上办理登记后便可以直接在线选房，甚至选床。当客人到达酒店时，在酒店大堂负责接待的并非前台，而是一个身高不到 1 米的可爱的小机器人“天猫精灵福袋”，机器人负责迎宾、指引，客人可在手机上凭电子身份证或人脸识别技术自助办理入住。传统酒店与无人酒店的比较如表 1-2 所示。

表 1-2 传统酒店与无人酒店的比较

项目	传统酒店	无人酒店
预订	电话，互联网等	手机，互联网
客人入住	人工，设备	手机
酒店问询	人工，设备	机器人
乘坐电梯，打开房间	人工	刷脸
房间设备使用	人工	刷脸
酒店用餐，康乐	电话，互联网	机器人
客人结账离店	酒店前台确认账单办理	客人手机确认自助办理

无人酒店颠覆了传统酒店业劳动密集的特点，通过科技智能化来代替人工，节约人力成本，提高工作效率。但同时，酒店系统的出错会带来不可预测的后果，科技产品的后期维护也是一大问题。此外，目前无人酒店仍处于探索阶段，大多酒店只是运用智能科技实现酒店居住空间的智能化，所谓的“无人”也还停留在基础服务上，无法满足不同特质的客人的不同需求。酒店最重要的是为客人提供温馨的服务体验，充满高科技的

机器人的无人酒店该如何为顾客提供个性化、温暖的服务体验还需要探索，这使得无人酒店未来的发展充满着不确定性。

（六）康养酒店拓展领域

随着人们生活水平的提高，以及老年化社会的发展，人们对健康、养老的需求越来越大，这种需求与旅游酒店的结合，就形成当今的康养旅游。康养旅游经济在全球，尤其是亚太地区和中国发展迅速。康养概念在高档酒店开发中越来越成熟，万豪、希尔顿和温德姆等全球大型酒店集团近几年不断推出新的举措，将康养概念融入客户住宿体验，为客户提供健身客房、养生菜单，组织身体训练和精神修炼课程，组织烹饪课程、研讨会等。

2018 年 4 月，"康养中心"（Wellness Resort）的定义进行了重新修改，这一举措顺应了"康养＋酒店"的趋势，新的定义强调了住宿服务设施在康养中心的重要性，并认为一个康养中心至少应该包含四个要素——住宿服务设施、与康养相关的活动组织、与康养相关的餐饮选择、与康养相关的硬件设施。康养酒店主要包含以下四种业态：①以精神健康和修养为核心的康养酒店。在酒店内提供专家指导的冥想课程和活动，如瑜伽、心理解压等，此类酒店主要针对高强度工作压力的都市客户群。②融合传统医疗和现代诊疗技术的康养酒店。在客户短期住宿期间，酒店为其提供全面身体检查、定制针对短期可量化身体健康指数的训练计划。此类酒店主要针对亚健康人群，以及以预防疾病和养生为目的的客户群。③将 SPA、饮食调养、户外运动融合的三位一体的康养酒店。主要针对以身心放松、休闲度假为目的的客户群。④以美体美容为中心的康养酒店。酒店主要提供皮肤、牙齿和身体塑型类相关的项目，有时间短、见效快和表层性修复等特点，应与医院和专业美容院提供的全方位深度理疗项目相区别。①

第四节　酒店等级划分与评定

一、酒店等级概念及划分

酒店等级是指一家酒店的豪华程度、设备设施水平、服务范围和服务质量。目前，国际上采用的酒店等级制度与表示方法多为星级制和星级表示法。

星级制划分是按一定的标准分成不同的星级，用星号的数量来代表。我国采用五星级制，分别为一星、二星、三星、四星、五星，星数越多，等级越高。美国及欧洲部分国家主要是由行业协会来制定酒店的等级标准，而我国和部分国家主要是由政府来制定酒店的星级标准。表 1-3 所示为世界部分国家酒店等级标志。

---

① 相关资料来自浩华国际咨询中国事务署于 2018 年 9 月 18 日发表的文章《"康养"遇上"酒店"：如何解读全球新兴酒店业态》。

表 1-3 世界部分国家酒店等级标志

国家	酒店等级名称	酒店等级评定机构
中国	五星、四星、三星、二星、一星	中华人民共和国文化和旅游部
美国	五星、四星、三星、二星、一星 5 颗钻、4 颗钻、3 颗钻、2 颗钻、1 颗钻	美孚石油公司 美国汽车协会
英国	五星、四星、三星、二星、一星	英国汽车协会
阿根廷	特别豪华、A、B、C、D	政府
奥地利	A1、A、B、C、D	饭店协会
加蓬	豪华、舒适、现代化	饭店协会
希腊	A、B、C、D、E	政府
伊朗	豪华、四星、三星、二星、一星	政府
爱尔兰	A1、A、B、BC、C、D	政府
以色列	五星、四星、三星、二星、一星	政府和饭店协会
意大利	豪华、第一、第二、第三、第四	政府
挪威	乡村、市镇、山区、观光	政府
葡萄牙	观光、商业	政府

二、国外的酒店等级划分

除了星级标准，还有一种标准是按照酒店豪华程度以及相应的产品与服务来划分。例如根据美国官方酒店和度假村指南，可将酒店按豪华程度划分为多个级别，分别为豪华型、高级型、经济型，同时又可以根据房间类型进行具体划分，如 Deluxe Room（豪华房）等。此外，根据提供服务的不同，又可以分为有限服务酒店和全服务型酒店。

有限服务酒店（Limited-service Hotels）包括 Budget（or Economy） Limited-service Hotels、Midpriced Limited-service Hotels、Upscale Limited-service Hotels 三种类型，类似于我国的经济型酒店或三星级及以下星级的酒店，酒店为顾客提供有限服务，部分酒店可能不提供餐饮服务，或仅提供简单的早餐，一些服务需要客人自助完成。

而全服务型酒店（Full-service Hotels），包括 Midscale Hotels、Upscale Hotels、Luxury Hotels 三种类型，类似于我国四星级及以上星级的酒店，为顾客提供吃、住、行、游、购、娱等全方位的服务。

我国新的饭店星级评定标准，在分类上与国际接轨，将星级饭店划分为有限服务酒店和全服务型酒店。

三、中国饭店业星级的评定内容

我国于 1988 年颁布了《中华人民共和国旅游涉外饭店星级标准》，此后经历了四次修订，每 5—8 年修订一次，2010 年修订是在 2003 年版本的基础上进行的，经历了近 8 年的时间，其间国内外酒店行业、旅游业及国际、国内的社会、经济环境发生了重大变化，相对于 2003 版标准而言，现行标准在很多方面做出了修改和完善。2010 年颁布的《旅游饭店星级的划分与评定》，于 2011 年正式实施。从名称上来看，最初的饭店星级评定标准中是有“涉外”二字的，因为当时的星级酒店数量少，接待水平高，以接待境外客人为主。但随着时代的发展，尤其是中国国内旅游的蓬勃发展，普通百姓也能进入星级酒店进行消费，涉外的提法不能够适应新的酒店业市场的变化，因此进行了修改。现行星级评定标准的主要要求有以下几方面。

旅游饭店星级的划分与评定

（一）饭店星级评定标准内容

如表 1-4 所示，星级评定包括三个部分：①各星级划分的基本条件，各星级饭店应逐项达标。必备条件每项都要达标，缺一项就可以否决该酒店的评定。②星级饭店设备设施的位置、结构、数量、面积、功能、材质、设计、装饰等评价标准，即酒店的硬件条件，总分为 600 分。各星级通过的最低要求为三星级 220 分，四星级 320 分，五星级 420 分。③星级饭店的服务质量、清洁卫生、维护保养等评价标准，即酒店的软件条件，是反映酒店运营质量的重要指标，总分为 600 分。各星级通过的最低得分率为三星级 70%，四星级 80%，五星级 85%。

表 1-4　饭店星级评定标准内容

项目 申请星级	A 必备项目达标情况说明（打√）	B 设施设备评分		C 饭店运营质量评价			
		最低得分线	实得分数	项目	本项分数小计	实得分数	得分率/(%)
____星级	达标 不达标	三星级：220 分 四星级：320 分 五星级：420 分		总体要求	60		
				前厅	111		
				客房	126		
				餐厅	117		
				其他服务项目	84		
				公共、后台区域	102		
				总分	600		
星评员签字： 年　月　日		地方旅游星级饭店评定委员会意见 （盖章）	年　月　日		全国旅游星级饭店评定委员会意见 （盖章）		年　月　日

注：C 项得分一、二星级不做要求，三、四、五星级的得分率最低须达到 70%、80%、85%（得分率＝该项实际得分/该项标准总分×100%）。

Note

(二)现行星级饭店评定标准的变化

1. 强调客房舒适度

现行星级饭店评定标准将客房产品定位为酒店核心产品,突出客房舒适度的要求,并进行了细化考量,分值由以前的10分增加为35分。比如对客房棉织品的纱支、重量、大小的要求,对房间的隔音、遮光、温湿度、热水龙头等方面都有具体的质量要求。而对于非核心产品和配套设施,新版星级标准进行了简化和弱化。对大堂面积未做硬性要求,游泳池不再成为高星级饭店必备项。例外条款中,游泳池从以前的17分降为目前的10分;由于国家政策不鼓励大量建设高尔夫球场,高尔夫球场分值大幅下调,从以前的20分降为现在的5分。

2. 对低星级酒店餐饮等非必要设施的要求有所降低

现行星级饭店评定标准对低星级饭店餐饮、康乐设施、客房微型酒吧和卫生间设施等设施与服务的要求明显降低。现行标准对于一星级饭店不再要求提供餐饮设施和餐饮服务。二星级饭店仅要求有就餐区域,提供早餐服务,厨房等餐饮生产加工区域并非必备项目。对康乐设施的要求降低,现行标准在必备项目中只保留了四星级和五星级饭店对康体设施的要求,取消了对三星级饭店康乐设施的要求。对客房卫生间浴缸的配备要求有所降低。只有五星级饭店才要求在卫生间必须配备浴缸,对客房微型酒吧设施要求降低等。

3. 突出安全的重要性

现行星级饭店评定标准要求一至五星级酒店均需制定火灾等6类突发事件处置的应急预案,四、五星级饭店还要求进行定期演练。安全设施要求分值由8分提高到16分,新增公共区域和食品安全等要求,如是否有符合规范的逃生通道、安全避难场所及食品留样送检机制等。评定星级后,若酒店营运过程中发生重大安全责任事故,该酒店所属的星级将被立即取消,相应星级标志将不能继续使用。

4. 鼓励特色经营与新技术应用

现行星级饭店评定标准在硬件设施评分表中增设商务会议饭店设施、度假饭店设施、其他等选择项目,鼓励企业按类别集中选项,引导星级酒店特色化、差异化发展。另外,现行星级饭店评定标准强调小型豪华精品饭店可以直接申请评定五星级饭店。鼓励新技术、新设备的应用,特别是信息化管理方面,以前分为"硬件"和"软件"两项进行评价,现从覆盖范围、采取确保饭店信息安全的有效措施和系统供应商三方面进行评价。互联网则从覆盖范围和应用两大方面进行衡量。

5. 强调绿色环保

现行星级饭店评定标准倡导绿色设计、清洁生产、节能减排、绿色消费的理念,要求各星级饭店应有与本星级相适应的节能减排方案并付诸实施。规定一至五星级酒店均要求制定相应的节能减排方案并付诸实施。在设备设施项中,节能措施与环境管理分值从2分增加到14分,包括建筑节能设计、节能产品和采取节能及环境保护的有效措施等。

(三)星级饭店评定标准的未来趋势

现行标准自实施以来,树立了酒店行业的规范标准,有效促进了行业的健康发展,

Note

得到社会大众的广泛认可。近年来，随着我国经济社会快速发展，创新经济模式不断涌现，旅游饭店业市场经营日益多元化，对现行标准带来挑战。为更好满足广大游客需求，加快旅游饭店业转型升级，积极适应市场变化、绿色经济和全域旅游发展需求，2018年文化和旅游部决定再次启动旅游饭店星级标准修订工作。

修订工作重点围绕旅游饭店功能定位、科技创新、特色发展、品质提升、经营效益、社会责任、智慧平台建设等展开。未来对于酒店星级的评定，将更加贴合社会实际，展现信息化和智能化时代的特点，更加强调酒店的特色经营、科技创新、智慧平台的建设以及酒店所承担的社会责任。

未来，星级饭店评定标准将朝着综合化、特色化、品质化、科技化、信息化的趋势不断完善，推动着酒店行业迎合市场需求的不断变化而发展，建设更加便捷、舒适、智能的酒店，为顾客带来更加方便、舒适的住宿体验。

思考与练习

展现新时代精神风貌　提升酒店业服务质量

本章小结

1. 阐明酒店的基本概念，明晰现代酒店业的地位与作用。

2. 讲述酒店业的发展历史，酒店业在不同时期受经济、社会等因素的影响呈现多样的发展轨迹。

3. 分析现代酒店业的发展特征，包括行业经营的敏感性、产品构成的复杂性、运营时空的特殊性、业务的综合协调性、形象的强文化性、质量控制难度大等。

4. 了解不同标准下酒店的分类，解读现代酒店新业态的发展。酒店的分类标准包括性质、规模、地理位置及风格主题等。酒店新业态不断出现，度假酒店、乡村民宿、分享住宿、产权酒店、智慧酒店、康养酒店等多种业态蓬勃发展，使得酒店市场日益多元化、细分化。

5. 阐释酒店等级的划分与评定。了解国内外酒店等级划分的标准。随着时代和行业的发展，我国酒店的星级评定标准也在不断修改和完善，实现与国际接轨。

第二章
酒店战略与组织管理

学习引导

本章将结合当前酒店企业战略与组织发展的最新动态，围绕酒店战略与组织管理相关的核心内容，探讨酒店战略管理的概念和特征、酒店战略管理的主要内容、酒店战略体系构成等基本问题。同时，结合当前酒店企业的实践发展和新业态，围绕酒店核心竞争力而展开相关内容。为了保障战略的实施，本章介绍了酒店企业组织管理，以及与组织战略匹配的酒店企业组织架构类型与设计原则，最后对酒店企业的组织制度设计与创新发展相关内容进行了探讨。

学习目标

知识目标：了解酒店企业的战略本质和基本内容，以及酒店企业的组织架构基本类型、设计原则；掌握酒店企业战略体系的基本构成，并明确愿景、使命和价值观的作用；思考酒店企业提升核心竞争力的主要途径，以及酒店组织管理的特色、组织制度建设与创新。

能力目标：通过团队协作、小组学习等方式，强化合作意识，锻炼沟通表达能力，初步建构酒店战略思维，提升系统性和批判性思维能力。

德育目标：理解企业发展需要有立足于长远、全局、整体的战略思维，酒店发展要有打造精品、追求极致的工匠精神，不断提升核心竞争力，增强社会责任感与家国情怀。

思维导图

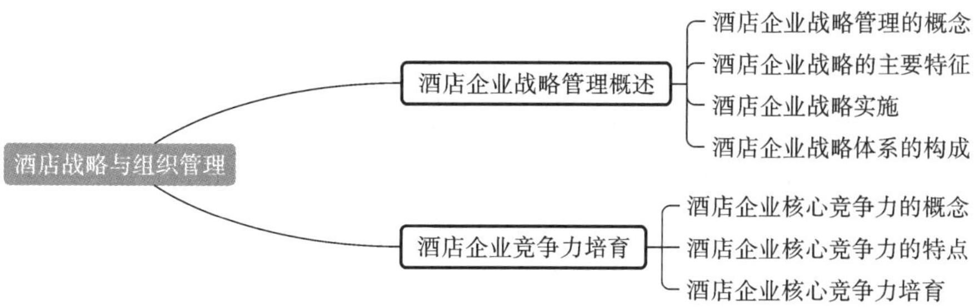

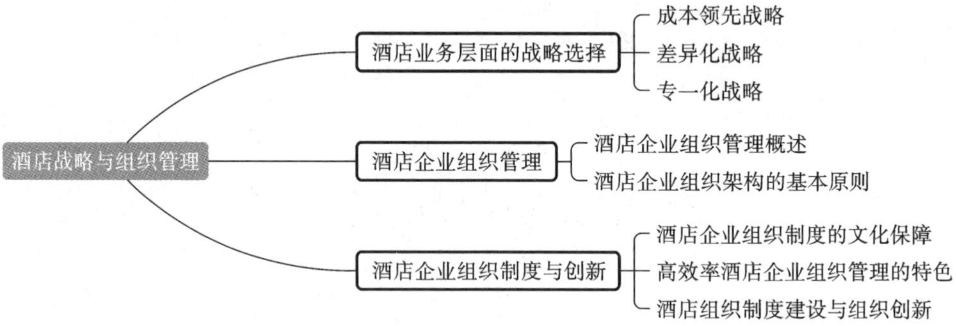

第一节　酒店企业战略管理概述

一、酒店企业战略管理的概念

战略管理是伴随着企业的管理理论和实践发展而逐渐形成的，从 1938 年巴纳德首次将战略的概念引入管理理论，战略管理的发展大致走过三个阶段，分别是早期战略管理阶段(20 世纪 50 年代前)、古典战略管理阶段(20 世纪 60 年代至 80 年代)及现代竞争战略理论阶段(20 世纪 80 年代至今)。在不同阶段，学者们对战略管理的定义各有不同侧重。

企业战略产生于美国，巴纳德(1938)首次将战略引入管理领域，认为管理和战略是企业管理者的两个重要工作。随着经济的高速发展，企业间的竞争更加激烈，复杂多变的环境需要有新的管理理念，企业战略管理登上了历史舞台。钱德勒(1962)出版了《战略与结构：美国工商企业成长的若干篇章》，他认为企业经营战略应当适应环境，满足市场需要，而组织结构又必须适应企业战略，随着战略变化而变化。安索夫(1965)则在前人的基础上提出了战略管理的概念，他将战略管理定义为将企业的日常业务决策同长期计划决策相结合而形成的一系列经营管理业务。在这之后，大批学者涌入企业战略研究领域，迈克尔・波特(1980)提出了著名的五力模型，斯坦纳(1982)将战略管理视为动态过程，亨利・明茨伯格(1989)则通过对诸多学者的研究总结，将战略管理的定义概括为“5P”，即策略(Poly)、计划(Plan)、模式(Pattern)、定位(Position)和观念(Perspective)。

结合上述战略管理的经典定义，我们将酒店企业的战略管理定义为，酒店企业在分析外部环境和内部条件的现状及变化趋势的基础上，为了求得酒店企业的长期成长与发展所作的整体性、长远性的谋划。

二、酒店企业战略的主要特征

（一）全局性

酒店企业的经营战略是以全局为对象，根据酒店总体发展目标的需要而制定的。

它所规定的是酒店的总体行动，寻求的是酒店企业发展的总体效果。虽然经营战略必然包括一些局部的活动，但是这些局部活动是作为总体行动的有机组成部分在战略中出现的，这样也就使经营战略具有综合性和系统性。

因此，经营战略的全局性要求在制定酒店战略时局部利益服从全局利益。具体来说，酒店企业经营战略不是强调酒店中某一事业部或某一职能部门的重要性，而是通过制定酒店的使命、目标和总体战略来协调各部门自身的目标，明确它们对于实现组织使命、目标、战略的贡献大小，以全局的眼光统筹各部门和业务单元，以全局的视野去制定各层级战略。

（二）长远性

酒店企业的经营战略，既是酒店谋取长远发展要求的反映，又是酒店对未来较长时期（通常 5 年以上）内如何生存和发展的通盘筹划。经营战略的制定往往是以组织长期生存和发展为出发点，关注更长远的利益而非短期利益，这要求战略制定必须面向未来，具有一定的稳定性。因此，经营战略的长远性体现在两大方面：①酒店所处的外界市场环境不断变化，需要不断调整自身以适应环境的变化。因此，对企业而言，战略管理“永无止境”。②动态环境促使企业进行必要的战略调整，但经营战略又不能“朝令夕改”，仍需保持战略体系的相对稳定性。

（三）抗争性

酒店经营战略是关于酒店在激烈的市场竞争中如何与竞争对手抗衡的行动方案，同时也是针对来自各方面的许多冲击、压力、威胁和困难，迎接诸多挑战的行动方案。战略是企业为适应市场竞争的需要而产生的，是为增强企业竞争力而制定的。经营战略是酒店企业主动适应外部环境变化，迎接挑战的一种行为。在优胜劣汰的市场环境中，酒店企业需要设计适宜的业务模式以不断增强适应市场竞争的能力。因此，酒店企业的经营战略是企业积极主动的抗争行为。

（四）纲领性

经营战略规定的是酒店企业总体的长远目标、发展方向和重点，以及所采取的基本行动方针、重大措施和基本步骤，这些都是原则性、概括性的规定，具有行动纲领的意义。经营战略必须通过展开、分解和落实等一系列过程，才能变为具体的行动计划。企业的战略用来确定企业所要取得的目的和发展方向，仅仅是一种原则性和概括性的规划，是对企业未来的总体谋划。因此，酒店企业的经营战略对其经营活动起着核心导向作用，是经营活动的指导纲领。

（五）创新性

酒店要想生存，在众多竞争者厮杀的市场中发展壮大，势必要打造、培育自己的稀缺资源，实施创新性的战略，创造有别于其他竞争者的独特优势。因此，酒店企业的经营战略要促进其在技术、组织、管理等方面的创新，并充分利用这些创新成果，增强企业的竞争优势，巩固自身的竞争地位。只有将创新性贯穿于酒店企业的经营战略之中，才

Note

能帮助企业在激烈的市场竞争中获得最大收益。

三、酒店企业战略实施

简单来讲，酒店企业战略实施就是要通过战略思维指导整个经营管理过程。

（一）做正确的事

这是酒店企业决策层的工作，确定经营战略，也就意味着企业选择"做什么、不做什么"。决策是管理的一项重要职能，是管理的核心，是其他管理活动的前提和基础。什么是正确的"事"？正确的标准来自市场、环境和变化，做出适合自己企业发展、生存的决策就是正确的"事"。它是一种思想、意识，是行动前的计划，有效指引着企业发展的未来方向，关乎着企业能否在高竞争的环境下生存。只有在行动前做出正确的决策，才可以事半功倍，帮助企业达到预期的目标。

（二）正确地做事

企业决策层制定的战略往往是企业的方向指引而非具体操作，要把战略落地，决策层、经营层和基层三者缺一不可。经营层作为决策层和基层间的枢纽，至关重要。经营层需要分解战略目标、进行战略部署，并选择具体战略进而实施。它需要明确战略实施所要采取的方法和手段，深入了解企业内部的发展状况，明确公司治理结构、组织结构进而分解战略，进行合理的资源配置，将战略实施于基层。企业经营层实际上就是将战略方案转化为实际行动并取得成功的过程控制者。在这一过程中，企业经营层通过分解战略目标设立年度目标，配置资源，建立有效的组织结构，推动战略的实施。

（三）把事做正确

战略的实施即实际的操作过程，在这一过程中，基层员工要根据决策层所分解的具体战略目标和具体战略部署来做事。基层员工不仅要做事，还要把事做正确，如果基层员工无法理解高层管理者的战略意图和战略的正确执行步骤，那么战略失败以及资源损失的风险将大大增加。因此，"把事做正确"是检查战略实施有效性的标准。唯有明确基层员工所要执行的具体步骤，以及及时跟进实施反馈，企业才能切实将战略的美好未来转化为现实。

四、酒店企业战略体系的构成

（一）企业愿景

愿景是指酒店企业未来想要成为什么样的企业，是企业的长远发展目标。它是企业对前景和发展方向的高度概括性描述，是企业未来可能并希望达到状态的一种设想。愿景简明扼要地回答了想成为什么样的企业这一问题。例如，如家的愿景是"成为大众住宿业的卓越领导者"。7 天的愿景是让顾客"天天睡好觉"，在这个愿景的统领下，7 天确定的使命是"以直销低价模式、快乐自主的服务理念，致力为注重价值的商旅客人提

Note

供干净、环保、舒适、安全的住宿服务，满足客户核心的住宿需求”。亚朵则不认为酒店只是“睡觉”的地方，它把酒店定位为“亚朵生活”，提出的愿景是“第四空间，成就一种生活方式”。在这个愿景下，亚朵非常关注酒店公共空间尤其是书吧等场所的氛围营造。我们从表 2-1 中可以了解到部分知名酒店品牌对自身愿景的描述。

表 2-1 部分知名酒店品牌的愿景

酒店品牌	愿景
7 天	天天睡好觉
汉庭	成为世界住宿业领先品牌
如家	成为大众住宿业的卓越领导者
洲际	成为世界上在酒店业内最令人认可和称赞、最成功的酒店管理集团
亚朵	第四空间，成就一种生活方式
希尔顿	To fill the earth with the light and warmth of hospitality
香格里拉	诚恳的款客之道，缔造难忘记忆

（二）企业使命

使命是企业存在的理由，是指酒店企业所从事的事业及其目的与方向，它表明了酒店企业的宗旨、信念和所从事事业的目的，揭示了酒店要发展成为什么的关键问题。使命是贯穿于企业各种活动的主线，为员工、顾客以及其他相关组织和个人提供一个认同的理念和形象，传达的是“我们是谁”“我们要做什么”“我们为什么变成这样”。例如，文华东方酒店的使命是“取悦和使旅客感到满意，我们致力于每天作出改变，持续地变得更好而使我们保持最好”。例如，假日酒店 20 世纪 80 年代初的使命为“成为一个在住宿、餐饮、娱乐、交通行业提供服务的多元化经营的国际化企业”。20 世纪 90 年代初其使命修订为“努力成为一家在世界上受顾客和旅行社偏爱的饭店和饭店特许经营权企业”。我们可以从表 2-2 中看到部分知名酒店的企业使命。

表 2-2 部分知名酒店的企业使命

酒店名称	使命
威斯汀（Westin）酒店	提供高品质的产品和服务，承担员工的晋升发展、社区的服务，成为模范的经营者
文华东方酒店	取悦和使旅客感到满意，我们致力于每天作出改变，持续地变得更好而使我们保持最好
假日酒店	努力成为一家在世界上受顾客和旅行社偏爱的饭店和饭店特许经营权企业
香格里拉酒店	为顾客提供物有所值的特色服务与产品创新，令顾客喜出望外
洲际酒店（IHG）	创造丰富而难忘的客户体验，以及认识、尊重和关心他人

（三）企业价值观

价值观是指企业的经营哲学、信念和行为准则，一般不随环境、条件的变化而变化。

价值观是一群人认为有益的、正确的或有价值的信条或特点。因此，企业价值观就是指企业在追求经营成功过程中所推崇的基本信念和奉行的目标，是企业全体或多数员工一致赞同的关于企业意义的最终判断。酒店企业的生存，其实就是价值观的维系，以及大家对价值观的认同。实际上，企业价值观是把所有员工联系到一起的精神纽带；价值观是酒店企业生存、发展的内在动力，同时也是企业行为规范制度的基础。而正是由于企业价值观的重要性，许多公司提出了自身的价值理念。

例如，希尔顿酒店（Hilton）的价值观包括以下内容：①Hospitality（热情好客），我们以万分热情提供超凡出众的客户服务；②Integrity（正直诚信），员工的行为自始至终符合道德规范；③Leadership（领导团队），我们是行业及所在社区的杰出领导者；④Teamwork（团队合作），我们在任何工作中都会发挥团队合作精神；⑤Ownership（主人翁精神），我们以认真负责的主人翁精神来指导自己的行为和决策；⑥Now（即时行动），我们在运营过程中始终意识到紧迫感和纪律性。

香格里拉酒店的价值观则是尊重备至、温良谦恭、真诚质朴、乐于助人、彬彬有礼。洲际酒店则是注重团队精神，尊敬、诚信、信任和服务。

（四）目标与衡量指标

目标是指酒店在一定时期内，按照其经营宗旨考虑企业的内外条件和可能，沿其经营方向所要预期取得的理想成果，反映了酒店在未来一段时间内经营活动所期望的水平。它是酒店在一定阶段要完成的阶段性任务，是酒店的最终追求，同时也是酒店用于衡量自身绩效的标准。

（五）主要战略的选择与组合

在确定了企业愿景、使命、价值观及目标后，需要通过具体的战略选择与组合将企业战略付诸实施。在实际中，企业将会面临着多种多样的情况，企业必须明确各种战略的优劣势、利弊、成本与收益。事实上，企业战略的选择是在明确自身优劣势、市场竞争地位的强弱以及市场增长的快慢等来选择相应的战略，并将不同战略进行组合，从而形成战略互补，最终达到“1+1>2”的效果。目前，战略的选择往往会借助多种模型及工具，如 SWOT 模型、财务分析工具、战略钟模型等，通过这些工具，企业评估、选择并组合战略，促使战略的实施带来最大化收益。

（六）战略实施计划

战略实施计划是指为了保障战略目标的实现，对战略实施过程中的主要工作、人员职责及具体时间所进行的计划和安排。通过战略实施计划，企业将战略细化为小目标。

第二节　酒店企业竞争力培育

Note

酒店战略管理过程包括三个环节，即战略管理分析、战略能力培育、战略选择与实施，三个环节是相互联系、循环往复、不断完善的。酒店战略管理过程就是通过分析有关酒店的业务环境，把握酒店的内部优势与不足、外部机遇与威胁，培育和打造酒店的核心竞争力。

一、酒店企业核心竞争力的概念

核心竞争力理论是由普拉哈拉德(Prahalad)和哈默尔（Hamel）于20世纪90年代初提出的企业发展战略理论。他们认为核心竞争力是指组织中的积累性学识，特别是关于如何协调不同的生产技能和有机结合多种技术流派的学识。此后，人们对这一概念有多方面的理解、界定、扩展。

从早期普拉哈拉德和哈默尔(1990)将企业核心竞争力定义为组织中的积累性学识，到麦肯锡公司(1997)将其定义为知识与技能的结合，再到我国丁开盛学者将其视为企业自身开发产品、发展技术和营销的能力，以及芮明杰和管益忻(2007)两位学者从消费者角度出发，将核心竞争力视作能为消费者带来特殊效用或"消费者剩余"的能力体系。直至2018年，还有学者不断提出新的释义，刘慧贞(2018)将其视为企业通过不断累积学习经验创造企业的核心价值。

从以上定义可以看出，企业核心竞争力往往是在生产经营、新产品研发、营销、售后服务等一系列经营活动中和各种决策中形成的，具有自己独特优势的技术、文化或机制所决定的巨大的能量优势和经营实力。其本质内涵是让消费者得到真正好于、高于竞争对手的不可替代的价值、产品、服务和文化。因此，我们可以把酒店企业的核心竞争力定义为，以酒店资源与组织能力(活动)为基础，以制度认同为约束，通过提供用户认为是物有所值的产品或服务，比竞争对手更好地创造用户所需的价值来实现。酒店的核心竞争力既可能以某种先进技术的形式表现出来，如2018年开业的全球首家无人实体酒店 FlyZoo Hotel；也可能以其他形式表现出来，例如如家酒店的"家"文化等。

二、酒店企业核心竞争力的特点

酒店企业核心竞争力是酒店持续获得竞争优势的保证。一般可用 VRIO 模型来辨别企业的核心竞争力。一项资源要成为核心竞争力，必须具备以下几个特征。

（一）价值(Value)

关于价值，我们考虑的是这项资源是否有助于企业利用一个机会或消除一个威胁？或是否有助于企业增加收入或降低成本？企业的核心竞争力实质上是能够为企业创造出更多价值的能力，资源只有为用户提供根本性的好处，切实给企业带来利益，才有可能成为企业的核心竞争力。

（二）独特性(Rarity)

有多少竞争对手已经拥有这些有价值的资源？稀缺与专用资源及其能力，可以为企业竞争者制造进入障碍，让其他企业难以在短时间内突破障碍。因此与竞争对手相比，酒店的核心竞争力具有独特性。这种独特性体现在资源不易被其他企业占有、转移和模仿；但是，即使某种资源为整个行业普遍掌握，只要企业的资源运用水平远远高于其他行业，这一资源仍可以成为企业的核心竞争力。

（三）难以模仿性(Inimitability)

不具备此项资源的企业想要获得或开发这种资源是否需要付出额外的代价？如果酒店的专长很容易被对手模仿或对手通过努力很容易实现，那么就很难拥有持久的竞争优势，只有难以模仿，企业才能超越竞争对手获得竞争优势。而这种难以被模仿的资源往往源于企业自身发展的内部因素，或是企业在历史发展中所累积形成的资源，又或是由企业内部人与人之间的具备社会复杂性的关系所形成的资源。

（四）组织化(Organization)

企业是否系统地、有组织地充分开发其资源与能力？同时整合各种知识、技术、机制从而形成组织化的系统功能。

核心竞争力是酒店在长期激烈的市场竞争中提炼出来的，是酒店在发展过程中长期培育积淀的结果，深深刻上了本酒店的特殊组织、文化和发展经历的烙印，且渗透于酒店的所有组织元之中，不能被个人或其他组织所分享，难以被其他酒店模仿或复制，也不能像商品一样进行买卖。因此，企业的核心竞争力具有强烈的组织色彩。同时，企业在将某一资源培育成核心竞争力的过程中，既需要合理的组织规划，也需要企业组织的通力合作。

三、酒店企业核心竞争力培育

酒店企业核心竞争力培育，主要还是要创造酒店自身特色。所谓特色，是以特别的活动和能力创造独特的有价值的地位。通过做与对手不同的事或以不同于对手的方式完成类似的事，以独特性赢得顾客。

（一）提升服务质量与特色

1. 提供特殊产品或服务(Variety)

目前，一些酒店通过提供特殊的产品或服务来提升自身的服务特色，例如酒店提供的行政楼层、女性楼层服务等。许多酒店在成立之初，仅仅是为客人提供一个临时居住的场所。但是，随着时代的发展变化，消费者的需求多种多样，传统的物质服务已经不能满足消费者的期望，消费者需要一些新鲜刺激，一些酒店的惊喜服务由此产生，比如一些度假酒店在露天 SPA 区域为顾客提供精油，同时专为女性提供换洗包。许多国际酒店会在节日当天为住客提供节日贺卡或是相应的节日标志物，如在妇女节为每位住店女士提供一朵鲜花，等等。如果恰逢住客生日，一些酒店会为住客提供生日贺卡、生日蛋糕或是餐饮优惠等。这些惊喜服务有助于强化酒店自身的服务特色。

2. 满足特殊顾客的需要(Needs)

满足一些特殊顾客的需要是非常有助于提升酒店服务质量与特色，比如酒店对老人、小孩、残障人士的一些特别关爱服务。随着出行者的多样化，酒店的服务已不是单纯满足商务人士的需要，而是将消费者群体细化为不同类型，为不同需求的消费者提供个性化服务。

Note

经典案例

华住旗下酒店用有爱服务消除障碍

2022 年 3 月，华住集团旗下哈尔滨松北美居酒店收到了冬残奥会中国代表团发来的一封感谢信，此前，哈尔滨松北美居刚刚在冬残奥会期间又一次以超高标准服务完成了保障工作，比如针对每位运动员的身体状况对房间酒店的布局及配备摆放进行调整，客房经理刘艳红更是每日根据运动员们的喜好及营养搭配调整菜品种类，帮忙清洁滑板、轮椅等，事无巨细，只为运动员们可以心无旁骛冲刺赛场。在信中，中国残疾人体育代表团对哈尔滨松北美居酒店多年来对我国残疾人事业的大力支持和帮助表示衷心感谢。

用有爱服务消除“障碍”，在华住集团旗下的酒店，残疾人可以享受到的是有尊严、有关爱的温暖服务。例如，全季酒店设置了多样无障碍设施方便残疾人使用。全季北京通州运河大街酒店特设无障碍客房，以供行动不便的客人入住，里面浴室、地灯、卫生间扶手、低位插座等都为有需要的客人提供了极大便利。此外，重庆融创文旅城酒店群、广州融创文旅城酒店群、昆明融创施柏阁酒店等均设有一定数量的无障碍客房。

附：中国残疾人体育代表团的感谢信

哈尔滨松北美居酒店：

在党中央、国务院的坚强领导下，在社会各界的鼎力支持下，中国体育代表团在第 13 届冬残奥会上团结一心、众志成城，践行了“使命在肩 奋斗有我”的誓言，夺得 18 枚金牌、20 枚银牌、23 枚铜牌，在金牌榜、奖牌榜居第 1 位，取得了我国参加冬残奥会的历史最好成绩，为祖国和人民赢得了荣誉，不仅体现了体育精神与实力，更体现了中国式的人权与国家发展的成绩，为成功举办北京冬残奥会作出了重大贡献。

中国体育代表团取得优异的成绩，是深入贯彻落实习近平总书记关于办好北京冬奥会、冬残奥会的重要指示批示精神的重大成果，是残疾人运动员刻苦训练、奋勇拼搏和广大教练员、工作人员辛勤付出的辉煌战果，是全国上下对残疾人体育事业的大力支持和帮助的累累硕果。

本届冬残奥会贵酒店保障的残奥高山滑雪项目共获得 3 金、9 银、7 铜的好成绩，为代表团做出了突出贡献。在此，代表团向哈尔滨松北美居酒店多年来对我国残疾人事业的大力支持和帮助表示衷心感谢！

中国残疾人体育代表团

2022 年 3 月 14 日

（资料来源：华住多举措促进残疾人就业 用有爱服务消除“障碍”，华声在线，2022-05-16，有删减，https://baijiahao.baidu.com/s?id=1732971672097599853&wfr=spider&for=pc）

3. 以特殊途径满足顾客（Access）

随着科学技术的飞速发展，人们的衣食住行都可以借助新技术获得更加优质和便

Note

捷的服务，酒店也与时俱进借助新技术手段为顾客提供服务，从早期的运用计算机技术管理客房，到现如今的智能房锁、人脸识别退房等，酒店运用新技术手段为顾客提供更方便、高效的服务。目前，我国也开始出现了一些高度智能化的无人酒店，酒店借助智能机器人等新技术手段来满足顾客的入住需求。

经典案例

"元宇宙"的阿里未来酒店

菲住布渴酒店(FlyZoo Hotel)是阿里巴巴旗下的一家未来酒店，是全场景人脸识别酒店。酒店位于杭州市文一西路966号亲橙里8号楼，于2018年12月18日开业。酒店有290间客房和菲品布渴中餐厅、菲吃布渴全日制餐厅、菲嗨布渴大堂吧和菲练布渴未来健身中心。

菲住布渴作为国内首家以未来科技为卖点的酒店，也是全球首家全场景人脸识别酒店。主打AI智能服务和全场景身份识别，将阿里巴巴现有的大部分先进技术都囊括在其中，通过"菲住布渴"手机App或酒店大堂的自助入住机办理入住，即可享受全酒店人脸识别畅通无阻的极致体验。

生物识别

未来感十足的装修使酒店给人留下"冷峻面庞"的第一印象。如果想要和"未来"产生一些纠葛，主要依靠你的"颜"。从自助入住，到乘电梯、开房门，再到就餐、健身，都可以靠"刷脸"，也就是通过生物识别来完成。识别系统和支付宝绑定，登记入住之后，系统便记住了人群中你的脸。电梯内的"刷脸"设备，遇上已经登记入住的客人，面部周围会显示绿色方框，客人可以按下自己所在楼层的数字，其他楼层是不能按的；如果不是入住客人，方框是白色，需要通过访客二维码或者房卡来乘坐电梯。酒店预订中包含用餐服务时，在餐厅门口"刷脸"成功即可通行，位于二楼的健身房门口同样设有生物识别设备。

智能家居

每间客房设有的天猫精灵，需要呼喊它的名字"天猫精灵"来唤醒，当它进入"贴身管家"的人设后，客人就可以通过语音指令来控制房间的灯光、窗帘、音响等，以满足这些高频需求。

机器人服务

"未来"是离不开机器人的。酒店里机器人被赋予的职能是在餐厅空间内送餐到客人桌旁，以及送餐、送布草等到客人房间，而其彩蛋职能则是接受客人们的好奇和"戏弄"。

未来的菲住布渴

未来的菲住布渴还包括智慧房间主题、智慧安保系统、智慧虚拟伙伴、元宇宙传送门等各项更加人性化的"黑科技"应用。

智慧房间主题就是在客人入住后，手机连接房间智能系统，运用手机打开房间主题库就可以任意选择你喜欢的风格主题，选择完毕后，房间就可根据你选择的主题自动变换成你选择的主题风格的样貌。

智慧安保系统中的智慧门铃，除了酒店工作人员和本房间的客人其他人不能按响该房间门铃。除了智慧门铃，还有智能报警，房间内设有智能感应器，能够感应到房间内客人的安全情况，如果感应到客人出现了安全问题（如客人突发疾病、洗澡时不慎滑倒等）就会立即通知到酒店前台。

客人如果一个人入住酒店感到害怕或者孤单，可以在手机端客房智能系统选择一个 VR 虚拟伙伴，虚拟伙伴可以看得见，还可以陪客人聊天。

元宇宙传送门就是进入电梯不仅可以上下楼层，还可以通过电梯去到客人想去的酒店的任何地方（如酒店的餐厅、健身房等）。

2021 年，未来酒店菲住布渴与阿里云、大理州人民政府达成合作，将基于大理国际大酒店开展智慧化改造，引入菲住布渴品牌，在大理落地西南地区第一家阿里未来酒店。

大理国际未来酒店建设也是大理州落实云南省委、省政府加快大滇西旅游环线建设重要部署，大力发展数字经济，运用人工智能、云计算等技术手段，积极应对旅游产品老化、推陈出新、探索新业态供给，推动旅游产业转型升级的重要举措。

（资料来源：未来已来|“元宇宙”的阿里未来酒店，吃喝玩乐调查分局，2021-12-09；菲住布渴！西南首家阿里未来酒店落地大理，果秋大理，2021-03-04，有改编）

（二）取舍和整合创造服务特色

1. 取舍

首先是要有所为，有所不为。如管理者对企业的资源、信息获取及时间的有限性及途径的依赖性，必须权衡得失，结合酒店经营的特色做出选择。其次，鱼和熊掌不可兼得。使竞争对手欲学不能，有所得必有所失，如形象和商誉、活动、内部管理与协调等。以经济型酒店为例，管理者对服务设施齐全、服务流程标准的高星级酒店，做出了舍弃。瞄准大众旅行者和中小商务者，只提供最基础的服务设施住宿，不提供餐饮等额外服务。以住宿为最主要功能，将不必要的设施设备去除，大大降低了经济型酒店前期投资和运营成本，使得经济型酒店可以把有效资源集中运用到高质量的住宿条件中去，也使得经济型酒店获得了有别于传统豪华酒店的消费市场，在酒店业竞争中获得一席之地。

2. 整合

在取舍比较困难时，可通过各个没有明显优势的局部有机组合来创造整体战略优势，整合方式如下：①竞争优势、业务发展、市场互动、内部管理活动有机整合；②企业能力、内外环境、使命目标三位一体；③技术创新、制度创新、组织创新、管理创新系统集成；④市场网络协同和资源协同效应。

这种整合在酒店业往往以收购的方式进行，以洲际酒店集团为例，通过 2018 年收购丽晶酒店及度假村，以及以 3 亿美元现金收购六善酒店集团，洲际酒店集团成功地向豪华酒店板块扩张并进一步夯实其豪华酒店品牌组合。通过收购豪华酒店品牌，洲际酒店集团丰富了公司现有豪华酒店品牌组合，弥补了在度假这一细分市场的空白；同时，收购其他酒店品牌帮助洲际酒店集团更精准地触达、细分旅行者和酒店业主群体，并迅速将其酒店版图拓展到更多全球热门的旅行目的地。

第三节 酒店业务层面的战略选择

不同的酒店有不同的战略目标与战略选择，这是一个“如何做”的问题。酒店业务层面的战略选择是指通过在特定的单独的产品市场开拓核心能力来为顾客提供价值，并且获得竞争优势。一般包括成本领先战略、差异化战略和专一化战略等。

一、成本领先战略

（一）成本领先战略的内涵

所谓成本领先战略，是一种以最低价格为顾客提供产品的战略。它是波特提出的三种一般战略之一。成本领先战略特别强调生产规模和出售一种标准化产品，从而在行业内保持整体成本领先的地位，以行业最低价格为其产品定价。

成本领先的来源因产业结构不同而异，包括追求规模经济、专利技术、原材料的优惠采购价和其他因素。例如，在酒店等服务业，成本优势要求极低的管理费用、源源不断的廉价劳动力和因人员流动性大而需要的高效率培训程序；追求低成本的企业不仅需要向下移动学习曲线，而且必须寻找和探索成本领先的一切来源，强调从一切来源中获得规模经济的成本优势或绝对成本优势。通过低成本，酒店能够抢占市场获得高市场占有率，同时因其高市场低成本的经营带来了巨大的收益；凭借高额收益，酒店更新优化自身的设施设备，使得人工成本等降低，进而实现了成本领先战略目标。在实际中，低成本可以通过充分利用生产能力、规模经济、技术进步、业务外包、去掉不必要的功能等措施实现。

（二）成本领先战略在酒店企业中的应用

1. 相对标准化的产品

酒店要想使自身服务产品成本处于同行业的最低水平，就必须围绕这一目标采取一系列措施。首要的措施便是生产相对标准化的产品。一方面，企业通过生产相对标准化的产品可塑造令人深刻的统一的品牌形象；另一方面，企业通过相对标准化的产品可严格控制服务生产成本和管理费用，并且降低内部复制的成本，使快速扩张成为可能。

2. 顾客能够接受的特性

企业想通过成本领先战略获得竞争优势，首先需要明确低成本所产生的产品和服务是否能使顾客接受，并且满足顾客的需求。顾客希望企业的产品或服务“物美价廉”，也希望“物有所值”，如果企业一味地追求成本领先而忽视了顾客的接受度和满意度，那么成本领先战略只能成为加速企业灭亡的催化剂。

3. 最低的竞争价格

企业要想实施成本优先战略，就必须明确市场上自身的竞争价格，只有确保自身价格是市场最低价，才有可能形成规模效应，获得最大效益。如果企业在获得低成本的同时想赚取较高的利润额而未设置最近竞争价格，其竞争对手往往通过模仿、总结经验或优化自身成本，形成与该企业相似的产品并以更低价售出，这时该企业的盈利将会大幅下降，同时市场将被对手以更低价抢占。

经典案例

7天酒店的成本领先战略

以经济型酒店"7天"为例：取消掉一切与"睡觉"无关的功能，如大堂、游泳池、康乐中心、大型餐厅等，去掉的这些功能是目标顾客能够接收的，酒店把重点放在"让顾客天天睡好觉"这一点。从舒适的床垫、快速热水等方面来增强"睡好觉"的功能。同时，由社会分工带来的业务外包是"7天"降低成本的有效措施，如洗衣房、绿化等。而通过成本领先战略，7天酒店获得了传统豪华酒店的无法比拟的竞争优势。

1. 住宿功能突出

7天酒店以住宿为最主要功能。不必要设施设备的去除，通过标准化的房间设计，大大降低了酒店前期投资和运营成本，使得7天酒店可以把有效资源集中运用到扩张市场中去。

2. 性价比优势明显

7天酒店拥有现代住房的干净、简单、舒适的特点，舒适的床垫、快速热水等，给客人宾至如归的感觉，7天酒店通过考虑设备的简单实用性，使其经营能在低成本的控制下进行，使得其在酒店市场上的价格经济实惠。

3. 主流观念契合

首先，7天酒店物美价廉，这在很大程度上满足了中国老百姓价廉物优的消费心理；其次，理性的消费观念日趋成熟，促使人们不再盲目追"星"。例如，商务型客人不再强调将星级作为入住的唯一标准，而是更加注重酒店的商用功能和实用性。

4. 市场定位清晰

7天酒店的目标人群消费水平一般，通常是不追求酒店豪华程度，但对住宿环境有一定要求的工薪阶层、一般商务人士、学生等，而7天酒店恰好能满足其住宿要求。因此，相比高星级酒店，它存在明显的客源市场优势。

5. 规模扩张迅猛

通过酒店的同质化及可复制性来实现连锁扩张或特许经营转让，使7天酒店形成规模经济。同时，规模经济有利于提升7天的品牌价值、提高企业知名度、增加客源、提高企业竞争力，使得7天酒店发展得更好。

（资料来源：七天连锁酒店发展战略分析，https://wenku.baidu.com/view/960927f5541810a6f524ccbff121dd36a32dc476.html/）

Note

二、差异化战略

（一）差异化战略的内涵

所谓差异化战略是指企业向顾客提供的产品和服务在行业范围内独具特色，这种特色因其特殊性可以给企业带来额外的加价，使顾客愿意为之支付较高的价格。

目前，差异化是酒店行业最重要、最常见的战略选择。而酒店的差异化特征的创造要求酒店深入思考以下问题：①酒店的目标群体是谁，是针对哪些群体需求实施差异化？②目标群体的需求是什么？他们看重什么？③要在酒店的产品/服务的哪些方面突出差异化？差异化的主题是什么？通过对以上三大问题的思考，企业进一步明确差异化战略的规划与实施，以竞争对手做不到的方式满足顾客，获得顾客的忠诚度及卓越的盈利能力。

（二）差异化战略在酒店企业中的运用

1. 产品创新

差异化的实质就是企业必须设法取得某种独特性。为此，企业需要具有创造力，通过独具匠心的构思，将产品创新，为顾客提供独特的服务价值。

有戏电影酒店的产品创新

2. 上乘的质量

差异化一方面体现在企业产品和服务的创新差异上，另一方面体现在质量差异上，上乘的质量促使顾客选择企业的产品。以酒店的餐饮部门为例，其质量的上乘取决于食物的美味与否，同等价位下，顾客往往会选择食物更为丰富、烹饪技巧更加高超的酒店餐厅。

3. 优质的服务

酒店的优质服务多种多样，酒店业往往会从人性关怀的角度为住客提供优质服务，包括掌握酒店长住客户与VIP客户的生活习惯，处处为他们提供快捷的服务；了解长住客人所在国的国庆日、主要客人的生日等，向他们进行祝贺，帮助长住客人解决急难的问题；另外通知客人参加酒店的重要活动，定期召开长住客座谈会，虚心听取客人的意见，改进服务工作，使长住客人到店如到家，处处感到亲切、方便、舒适、安全等。

4. 更好的供应商关系

在高度分工的现代社会，没有哪一家企业能够单独完成从产品设计到将其送至顾客手中的全部价值活动，企业总是或多或少地需要外部人员的帮助，而在酒店业，这一外部人员往往是酒店供应商。酒店通过与供应商保持良好的关系，进而影响酒店的采购战略，获得与其他企业差异化的供应商产品，从而获得更高的收益。

5. 不寻常的特性

酒店是一个容易被复制和模仿的企业，但这种模仿往往是对企业内部硬件设施条件的模仿，真正使酒店有别于市场上其他企业的是酒店的特性。

知识关联

香格里拉——独特的亚洲式殷勤好客之道

香格里拉酒店秉承独特的亚洲式殷勤好客之道。努力为客人提供独具特色的亚洲式殷勤好客服务是香格里拉有别于其他酒店业同行的关键，同时也是香格里拉赢得世界级酒店集团荣誉的基础。“自豪而不骄矜”极其重要，我们希望员工能够由衷地为我们所获得的成就而自豪，但在对待客人时仍表现出温良谦恭的品质。总之，真正的成功是不需要大肆宣扬的。在力求每时每刻令客人喜出望外的过程中，我们始终希望能够超越客人的期望，始终如一地为客人提供物有所值的优质产品与服务。这也正是我们要寻求那些勇于创新、追求成就、引领潮流的专业人士的原因。让客人每次到来都如同回家一样，感到亲切、温暖和舒心。

（资料来源：香格里拉企业文化，http://www.shangri-la.com/cn/corporate/about-us/shangri-la-culture/）

6. 一个高贵的、唯一的形象

利维认为，品牌形象是存在于人们心里的关于品牌的各要素的图像及概念的集合体，主要是品牌知识及人们对品牌的主要态度。罗诺兹和刚特曼从品牌策略的角度提出，“品牌形象是在竞争中的一种产品或服务差异化的含义的联想的集合”。酒店塑造的品牌形象会给消费者一个明确的定位，传递出“我是谁”“我是怎么样的”以及“我在市场的排名”。正如迪拜阿拉伯塔酒店，提到它，人们脑海中浮现的第一印象是那如同帆船一般的酒店，以及它的高端奢华、富丽堂皇。

7. 创造性的广告

在社交媒体广泛应用，人人都是自媒体的时代，要想从众多酒店中脱颖而出，打响知名度，靠的不是“酒香不怕巷子深”，而是创意性的传播推广，酒店需要通过创造性的广告传播，打响酒店知名度，与其他酒店品牌形成差异化。

三、专一化战略

电竞酒店的未来之路

（一）专一化战略

专一化战略也叫聚焦战略。在小市场，可以做专一低成本和专一差异化的服务。其关键是提供的产品或者服务能迎合某一特殊的细分市场，这就要求企业必须能识别细分市场，也必须能比竞争对手更好地评估和满足细分市场的需要，主攻某个特定的客户群、某产品系列的一个细分区段或某一个地区市场。其前提是公司能够以更高的效率、更好的效果为某一狭窄的战略对象服务，从而超过更广阔范围内的竞争对手。

（二）专一化战略的运用

汽车旅馆就是典型运用了专一低成本化战略的旅馆，如各种小型精品酒店就是做专一差异化战略服务的，包括精品客栈、设计酒店和主题酒店等。高端酒店中的奢华精品酒店也走专一差异化战略，如安缦酒店，其定位非常高、价格不菲，市场却非常小。全球 30 多家安缦酒店，每个酒店有几十个房间，实施专一化标准与服务，提高了客户的忠诚度。

第四节　酒店企业组织管理

一、酒店企业组织管理概述

（一）组织管理的作用

基于资源的核心能力理论认为，企业的竞争优势源于资源：一是硬性资源，诸如企业区位、经营场所、设备、资金、土地、能源、原材料等；二是软性资源，诸如企业品牌、商誉、客户关系、营销渠道、信息、网络、制度安排、物流体系、业务流程等。对职业经理人而言，硬性资源往往是先天的，而软性资源才是其施展才华的领域所在。就我国的酒店业来看，软性资源具有巨大发展空间。著名的管理学家哈罗德·孔茨指出，为了使人们能为实现目标而有效地工作，就必须设计和维持一种职务结构，这就是组织管理职能的目的。通用汽车公司第八任总裁阿尔弗雷德·斯隆曾说过："若拿走我的财产，但留给我这个组织，五年之内，我就会卷土重来。"

（二）组织与组织管理

1. 酒店组织定义

酒店组织是指为了达到酒店目标经由分工与合作及不同层次的权利和责任制度而构成的人的集合。这一定义包含三层意思：第一，组织必须具有目标，因为任何组织都是为目标而存在的，目标是组织存在的前提。第二，没有分工与合作也不能称为组织，分工与合作的关系是由组织目标限定的。第三，组织要有不同层次的权利与责任制度，要赋予每个部门乃至每个人相应的权利和责任，以便实现组织目标。酒店企业进行有效组织管理的意义在于提高组织效率，根据酒店目标，建立组织机构，合理分配人员，明确责任和权利，协调各种关系，有效实现组织目标。

2. 酒店组织结构要素

组织结构要素是一定的权力结构，也就是责权关系，这种责权关系形成组织的保证体系构成，主要分为三个部分。

第一，权力结构，即明确企业内部的权力关系。它包括两个方面的内容：①明确权力主体；②权力均衡或称权力分散化，以保证决策的民主性。

第二，责权关系。管理者的行为由利益推动，由责任约束，由权力保证。

第三，组织保证体系。决策主体要行使其职能，除了要有权力保证，还要依托组织保证，如智囊团、决策中心、信息系统等保证，为决策者出谋划策，做好方案评估、方案论证和决策宣传，提供及时、准确、适用的信息支援等。

（三）酒店组织结构的基本类型

酒店的组织结构是阐明全体员工在职务范围、工作责任、任务和权力方面所形成的相互关系的结构体系，用以确定各项工作的任务分配。组织结构是组织内部分工协作的基本形式或者框架。随着组织规模的扩大，仅靠个人的指令或者默契远远不能高效实现分工协作，它需要组织结构提供一个基本框架，事先规定管理对象、工作范围和联络路线等事宜。酒店企业的组织结构基本类型包含以下三种。

1. 简单直线组织结构

在简单直线组织结构中，酒店职权集中于领导手中，员工只是为领导者监控权力的延伸而服务，多见于经济型酒店、小型私人酒店，如民宿等。

2. 事业部型组织结构

事业部型组织结构（见图 2-1）又称为 M 形结构（Multidivisional Structure），简称（M-form），或多部门结构，有时也称为产品部式结构或战略经营单位，即按产品或地区设立事业部（或大的子公司），每个事业部都有自己较完整的职能机构，具有集中决策、分散经营的特点。事业部型组织结构适用于规模庞大、品种繁多、技术复杂的大型酒店，是国内外较大的联合公司所采用的一种组织形式。

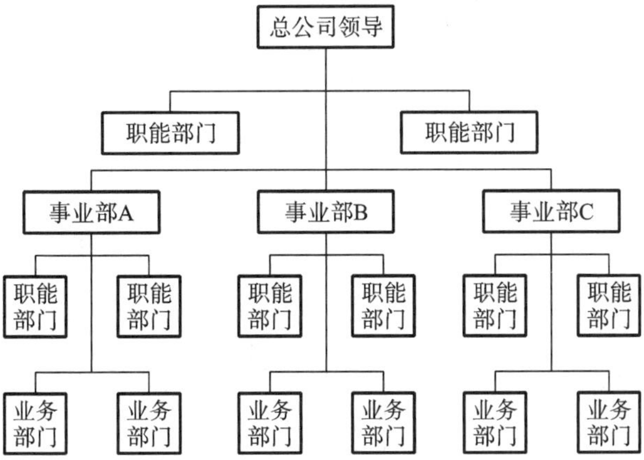

图 2-1 事业部型组织结构

3. 职能型组织机构

职能型组织机构（见图 2-2）也称为 U 形组织、多线性组织结构。职能制结构起源于法约尔在其经营的煤矿公司担任总经理时所建立的组织结构形式，故又称法约尔模型。它是按职能来组织部门分工，即从酒店高层到基层，把承担相同职能的管理业务及其人员组合在一起，设置相应的管理部门和管理职务。多适用于大中型酒店，酒店部门越多，层级越多。

酒店战略与组织结构之间的关系密切，对酒店企业来说，组织结构与酒店战略的匹配至关重要，酒店要确保自身的组织结构能适应酒店战略的不断发展变化，能为酒店战略的实施提供保障和支撑。因此，围绕酒店战略，不断审视、调整组织结构是酒店的必然选择。

Note

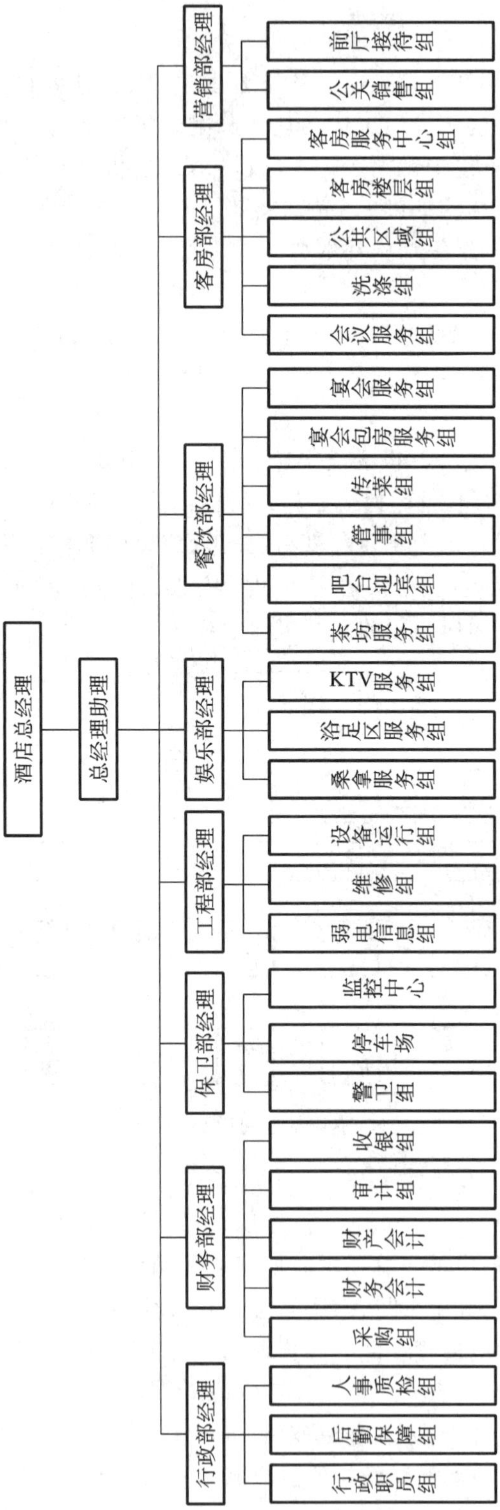
酒店总经理
总经理助理
营销部经理
前厅接待组
公关销售组
客房部经理
客房服务中心组
客房楼层组
公共区域组
洗涤组
会议服务组
餐饮部经理
宴会服务组
宴会包房服务组
传菜组
管事组
吧台迎宾组
茶坊服务组
娱乐部经理
KTV服务组
浴足区服务组
桑拿服务组
工程部经理
设备运行组
维修组
弱电信息组
保卫部经理
监控中心
停车场
警卫组
财务部经理
收银组
审计组
财产会计
财务会计
采购组
行政部经理
人事质检组
后勤保障组
行政职员组

图 2-2 职能型组织机构

知识关联

当前竞争形势下，酒店应建立什么样的组织架构？

在竞争日趋激烈的今天，酒店必须从组织结构上进行改革。管理人员的管理宽度必须加大，减少和压缩后台人员的编制，一线部门结构扁平化势在必行，这样才能使员工成本不断攀升的势头得到遏制。我们在这一方面做了一些有益的尝试，实践证明是可行的。比如一家300间客房以下的中型酒店，不超过1000个餐位数，桑拿和娱乐对外承租，其组织结构建议为：总经理下设行政部（分管总办、安全和人事）、销售部（兼管前台）、工程部（兼管客房）、财务部和餐饮部，总共五个部门即可。行政经理下设四个主管，分别负责安全和人事培训。财务部经理下设几个主管分管收银和信贷、成本控制、财务总账、采购及库管等。销售部经理主管下的前厅部不再设经理，由大堂副理监管前厅日常事务。餐饮经理下设厨师长和多名主管协助工作，不再设领班。工程部经理（亦可是客房部经理）下设若干主管，分别负责客房、PA、洗衣和维修。改革的结果表明，管理层人数减少了，中间层次减少了，管理层工作强度加大了，矛盾减少了。150间客房以下的酒店，只需设行政部负责所有后台管理，设营业部负责营业部门，也就是设一个经理带两名助手即可。

（资料来源：刘伟.酒店管理[M].北京：中国人民出版社，2014.）

二、酒店企业组织架构的基本原则

（一）适配性原则

酒店组织机构和岗位设置要适应经营任务的需要，比如一星级和二星级酒店不需要有西餐厅、宴会厅、客房送餐服务、健身房、游泳池等，四星级和五星级酒店需要有这些设施和服务，就需要设立这些机构和岗位。另外，在供过于求和供不应求条件下，组织机构设置是不一样的。一些酒店在效益不好、员工招聘难的情况下，大多采取减员增效的方法，其结果会导致人手严重不足、服务质量下滑、员工流失率变高的恶性循环。因此，酒店的战略实施应遵循适配性原则，规划应适配于酒店自身资源及组织。

（二）分工协作原则

分工可以加强专业化，提高效率，分工的过程是把组织的任务、战略目标分解成更小的组成部分，有利于发挥个人的专长，缩短时间，降低培训成本，有利于使用专用设备。但是酒店内部的过度专业化会使工作变得高度重复、枯燥、单调，导致员工产生工作倦怠，从而造成缺勤、离职和工作质量下降等消极后果。

酒店的专业分工通常是通过部门实现的：①职能部门化。把相同或相似的活动归并在一起，如酒店中的财务、人力资源、营销等活动。②产品部门化。产品部门化是围绕产品或产品大类的活动来划分部门的。如酒店餐饮部根据所提供的产品不同，设置中餐、西餐、酒吧等部门。③过程部门化。酒店按生产过程、工艺流程或设备来划分部门。酒店餐饮部按其生产过程，分为采购、验收、厨房、餐厅等部门。

在分工的基础上采取的简单直线职能型组织机构，就是一个单体综合型酒店普遍采取的做法。在同一级别的各部门管理层不是上下级的指挥关系，而是平级关系。酒店的协作机制一般通过制度（双方责任控制有主辅之分，定期碰头会，工作小组等）、企业理念（整体利益大于局部）、企业文化氛围等形成。因此，酒店要进行有效合理的分工，促使酒店持续运转，效益最大化。

（三）统一指挥原则

统一指挥是保证现代酒店高效率运转的前提。贯彻统一指挥原则，要求酒店组织必须使上下级之间形成一条连续不断的“等级链”，保证酒店战略的各项任务、目标、指令能够有效地贯彻和执行。

在统一指挥中要进行授权，即上级把权力委任给下级的组织过程。酒店通过层层授权使成员之间发生密切关系，形成职责分明的连锁系统。各部门、各员工互相协作、统一行动，形成一个有机整体。同时，授权可使高层领导集中精力处理重大问题和工作，有利于管理者执行更具有竞争性的任务。此外，授权也可以使组织中的人员发挥专长、培养人才、激励士气、改善关系、提高效率等。

在授权过程中，必须遵循以下原则：①统一命令原则。此原则意味下级对自己的上级负责，且仅对一个上级负责。下级如有两个及以上的直接上司，将会带来混乱与冲突，出现有矛盾的指令，从而使下属无所适从。②职权和职责对等原则。上级赋予下级一定的职责，也应该授予相等的职权。③责任不能委任，即授权不授责的原则。一个中层管理人员，可以把上级分派给他的职权再委任给下级，但自己向上级报告的责任和对最终结果应负的责任是不能推诿的。

（四）集中与分散原则

一方面是酒店决策与管理的集中与分散。一般来说，当上层管理者的管理能力很强，且组织内部的信息沟通很便利，集团所属酒店又集中在一个环境相似的区域里，即语言、法律制度都相似时，可采用集中决策的组织机构。相反，若集团所属酒店分散在环境不同的世界各地，即语言、法律制度都不同时，可采用分散决策的组织机构，如商业酒店的开创者斯塔特勒先生创立的斯塔特勒酒店集团主要是在美国本土发展，采用了集中决策的组织机构，而希尔顿酒店集团则遍布全球，采用了分散决策的组织机构。集中或分散决策各有其优缺点。但不论集中或分散，决策都要受到集团目标和政策的制约。分散化决策的优点是下层有较大的处理权，能建成强有力的管理团队，这一团队能对变化作出快速反应。另一方面则是酒店战略的集中与分散。酒店既要集中制定一个清晰的长期战略目标，也要根据不同时期与自身资源制定分散目标。

（五）层次与幅度原则

层次与幅度也是高层管理者必须考虑的一个重要问题。所谓层次即纵向的组织环节，幅度亦称控制跨度或管理幅度，是指一个管理人员能有效地直接管理的下属人员数。层次与幅度两者呈反相关关系，管理幅度小了，层次就会增加；要压缩层次，管辖范围就要扩大。

从我国酒店组织的实际情况看，一般认为，一个酒店管理者直接管辖的下级应是 6 到 7 人，一般不超过 10 人。因为，每增加一个层级，所需要面对的关系是呈现几何级数增加的，如 3 层，要处理的关系是 9 个。当然，一名酒店管理者具体能领导多少人还取决于上下级工作能力、工作复杂性、工作标准化与程序化程度、信息沟通方式和能力、工作班次，以及外部环境的改变速度等多种因素。当今的酒店组织层级有扁平化趋势，即层级减少，幅度加大，应通过互联网系统加强信息的沟通与管理。

第五节　酒店企业组织制度与创新

一、酒店企业组织制度的文化保障

组织文化是指酒店内部员工所具有的共同价值观体系，是由大多数员工所认同和接受的信念、期望、理想、态度、行为等构成的，其核心是酒店员工共同遵循的价值观。酒店文化是社会文化与组织管理实践相融合的产物，主要包含四个层次：第一，精神文化。酒店精神是酒店文化的高度浓缩，是全体员工共同的内心态度与意志。酒店精神决定着员工的行为，也决定着酒店的服务质量和经营业绩，是酒店文化最重要的部分。第二，制度文化。制度文化是酒店文化中人与物、人与运营制度的媒介和结合部分，是约束酒店员工行为的规范性文化。第三，行为文化。它指酒店员工在生产经营、学习娱乐中产生的活动文化，是酒店经营作风、精神面貌的动态体现。第四，物质文化。作为酒店文化的子系统，它是由员工创造的产品和各种物质设施等构成的器物文化。

酒店文化与酒店战略实施两者之间有着密切的联系。一方面，优秀的酒店文化是酒店获得战略成功的必要条件。优秀的酒店文化能够突出酒店的特色，形成共同价值观，有利于酒店制定出与众不同的战略。另一方面，酒店文化是确保战略实施的关键，优秀的酒店文化不仅能为酒店创造良好的发展软环境，而且能凝聚全体员工的精神力量，使大家齐心协力地为实现战略目标而努力。

二、高效率酒店企业组织管理的特色

组织管理存在的意义在于提高组织效率，那么高效率的酒店组织标准是怎样的？一般来说，高效率的酒店组织取决于下列两方面的因素：第一是酒店组织要拥有能吸引宾客和员工的个性特征；第二是酒店组织方式要能促进酒店管理。

（一）酒店组织的个性特征应与酒店经理人相独立

酒店组织的个性特征与酒店的任何一位经理甚至一群经理是相独立的。虽然强有力的领导给酒店组织带来了积极的影响，但从总体上说，酒店组织与构成它的个人是相分离的。例如，虽然今天许多庞大的酒店是由于某些个人当时拥有雄心壮志而产生的，如康纳德·希尔顿先生创建了希尔顿酒店，凯蒙斯·威尔逊先生创建了假日酒店，约翰·威拉德·马里奥特先生创建了万豪酒店。但是，这些酒店的生存与发展依赖于它们的组织拥有能不断吸引宾客与员工的特性，而不是这些创始人本身，酒店在它们创始人离开后还能继续蓬勃发展就是明证。

（二）酒店组织要拥有能吸引宾客和员工的个性特征

一些酒店组织之所以能长期存在，保持蓬勃的生命力，是因为它们拥有能吸引宾客和员工的个性特征。一个酒店组织的个性特征可以分为外部和内部两个方面。外部的个性特征是指宾客对这家酒店的感觉印象，如希尔顿酒店是高级商务酒店，假日旅馆是中等的汽车旅馆。一般来说，外部个性特征源于酒店的产品、服务、价格、广告和公共关系的定位。酒店的不同星级就是一种非常重要的外部个性特征，宾客对不同的星级酒店的关注点会存在较大差异。对于一星级酒店，大多数宾客关注的重点在于“安全清洁住一夜”，安全是重中之重。对于二星级酒店，“清洁方便住一夜”成为主要的关注点，方便可能体现在交通便利、有停车场、5 层以上有电梯、12 小时供应热水等方面。对于三星级酒店，“方便舒适住一夜”将是宾客对酒店的要求，舒适可能体现在客房装修良好、美观，有软垫床、梳妆台或写字台、衣橱及衣架、座椅或简易沙发、床头柜及行李架等配套家具，电器开关方便宾客使用，24 小时供应热水等方面。对于四星级酒店，宾客将对其提出更高一层的要求，“舒适享受住一夜”，为了达到“舒适性”，就要求 70% 客房的面积（不含卫生间）不小于 20 平方米，有标准间（大床房、双床房），有两种以上规格的套房（包括至少 3 个开间的豪华套房），套房布局合理等。对于五星级酒店，“舒适性”已经不能满足宾客对其要求和期待，“享受豪华住一夜”将成为五星级酒店的要求，“享受”性体现在内外装修应采用高档材料，符合环保要求，客房及公共区域整体氛围协调、风格突出、设施设备齐全等方面。

酒店组织的内部个性特征是指酒店把自身看成是什么？内部员工将酒店看成是什么？员工将酒店企业看作伙伴，抑或练兵场？这些都是通过酒店文化、经营理念、管理风格、管理制度等长期形成。例如，万豪酒店认为员工是酒店的第一位顾客，宾客是酒店的第二位顾客，他们是员工的顾客。因此，万豪酒店首先注意员工的满意问题。内部的个性特征在形成酒店的外部个性特征方面也起很大的影响作用。

（三）酒店组织方式要能促进酒店管理

从组织管理角度讲，酒店管理就是用好的组织方式即行为规则，包括工作规范、作业程序、奖惩制度等，使酒店中的人养成和发展一种良好的工作习惯。例如，酒店需要在没有众多重复决策的情况下完成日常工作，建立日常的工作规则就能使这一点成为可能。这样，管理者就能从日常的事务中解脱出来，将注意力投向更重要的事情上，努力为适应市场变化而不断进行创新，从而保持酒店的活力，使酒店不断成长。

坏的习惯与好的习惯是一起形成的。若习惯是好的，管理者就需要强化它们；若习惯是坏的，管理者就必须改变它们。员工的积极流动、奖励与惩罚是改变行为的有力武器。通过使用激励和威慑因素，酒店管理者还可以使自己工作得更容易一些。

综上所述，高效率酒店组织方式的特点包括：第一，能创造出使每一个人独立和主动工作的环境。如事先给每人一份工作计划和作业规程，让他始终知道做什么和如何去做。第二，高层管理者要将他的主要精力投入到创新工作中去，而不是放在重复的日常工作里。第三，奖励、强化积极行为，惩罚、消除消极行为，以养成全体员工良好的工作习惯。第四，重视积累知识和经验。这往往表现为对员工特别是管理者进行专业化分工，同时，注重保护和挽留有经验的技术管理人员。

三、酒店组织制度建设与组织创新

（一）酒店组织制度的含义

"没有规矩，不成方圆。"酒店管理，制度为基。要保证酒店的正常运行，并实现预期的目标，就必须实施制度化管理。酒店组织制度是酒店企业组织管理过程中借以引导、约束、激励全体组织成员行为，确定办事方法，规定工作程序的各种章程、条例、守则、规程、程序、标准和办法的总称，是以文字形式表述的规范与准则。

（二）酒店组织制度建设的意义

1. 组织制度是酒店正式组织的重要标志

正式组织是组织正式任命，以完成组织目标为宗旨的组织，以组织成本和效率为主要标准。酒店正式组织需要一系列规章制度支撑组织的建立和运行，如酒店招聘、解雇员工，对员工工作质量的评估等都必须以酒店的规章制度为准绳。酒店正是通过以制度为依据的有序管理，建立酒店运行的正常秩序，保证业务经营活动的正常进行。酒店制度也是一个组织区别于另一个组织的重要标志。

2. 酒店制度是酒店高效率运行的保障

酒店制度一方面需要约束机制，即压力；另一方面也需要激励机制，即动力。通常酒店的约束机制是由组织控制、制度控制、检查控制和核算控制组成，比如考勤制度、成本控制等；而激励机制通常由竞争激励、物质激励和领导激励组成，比如技能比赛、领导表扬等。酒店高效率运行需要其约束机制和激励机制共同作用，才能形成活力，即压力＋动力＝活力。

（三）酒店组织制度的类型

依照制度规范涉及层次和约束内容的不同，一般可将酒店组织制度分为以下四类。

（1）基本制度。基本制度主要包括企业的法律和财产所有形式、企业章程、董事会组织、高层管理组织规范等方面的制度和规范。

（2）管理制度。管理制度通常包括酒店的人事管理制度、安全管理制度、财务管理制度等。管理制度在组织管理的体系中占有重要地位，它是将单独分散的个人行为整合为有目的的集体化行为的必要环节，是酒店管理的基本手段。

（3）业务技术规范。业务技术规范是涉及某些技术标准、技术规程的规定，如服务规程、操作规程等。

Note

(4) 个人行为规范。酒店企业中，个人行为规范是指专门针对个人行为制定的规范，如礼貌服务守则、员工行为规范等。

（四）酒店组织创新与发展

1. 酒店组织创新的价值

酒店组织有其内在的结构要求和制度规范，而外界市场在不断变化，酒店也在不断发展，组织创新成为必然。有一位大师曾说过，世界上唯一不变的就是变化，就酒店而言，在改革开放之初市场供不应求的情况下，多数酒店没有设置市场营销部门。如今，在买方市场情况下，大多数酒店内，市场营销是其主要部门，且在互联网快速发展的今天，营销的组织结构也发生了巨大变化。因此，酒店组织创新始终是酒店需要面对的问题。酒店组织创新涉及组织结构的重组、流程的再造、制度政策的修订完善等多方面。

2. 组织结构重组反思酒店组织存在问题

我国绝大多数酒店在组织结构设计上都采用的是直线型组织结构，按照这种分工思路，无论酒店规模大小，其部门设置都容易陷入过分求全和管理官僚化的误区。相反，扁平式组织结构借助于现代计算机技术和通信技术，实现了信息高效共享。酒店可以通过流程再造提高对顾客需求的反应速度，按照酒店企业的基本价值链将整个企业组织体系分解成为若干相互联结的流程模块。简化过去相互割裂的部门建制，全员营销，前移服务重心，突出直接为顾客创造价值的环节。一些酒店倒金字塔的组织结构即强调员工是直接服务于顾客的，只有管理者要服务于员工，总经理服务于管理者和员工，这样才能更好地为客人服务。

3. 流程再造提升顾客价值体验

对原有流程进行全面的功能和绩效分析，发现其存在的问题。首先是确定流程中是否存在功能障碍。对原有流程的分析，要以顾客价值为标准，查找影响服务功能实现的因素。同时根据重要性原则，将酒店的服务定位为核心竞争力，果断放弃消耗资源又不代表酒店特色的业务，让酒店经营变得简洁而高效。对业务流程的反思，一定要与企业所能支持的技术水平、员工素质相结合，客观评估一项流程的实施所需要的资源是否为企业所掌握。

流程再造的一般性方法，通常是将目前的数项业务或工作进行整合。流程再造是一个开放性的循环，客观上只存在阶段性的最优状态。企业的业务流程是否合理，是其外部环境与内部积累相互博弈决定的。在市场环境快速变化的今天，一个流程再造项目的结束往往意味着下一阶段调整的开始。

本章小结

1. 酒店企业战略管理概述主要包括战略管理的本质和基本内容，并结合酒店企业的经营特点介绍了酒店企业战略体系的基本构成，区分了酒店企业愿景、使命和价值观在战略管理中发挥的不同作用。

2. 酒店企业的竞争力培育主要包括酒店企业如何根据内外部环境分析和行业分析来选择和确定战略，并培育核心竞争力。

3. 酒店业务层面的战略选择主要包括被酒店企业广泛运用的成本领先战略、差异化战略、专一化战略等,并辅助以具体案例帮助理解这些战略的特点与运用。

4. 酒店企业组织管理主要包括酒店企业的组织管理概述、组织结构类型、组织架构设计的基本原则。

5. 酒店企业组织制度与创新主要包括酒店企业组织制度的文化保障、高效率酒店企业组织管理的特色以及组织制度的建设与创新。

思考与练习

穿越变局:酒店业在存量时代如何做战略布局?

Note

第三章
酒店业务运营管理

学习引导

酒店作为服务型企业，面向消费者提供的业务运营管理是酒店管理的核心内容之一，各部门业务运行情况的好坏也就直接影响酒店管理目标的实现与否。本章分别结合酒店前厅部、客房部、餐饮部三大主要对客服务部门，对其部门概况、岗位职责及运营管理进行阐释和介绍，内容涵盖三大部门的地位与作用、工作任务与岗位职责、运营管理的重点领域等多方面内容。通过本章的学习，学生可以对酒店前厅部、客房部和餐饮部的业务运营管理知识有整体的把握和认识。

学习目标

知识目标：了解酒店前厅部、客房部、餐饮部在酒店中的地位与作用、工作任务和岗位职责。

能力目标：熟悉酒店前厅部、客房部、餐饮部日常接待业务管理与运营管理的技能技巧。

德育目标：热爱酒店服务行业，努力成为具有工匠精神的优秀酒店业务管理职业经理人。

思维导图

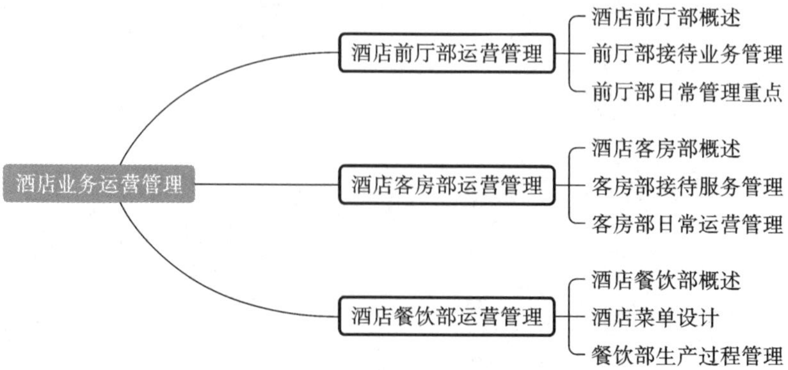

第一节 酒店前厅部运营管理

一、酒店前厅部概述

（一）前厅部的地位与作用

前厅部是酒店对外经营的重要部门，担负着销售客房及酒店其他产品的重要任务。前厅部的运转及管理水平直接影响着整个酒店的经营效果及市场形象。在现代化的星级酒店里，前厅部往往被认为是整个酒店的核心部门，有着举足轻重的地位，无论是前厅部的设置、员工的素质，还是管理的手段都要求高于其他部门。

1. 前厅部是酒店业务活动的中心

前厅部是酒店经营管理的“窗口”，在酒店经营管理中起到了连接内外、协调整体的作用。前厅部的主要任务是销售客房，为抵店的客人办理登记入住手续及安排住房，积极宣传和推销酒店的各种产品，并通过客房的销售来带动酒店其他各部门的经营活动。同时，前厅部还要及时地将客源、客情、客人需求及投诉等各种信息通知有关部门，共同协调全酒店的对客服务工作，以确保服务工作的效率和质量。同时，前厅部是客人与酒店联络的纽带。前厅部的工作从预订、登记入住、退房结账到建立客史档案，贯穿于客人在店消费的全过程。

2. 前厅部是酒店的形象代表

前厅部通常设置在酒店大堂最醒目的地方，位于客人在酒店活动的必经之地。星级酒店的前厅一般装饰华丽、温度适宜、宽敞明亮，并且有独特的香氛，给客人身体上和心理上带来一定的舒适感和优越感。前厅服务人员的言语举止会给客人留下深刻的第一印象，客人入住期满离店时，也要经过大堂。前厅服务人员在为客人办理结算手续、送别客人时的工作表现，会给客人留下“最后印象”。如果前厅服务人员能以彬彬有礼的态度待客，以娴熟的技巧为客人提供服务，或妥善处理客人投诉，认真有效地帮助客人解决疑难问题，那么客人对酒店的其他服务也会感到放心和满意。反之，客人则会对一切都感到不满。

3. 前厅部是酒店管理机构的参谋和助手

前厅部作为酒店业务活动的中心，能为来店消费的客人提供及时、精准的信息，以满足客人的各种需求。同时，前厅部还需把收集到有利于酒店经营管理的客人信息传达到客房、餐饮、娱乐、财务等相关部门，并对这些信息进行整理和分析，每日或定期向酒店管理机构提供真实反映酒店经营管理情况的数据和报表。前厅部还定期向酒店管理机构提供咨询意见，作为制订和调整酒店计划和经营策略的参考依据。

4. 前厅收入是酒店收入的重要来源

前厅部作为酒店的一线对客服务部门，其主要任务是接受客房预订，并为客人办理

Note

登记入住、离店结账等手续。前厅部按规定的服务程序与宾客直接或间接接触，是酒店主要的经营活动部门之一，可以说没有任何一家酒店不重视前厅部销售客房的经营活动。客房消耗低，纯利高，初建时投资大，但耐用性强。一般客房可以产生几十年的经济效益。宾客入住以后，还要饮食、购物、娱乐、洗衣等，所以重视前厅部的管理，提高前厅部的服务水平，不仅会增加客房的经济收入，还会增加其他服务设施的收入，提高整个酒店的经济效益。

（二）前厅部的组织结构与职能

1. 前厅部的组织结构

因酒店类型、规模等因素的影响，酒店的组织机构也有较大区别。主要表现有：①管理层次不同。大型酒店管理层次多，前厅设有经理、主管、领班和服务员四个层次。小型酒店层次少，前厅只有经理、领班、服务员三个层次。②组织构成要素不同。大型酒店组织机构内容多，包含商务中心服务、机场接待服务、委托代办服务等部门。小型酒店前厅部只有基本的总机服务与厅面服务。③职能分开。大型酒店前厅部组织机构的管理层次多，根据岗位配备人员，使其所提供的服务更具有专业性。小型酒店在组织机构设置中往往采用合二为一、合三为一等方式，一岗多职，一人多能，以此来降低组织成本。

1）大型酒店前厅部组织结构

大型酒店设置酒店客房事务部又称房务部，下设前厅、客房、洗衣与公共卫生四个部门，组织结构复杂，层次多，分工明确。房务部通常设置主管经理或总监，下设前厅部内部通常有经理、主管、领班和服务员四个层次（见图 3-1）。房务部将酒店前厅部、客房部合二为一，既可以降低管理费用，又能加强前厅部与客房部的联系与合作。

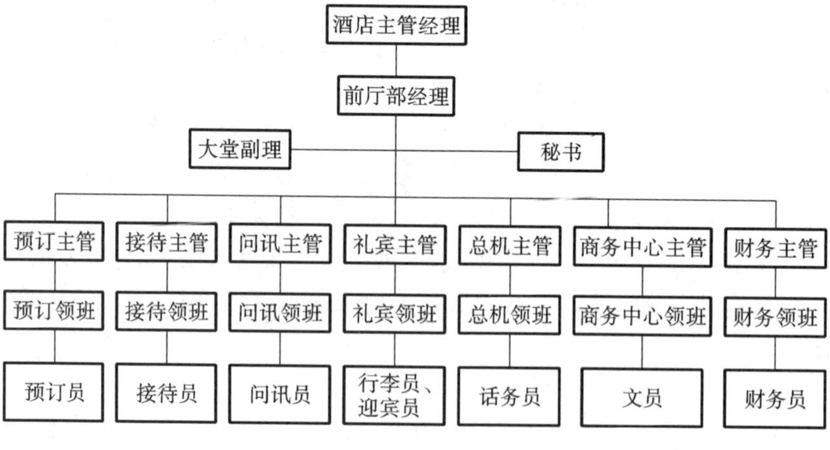

图 3-1　大型酒店前厅部组织结构

2）中型酒店前厅部组织结构

中型酒店采用前厅部与客房部并列独立的部门，直接向酒店总经理负责。前厅部内设有部门经理、领班、服务员三个层次，分工比较细致，功能也比较全面。

3）小型酒店前厅部组织结构

小型酒店不单独设立前厅部，而是在客房部设置总服务台承担前厅部的职责。小型酒店前厅部设置比较简单，只设领班（主管）和服务员两个管理层次。目前，一些小型酒店也增设了前厅部，扩大了业务范围，以强化前厅的推销和“枢纽”功能，发挥其参谋作用。

2. 前厅部的主要职能

1）预订处

预订处专门负责酒店订房业务，接受客人以电话、传真、信函、网络、口头等形式的预订；负责与客源供应单位建立业务联系，了解委托单位接待要求，尽力推销客房；密切与接待处联系，提供有关客房预订资料和数据；做好客情预测，提供 VIP 抵店信息；制订客房预订计划；制作预订报表，对预订进行计划、安排和控制；参与对外订房业务的谈判及合同的签订；加强和完善订房记录及客史档案等。

2）接待处

接待处负责接待住店客人，为散客、团体客人、长住客、无预订客人办理入住登记手续，分配房间；掌握客房出租变化，准确显示房态；制作客房销售情况报表；协调对客服务工作等。

3）问讯处

问讯处负责回答客人的询问，提供酒店内部和外部的信息（如酒店内服务、交通、旅游信息等）；接待来访客人；提供收发、传达、会客等服务；负责保管所有客房钥匙。

4）礼宾部

礼宾部为客人提供迎送服务、行李服务和各种委托代办服务，在一些酒店又称为“礼宾服务处”“大厅服务处”或“行李处”。负责门厅或机场、车站、码头的迎送宾客服务；协助管理和指挥门厅入口处的车辆，确保路面畅通和安全；提供住客行李运送、寄存和托运服务；引领客人进房，介绍客房设施设备和服务项目；提供分送报纸、信件、物品的服务和留言服务；代办客人各项委托事务。高星级酒店提供“金钥匙”服务。

5）电话总机

电话总机负责接转电话服务；叫醒服务；回答电话问询；负责电话投诉、电话找人、电话留言服务；办理长途电话事项；播放背景音乐；在酒店出现紧急情况时可充当指挥中心。

6）商务中心

商务中心为客人提供收发传真和电报、复印、打字及电脑文字处理、文件装订、上网、订票等商务服务，还可以根据客人的需要提供秘书服务。

7）收银处

收银处提供住店客人离店结账服务；管理住店客人的账目；提供外币兑换服务；为住店客人提供贵重物品的寄存和保管服务；催收、核实账款；夜间统计当日营业收益，制作报表。因业务性质，收银处通常隶属于酒店财务部。但是，由于收银处位于前厅总服务台，直接面对客人提供服务，与接待处、问讯处联系密切，是总台的重要组成部分，因此，前厅部也应参与对前厅收银人员的管理和考核。

8）大堂副理

大堂副理是酒店管理机构的代表人之一，代表总经理负责前厅服务协调、贵宾接待、投诉处理等服务工作，还负责大堂环境、大堂秩序的维护等事项。大堂副理是酒店

Note

形象的维护者，也是酒店客人正当利益的保护者。现在，不少高档酒店在前厅设有客务关系部，直接由大堂副理或值班经理负责。

知识活页

酒店金钥匙服务

国际金钥匙组织起源于法国巴黎，金钥匙的原型是19世纪初期欧洲酒店的委托代办(Concierge)。古代的Concierge是指宫廷、城堡的钥匙保管人。金钥匙的口号是“在客人的惊喜中，找到富有乐趣的人生”。对中外商务旅游者而言，“金钥匙”是酒店内外综合服务的总代理、一个在旅途中可以信赖的人、一个十分友好的忠实朋友、一个解决麻烦问题的人、一个个性化服务的专家。

在中国酒店金钥匙的蓝图中，始终有一个明晰的目标：使中国酒店业能够和国际接轨，同时在国际上竖起一块牌子，证明中国的酒店服务是优质的。

欧洲人早就认识到金钥匙服务的重要性，美国人也早就开始学习和运用金钥匙服务并体会到这个信誉组织的价值所在。在美国，一家很受人喜爱的酒店，往往是金钥匙服务十分到位的酒店。新加坡也曾在酒店中推广这种个性化的品牌服务。

金钥匙服务很广泛，包括向客人提供市内最新的流行信息、时事信息和举办各种活动的信息，并为客人代购歌剧院或足球赛的入场券；为团体会议制作计划，满足客人的各种个性化需求，包括安排正式晚宴；为一些大公司设计旅程；照顾好客人的子女；甚至可以为客人把金鱼送到地球另一边的朋友手中。

在中国一些大城市里，金钥匙委托代办服务往往被设置在酒店大堂，他们除了管理、协调好行李员和门童的工作外，还负责其他的礼宾服务。

（资料来源：http://www.goldenkeyschina.com/）

TOURISM

二、前厅部接待业务管理

（一）客房预订业务

为了保证宾客到达目的地后能够安全顺利地入住酒店，旅行团和会议团的组织者往往都会提前通知选定的酒店，预订相应的房间；在旅游旺季和节假日期间，相当多的散客也会提前订房间。对酒店而言，客房预订是促进酒店销售的一种有效手段，能够使酒店预测未来一段时间的客源状况，以便提前做好接待计划，合理安排人力资源，采购相应的食品和用品等，更好地为宾客提供周到细致的服务。宾客预订的类型包括以下几方面。

Note

(1) 确认类预订。酒店接受宾客的预订时,以口头或者书面形式予以确认,一般不收订金,但规定客人必须于预订入住日的规定时限前到达,否则作自动放弃预订处理。

(2) 保证类预订。为保证酒店和宾客双方的利益,预订时宾客向酒店预付定金来保证自己的订房要求,也使酒店避免了在旺季宾客擅自取消预订而带来的损失。

(3) 等待类预订。客人预订时,酒店的客房已经订满,酒店向宾客告知实情后,可将宾客相关信息记录在案,如有其他宾客取消预订或提前离店,可通知该预订客人。这类预订称之为不确定预订或者超额预订。宾客往往会为稳妥着想而另辟蹊径,所以等待类预订的成功率较低。

(二) 办理宾客入住手续

宾客到达酒店后,首先要在接待处办理入住登记,交纳一定预付款后领取酒店房间钥匙。一旦办理了入住登记手续,宾客和酒店之间就建立了正式的合法关系。办理入住手续的程序,因宾客类型的不同而有所差别。

1. 散客接待程序

目前,酒店前台几乎都使用计算机来进行业务管理。接待流程包括:①宾客到达。询问宾客有无预订,有预订的从计算机调出相关资料。②填写登记表。由宾客填写登记表的各项内容,通常前台工作人员获取客人信息后打印出来请客人签字确认。③排房及房价。核对宾客有效证件及登记表后,立即安排出相应房间。④商定付款方式并收取预付款。按宾客预计居住天数收取预付款,宾客可在酒店业务范围内以现金、信用卡、支票等形式商定付款方式。⑤交付客房钥匙。以上手续完成后,将客房钥匙交给宾客,提醒宾客寄存贵重物品等。⑥资料存档及入住通知。宾客办理完手续后,立即将相关信息输入计算机并存储,计算机自动向客房服务中心等相关部门发出宾客到达的通知。

2. 团体接待程序

团体接待程序包括:①预先排出客房。根据预订单排出宾客房间,准备好钥匙(封套),将团队分房表送行李处和客房部。②团体到达及分房。与团队负责人联络,由其统一办理入住登记手续,并协助其分发客房钥匙。③引领宾客入房。行李员在团体办理入住手续时,可将宾客行李码放于行李车上,分房完毕,立即引领宾客进入房间,并送行李到宾客房间。④建总账及通知。宾客入房后,将相关信息存入计算机,为团体建立总账单交收银处,开具团体用餐通知单送餐饮部。

(三) 宾客住店期间的系列服务

1. 迎送服务

宾客到店和离店都应享受酒店热情周到的迎送服务,迎宾员是酒店主要承担迎送任务的形象大使,行李员则要负责宾客抵离店的行李运送,重要宾客应由酒店总经理及相关部门经理出面迎送。

2. 行李服务

行李服务包括行李运送和行李寄存服务。行李处要根据每日抵离店宾客名单,做好宾客入住时将行李送达客房,以及宾客离店时将行李搬运至大厅(或车辆上)的服务工作。宾客若有行李或贵重物品要寄存,则要按酒店规定做好寄存登记和存放工作。

Note

3. 咨询服务

此项工作由问讯处负责，但现在许多酒店将问讯处合并到接待处，甚至将接待、咨询、收银三者合一，以节省劳动力成本和提高工作效率。该项工作向宾客提供各方面的信息查询服务，并处理宾客邮件等。

4. 总机服务

酒店总机可为宾客提供转接电话、咨询、代客留言、叫醒等服务。

5. 受理宾客投诉

前厅设置大堂副理一职来受理宾客投诉，办公地点通常在大厅入口的左侧或右侧，由一张工作台和三把椅子构成相对独立的区域。受理宾客投诉时，大堂副理应采取倾听—记录—安慰—调查—处理的工作程序，力争使宾客投诉的问题能圆满解决，并在每日的管理层例会上说明相关投诉情况。

6. 商务中心服务

根据商旅客人的需要，商务中心一般提供打字、复印、传真、翻译、会议记录、网络等服务。

7. 其他服务

为了方便住店宾客，前厅还可与银行、邮局、铁路、公路、航空、旅行社、出租汽车公司等合作，提供外币兑换、旅游代办、票务预订、出租车预约、邮件寄发等服务。

（四）办理宾客离店业务

办理住店客人离店时，通常按以下程序进行：①宾客离店前的准备。询问宾客续房或离店的具体时间，汇总离店宾客的消费账单。②结算宾客消费总账。计算出宾客的消费总额，将账单递交宾客核实。③收银服务。按核实后的账单结账。④听取宾客意见并道别。主动询问宾客对酒店服务的意见和建议，与宾客道别。⑤变更客房状态。在计算机系统中变更客房状态。⑥汇总凭证及资料存档。将宾客的所有凭证汇总，便于夜审，并将宾客资料归档。

酒店试水“无接触”服务

三、前厅部日常管理重点

（一）接待业务安排

1. 每日业务安排

前厅部经理根据宾客预订、宾客当日抵离店统计表等资料，预测当日客源状况，每日对各部门进行业务安排和指导，若有前日遗留的业务问题或宾客投诉等，应尽快处理。

2. 计划内业务安排

若有大型团队接待、VIP 接待、酒店促销活动、区域性大型接待活动（如艺术节、糖酒会）等，应提前做好接待计划，落实具体经办人，在人员组织、物资采购等方面做好充分准备。

（二）信息管理

酒店信息是指在酒店经营过程中可提供的各种消息和资料。前厅部是酒店信息的集散中心，提供正确的信息和及时传输新信息，有助于方便宾客和提高酒店员工的工作效率。酒店提供的信息按区域可分为酒店内信息和酒店外信息，它们按内容又可细分为固定信息和可变信息。

1. 酒店内信息

酒店内固定信息指酒店内各种设施及服务项目等信息，如西餐厅的位置、营业时间、消费情况等，而每日抵店宾客情况、促销活动、宴会集会等，则属于酒店内可变信息。

2. 酒店外信息

酒店外固定信息有区域划分、交通路线、电话号码、相关法规、教育机构、运动场所、知名企业、商贸中心、医院、银行、娱乐设施等，而酒店外可变信息有文艺演出的时间、内容等。

前厅问讯处应将收集到的信息整理归类，熟悉了解各项内容，并随时关注店内外新动态，及时录入和更新信息。

（三）销售管理

前厅销售是以客房销售为主的经营活动，是酒店产品市场营销的重点，搞好前厅销售管理，不仅能提高客房的出租率，同时也能带动餐饮、康乐等业务部门的经营。

1. 编制前厅销售计划和销售预算

前厅销售计划指在一定时间内，前厅客房销售量预计达到的目标，而销售预算则指为实现这一经营目标而需支出的费用，如广告费、公关接待费、促销费等。科学且合理地制订销售计划和确定预算，能使前厅管理者严格控制销售成本，通过各种销售手段和方法，完成销售目标，实现酒店的经济效益。

2. 架构客源网络、稳定市场份额

在市场激烈竞争的状况下，只有树立强烈的销售意识，采取各种销售手段和方法，如人员推销、广告促销、特殊促销、公关促销、内部促销等，建立酒店客源网络系统，才能稳定和发展市场份额。

3. 准确掌握客房状态

随时掌握最新的客房状态，加强分房管理，能保证接待员的分房工作准确顺利地进行。前厅准确显示最新客房状态，能使接待员对目前各种状态的房间了如指掌，在客房销售时，能合理调配房间和灵活处理宾客对客房的要求，以保证现房的销售，并提高客房出租率。

4. 加强客房预订管理

预订客房总量的多少，体现了酒店回头客源和拓展客源的市场状况，加强客房预订管理，不仅能巩固和扩大客源市场，还能充分做好准备工作，提高接待服务质量。客房预订的客源市场主要是旅行社、机关单位、公司等，前厅部应掌握宾客资料，主动与上述机构联系，随时了解宾客情况和通报酒店信息，以期达成预订。

5. 编制各种销售报表

每日或定期编制各种销售报表，能准确显示销售状况和客房状态，有利于管理者及时调整销售策略和方法。

知识关联

酒店房态及其表示

房态即酒店客房的状态。酒店常见房态有5种：干净空房、脏空房、住客空房、住客脏房、维修房（锁房）。当前的酒店房态，多数以PMS酒店管理系统的展示为准。随着移动互联网的发展，手机端软件越来越完善，使用手机端查看房态，更加方便。房态的第一个作用是方便了前台了解房间信息，能快速做出相应操作。比如，前台有客人来开房时，前台可轻松地知道哪些干净房是可以开出去的。房态的第二个作用是方便客房工作。由于客房管理人员要对员工的房间清扫进行分配，因此，需要简单明了的房态报表协助完成该工作。

酒店房态在PMS酒店管理系统中通常会有不同的表示形式：

VC（Vacant Clean）——空房、VD（Vacant Dirty）——走客房、OD（Occupied Dirty）——住客房（脏房）、OC（Occupied Clean）——住客房（干净房）、O. O. O（Out of Order）——待修房、ECO（Estimated Check Out）——预计退房、NS（No Smoking）——无烟房、SO（Slept Out）——外睡房、DL（Double Lock）——双锁房、DND（Do Not Disturb）——请勿打扰、MUR（Make Up Room）——请即打扫、RS（Refuse Service）——拒绝服务、NB（No Baggage）——无行李、LB（Light Baggage）——少行李、VIP（Very Important People）——重要客人、LSG（Long Staying Guest）——长住客、CO（Check Out）——结账、CI（Check In）——入住。

（资料来源：根据相关资料整理）

（四）与其他部门的沟通协作

1. 与客房部的协作

与客房部的协作包括：①前厅部接待处应及时向客房部通报宾客入住的信息。②前厅应将每日宾客信息通报客房部。每日宾客信息包括重要宾客信息、次日抵店宾客信息、团体入住通知、预计离店宾客的房间和日期等，以上信息应以书面形式通报。③团队宾客入住前应向客房部递交房间分配通知单。④宾客换房手续办理前后，保持与客房部的联络，并将最后结果及时通知客房部。

2. 与餐饮部的协作

与餐饮部的协作包括：①每日以书面形式向餐饮部通报宾客信息。②前厅应了解餐饮部的各项服务设施及项目、特色和宾客有关资料（如年龄、职业、地区等），及时向宾客推荐、说明。③前厅应将宾客用餐的特殊预订要求以书面形式通知餐饮部。④酒店如需在VIP等宾客的房内摆设鲜花和水果时，应以书面形式通知餐饮部。⑤协助餐饮部的促销活动，发放宣传卡，主动推销餐饮产品，解答宾客的疑问。

3. 与康乐部的协作

酒店一体化的趋势使部门之间互通信息，相互促销变得很重要。与康乐部的协作体现在：①前厅部向康乐部递交宾客情况书面通知。②协助康乐部的促销活动。③主动向宾客推荐介绍康乐设施，并及时向康乐部传递宾客健身、娱乐的信息。

第二节 酒店客房部运营管理

一、酒店客房部概述

(一) 客房部的地位与作用

客房部是酒店的主要盈利部门,它不但在酒店纷繁的日常工作中担任重要角色,而且在酒店的经营管理中起着重要作用。客房是酒店的主体,是酒店的主要组成部分,是酒店存在的基础,在酒店中占有重要地位。

1. 客房是酒店存在的基础和构成的主体

酒店是向旅客提供生活需要的综合服务设施,它必须能向旅客提供住宿服务,而住宿必须要有客房,从这个意义上说,有客房便能成为酒店,所以说客房是酒店存在的基础。

按客房和餐位的一般比例,客房在酒店建筑面积中占70%—80%;酒店的固定资产,也绝大部分在客房,酒店经营活动所必需的各种物资设备和物料用品,亦大部分在客房,所以说客房是酒店的主要组成部分。

2. 酒店的等级水平主要是由客房水平决定的

客房是客人在酒店中逗留时间最长的地方,客人对客房更有"家"的感觉。人们衡量酒店的等级水平,主要依据酒店的设备和服务。设备无论从外观、数量或是使用来说,都主要体现在客房,因为客人在客房待的时间较长,较易于感受,因而客房服务水平常常被人用来衡量酒店的等级水平。客房水平包括两个方面:一是客房设备,包括房间、家具、墙壁和地面的装饰、客房布置及客房电器和卫生间设备等;二是服务水平,即服务员的工作态度、服务技巧和方法等。服务人员的服务态度是否热情、周到,服务项目是否周全、丰富等,对客人有着直接影响,是客人衡量"价"与"值"是否相符的主要依据,所以客房服务质量也是衡量整个酒店服务质量、维护酒店声誉的重要标志。

3. 客房是酒店经济收入和利润的重要来源

酒店的经济收入主要来源于三个部分——客房收入、饮食收入和综合服务设施收入。其中,客房收入是酒店收入的主要来源,而且客房收入较其他部门收入稳定。客房收入一般占酒店总收入的50%左右。从利润来分析,因客房经营成本比餐厅、商店等都小,所以其利润是酒店利润的主要来源。

4. 客房是带动酒店一切经济活动的枢纽

酒店作为一种现代化食宿购物场所,只有在客房入住率高的情况下,酒店的一切设施才能发挥作用,酒店的一切组织机构才能运转,才能带动整个酒店的经营管理。客人住进客房,要到前台办手续、交房费;要到餐厅用餐、宴请;要到商务中心进行商务活动,还要健身、购物、娱乐,因而客房服务带动了酒店的各种综合服务效益。

5. 客房部的管理直接影响酒店的运行和管理

客房部的工作内容涉及整个酒店的角角落落，为其他各个部门正常运转提供了良好的环境和物质条件。另外，客房部员工数量占整个酒店员工总数的比例很大，其管理水平直接影响到酒店员工队伍整体素质的提高和服务质量的改善。

（二）客房部的主要任务

客房商品是由房间、设备设施、日用品等硬件设备和客房清扫、物品配备、设备设施的维护保养及满足宾客多方面的要求等综合服务组成的。因此，客房布置要美观，设备设施要完备、舒适、实用，日用品要方便齐全。服务项目要全面、周到，宾客财物和人身安全要有保障，才能使宾客有“家”的感觉，而这些就是客房部的主要任务。

1. 科学组织好接待任务

在客房产品的营销过程中，前厅始终处于营销活动的起点，负责客房产品的销售；客房部始终处于营销活动的中间环节，负责客人住店期间的大部分工作。客人住店期间在客房逗留的时间最长，设备和物资消耗最大。科学合理地组织接待服务工作，满足客人需求，提高客房出租率，降低物资消耗，加强成本控制，是客房管理的重要内容。客房要根据酒店总体计划，制订部门计划和明确劳动定额，落实各项规章制度，保证服务质量。

2. 认真管理好设备用品

客房设备用品是开展客房服务工作的物质基础，管理好客房的设备用品，是客房管理的重要内容之一。客房内的各种设备用品应保持齐全、完好的使用状态，客房部要具体制定设备用品管理制度，明确各级管理人员的职责，合理使用设备用品管理制度，在满足客人使用、保证服务质量的前提下，提倡节约、减少浪费、堵塞漏洞，努力降低成本，力求经济效益最大化。

3. 精心设计好客房布置

客房装饰布置的好坏，以及物资用品配备的数量和合理程度，不但直接影响客房服务质量和酒店声誉，而且决定了客房的等级标准，是客房产品价值的重要组成部分。客房产品是商品化的高级消耗品，室内环境艺术和布置装潢都必须根据客房等级和客人需要，遵循一定的原则和方法来进行。因此，必须根据客人的需求特点和酒店的等级标准，装修布置好客房，使礼遇规格和陈设布置保持协调一致性，使客房等级和客房价格相匹配。

4. 严格控制客房卫生，监督保证客房服务质量

客房卫生清洁工作是保证客房服务质量的重要组成部分之一。现代酒店对客房卫生的标准越来越高。因此，客房管理必须制定卫生操作标准规程，落实检查制度，指挥监督楼层班组的工作情况，切实保证客房的清洁卫生质量。对客房服务过程的管理，是保证客房服务质量的一个重要环节。要加强对楼面班组的组织和领导，严格按规章制度办事；加强同有关部门的联系，及时传递信息；分析客人的类型，研究客人的心理，随时掌握客人的心态和要求，并从中发现带有普遍性的问题和客人的需求变化规律；抓住客房服务过程中的内在联系和基本环节，不断提高服务质量，提供个性化服务。

5. 做好员工队伍建设，抓好安全保卫工作

客房部所属的人员较多，加强对员工队伍的管理和建设，是确保客房服务工作顺利

开展和不断提高服务质量的关键之一。员工队伍建设的主要内容包括:提高员工的政治素质、提高员工的业务素质、认真执行奖惩制度。从整个酒店来讲,酒店的安全保卫工作由保安部负责,但客房工作比较复杂,容易出现各种安全问题,客房部的安全工作应由客房部和保安部积极配合,共同负责。

(三)客房部的组织结构

各酒店客房部的机构设置不尽相同,考虑到酒店的性质、档次、规模、客源结构和层次、服务模式、建筑设计、内部功能布局、员工素质水平等因素,常常没有统一和固定的机构模式。但是,一般而言,客房组织机构的设置必须从整体观念出发,使客房管理各个方面的分工协作有机结合。

大中型酒店客房部分支机构多、职责分工细、机构规模较大,如图 3-2 所示。

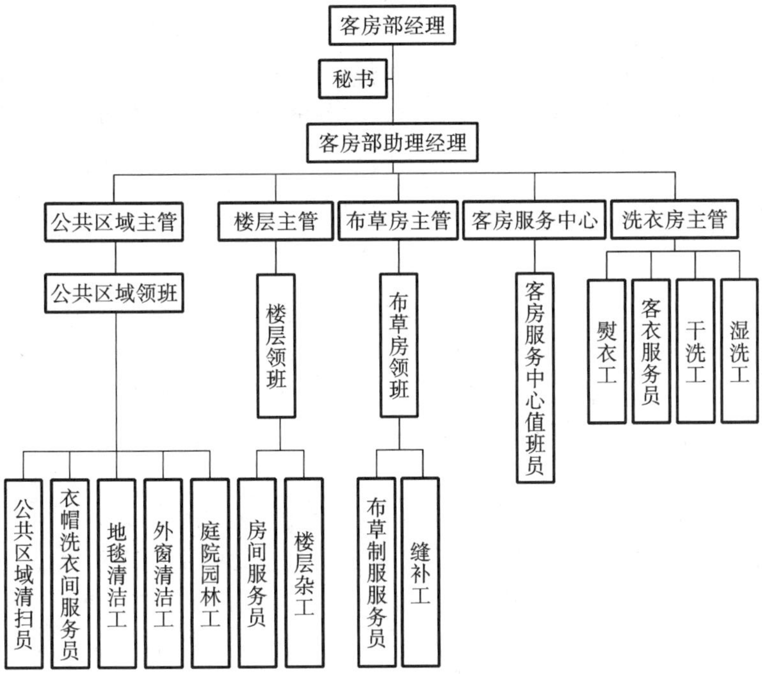

图 3-2 大中型酒店客房部组织机构

在小型酒店里,客房部的管理范围较小,其组织机构层次比较少。随着社会化程度的加深,客房部的某些业务,如布草的洗烫、公共区域的外墙清洁等,都由外部的专业公司来承担。

二、客房部接待服务管理

客房部除负责卫生清扫工作外,还要为客人提供诸如洗衣、迎宾、访客接待等服务,以方便客人。为保证客房部对客服务质量,管理人员应抓好以下几个方面的工作。

（一）制定接待服务程序

接待服务程序是客房服务工作正常开展的保障和先决条件，也是检查服务效果的依据，必须根据客人在酒店中的活动规律做出合理安排，如顾客迎送程序、进房程序、洗衣服务程序及擦鞋服务程序等。这些程序必须明确具体，既有先后顺序，又有动作要求，还要有时间限制，要具有很强的操作性。

（二）做好服务组织安排

客房接待业务的工作量是由前厅销售客房的数量决定的。客房管理人员要根据相关报表等信息，及时掌握客人进店的人次，结合当日情况安排好楼层服务人员，准备好必需的物品、用具，以便及时地提供各种服务。

（三）加强质量管理

整个接待服务工作，管理人员应抓好工作安排，合理分配工作任务，按质量标准和要求检查执行情况，加强对服务员、工作数量和质量、物质消耗、清洁卫生和安全保卫工作等方面的督促检查。

（四）接待服务管理模式

1. 楼层服务台模式

在酒店客房每个楼层设立服务台是传统接待型酒店的产物。楼层 24 小时设专职服务员值台，同时与总台保持密切的联系。该模式给客人以亲切感，能及时发现、汇报和处理楼层中的不安全因素，有利于客房销售。对于客人入住、退房等情况，楼层服务台能及时准确地加以掌握，有利于客房销售，但劳动力成本较高。

2. 宾客服务中心模式

此模式不在楼层设立服务台，客人住宿期间的服务要求由宾客服务中心统一协调。服务中心实行 24 小时值班制，值班人员接到客人要求提供帮助的电话后，通过酒店内部的呼叫系统，通知服务员上门服务是目前酒店主流的服务模式。此模式能减少对客干扰，给客人营造一个宽松、自由的入住环境，同时，降低劳动力成本、提高劳动效率，但对于楼层上的一些不安全因素则难以及时发现、处理。

（五）接待工作服务项目

客房部接待服务工作涉及面很广，除传统的服务项目外，一些酒店为了招揽顾客，还会提供超额服务项目，以满足客人的个性化需求。客房部常见接待服务项目主要包括整理房间、洗衣服务、饮料服务、擦鞋服务、托婴服务、访客接待、拾遗处理、叫醒服务、送餐服务、加床服务等诸多方面。

三、客房部日常运营管理

（一）客房接待服务规程设计

客房接待规程的设计是开展服务活动的前提，包括：①客房设施设计，如客房的布

Note

置和装饰，客房内各种设备和用具的配备与安放，客房内供客人使用的物品与摆放位置等。②客房服务活动设计，如员工的仪表、仪容、礼节、礼貌，服务员迎送客人的服务方式，服务员整理客房的操作程序，客房服务项目的确立，客房服务的检查标准等。

（二）客房服务人员的配备

恰当地做好人员配备，是开展客房服务活动的组织保证。客房服务员的配备按以下步骤进行。

1. 确立客房服务模式

客房服务有宾客服务中心制和楼层服务班组制。二者在人员配置数量上有较大差别。

2. 预测客房服务工作量

为便于分析，一般把客房服务的工作量分为固定工作量和变动工作量两部分。固定工作量指酒店经营必须完成的日常例行事务，它主要用以维持酒店既定规格水准，如所有公共区域的日常清洁整理、计划卫生和定期客房保养工作。变动工作量则随着酒店业务量等因素的变化而变化，如走客房的数量、贵宾服务、特殊情况的处理。虽然住客率、客人类别、季节的更替都可能对工作量产生影响，但一般以平均开房率为轴心预算工作量。例如，某酒店开房率最低为40%，最高为100%，全年平均开房率为70%，则以70%为计算工作量的基础。

3. 确定员工劳动定额

确定劳动定额时，必须考虑：①人员因素。员工的年龄、性别、性格、文化程度、专业水平等都将影响劳动定额的确定。②工作环境。鉴于酒店建筑与装潢风格不同、客房类型不同和客人生活习惯、员工的工作环境千差万别，定额的制定应具体情况具体分析。③规格要求。要根据酒店档次合理制定客房布置规格，然后使定额适合布置规格的要求。④劳动工具配备。客房部应根据工作内容及操作程序的要求，配备合适的劳动工具，并在一定的工具配备条件下，将各项操作工作的时间标准作为定额的依据。

4. 确定人员配备数量

客房部员工配备通常将岗位设置和班次划分作为测试依据。

5. 妥善安排劳动力

酒店应根据劳动力市场的情况决定用工的性质和比例。如果劳动力充足，人员安排时应尽量收紧，以免开房率较低而导致员工无事可做；旺季开房率较高时，可聘用临时工缓解用工紧张。为了减少工作和福利开支，许多酒店大量使用临时工，但为了保证酒店的服务质量，应加强临时工的培训和管理。

（三）客房清洁卫生质量控制

1. 教育员工树立质量意识和卫生意识

清扫客房是一项乏味的工作，周而复始，要想让员工做到尽职尽责，就应让其树立正确的服务意识，从内心深处愿意为宾客提供服务，真正为宾客的方便舒适着想，热爱服务工作。客房清洁的主要任务就是做卫生，在树立服务意识的基础上，搞好卫生管理工作显得尤为重要。这要求服务员以及管理人员有卫生意识，对于卫生工作

Note

的重要性有足够的认识，为此必须经常强调、严格考核。此外，还要求客房员工对涉外星级酒店的卫生标准有足够的认识，不能以自己日常的卫生标准为酒店的卫生标准。

2. 严格执行客房清洁卫生程序

客房清洁是客房部最重要的工作，为了保持客房整洁，客房管理部门制定了二进房的操作程序，即白天的客房大清扫和晚间的客房夜床服务。客房服务人员不仅要按照操作规程定时进房整理房间，还要根据客人的要求，随时进房提供客房整理服务，做到定时与随机相结合。特别是客人在房内会客或用餐结束后，更需要及时提供房间整理服务。

一般来说，客房清洁卫生程序如下：停放工作车→敲门进入房间→房内整理→清理垃圾杂物→清理脏布草→铺床→抹尘→清洁卫生间→清洁地面→环视检查房间→离开房间→结束工作。

知识活页

不同客房清扫的先后顺序

1. 淡季时的客房清扫顺序

淡季时的客房清扫顺序如下：①总台指示要尽快打扫的房间。②门上挂有“请即打扫”(Make Up Room Immediately)牌的房间。③走客房(Check-Out)。④VIP房。⑤其他住客房。⑥空房。

2. 旺季时的客房清扫顺序

旺季时的客房清扫顺序如下：①空房。空房可以在几分钟内打扫完毕，以便尽快交由总台出租。②总台指示要尽快打扫的房间。③走客房(Check-Out)。④门上挂有“请即打扫”(Make Up Room Immediately)牌的房间。⑤VIP房。⑥其他住客房间。

（资料来源：客房清扫的一般原则和卫生标准）

TOURISM

3. 切实做好客房计划卫生

客房计划卫生是指在搞好客房日常清洁工作的基础上，拟订一个周期性清洁计划，采取定期循环的方式，对清洁卫生的死角或容易忽视的部位及家具设备等进行彻底的清扫和维护保养，以进一步保证客房的清洁保养质量，维持客房设施设备的良好状态。

客房服务员每天的清洁整理的工作量一般都较大。一个服务员平均每天的工作量是12—14间，旺季会更多，所以客房的某些部位及家具设备等，如通风口、天花板、门窗玻璃、窗帘、床罩等不可能每天清洁（有些项目也没有必要每天清洁，如地毯）。为了保证清洁卫生的质量标准，使宾客不但对客房容易接触部位的卫生感到满意，而且对其他每处卫生都能放心，同时又不会造成酒店人力资源的浪费和紧张，客房部应有计划地对一些特殊项目进行周期性清洁保养。客房服务质量检查包括工作数量检查、工作质量

Note

检查和物品消耗检查三方面。一般采取服务员自查、领班专职检查、主管抽查和经理抽查相结合的方式进行。

(四) 客房服务工作协调

客房部的协调分内部协调和外部协调。内部协调是指协调客房部内部岗位、各环节之间的关系,在完成客房接待任务的目标下,分清轻重缓急,协调一致,配合默契。外部协调指协调与酒店其他部门之间的关系,保证物资供应、设备保障、工具修理等环节畅通,为优质服务创造必要条件。

第三节 酒店餐饮部运营管理

一、酒店餐饮部概述

(一) 餐饮部的地位与作用

餐饮部是现代酒店中的一个重要部门。它不仅要满足客人对餐饮服务产品的需求,为酒店在社会上树立良好的企业形象提供一个窗口,还要为酒店创造较好的经济效益。

餐饮部在酒店中的地位,同社会的进步和酒店业的日新月异密切相关。受社会经济发展和人们生活水平的限制,酒店业发展初期的餐饮业往往只能提供一些简单、经济的饭菜,处于酒店中的从属地位,主要解决住店者对饮食的基本需求。20世纪初以来,随着社会生产力的迅速发展,以及国际、国内各种交往的日益频繁,酒店业因城市的变化而得以迅猛发展。另外,伴随着世界经济的迅速增长、社会生活节奏加快、妇女就业增多,越来越多的人去酒店、餐馆用餐,这给餐饮业的繁荣和发展提供了条件。餐饮业内部的竞争也日趋激烈,经营管理者竞相利用特色来吸引就餐者。所有这些因素促进了餐饮业的发展,使餐饮部在酒店中的地位得以提高。

1. 餐饮部能够提供满足客人需要的优质菜点和饮料

中国饮食魅力无穷,饮食已作为消费者对美的追求和享受。餐厅所提供的食物不仅可以满足宾客最基本的生理需求,还可以在其色、香、味、形、温度及营养方面使宾客得到多方面的享受。餐厅服务员可以通过在日常服务中及时掌握各种不同宾客的饮食需求,有针对性地进行有效服务;还可以通过征求意见、获取信息、积累经验,建立科学的客史档案,准确记录客人的特殊需求,不断推出受消费者欢迎的优质菜点和饮料。餐厅的餐饮产品最终是通过餐厅服务员的介绍、推销提供给消费者,从而达到销售目的。

2. 餐饮收入是酒店收入的重要组成部分

餐饮部是酒店获得经济效益的重要部门之一。餐饮部的收入在酒店总收入中所占的比重因地、因酒店状况而异，受到酒店本身主客观条件的影响，如酒店的经营思想、地理位置、内部设计、档次规格等。就目前国内星级酒店而言，餐饮部的营业收入占整个酒店营业收入的38%—40%，少数地区的酒店，餐饮收入已大大超过酒店的客房收入，占整个酒店营业收入的1/2以上。这一势头仍有继续发展的趋势，这同西方发达国家酒店餐饮收入所占比重及地位是相吻合的。因为酒店客房数量是基本固定不变的，但餐饮部可通过提高工作效率、提高服务质量、提高菜肴质量等措施，使餐厅的周转率和人均消费水平得以提高，最终使餐饮部的营业收入达到最大值。即使从部门盈利来讲，虽然餐饮部的成本开支大，但其盈利可占到酒店利润总额的10%—20%，对于一家年利润上千万的酒店来讲，这个比例就相当可观了。

3. 餐饮部管理和服务水平直接影响酒店声誉

美国酒店业的先驱斯塔特勒先生曾经说过："酒店从根本上说，只销售一样东西，那就是服务。"提供劣质服务的酒店是失败的酒店，而提供优质服务的酒店则是成功的酒店。酒店的目标应是向宾客提供最佳服务。餐饮服务水平的高低仅仅是一种表象，是宾客能够直接感受和体会到的，而决定服务水平高低的因素则是餐饮管理水平的高低，服务水平的高低是管理水平的最终表现。餐饮的有形产品不仅可以满足宾客最基本的生理需求，还可以从色、香、味、形、器等方面使宾客得到感官上的享受。当宾客在典雅舒适的就餐环境中受到热情款待和周到服务时，他们可在精神上得到享受和满足。

酒店餐厅的服务人员与宾客直接接触，其一举一动、只言片语，均会在宾客心目中留下深刻印象。宾客可以根据餐饮部为他们提供的食品饮料的种类、质量和分量，以及服务态度和方式来判断酒店服务质量的优劣和管理水平的高低。所以，餐饮管理和服务水平的好坏直接关系到酒店的声誉和形象。

4. 餐饮部的经营活动是酒店营销活动的重要组成部分

在日趋激烈的酒店市场竞争中，餐饮部占有极其重要的地位，一直充当酒店营销的先锋。对酒店的其他营业部门来说，餐饮部在竞争中更具有灵活性、多变性和可塑性。现代酒店如果是同星级的，其客房设施标准相对比较接近，而餐饮和其他服务设施常被客人作为挑选酒店的重要因素。餐饮经营还可以为本地消费者提供良好的就餐场所。锦江国际集团所属的酒店大部分是1949年以前建造的，虽经过设备设施等的更新改造，但在硬件方面与同星级的新建酒店仍然存在一定差距。但锦江国际集团扬长避短，发挥自己经营历史悠久、特色鲜明的优势，使每家所属酒店的餐饮独树一帜，如锦江饭店的川菜和粤菜、和平饭店的淮扬菜、国际饭店的京鲁菜、金门大酒店的闽菜等，都在餐饮业中执牛耳，成为同行瞩目的领头羊。餐饮业经营得红红火火，又反过来带动了酒店其他部门的生意。

除此之外，酒店餐饮部还可以根据自身的优势和环境的状况，举办各种食品节等餐饮推广、义卖活动等，树立酒店的市场形象，增加酒店的餐饮收入。

5. 餐饮部是弘扬中华民族灿烂的烹饪文化艺术的重要部门

中国被誉为"烹饪王国"，中国的历史与饮食有密切关系，被誉为饮食文化之邦。中国饮食文化博大精深，又具自己的特色及生活风貌。"吃在中国"有口皆碑，饮食作为美的追求和享受，已是宾客心理上的重要内容之一。餐厅服务员要抓住机遇，广泛宣传中华民族灿烂的烹饪文化，这也是义不容辞的任务。

Note

(二)餐饮部的组织结构与职能

1. 餐饮部的组织结构

餐饮部组织机构设计除了要遵循科学合理、高效精简、统一指挥等基本原则,还应根据自身的经营特点,遵循以下原则。

(1)以规模为根据。酒店餐饮部的规模大小主要取决于酒店客房的总体数量和酒店的星级。大型酒店客房数量多,一般设立多个不同风格的餐厅、面积不等的宴会厅,所以餐饮部的规模较大,人员众多,管理层级也会随之增加。反之,小型酒店由于客房数量少,餐饮部的规模也小。经济型酒店往往不设立餐饮部。

(2)灵活多变。规模较大的酒店,餐饮部的各个餐厅可以根据自身的特点灵活地设立组织机构。如宴会部在人员配置上可以采用临时雇用人员的方法;中型酒店可以不单独设立客房送餐组,而改由餐厅传菜员兼任。

餐饮部还要根据客人需求、市场变化、酒店管理要求等,不断调整组织机构设计。例如,餐厅专业点菜员的出现,就是为了满足客人的需求,提升餐饮销售业绩。

(3)建立自主管理模式。为了在组织机构设计上建立更广泛的沟通机制,餐饮部在横向型的组织机构上建立自主管理型团队,从而使团队中每个员工与团队目标、绩效紧密相连,团队的整体能力可以有效提升。

餐饮部组织结构图直观地反映了一个餐饮部的职能设置,便于管理者进行管理与指挥,在实际运营过程中,管理者还要根据实际情况不断对组织设计进行改革。图 3-3 为大型酒店餐饮部常见的组织结构图。

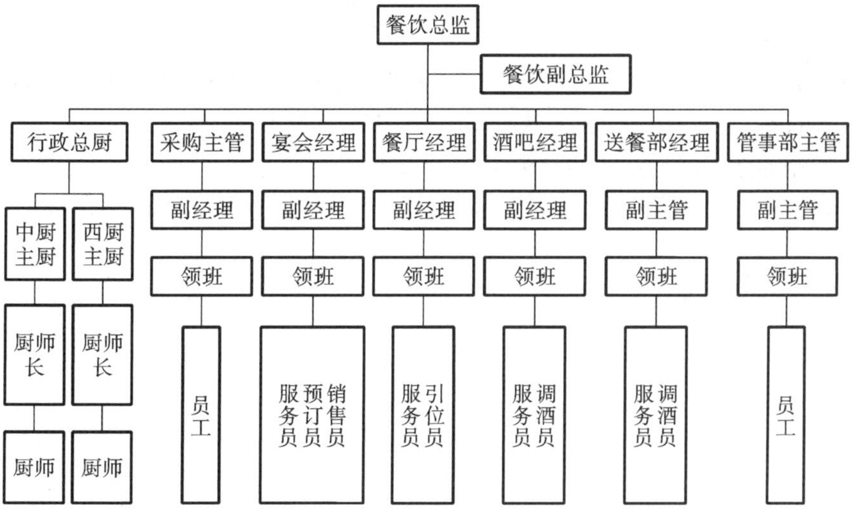

图 3-3 大型酒店餐饮部常见的组织结构图

2. 餐饮部的类型与主要职能

(1)餐厅的主要类型。

餐饮部中餐厅一般设有零点餐厅、风味餐厅、海鲜餐厅、自助餐厅等,其中零点餐厅是最普遍、使用频率最高的餐厅。西餐厅一般包含扒房、咖啡厅、自助式餐厅、旋转餐厅、酒吧等,其中扒房是西餐厅中规格最高的餐厅。根据所提供菜肴的种类及其服务方式可分为法式服务、英式服务、俄式服务、美式服务、欧陆式服务等。

餐厅是提供食品饮料及就餐服务的场所，其中食品饮料是物质基础，就餐服务是完成职能要求的保障。餐厅的主要职能具体表现如下：按照既定的标准和程序，以熟练的服务技能、耐心周到的服务态度为客人提供餐饮服务，根据不同客人的不同需求提供个性化的服务；加强宣传与加大促销力度，保证餐厅的经济效益；控制费用开支，降低经营成本；做好餐厅设施设备的维修保养工作等。

（2）厨房的主要职能。

厨房是餐厅的生产部门，主要负责菜肴、面点等产品的加工制作。厨房的主要职能具体表现如下：提供符合顾客需求的菜肴和面点；控制原料成本，通过合理有效的生产流程管理降低生产成本，杜绝食品原料的浪费；提高菜肴和面点的质量，同时不断创新菜品，扩大销售；做好厨房设施设备的维修保养工作等。

（3）采购部的主要职能。

采购部是餐饮部的物资供应部门。采购部的主要职能具体表现如下：根据厨房生产所需原料的数量和质量，做好食品原料的采购工作；验收符合采购规格的原料，并做好食品原料的储藏保管工作；按照规定发放原料到各个生产厨房，控制食品原料发放的数量和成本；进行储藏室储藏原料的盘点工作，控制食品原料的成本与周转率；做好相关设施设备的维修保养工作等。

（4）宴会部的主要职能。

宴会部通常拥有多个不同规格的宴会厅，是餐饮部重要的创收部门。宴会部的主要职能具体表现如下：宣传、销售各种类型的宴会产品，并承担相应的服务工作；控制宴会产品的成本与费用，增加收益；做好相关设施设备的维修保养工作等。

（5）管事部的主要职能。

管事部是餐饮部的后勤保障部门。管事部的主要职能具体表现如下：提供餐饮部所需的设施设备与餐具；清洁一般餐具与厨具，并负责银器等高档餐具的清洁与维修保养；负责餐饮部后台区域的清洁卫生工作；收集和处理餐饮部生产与经营过程中产生的垃圾；控制餐具的损耗，降低成本；做好相关设施设备的维修保养工作等。

二、酒店菜单设计

（一）菜单的作用

菜单是餐饮部或餐饮企业为了方便与客人沟通产品信息而提供给客人的关于菜肴名称、价格、烹调方法等信息的商品目录和介绍书。菜单在餐饮部运用管理过程中起着重要作用。

1. 菜单是餐厅和客人之间进行信息沟通的桥梁

餐厅经营者通过客人点菜及偏好，可以了解客人的需求特点，从而判断菜单设计是否合理；而客人通过菜单可以了解餐厅的类别、经营风格、菜品特色及价格。

2. 菜单可以指导餐厅的经营和管理工作

餐饮企业选择购置设备、炊具、工具和餐具，取决于菜单的菜式品种、水平和特色。菜单决定厨师及服务人员的技术水平和人员配备等。菜单内容标志着餐饮服务的规格

Note

水平和风格特色，菜单菜品定价的方式、方法和情况，会影响菜点的盈利能力。

3. 菜单反映了餐厅的经营方针

菜单是餐厅经营者和生产者在对客源市场需求进行分析以及对竞争对手产品进行研究后，结合本餐饮企业具体资源状况制定的，是餐厅经营方针和经营思想的具体体现。

4. 菜单标志着餐厅菜肴的特色和水准

餐厅有各自的等级、风格特色和规格水准，可通过菜单上的食品饮料的品种、价格等告诉客人本餐厅商品的特色和水准。菜单配有文字，饰有图案、图画，具有色彩，附有器皿和菜肴的图例，所以能体现餐厅的高雅服务和经营风格，并能反映出餐厅的整体风貌。

5. 菜单代表了酒店餐厅的档次和文化特色

一份精心设计的菜单，装潢精美，雅致动人，色调得体，洁净靓丽，读起来赏心悦目，看起来心情舒畅，客人大多乐于欣赏和玩味。它有助于树立餐厅、酒店的形象。

（二）菜单的种类

1. 按菜单使用时间分类

固定性菜单：固定也称标准菜单。顾名思义，它是一种菜式内容标准化而不作经常性调整的菜单。风味餐厅、大众餐馆（厅）、咖啡厅、快餐厅大多采用固定菜单。

循环性菜单：循环菜单是按一定周期循环使用的菜单，是一套完整的菜单而不是一张菜单，餐厅必须按照预订的时间周期连续使用。

临时性菜单：临时性菜单是为了弥补固定菜单上的菜肴品种单调的缺点而设计的，它不能独立使用，只能作为正式菜单的补充。临时性菜单包括当日菜单、限定菜单、推荐菜单。

2. 按菜点的组合方式分类

零点菜单：零点菜单是餐厅使用最为广泛的、最基本的菜单，它按一定的菜肴类别单个、独立排列餐厅提供的各式菜点，每个菜都有单独的价格，就餐宾客可以根据其口味喜好自由选择所需菜点。

套菜菜单：套菜菜单又称为订餐菜单，就是由餐厅根据客人需要，将不同营养成分、原料、烹饪方法、口味和价格的菜肴合理组合在一起形成的不同菜肴组合。因此，套餐菜单上的菜肴品种、数量、价格都是固定的，顾客只能整套购买。

宴会菜单：宴会菜单是根据宴会主办者的要求、宴请客人的特点、宴请标准、宴请单位等诸多因素制定的。宴会菜单不同于零点菜单，既讲究外形美观、做工精细，又必须将餐厅的名菜名点及特色菜列入菜单中，同时还需要按照季节的变化来安排时令菜肴。因此，宴会菜单的定价较高，设计制作精良考究，需将设计艺术和技术进行有机结合。

3. 其他分类方法

按就餐类别可分为中餐菜单和西餐菜单。

按就餐时间可分为早餐菜单、午餐菜单、晚餐菜单和夜宵菜单。

按用餐形式可分为冷餐酒会菜单、团体包餐菜单、客房送餐菜单、酒单（饮料单）、每日特价菜单和厨师长推荐菜单、自助餐菜单等。

按用途可分为通用性菜单、专用性菜单。

（三）菜单设计的依据

1. 顾客的需求

不同年龄、性别、职业的宾客在餐饮口味、热量需要、菜式品种、餐饮价格、份额大小、营养成分、服务速度、烹制方法等方面都会有较大的区别。除宗教禁忌外，菜单设计人员还应当顾及宾客的地区性饮食习俗、就餐动机等。所以，设计菜单的首要依据就是目标顾客的需求。

2. 竞争对手的状况

目前餐饮行业竞争日趋激烈，主要竞争对手的营业时间和状况、菜系和供餐方式、经营范围和价格水平、餐厅服务状况，以及餐厅的面积、餐座数量、座位周转率、环境等都是进行菜单设计时必须考虑的因素，只有这样才能知己知彼，百战百胜。

3. 餐厅定位和生产经营条件

设计菜单要和餐厅的类型、经营类型、档次和风格相一致，促使餐厅有一个能为客源市场所接受的鲜明形象，以自己的特色来吸引客源。厨房设备、烹调技能，以及食材的供应、成本控制及菜品的获利能力等，都是菜单设计必须考虑的因素。除此之外，食品原料的供应状况、不同菜点的盈利能力、餐饮产品的花色品种等也是进行菜单设计的重要依据。

（四）菜单的使用更新

经营多样化的餐厅必然会有一些比较畅销的菜品与滞销的菜品，因此，要不断去分析菜品的整体销售情况，去了解哪些菜品受客人欢迎及哪些菜品对餐饮店利润贡献较大，以便对菜单进行取舍、更新。具体来说，可以通过观察分析法来了解哪些菜品比较畅销，即对餐饮店菜品的畅销程度和毛利率高低进行分析，确定哪些菜品畅销且毛利又高，哪些菜品既不畅销毛利又低，哪些菜品虽畅销但毛利低，哪些菜品虽不畅销但毛利较高。

1. 观察销售数量

例如，菜单上的某道菜在一周之内都没有顾客消费，则应该考虑将它去掉；另外可以每周对菜品的销售量进行排名，对于前十名的菜，不但要保留，而且要大力宣传。

2. 根据顾客点菜率分析

要根据顾客的点菜率进行分析，那些利润低、销售量高的菜要保留；利润低、销售量低的菜应去掉；容易变质、成本高，以及容易导致顾客满意度降低的菜品，也应去掉。

3. 对菜品进行分类取舍

一般情况下，菜品可以分为四种类型。①明星菜品，是餐饮店的主要盈利项目，是销量排名前十名的菜品。这种菜品应保留和重点宣传，且放在菜单显眼处。②金牛菜品，是指餐饮店薄利多销的菜品，如果价格不太低，可保留，这类菜品实惠、成本高、利润低，适合大众消费，因此应该保留。③问号菜品，是指不畅销但利润高的菜品，可以迎合一些喜欢高消费的客人。对于这类菜品，可采用预订的办法来降低风险，减少损失。④瘦狗菜品，是指不畅销、低利润的菜品，这种菜应该尽快从菜单中去掉。

Note

三、餐饮部生产过程管理

餐饮部生产过程管理包括食品原料的采购管理、验收管理、储存管理、发放管理、预备管理、厨房生产管理和成本管理等方面。

（一）采购管理

食品原料的采购是决定客人付款标准的重要因素，采购的食品质量会影响餐厅供应食品的质量，菜单和食品标准又决定了采购的方式。因此，采购的职责是要用最低的价格，买进最好的食品。餐饮部的盈利首先从采购这一关开始，采购的好坏与利润紧密相连。

新鲜食品的需求量大，基本上每天都需要采购。但新鲜食品，如蔬菜和肉类每天的价格不一，采购人员要掌握价格，把握行情。采购人员每天填写一份采购单，单上标明一天所需要的食品项目和数量，然后再采购回来。采购前，采购人员要检查三件事：第一，检查库存食品，弄清当天需要多少，还缺多少，特别是新鲜食品，如水果、蔬菜等；第二，检查肉类供应，看当天需要多少；第三，检查日常预测表内的项目。该表格由餐饮部制定，根据前几个星期或前几个月的营业情况，估计当天进餐的人数和食品的需要量。该表能使采购人员在厨师的帮助下，具体定出采购食品的项目和数量。

此外，酒店应有相当数量的库存食品，如罐头、调味品和其他能够存放的食品，以便满足餐厅的日常需要。此类食品一个月只需采购一两次，大多数都用罐装或盒装，可以储存一段时间。

（二）验收管理

验收要把好食品质量关和数量关，不负责任的验收会使酒店蒙受经济损失。酒店全年营业，如果每天采购的食品都缺斤短两，日积月累就是一笔很大的开支。因此，验收人员要作风正派、坚持原则、忠诚可靠，对所有采购的食品认真验收、保质保量、一丝不苟，对不合要求的食品要立即退回，对金额不符的账目要查问清楚。要对验收的食品做好记录，以便日后查阅或分析。

验收员认为食品的质量、重量、价格合格后，在账单上签字，保留下发票，注明收货人、价格、数量等。然后，将食品原料分别送往厨房或仓库，将发票和账单送至财会入账，计入成本。

（三）储存管理

食品购进之后，要尽快储存起来。酒店应配有足够的仓库来存放食品。干的食品、罐装食品、盒装食品应放在干燥的仓库。仓库的温度要适宜，以防胀罐或其他食品溢出来；仓库要保持清洁，墙壁、地板、天花板的开口处要封好，或保护好，以防虫害、鼠害；食品应置于架上；先入仓的食品应先出仓，重的食品应放在靠近门口的地方，便于搬运；仓库的钥匙由专人保管，仓库应采取防范措施，以免食品被盗。

容易变质的食品，如肉类、蔬菜等应放进冷库或冰箱里。冷库的温度要按规定调好，冷库里更应注意卫生，肉应该挂起来或放在通风的地方，牛奶和奶油要与气味很重

Note

的食品分开存放等，这些都是仓库管理人员所要注意的。

仓库要有严格的发货制度，要填表并经经理或厨师长批准方可领出，还要领货人签字。发货时应尽量先发放得久的货。仓库的管理不善、手续不清、措施不严都会导致浪费、冒领、被盗等问题的发生，造成经济损失。

（四）发放管理

原料供应主要是指将按要求采购回来并通过验收程序验收下来的原料发放给厨房使用的过程。供应的原料一部分为采购当天直接发放到厨房使用的原料，即直接进料的发放；另一部分为根据领料单从库房发放到厨房使用的原料，即仓库原料的发放。

直接进料的发放是指经验收合格后的食品原料直接发到厨房用于生产，并不经过仓库存放这一环节。大多数原料为新鲜蔬菜、奶制品及其他不易储存的原料，而且基本会在进货当月被消耗掉。

仓库原料的发放有两个基本要求：定时发放和凭单领料。定时发放即酒店餐饮部规定固定的领料时间，这样既节省了领料的等待时间，也不耽误仓库管理人员的正常工作，有充分的时间整理、检查各仓库和各种原料的储存状态。凭单领料是指依据领料单进行原料发放的一种管理方法。使用领料单可以准确记录并控制由仓库向厨房发放原料的数量和金额，在控制各个仓库的库存量、核算各个厨房的食品成本及控制领料数量等方面发挥了极其重要的作用。

（五）预备管理

食物在烹调之前，一定要经过预备阶段。预备包括清洁、除掉不可食用的部分、切开、剁碎、碾碎、成形等工序。

食品预备的重要性不仅仅在于烹调和饮食的好处，也有利于成本的控制。预备阶段最容易浪费食品，要非常重视。食品预备如果不得法，也会影响食品营养价值。

优秀的餐饮部经理必须熟悉食品预备的方法和厨师技术，发挥厨师的积极性，提高食品的质量。对于技术娴熟的厨师，经理应放手让他去干，不要干涉。厨房的工作通常由厨师长负责，他指挥所有的厨师和厨房工作人员；他还得负责与采购人员联系订购食品原料；还须配合经理制定菜谱。

厨师长要牢记食品的成本、菜谱的多样化、工作量的平衡，有效地利用剩余食品，根除浪费现象，规定食品的配份、降低食品成本。总之，厨房的食品预备工作是一个重要的环节，要抓好、管好。

（六）厨房生产管理

1. 原料加工

依据菜品生产流程，通常把与厨房生产直接相关的空间分为原料粗加工区、原料精加工区和烹饪区。烹饪是菜品加工的最后一道工序。菜品的质量不仅受到食品原料的影响，而且还与厨师的烹饪技能密切相关，也会对餐厅产品的销售和服务的提供产生直接的影响。

2. 厨房卫生

厨房卫生包括食品原料卫生、厨师卫生、设施设备卫生和环境卫生。由于餐饮产品关系顾客的人身健康与安全，因此，卫生是餐饮生产的核心问题，也是顾客选择餐厅首先要考虑的因素。

3. 厨房安全

厨房员工每天在工作中都要接触各种带有一定安全风险的因素，如明火、滚烫的油、因油腻而打滑的地面、蒸汽等，因此需要消除事故隐患、提高安全意识，避免厨房事故的发生。在厨房日常安全管理工作中，管理人员不仅要了解各种厨房事故发生的原因，更重要的是找到预防事故发生的方法，采取知识培训与实践演练等方式使厨房员工养成防灾意识以及掌握逃生技巧。

（七）厨房成本管理

餐饮产品的成本管理是餐饮管理的关键。餐饮成本控制贯穿于餐饮产品生产的全过程，凡在餐饮产品制作过程中产生的影响成本的因素，都是餐饮成本管理的对象。餐饮产品成本管理，关键的问题是做好餐饮产品的控制程序。制定并确定餐饮产品的各项标准成本；实施成本控制，对餐饮产品的实际成本进行抽查和定期评估；确定成本差异，分析造成成本差异的原因与责任；消除成本差异，找出解决成本差异的具体方法。

餐饮产品的制作是一个系统工程，餐饮产品的成本控制需要从以下三个方面努力。

1. 食品原料的成本控制

食品原料是菜肴制作的主要成本，包括主料成本、辅料成本、调料成本。主料成本是菜肴的主要原料成本。食品原料的成本控制应从两个方面入手：一是做好食品原料的采购保管控制，同质论价、同价论质，减少采购中间环节，入库后合理储备，努力降低成本；二是食品原料的使用控制，管理人员应做好食品原料使用的监督工作，一旦发现问题，应及时分析原因，并采取有效措施进行纠正。

2. 人工劳务成本控制

菜肴的制作是手工劳动，人的因素起着相当重要的作用。人工成本控制，一是要做好用工数量的控制，尽量减少缺勤工时，控制非生产和服务工时，提高生产效率，严格执行劳动定额；二是要做好工资总额的控制，人员配备比例要适当，高技术岗位的人员过多，会增加人力资源成本，造成人力资源成本过高，而低技术岗位的人员过多，又会影响菜肴生产质量。

3. 燃料能源成本控制

燃料能源成本是菜肴生产与经营中不可忽视的成本，教育员工重视节约能源、做好节省燃料的工作是非常必要的。在餐饮产品的生产过程中，管理人员应坚持对能源工作和节能效果的经常性检查，以保证燃料能源控制工作的有效性。

Note

本章小结

1. 前厅部是酒店对外经营的重要部门，担负着销售客房及酒店其他产品的重要任务。前厅接待业务涉及客房预订、办理入住与退房，以及为住店客人提供其他系列服务。前厅部日常运营管理重点涉及接待业务安排、信息管理、销售管理，以及与其他部门的协调和沟通等诸多方面。

2. 客房部是酒店的主要盈利部门，在酒店的经营管理中起着重要的作用。客房部接待服务工作涉及面很广，除了传统的服务项目，还包括整理房间、洗衣服务、饮料服务、擦鞋服务、托婴服务、访客接待、拾遗处理、叫醒服务等诸多方面。

3. 餐饮部是酒店的重要部门，重点为顾客提供色香味俱全的餐饮产品。餐饮服务工作是一项程序烦琐而具体的活动，酒店建立标准化、规范化的餐饮服务流程及标准有助于各项餐饮管理工作的顺利开展。餐饮部生产过程管理包括食品原料的采购管理、验收管理、储存管理、发放管理、预备管理、厨房生产管理和成本管理等方面。

4. 作为新时代的酒店从业者，要认真学习党的二十大精神，在全社会弘扬劳动精神、奋斗精神、奉献精神、创造精神、勤俭节约精神，要在实践中贯彻落实工匠精神，努力为客人提供干净卫生的消费环境和细致入微的优质服务，干一行、爱一行、专一行，重细节求品质，坚持精益求精、爱岗敬业，以优秀工作业绩奉献新时代。

思考与练习

“江城大排档”开启星级酒店疫后复苏“启动键”

Note

第四章
酒店服务质量管理

学习引导

服务质量是酒店的生命线，越来越多的酒店管理者开始重视服务质量管理，学术界也不断关注酒店服务质量管理理论的发展与实践。酒店服务的综合性和无形性决定了酒店服务质量的抽象性和复杂性，因此，酒店的服务质量管理工作是一项综合性强、复杂程度高的系统化任务。本章概述了酒店服务质量的含义、特点与内容体系，阐明了酒店服务质量管理的原则、对象与过程，介绍了酒店服务质量评价与分析的基本原理和酒店服务质量管理的主要方法，包括全面质量管理法、PDCA 循环管理法、ZD 管理法等。

学习目标

知识目标：了解酒店服务质量的内涵和酒店服务质量管理过程，掌握酒店服务质量评价与分析方法，熟悉酒店服务质量管理方法。

能力目标：具备制订和实施酒店服务质量管理计划的能力。

德育目标：培养学生“执着专注、精益求精、一丝不苟、追求卓越”的工匠精神，真正做到干一行、爱一行。

思维导图

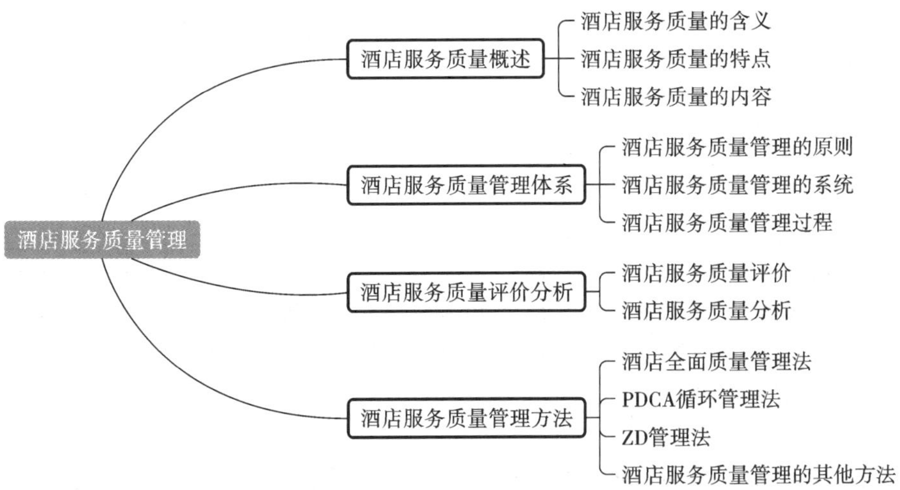

第一节　酒店服务质量概述

中国加入 WTO 以后，国外各大酒店集团纷纷进驻我国，中国酒店业市场竞争进一步加剧，探讨酒店服务质量问题并构筑科学的质量管理体系，对提高我国酒店企业的竞争力有极强的现实意义。它能给我国酒店业当前的高速度、低效益增长提供转变的契机；现代质量管理理论与方法的不断更新，也将促使我国酒店在服务质量上的与时俱进与不断发展，保持顽强的市场生命力。

一、酒店服务质量的含义

酒店是为广大消费者提供的以住宿为主的服务性企业。从消费者的角度来看，酒店提供的产品和服务不仅要满足其基本的物质和生理的需求，还要满足其精神和心理的需求。从酒店的角度来看，酒店为顾客提供的产品有“硬件”服务和“软件”服务之分，“硬件”服务指的是以实物形态出现的服务，即由酒店的基础设施、实物产品等提供的以满足顾客住宿、餐饮、休闲娱乐等基本生理需求的服务；而“软件”服务则是由酒店服务员的服务劳动所提供的不包括任何实物形态的无形劳务，包括礼节礼貌、服务态度、服务技能、服务效率等。

通过诠释酒店服务产品的含义，我们对酒店服务质量的定义进行了狭义和广义的界定。从狭义的角度理解，酒店服务质量是指酒店员工服务劳动的使用价值，这里的服务劳动不包括任何实物形态的服务劳动。从广义的角度理解，酒店服务质量是一个完整的服务质量的概念，是指酒店综合自身所有资源和要素为住店顾客提供的服务在使用价值上满足顾客物质和精神需要的程度。它既包括酒店设施设备、实物产品等实物形态服务的使用价值，也包括非实物形态服务的使用价值。

从上述服务质量的定义中我们可以看到，酒店服务质量的高低主要取决于顾客所享受到的服务与他预先的期望值的比较，当两者持平时，顾客就满意。酒店为顾客提供的服务越超出其期望值，酒店的服务质量就越高。然而，不同的顾客对酒店的服务有着不同的期望，因此，酒店要满足所有顾客的需求，就必须不断完善自身的服务，不断提高酒店的服务质量。

二、酒店服务质量的特点

酒店作为服务性企业，它所提供服务的产品质量有别于一般的企业的商品质量，有自己独特的产品质量特性。要想提高酒店的服务质量，我们必须正确认识酒店服务质量的特点，归纳起来，酒店服务质量的特性主要包括服务质量显现的短暂性、服务质量内容的关联性、服务质量对员工素质的依赖性、服务质量的情感交融性等。

（一）服务质量显现的短暂性

酒店的优质服务是由许多次具体的服务活动构成的，每一次具体服务的显现都是短暂的，即使用价值的一次性，如微笑问好、介绍菜点等，这类具体服务不能储存，也不像实物产品那样可以返工或退换。如要进行服务后的调整，也只能是另一次具体服务。也就是说，即使顾客对某一服务感到非常满意，评价较高，并不能保证下一次服务也能获得同样的好评。因此，服务人员必须十分重视每一次的具体服务活动，树立强烈的服务意识，拥有全面的服务知识和高超的服务技能，根据服务程序的要求，针对顾客特点提供优质服务。酒店管理者也应督导员工做好每一次服务工作，争取每一次服务都能让顾客感到满意，从而提高酒店整体服务质量。

（二）服务质量内容的关联性

顾客对酒店服务质量的印象，是由其进入酒店直至离开酒店的全过程中感受到的各项服务活动的总和所决定的。来自不同部门、不同员工所提供的这些服务活动在某个时间点上看似独立，实则是相互紧密联系的。它们以顾客的活动规律为线索，互为条件、互为依存，形成一条完整的服务链，链条中无论哪一个环节出了差错，都会导致服务失败，使酒店服务质量大打折扣。要做好酒店的服务质量管理，必须树立全面、系统的服务质量观念，要求酒店各部门、各服务过程、各服务环节之间协作配合，并做好充分的服务准备，确保每项服务活动的优质高效，确保酒店服务全过程和全方位的“零缺陷”。

（三）服务质量对员工素质的依赖性

从顾客的角度考虑，酒店的服务质量主要由酒店提供服务的效率、顾客精神和情感上的需求，以及对所下榻酒店环境舒适的需求三部分决定。而酒店员工的服务技巧和服务的标准化程度直接影响到酒店服务的效率，员工的外表形象、服务态度、职业素养等都会影响到顾客的精神需求的满足程度，酒店的环境在很大程度上也需要酒店员工的精心营造。可见，酒店服务质量是在有形产品的基础上通过员工在工作现场表现的服务所创造出来的，它对于员工的素质有较强的依赖性。因此，酒店管理者应合理配备、培训、激励员工，努力提高他们的素质，充分发挥他们的服务主动性、积极性和创造性，同时提升自身素质和管理能力，在员工满意的基础上实现顾客满意。

（四）服务质量的情感交融性

顾客是酒店服务质量的直接感受者和评价者，顾客所享受的服务主要由酒店的员工提供，在员工与客人面对面的服务过程中，必然会产生一定的情感交流。一方面，员工努力为客人营造“宾至如归”的感觉，极力为客人创造“家”的氛围；另一方面，顾客在享受酒店所提供服务的同时，在心理上必将对酒店产生一种亲切感和归属感，这样，即使酒店员工在为客人提供服务的过程中有意料之外的缺憾或不足，客人也会予以宽容和谅解。除此以外，酒店服务质量的情感交融性不仅能使顾客满意，甚至能在此基础上提高顾客忠诚度。因此，我们必须充分考虑并利用其情感交融性，尽可能提高酒店的服务质量。

三、酒店服务质量的内容

酒店的服务质量即酒店提供的服务产品适合和满足宾客需求的程度。要提高酒店的服务质量和服务水平，就必须分析酒店服务质量的内容，这是提高酒店服务质量、形成市场竞争力、促进酒店发展的重要途径。酒店服务质量的内容主要包括有形产品质量和无形产品质量两大部分。

（一）酒店有形产品质量

有形产品质量指酒店提供的设施设备和实物产品以及服务环境的质量。酒店不像一般的工厂那样将原材料加工成产品，完全依靠大量产品的出售而获得附加在产品上的简单劳动力的报酬而盈利，它是一个主要为顾客提供服务、让顾客感到满意、从中获取经济效益的企业单位。其有形产品只是提供无形服务的一个依托，大多数情况下并不是出售产品本身。一般的商品交易是商品和货币的交换，在酒店内，却是服务和货币的交换，顾客带走的是享受，而不是产品。因此，酒店有形产品质量管理的关键是及时维护和有效保养。

1. 设施设备

设施设备是酒店给顾客提供服务的主要物质依托，是酒店赖以存在的基础。在一定程度上，顾客对酒店档次的高低感受与配套设施设备的条件有很大的联系，它反映了酒店的接待能力，酒店应保证其设备设施的总体水平与酒店所属的星级标准规定相一致。对于设施设备质量的管理，应随时保持其完好率，严格按照酒店设备设施的维修保养制度定时定量地对酒店的设备设施进行维修保护，保证设施设备的正常运转，充分发挥设施设备效能。

2. 实物产品

酒店内实物产品可以分为两类。一类实物产品不是由酒店生产出来的，酒店只是其交换的场所，包括客用品、商品和服务用品。其中，客用品是直接提供给宾客消费的各种生活用品，如日常消耗品（牙具、棉织品、梳子、拖鞋等）；商品是酒店为满足宾客购物的需要而在客房或酒店商品部为宾客提供的各种各样的生活用品；服务用品则是针对酒店服务人员而提供的各种用品，如清洁剂、推车、托盘等。另一类实物产品是经由酒店加工生产出来的产品，包括菜肴饮品、水果拼盘等带有酒店特色的产品，酒店对于这部分实物产品的质量应特别注意，因为它们直接影响着顾客对酒店质量的印象，用料要上乘，食品和饮料尽量针对不同的顾客设计不同的口味，并能体现出酒店的特色和文化内涵。

3. 服务环境

对于服务环境质量，应满足整洁、美观、有序和安全的要求。安全问题是顾客入住酒店较关注的一个问题，因此，安全管理是酒店质量管理中一个重要的环节。顾客的人身和财产安全应当是酒店质量管理考虑的首要问题。酒店环境有一种安全的气氛，才能给顾客以安全感，但是安全氛围的营造应避免过度的戒备森严，要让顾客处在一种安全、轻松的环境之中。酒店的清洁卫生直接影响到顾客的身心健康，是顾客评价酒店的主观标准之一，更是优质服务的基本要求，对高档次的酒店来说，这一点显得尤为重要。员工是酒店服务的主要提供者，员工的工作态度和仪容仪表对环境的营造和改善宾客的心情有很大的作用。另外，酒店的建筑、布局及装饰风格等都是营造环境氛围的重要方面。

(二) 酒店无形产品质量

无形产品质量是酒店提供服务的使用价值的质量,主要包括酒店员工的服务态度、服务技能、服务方式、礼貌礼节、服务效率、职业道德和职业习惯等。一方面,无形产品的众多特性使得其质量管理的难度加大,难以控制;另一方面,酒店无形产品是酒店服务质量体现的关键所在。酒店有形产品可以模仿,酒店无形产品则能够体现出酒店的竞争优势,当宾客获得无形产品的使用价值后,其服务形态便消失了,仅给顾客留下不同的感受和满足程度。要想有效提高酒店无形产品质量,必须大力培育酒店员工的工匠精神,为顾客提供独具匠心的服务。

知识关联

2016 年 4 月 26 日,习近平总书记在安徽主持召开知识分子、劳动模范、青年代表座谈会时,提出工匠精神。工匠精神是我们宝贵的精神财富,是新时代的精神指引。习近平总书记曾在 2020 年召开的全国劳动模范和先进工作者表彰大会上精辟概括工匠精神的深刻内涵——执着专注、精益求精、一丝不苟、追求卓越。党的二十大报告中关于深入实施人才强国战略中进一步强调了“培养造就大批德才兼备的高素质人才,是国家和民族长远发展大计”。

1. 服务态度

服务态度是指酒店服务人员在对客服务中所体现出来的主观意向和心理状态。酒店员工的对客服务态度直接影响到顾客的心情,很难想象一个恶劣的服务态度会让顾客继续购买该酒店的产品。员工无论在什么情况下都应该保证良好的服务态度,如面对一位挑剔的顾客,有些服务员认为是晦气、倒霉,而有些服务员则认为是机遇、运气。前者必然是冷漠、呆板、急躁、被动的服务态度,而后者则必然表现为热心、虚心、耐心、主动的服务态度,其结果当然也就可想而知了,员工不能把自己生活中的情绪带到工作中,而是必须时刻保持积极热情的工作态度,这样才能为顾客带来愉快的心理感受,从而赢得顾客的肯定。

2. 服务技能

酒店员工所掌握服务技能的整体水平是酒店服务质量高低的重要体现。酒店员工不仅要具备基本的操作技能和丰富的专业技术知识,能够应对酒店日常的工作事务,还应有能灵活应对和处理各种无章可循的突发事件的技巧和能力。我们知道酒店服务的顾客来自五湖四海,面对他们多样化的需求,酒店员工必须灵活运用各种服务技能以充分满足顾客的需求,使他们获得心理上的满足,提高他们的满意度。员工的服务技能是酒店服务质量的重要保证。

3. 服务效率

服务效率是在尽可能短的时间内为顾客提供最需要的服务,服务效率是提高顾客满意度的重要因素,因此也是酒店服务质量的重要保证。顾客如果在登记入住、用餐、结账离店等方面能享受到酒店高效率的服务,那么其心理上将会获得很大的满足感,获

Note

得愉悦的心情，从而对酒店服务质量有很高的评价。当前很多酒店努力追求方便、快捷、准确、优质的服务，其实就是追求服务效率的具体体现。

4. 礼节礼貌

礼节礼貌主要表现在员工的面部表情、语言表达与行为举止三个方面。员工的面部表情、微笑服务始终是基本原则。希尔顿的创始人每天都对他的员工说的第一句话就是："今天你微笑了吗？"沃尔玛服务顾客的秘诀之一就是"三米微笑原则"，但是只有微笑是不够的，微笑服务要与自身的仪表仪态相统一，对客人有发自内心的热情，辅以亲切、友好的目光，并在服务中及时与客人沟通，这样看起来才亲切礼貌。服务用语必须注意礼貌性，在什么场合适时运用得当的礼貌用语，同时还必须注意艺术性和灵活性，必须注意语言的适时性和思想性，并且做到言之有趣，言之有神。行为举止主要体现在主动和礼仪上，如主动让道、主动帮助、注重礼节等。

知识活页

微笑服务的标准

一、面部表情标准

（1）面部表情和蔼可亲，伴随微笑自然地露出6—8颗牙齿嘴角微微上翘；微笑注重笑的幅度不宜大。"工业化标准过大。"这也是不成文的"必须在服务员和顾客面对面3米左右'能见度'"内。

（2）微笑时，要真诚、亲切、充满善意。

（3）口眼结合嘴唇、眼神含笑。

二、眼睛眼神标准

（1）面对顾客目光友善，眼神柔和，亲切坦然，眼睛有神，自然流露真诚。

（2）礼貌正视顾客，不左顾右盼、心不在焉。

（3）眼神要实现"三个度"：一是眼神的集中度。不要将目光聚集在顾客的脸上的某个部位，而要用眼睛注视顾客脸部的三角区域，即以双眼为上线，嘴为下顶角，也就是双眼和嘴之间。二是眼神的光泽度。精神饱满，在亲和力理念下保持友善的、神采奕奕的目光，再辅以微笑和蔼的面部表情。三是眼神的交流度。迎着顾客的眼神进行目光交流，传递你对顾客的敬意与善意。

三、声音语态标准

（1）声音要清晰柔和、细腻悦耳，语速适中，富有感染力。

（2）语调平和，声音温和。

（3）音量适中，既让顾客听得清楚，声音又不能过大。

（4）说话态度诚恳，语句流畅，语气不卑不亢。

TOURISM

Note

5. 职业道德

职业道德是员工在工作过程中所表现出来的“爱岗敬业”“全心全意为客人服务”“顾客至上”等酒店行业所共有的道德规范。只要是从事酒店行业工作的人，就必须共同遵守酒店职业活动范围内的行为规范。职业道德是酒店服务质量的基本构成之一，员工只有具备良好的职业道德，才能真心诚意地为客人服务，才能真正具备事业心和责任感，不断追求服务工作的尽善尽美，为酒店的服务质量带来保证。

6. 服务方式

酒店的服务方式也是体现酒店无形产品质量的基本构成要素，酒店消费之所以远远高于外面同类型的物质产品，一个重要的原因就是酒店服务方式的不同。酒店的服务设计要合理，酒店服务项目的设置要到位，服务时间的安排及服务程序的设计要科学，酒店独特的服务方式可以创造无形产品的使用价值，为酒店的物质消费增加附加值，它也是酒店服务质量的重要体现。因此，创新酒店的服务方式、不断为顾客创造惊喜、提高顾客满意度，是酒店服务质量不断提高的重要手段。

酒店服务质量的内容还远不止上述几个方面。随着酒店业的不断发展，酒店服务质量会不断提高，服务质量所包含的内容也将会不断扩充和延伸。但是，酒店服务质量管理的本质是不会变的，其最终结果永远是不断提高顾客满意程度。顾客满意度是指顾客享受酒店服务后得到的感受、印象和评价，也是酒店服务质量管理者努力的目标。只有不断地提高酒店的服务质量才能获得持久的市场竞争力，目前酒店所遵循的一条规律——质量等于竞争力，充分说明了质量管理在酒店所处的重要地位。

经典案例

九江远洲国际大酒店的个性化服务

2021 年 5 月 7 日，由于九江远洲国际大酒店客房服务员 Wendy 的疏忽，她在清理卫生间时将客人临时放置在玻璃杯中的隐形眼镜和护理液倒掉了，客人回来发现后非常生气，于是向值班经理投诉。Wendy 得知情况后承认了错误并真诚致歉，在询问客人隐形眼镜品牌和度数之后，以最快速度为客人配了一副，客人表示满意。事情到此，可以说圆满解决了，可是酒店并没有就此满足。晚上开夜床时，酒店为客人做了一个眼镜型的小蛋糕作为礼物。客人看了开怀大笑，第二天在办理退房手续时表示此次入住九江远洲国际大酒店的经历令人非常难忘。

第二节　酒店服务质量管理体系

酒店服务质量管理是酒店经营管理中的重要内容。服务质量是酒店的生存之本，代表着酒店的竞争能力，是酒店能否吸引并留住顾客的关键，也是酒店能否在市场竞争中制胜的关键。目前我国酒店正处在蓬勃发展的时期，多数酒店已拥有了同国际接轨的现代化设施设备，但是服务质量却达不到现有的国际标准。因此，对我国酒店进行服务质量的控制与管理是促进我国酒店持续健康发展的重要保障。

一、酒店服务质量管理的原则

（一）以顾客为中心

顾客是酒店组织生存的环境和依托。因此正确认识酒店宾客的现实与潜在需求，并满足他们的需求，甚至通过提供超常服务超越他们对酒店服务和产品的期望，应该成为酒店服务质量管理的首要原则。为了体现以顾客为中心的原则，酒店组织需要通过市场调研等技术手段全面了解影响顾客满意的各种质量因素，将顾客的需求和期望通过酒店质量方针和经营战略的形式传达至整个组织的各个部门，同时确保这些需求和期望在整个组织内部达到沟通和理解；要通过直接的或间接的方式测量顾客的消费满意度，收集顾客意见和有关信息，并对这些信息进行分析，采取相应的改进措施，不断地提高酒店产品的服务质量；要处理好与宾客之间的关系，确保他们的要求得到满足。

（二）领导作用

在酒店组织的管理活动中，领导者起着关键的作用。作为决策层的领导者，不但要为酒店组织的未来描绘清晰的远景和制定具有挑战性的目标——确定质量方针和质量目标，而且要创造一个实现质量方针和质量目标的良好环境，营造使组织每个成员均能积极参与的氛围。领导者在以身作则的同时，还应在组织内建立起敬业爱岗、恪尽职守、人人平等、相互信任、价值共享的道德理念，要为所有员工提供适宜的工作和生活环境，提供为提高员工的服务技能所需要的培训，赋予实施其职责范围内的任务所必需的权利，使他们能积极主动地、创造性地开展工作。同时，领导者应建立合理的激励机制，鼓励创新，激发酒店全体员工的工作积极性和热情，为酒店组织创造更高的业绩。

（三）全员参与

酒店服务质量管理工作不单是几位领导的事，也不仅仅是从事一线接待的基层员工的事，它是上到决策层，下到管理层、操作层的每一个人都要充分参与的工作。在酒店组织内，每一个员工首先要明白自己在组织中的角色和自身贡献的重要性，清楚自己的职责、权限，以及其和其他员工之间的关系，知晓自己的工作内容、要求和工作程序，理解其活动的结果对下一步工作的贡献和影响；其次，要正确行使组织所赋予的权利和职责，按照规定的要求积极主动地做好本职工作，解决工作中遇到的各种问题，要勇于承担责任；最后，要主动地寻求增加知识、能力和经验的机会，不断地提高自身的专业技术水平和实际工作能力，在实现自身价值的同时为组织创造更大的效益。

（四）过程方法

酒店服务的过程，往往就是宾客消费酒店产品的过程。酒店产品生产与消费的同步性，促使酒店更加重视生产过程和服务流程的质量管理。应用过程方法原则，酒店组织应采取下列主要活动：一是明确为达到期望的质量结果所需的主要服务过程和关键活动；二是确定为实现这些过程和使这些活动顺利开展所需的资源，包括人才、物力和财力资源，并且明确相应的职责和权限，使其更有效地开展工作；三是要识别并管理酒店组织内各职能内部和职能之间关键活动的接口，从而进行协调和控制。

（五）系统原则

针对设定的目标，识别、理解并管理一个由相互关联的过程所组成的体系，有助于提高组织的有效性和效率。因此，酒店服务质量管理中的系统原则是酒店服务质量管理工作需要遵循的又一原则。它要求酒店组织在服务质量管理过程中，了解并确定顾客的需求和期望；根据顾客的需求和期望，以及组织的实际情况和产品特点来制定酒店组织的质量方针和目标；确定产品生产所需的过程及其职责；确定过程有效性的测量方法并用以测定现行过程的有效性；寻求改进机会，确定改进方向，实施改进；监控改进效果，并按照改进计划对改进效果进行评价；最后对改进措施进行评审并确定适宜的后续措施等。

（六）持续改进

持续改进是酒店组织永恒的目标。质量的根本内涵是“用户适用性”，用户的需求不仅具有地域上的多样性，随着时代的进步、环境的改变，用户的需求还有时间上的变化，这一时期的服务质量目标可能与另一时期的用户普遍需求有较大不同。宾客对酒店产品的需求包含一种高层次的心理需求，这种需求的微妙性、复杂性、多变性更需要酒店组织以“持续改进”为原则进行服务质量管理工作，将持续地对服务改进作为每一个员工的目标，鼓励预防性的活动，向每位员工提供有关持续改进的方法和进行意识培训。

（七）依据事实

依据事实是酒店服务质量管理工作的一条基本原则。酒店服务质量工作必须将审查报告、纠正措施、服务不合格、顾客投诉及其他来源的实际数据和信息作为决策和行动的事实依据。这就要求酒店组织对相关的目标值进行测量，收集数据和信息，确保数据和信息具有足够精确度、可靠性和可获取性，然后使用有效的方法对数据进行合乎逻辑的分析，凭借逻辑分析的客观结果及相应的管理经验采取行动，并制定出更实际、更具有挑战性的目标。

（八）全面受益

全面受益是酒店组织和供方之间保持互利关系，增进多个组织创造价值的能力，把与供方之间的关系建立在兼顾组织与供方的短期和长远目标相结合的基础上。由于酒店业是综合性行业，全面受益的服务质量管理原则对其的重要性体现在：与不同类型的旅游企业互为供方，互相提供客源，分别在承认供方服务与成就的基础上进行本组织的生产服务活动，分别构成整条服务链上的单独一节。因此，酒店、旅行社、旅游景点、旅游交通部门之间应建立战略联盟与合作伙伴关系，共同了解顾客的需求，分析市场信息，通力合作，全面受益。

二、酒店服务质量管理的系统

实施酒店服务质量管理需要一定的组织保障。酒店产品的生产过程同时也是宾客进行产品消费的过程，因此，过程也是酒店服务质量管理的对象，应该按照一定的程序进行。而所有的管理活动，归根结底就是企业资源的优化配置，以生产出最大价值的产品。因此，酒店服务质量管理的对象包括组织结构、服务传递和企业资源。

（一）组织结构

酒店组织结构兼具一般组织的共同属性与酒店行业的特点，组织结构是否合理将直接影响到组织目标的实现与否和实现程度。对于酒店业的服务质量管理工作而言，组织结构是实现酒店服务质量目标的组织保证。为了保证组织职能最大限度地发挥，酒店必须根据一定的责、权、利关系在组织内部进行分工，明确内部关系，同时分配酒店服务质量管理工作的任务。在分配任务的基础上，各部门会产生不同的活动方式，垂直层和水平结构层的交叉分布形成了酒店服务质量管理工作的组织结构。

酒店组织结构与酒店服务质量管理的关系密切，是服务质量管理的对象之一。首先，组织结构的分工协作共同塑造服务质量的整体性和效率。不同的部门在顾客入住酒店的整个过程中扮演着不同的价值实现角色，只有专业的分工，才能大幅度地提高效率，只有在分工的基础上发挥团队精神、进行团队协作，才能保证为顾客提供服务的价值，使整个服务过程不会出现中断现象，保证完整性。其次，组织结构的集权、分权的平衡影响着酒店服务质量管理工作中全员参与的积极性，全员参与不仅要提高每一位酒店员工的责任感与工作成就感，更要通过组织保障，使不同职位的员工行使的权力与他们所从事的活动内容、方式、特点相一致，从而提高员工的参与程度。

（二）服务传递

程序是为进行酒店服务质量管理活动所规定的步骤与方法。酒店服务传递工作的设计必须具备合理性和创造性，才能以高质量的生产过程产生高质量的生产结果。全面质量管理理论认为，产品的质量取决于设计质量、制造质量和使用质量等方面，酒店企业不是物质资源生产部门，不需要进行产品的制造、检验、安装、运输等，但酒店产品的质量同样取决于质量设计、服务传递。如果整个服务线路本身的设计不合理，那么即使有再好的服务人员，其服务也无法使顾客满意。可见服务传递首先取决于好的服务设计，其次取决于合理的流程操作。

从顾客的角度出发，他们在酒店的消费涉及预订—前台登记—入住客房—酒店消费—结账离店的整个过程，每个过程都需要不同的酒店组织部门提供必要的核心服务和完善的附加服务。整个服务流程操作需要酒店前台服务和后台服务（客房、餐饮、康乐等）的传递和配合。前台服务是顾客感知服务质量的第一现场，服务传递的结果将显露无遗，前台服务无疑是酒店服务质量管理的重点和难点。但应该清醒地认识到，前台服务会受顾客感知不到的后台服务的影响，后台服务的主要内容为制定规章制度、服务程序、岗位责任制，并保证将其传递到前台工作层，并通过企业文化传播“质量第一，顾客至上”的服务理念。服务传递作为服务质量管理的对象，不但能明确服务工作的依据程序与规范，还能发现服务问题的临界点和衔接点，扫清服务质量死角。

（三）企业资源

无论是酒店组织结构的管理，还是服务传递的管理，本质上都是企业资源的管理，包括人力、资金、设备、技术和信息等内容。具体的服务质量管理工作也不能脱离这些资源的调配使用。

酒店业是劳动密集型行业，人力资源的管理对酒店业起着举足轻重的作用。我国酒店行业迅猛发展的态势更加刺激了对酒店管理专业人才的需求。“人”是一切管理中最关键的、最具创造性和活力的因素。酒店服务质量的管理离不开人，只有高素质的人才，才能准确获悉市场动态，取得适用信息，并随着酒店设施设备、经营技巧的更新随时掌握更新的知识和技术。因此，人力资源是酒店服务质量管理的必需资源与管理对象。酒店组织必须根据岗位要求，选拔合适的工作人员，酒店服务质量管理工作才能落实到处。同时，人力资源是系统资源的根本，有了良好的人力资源基础，酒店才能合理配置物质资源和信息资源，并在管理上获取市场优势，完成预期的服务质量管理目标。

三、酒店服务质量管理过程

美国著名质量管理专家约瑟夫·M.朱兰(Joseph M. Juran)于1951年在其经典著作《朱兰质量手册》中提出了“质量管理三部曲”理论，即质量计划、质量控制和质量改进。这是与质量有关的过程，通过这三个过程的循环，实现质量的不断提升。“质量管理三部曲”作为通用的提高质量的方法，为质量管理目标的实现提供唯一有效的途径，同样也适用于酒店业。它在具体领域的运用中体现了一般性和特殊性、共性与个性的对立统一。

知识关联

约瑟夫·M.朱兰博士是举世公认的现代质量管理的领军人物。他出生于罗马尼亚，1912年随家庭移民美国，1917年加入美国国籍，曾获电气工程和法学学位。在其职业生涯中，他做过工程师、企业主管、政府官员、大学教授、劳工调解人、公司董事、管理顾问等。在他出版的20余本著作中，《朱兰质量手册》被誉为“质量管理领域的圣经”。

（一）服务质量计划

服务质量计划是指落实服务质量目标的具体部署和行动安排，其中包括酒店各部门在实现目标中应承担的工作任务、责任和时间要求。它通常以一系列的计划指标及实现这些指标需要采取的措施的形式来表示。酒店业的服务质量计划又叫服务质量设计，要从服务质量的标准化设计和个性化设计两方面入手。标准化的服务质量设计是对酒店服务质量管理系统的三大核心内容的综合质量设计，要求统一化。酒店服务质量设计的个性化是指酒店服务产品质量设计考虑同行业酒店的水平，使服务质量设计个性突出，优于竞争对手。例如，餐饮部门对菜单的创新设计、对菜肴的更新换代，都是一种个性化服务质量设计活动。

经典案例

广州三寓宾馆的服务质量计划

三寓宾馆是位于广州市中心区域的一家由徐向前元帅亲自命名，可接待会议、团体、旅游、商务活动的大型涉外宾馆，是广东省旅游控股集团下属酒店之一。美国著名教授格林·雷尔与国内旅游业权威人士考察了三寓宾馆后认为：三寓宾馆的设施在中国不是一流的，但他们的服务弥补了这一切。根据客人的不同籍贯、年龄、身份、习俗和爱好，该宾馆总结了一套“六心”服务经验，即对重要客人尽心服务、对普通客人全心服务、对特殊客人贴心服务、对反常客人细心服务、对挑剔客人耐心服务、对有难客人热心服务。三寓宾馆在倡导严格遵守宾馆服务制度化的同时，大力推广服务的个性化，富有人情味。三寓宾馆建立了一整套具有三寓特色的各种规章制度和服务条例311项，明确规定了114个不同工种的岗位责任制和服务操作规范。各级管理人员按各项规定和质量指标，每天穿梭检查督促。例如，会议室的桌椅和茶杯的摆放，服务员会反复校正，力争做到横竖一条线，体现出对于工匠精神的极致追求。

（二）服务质量控制

服务质量控制(QC)是为了保证和提高酒店服务产品质量和工作质量所进行的质量调查、研究、组织、协调、控制等各项工作的总称。为了保证酒店服务质量，必须依次实施服务实现前的预防控制、服务过程中的标准化和统计控制，以及售后服务中的服务复原控制。这些都属于服务质量控制的范畴。无论是标准化还是个性化的服务质量设计，在实施的过程中都需要不断控制并争取以“数据”为衡量标准。如为了实现向客人提供安全、舒适、宜人的游泳环境的质量设计，在控制阶段就要实现各项技术指标，室内游泳池水温须保持在25—27 ℃，室外游泳池水温为23—24 ℃。

（三）服务质量改进

酒店服务质量改进指的是“为向本组织及其顾客提供增值效益，在这个组织范围内所采取的提高活动和过程的效果与效率的措施”。酒店服务质量改进工作应贯穿酒店服务质量管理活动的全过程，不断寻求改进的机会，通过纠正已有的问题弄清产生问题的根本原因，从而减少或消除问题的再发生。例如，酒店可以从顾客的投诉中发现服务效率的质量问题，从而采取相应措施提高效率。酒店也可以从平时的经营活动中找到质量差距，在顾客投诉之前着手进行改进工作。酒店服务质量管理体系构成图如图4-1所示。

Note

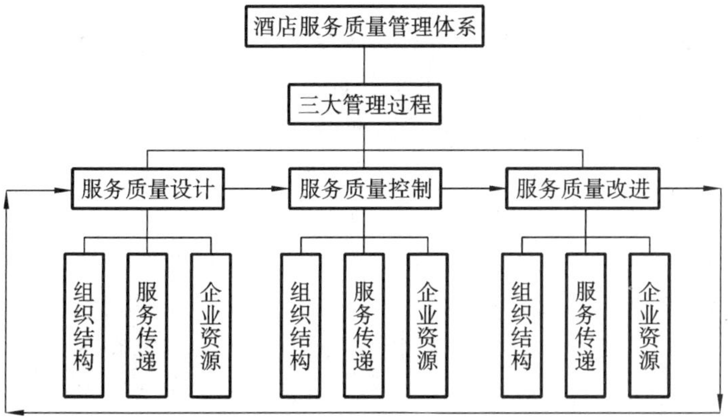

图 4-1 酒店服务质量管理体系构成图

知识活页

国际标准化组织

国际标准化组织是一个全球性的非政府组织，是国际标准化领域中一个十分重要的组织。许多人会注意到，ISO 与国际标准化组织全称(International Organization for Standardization)的缩写并不相同，为什么不是 IOS 呢？其实，ISO 并不是其全称首字母的缩写，而是一个词，它来源于希腊语 ISOS，意为“相等”，现在有一系列用它作前缀的词，诸如 Isometric(意为“尺寸相等”)、Isonomy(意为“法律平等”)。从“相等”到“标准”，内涵上的联系使 ISO 成为组织的名称。

国际标准化组织的前身是国家标准化协会国际联合会和联合国标准协调委员会。1946 年 10 月，25 个国家标准化机构的代表在伦敦召开大会，决定成立新的国际标准化机构，定名为 ISO。大会起草了 ISO 的第一个章程和议事规则，并认可通过了该章程草案。1947 年 2 月 23 日，国际标准化组织正式成立。

国际标准化组织的目的和宗旨是“在全世界范围内促进标准化工作的开展，以便于国际物资交流和服务，并扩大在知识、科学、技术和经济方面的合作”。其主要活动是制定国际标准，协调世界范围的标准化工作，组织各成员国和技术委员会进行情报交流，与其他国际组织进行合作，共同研究有关标准化问题。

国际标准化组织的成员由来自世界上 100 多个国家的国家标准化团体组成，代表中国参加 ISO 的国家机构是国家标准化管理委员会。ISO 与国际电工委员会(IEC)有密切的联系，中国参加 IEC 的国家机构也是国家标准化管理委员会。ISO 和 IEC 作为一个整体担负着制定全球协商一致的国际标准的任务，ISO 和 IEC 都是非政府机构，它们制定的标准实质上是自愿性的，这就意味着这些标准必须是优秀的标准，它们会给工

Note

业和服务业带来收益，所以他们自觉使用这些标准。ISO和IEC不是联合国机构，但它们与联合国的许多专门机构保持技术联络关系。ISO和IEC有约1000个专业技术委员会和分委员会，各会员国以国家为单位参加这些技术委员会和分委员会的活动。ISO和IEC还有约3000个工作组，ISO、IEC每年制定和修订1000个国际标准。标准的内容涉及广泛，从基础的紧固件、轴承各种原材料到半成品和成品，其技术领域涉及信息技术、交通运输、农业、保健和环境等。每个工作机构都有自己的工作计划，该计划列出需要制定的标准项目（试验方法、术语、规格、性能要求等）。ISO的主要功能是为人们制定国际标准达成一致意见提供一种机制。其主要机构及运作规则都在一本名为《ISO/IEC导则》的文件中予以规定，其技术结构在ISO有800个技术委员会和分委员会，它们各有一个主席和一个秘书处，秘书处是由各成员国分别担任，承担秘书国工作的成员团体有30个，各秘书处与位于日内瓦的ISO中央秘书处保持直接联系。通过这些工作机构，ISO已经发布了众多国际标准，如ISO公制螺纹、ISO的A4纸张尺寸、ISO的集装箱系列（世界上95%的海运集装箱都符合ISO标准）、ISO的胶片速度代码、ISO的开放系统互联系列（广泛用于信息技术领域）和有名的ISO9000质量管理系列标准。此外，ISO还与450个国际和区域的组织在标准方面有联络关系，特别与国际电信联盟（ITU）有密切联系。在ISO/IEC系统之外的国际标准机构共有28个。每个机构都在某一领域制定一些国际标准。一个典型的例子就是世界卫生组织（WHO）。ISO/IEC制定85%的国际标准，剩下的15%由这28个其他国际标准机构制定。

（资料来源：百度百科）

TOURISM

第三节　酒店服务质量评价分析

质量评价分析是酒店服务质量管理的基础工作。通过服务质量评价，可以掌握酒店服务的质量水平，了解酒店服务质量是否符合相应的质量等级标准，是否满足顾客的物质和精神需要；通过质量分析，则可以找出酒店存在的主要质量问题和引起质量问题的原因，使管理人员能够有针对性地对酒店影响最大的服务质量问题采取有效的方法进行控制和管理。

Note

一、酒店服务质量评价

评价酒店服务质量是一项系统性工作，为了增强服务质量评价的客观性与准确性，需引入多方评价主体，并借助科学的评价标准来实施评价。

（一）酒店服务质量评价主体

酒店服务质量的评价主体可分为顾客方评价、酒店方评价、第三方评价和社交媒体评价。

1. *顾客方评价*

顾客是酒店服务的接受者，也是酒店服务的购买者。酒店服务讲究“宾至如归、顾客至上”，因而最大限度地满足顾客需求是酒店服务的根本任务。由顾客来评价酒店的服务质量是最直接、最有说服力和最具权威性的，可以说顾客是酒店服务质量高低最关键的评判者。顾客方直接评价酒店服务质量的方式有意见调查表、电话访问、现场访问、小组座谈和常客拜访等，其目的是通过酒店与顾客之间的互动来了解顾客对服务的满意程度。影响顾客评价的因素包括以下几个方面。

（1）顾客预期的服务质量。顾客对服务质量的期望是口碑传播、顾客个人的需求和过去的服务体验，以及酒店的营销传播活动等多种因素共同作用的结果，它构成了顾客评价酒店服务质量的心理标尺。

（2）顾客体验的服务质量。顾客体验的服务质量是由其所实际经历的消费过程决定的，它往往需要一个比较的尺度，也就是酒店服务的标准化程度和个性化程度。酒店服务的标准化程度是指酒店提供标准化、程序化、规范化服务的可靠程度，是提供优质服务的基础；酒店服务的个性化程度是指酒店根据顾客的多元化需求与偏好，提供的有针对性的个性化、特色化服务的程度。

（3）顾客的感知价值。顾客感知价值是顾客所感受到的服务价值减去其在获取服务时所付出的成本而得到的对服务效用的主观评价，体现顾客对酒店服务所具有的价值的特定认知。当顾客体验的服务质量与预期的服务质量一致时，顾客能够得到满意的感知价值；当顾客体验的服务质量超过了预期的服务质量时，顾客感知价值的满意程度会很高；而当顾客体验的服务质量达不到预期的服务质量时，顾客感知价值的满意度则较低。

2. *酒店方评价*

酒店作为服务的提供者，评价自身服务水平是其质量管理工作的重要环节。服务质量是酒店内各个部门和全体员工共同努力的结果，是酒店整体工作和管理水平的综合体现，在日益激烈的市场竞争环境下，以质量求效益已成为酒店可持续发展的必然选择。酒店服务质量的自我评价需要由相应的内设评价机构来执行，在评价机构设置方面，各个酒店的做法不尽相同。有些酒店设置由多部门管理者共同组成的服务质量管理委员会，有些酒店成立专设的服务质量监督部门，有些酒店在总经理办公室下设服务质量检查评价工作小组。

3. *第三方评价*

第三方是指除顾客和酒店外，独立于利益相关者的团体和组织。当前我国酒店服

Note

务质量评价的第三方主要有各级旅游行政管理部门、各类酒店行业协会组织和国际质量认证组织。如文化和旅游部下设的全国旅游星级饭店评定委员会，根据《旅游饭店星级的划分与评定》国家标准对酒店进行等级认定，其中包含众多涉及服务质量的“软件”指标。酒店行业协会组织多通过具有公信力的评奖形式使服务质量卓越的酒店脱颖而出，如被誉为“中国酒店业奥斯卡”的星光奖评选。国际标准化组织推行的ISO9000质量管理体系标准也在酒店服务质量评价中得到广泛运用。

知识关联

《星级饭店访查规范》(LB/T 006—2006)中提出了神秘客人的概念。神秘客人是指持有旅游星级酒店评定机构的有关委派证件，以普通旅客的身份入住酒店，不通报身份，在店检查期间亦不暴露真实身份的访查人员。

4. 社交媒体评价

社交媒体是互联网上基于用户关系的内容生产与交换平台，人们可以通过社交媒体来分享意见、见解、经验及观点。随着互联网技术与应用的不断发展，OTA、微信、微博、抖音、小红书、大众点评等网络平台或社交媒体层出不穷，逐渐改变着人们的生活方式和消费习惯。越来越多的消费者乐于利用网络空间对酒店住宿体验发表在线评论，或者利用手机社交软件即时分享自己在酒店住宿体验过程中的见闻和感受，无论这种网络口碑传递的信息是好是坏，都将对酒店潜在顾客的购买行为产生深远影响。因此，社交媒体评价可以看作顾客依托第三方网络平台对酒店服务质量进行评价的一种新的融合性维度。

（二）酒店服务质量评价要素

美国学者帕拉休拉曼(Parasuraman)等人的研究成果从顾客满意的角度，将评价酒店服务质量的要素归纳为有形性(Tangibles)、可靠性(Reliability)、可信性(Assurance)、响应性(Responsiveness)和移情性(Empathy)五种。

1. 有形性

有形性是指酒店服务产品的有形部分，包括酒店的建筑外观、设施设备、用品用具、宣传资料及服务人员的形象等。有形的环境是服务人员对顾客细致关照的具体体现，是表明酒店对顾客殷勤关心的有形证据。

2. 可靠性

可靠性是酒店准确无误地履行服务承诺的能力。可靠的服务是顾客所期望的，必须做到服务的一致性、稳定性与准确性。缺乏可靠性的服务不仅会给酒店造成直接的经济损失，还将使酒店的形象和声誉受损，从而失去很多潜在顾客。酒店获得的星级评定等级或一些荣誉称号等就是可靠性的体现。

3. 可信性

可信性是指酒店员工的知识、技能、礼节和态度等素质综合表现出来的自信和可信的能力，它能增强顾客对酒店服务质量的信心与安全感。服务质量的可信性要求员工具备良好的专业知识、服务技能、礼仪礼貌和沟通能力,以及真心实意的服务态度。

4. 响应性

响应性是指酒店随时准备为顾客迅速而有效地提供服务的能力。在出现服务质量问题或处理顾客投诉时,及时进行回应和迅速解决问题会给顾客的服务质量感知带来积极的影响,在某种程度上甚至还能提高顾客满意度。如酒店规定在电话铃响起3声内接起电话,对客人需求要在5分钟内反馈,小的维修申请在10分钟内响应等。

5. 移情性

移情性是指酒店真诚地为顾客着想和给予顾客特别的关注,了解顾客的实际需要并予以满足,使酒店的整个服务过程既具有个性化又富有人情味。移情性要求员工态度友善亲切,具有亲和力,易于接近,能够敏锐洞察顾客需求并设身处地替顾客考虑问题。

二、酒店服务质量分析

(一) ABC分析法

1. ABC分析法的概念

ABC分析法又称帕累托分析法、主次因素分析法、重点管理法等,由意大利经济学家维尔弗雷多·帕累托(Vilfredo Pareto)于1879年首次提出。它是根据事物在技术或经济方面的主要特征,进行分类排队,分清重点和一般,从而有区别地确定管理方式的一种分析方法。ABC分析法以"关键的是少数,次要的是多数"为中心思想,通过影响酒店质量的各方面因素的分析,将质量问题的个数和质量问题发生的频率作为两个相关的标志进行定量分析,可以找出酒店存在的主要质量问题。其基本原理是先计算出每个质量问题在总体质量问题中所占的比重,然后按照一定的标准将质量问题分成A、B、C三类,以便找出对酒店质量影响较大的一至两个关键性问题,并把它们纳入酒店的质量管理循环,从而实现有效的质量管理,既保证解决重点质量问题,又照顾到一般质量问题。

知识关联

维尔弗雷多·帕累托是经典精英理论的创始人和社会系统论的代表人物,对经济学、社会学和伦理学做出了很多重要的贡献,特别是在收入分配的研究和个人选择的分析上。他因对意大利20%的人口拥有80%的财产的观察而闻名,后来被约瑟夫·M.朱兰等人概括为帕累托法则(80/20法则),进一步概括为帕累托分布的概念。

2. ABC分析法的程序

(1) 确定酒店质量问题信息的收集方式,主要包括服务质量调查表、顾客投诉和各部门的检查记录等。

(2) 对收集到的有关质量问题进行分类，如将酒店服务质量分为服务态度、服务效率、语言水平、清洁卫生、菜肴质量、设施设备等，然后统计各类质量问题出现的次数，并计算每类质量问题在总体中所占的比例。

(3) 进行整理，根据质量问题存在的数量和发生的频率，归纳 A、B、C 三类问题。A 类是关键问题，特点是存在数量少，但是发生频率高；B 类是一般问题，特点是存在数量一般，发生的频率相对少一些；C 类是次要问题，特点是存在数量多，但是发生频率低。

(4) 制定合理且针对性强的解决方案，即首先致力于解决 A 类问题，防止 B 类问题数量上升，并适当注意 C 类问题。

（二）因果分析法

1. 因果分析法的概念

因果分析法是 ABC 分析法的一种有益补充。ABC 分析法虽然找出了酒店的主要质量问题，但是没有揭示这些主要质量问题形成的原因，而因果分析法是分析质量问题产生原因的一种简单而有效的方法。在酒店经营过程中，影响其服务质量的因素是多方面的，且错综复杂，因果分析法对影响质量(结果)的各种因素(原因)之间的关系进行整理分析，并把原因与结果之间的关系用示意图直观地表现出来，如图 4-2 所示。比如，顾客对酒店服务质量进行负面评价作为一种质量问题的结果，其大原因之一可能是客房清洁工作不及时使得顾客在入住时的等待时间较长，而客房清洁工作不及时的中原因可能是客房服务人员数量不足，也可能是客房清洁工作流程不科学，客房服务人员数量不足的小原因可能是客房服务人员的流动率过高；客房服务人员的流失率过高的更小原因则可能是客房服务人员的工资待遇过低或工作量过大。

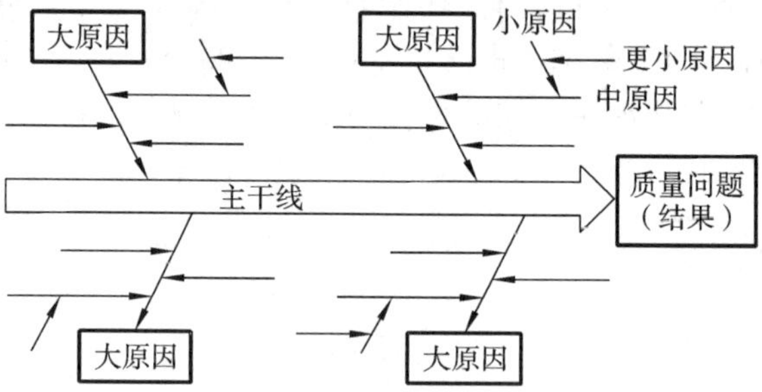

图 4-2 因果分析法示意图

2. 因果分析法的程序

首先，确定要分析的质量问题，即通过 ABC 分析法找出 A 类质量问题。其次，发动酒店全体管理人员和员工共同分析，寻找 A 类质量问题产生的原因。各种原因找出以后，还需进一步分析，即查明这些原因又是怎样形成的，应该如何防止。最后，将找出的原因进行整理后，将结果与原因之间的关系画在图上。

Note

第四节 酒店服务质量管理方法

一、酒店全面质量管理法

(一) 酒店全面质量管理的概念

全面质量管理(Total Quality Control,简称 TQC)起源于 20 世纪 60 年代的美国,由美国质量管理专家阿曼德·费根堡姆(Armand V. Feigenbaum)提出,最先在工业企业中运用。到 20 世纪 70 年代,美国、日本等发达国家率先将其运用于第三产业,并取得了较好的成效。我国于 1978 年引入全面质量管理的概念,最开始也是在我国的工业企业中推行,后来逐步引入商业、酒店业等服务性行业。酒店全面质量管理是指酒店为保证和提高服务质量,组织酒店全体员工共同参与,综合运用现代管理科学和管理方法,控制影响服务质量的全过程和各因素,全面满足宾客需求的系统管理活动。它要求酒店整合所有资源,以系统观念为出发点,改变传统的以质量结果检查为主的方法,将质量管理的重点放在预防为主,变事后检查为事先预防和过程控制,从源头上杜绝酒店的质量问题的发生,减少顾客的投诉和抱怨,促进酒店服务质量的全面提升。

(二) 酒店全面质量管理的内容

酒店全面质量管理涵盖多方面的内容,涉及管理主体、管理对象、管理方法、管理过程及管理目标等方面。

1. 全面质量管理主体——全体成员

酒店全面质量管理需要酒店全体人员的共同参与和努力,酒店全体成员首先必须在思想上对酒店的全面质量管理有统一的认识,然后积极主动地参与和维护酒店全面质量管理的实施。从酒店高层决策人员制定决策、管理人员拟定经营管理方案,到各基层服务人员的认真贯彻执行整个过程,酒店全面质量管理贯穿酒店各层次人员对酒店进行日常经营管理活动始末,从宏观上整体把握方向和目标任务,从细微处着手认真贯彻和执行,将酒店各部门的质量计划全面落实到酒店各岗位和员工具体的工作活动当中,从而真正保证酒店服务质量。

2. 全面质量管理对象——全方位

酒店全面质量管理实施的是全方位的管理,凡是涉及酒店的经营管理活动及与酒店服务产品的提供相关的内容,都属于酒店全面质量管理之列。酒店产品具有整体性和全面性的特点,决定了酒店质量管理必须进行全方位的管理,“100－1＝0”即酒店服务不能出任何差错,否则就会全盘皆输;服务的有形性和无形性特征也决定了酒店服务活动的复杂性。因此,酒店全面质量管理必须注重管理的系统性和整体性,从前台接待到后台服务,每一个环节必须认真细致、一丝不苟,不能只关注局部的质量。

Note

3. 全面质量管理方法——全方法

酒店服务质量的影响因素众多，服务质量的构成要素也很多，同时服务过程中各种随机性或突发性问题也可能随时出现，酒店服务的提供虽有硬性的质量管理标准，但由于服务的无形性也导致了一些服务的提供和问题的处理没有可循之规，需要服务人员灵活处理。这些都表明了酒店全面质量管理的难度。因此，要全面系统地控制这些不确定因素，解决各种各样的服务难题，就必须综合运用各种不同的现代管理方法进行酒店的质量管理，酒店服务人员必须针对服务过程中的各种实际情况选择适当的解决问题的办法来使顾客满意，尽全力保证酒店的服务质量。

4. 全面质量管理过程——全过程

酒店服务质量的高低是酒店宾客对酒店服务水平的综合评价，评价的依据是其在酒店所接受到的切身体验的服务与其最初的期望值之间的比较。因此，酒店服务质量是以服务效果为最终评价的，即对酒店的整个服务过程进行的综合评价。要保证酒店的服务质量，就必须对酒店进行全过程质量管理。酒店服务的全过程包括服务前的组织准备、服务阶段的对客服务和服务后的售后服务，这三个阶段是一个不可分割的整体。对酒店进行全面质量管理就必须做好事前的预防和准备工作，防患于未然，同时做好服务中的控制管理，尽可能地避免服务中问题的出现，因为酒店服务具有生产与消费的同时性，服务提供的过程就是顾客消费的过程，问题一旦出现，就不可弥补，会造成不可挽回的损失。酒店全面质量管理的全过程管理就是认真把握好每一个服务的环节，使每一个服务环节都符合酒店质量管理的要求。

5. 全面质量管理目标——全效益

酒店全面质量管理的目标是实现酒店的全效益。酒店服务不仅讲究经济效益，更讲究社会效益和生态环境效益，酒店的经营管理必须绿色，节能降耗，保护环境。绿色环保是酒店赢得社会效益的基础，可大大提高酒店的知名度、美誉度和社会影响力，这是为酒店带来长远经济效益的基础和前提。因此，酒店的经济效益、社会效益和生态环境效益三者是紧密关联的，酒店全面质量管理的目标，就是实现酒店的全效益，力争做到三者的共同实现。

二、PDCA 循环管理法

PDCA 循环管理法是一套行之有效的科学管理程序，最早由休哈特于 1930 年构想，后来被美国质量管理专家戴明博士在 1950 年再度挖掘出来，并加以宣传和运用于持续提升产品质量的过程中。在酒店服务质量管理中，该方法亦得到广泛应用。它将酒店服务质量管理活动分为四个阶段，分别是计划（Plan）、实施（Do）、检查（Check）和处理（Action）。各个阶段都有自己的任务、标准和目标，四个阶段是一个不可分割的整体，它们共同作用，构成了酒店服务管理活动的全过程，并且不断循环，周而复始地动态运作，不断促进酒店服务质量的提升。

（一）PDCA 循环管理的阶段与步骤

PDCA 循环管理的四个阶段又可以细分为八个具体的步骤，如图 4-3 所示。

Note

1. 计划阶段

计划阶段的工作主要是明确质量管理的任务，建立质量管理的机构，设立质量管理的标准，制定质量管理问题检查、分析与处理程序。该阶段具体包括四个工作步骤：步骤1，对酒店服务质量的现状进行分析，运用ABC分析法诊断出主要的质量问题；步骤2，运用因果分析法分析产生质量问题的原因；步骤3，从分析出的原因中找到关键的因素；步骤4，制订解决质量问题要达到的目标和计划，提出解决质量问题的具体措施、方法及责任人。

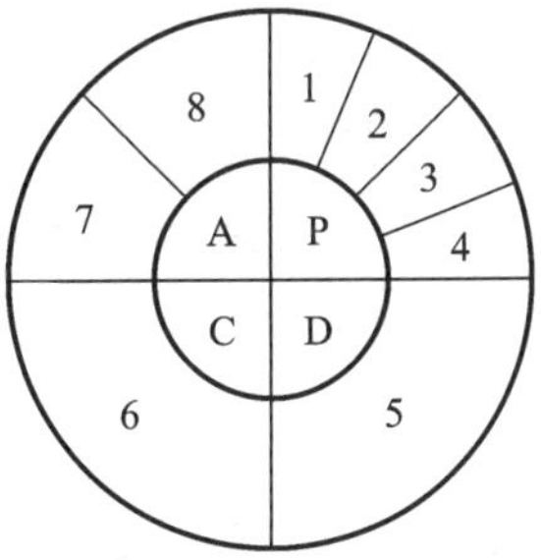

图4-3 PDCA循环管理的阶段及步骤

2. 执行阶段

执行阶段的工作即步骤5，主要是执行已经确定的目标、计划和措施。

3. 检查阶段

检查阶段的工作即步骤6，再次运用ABC分析法对酒店服务质量情况进行分析，并将分析结果与步骤1所发现的质量问题进行对比，以检查步骤4中提出的解决质量问题的各种措施和方法的效果，同时检查完成步骤5的过程中是否还存在其他问题。

4. 处理阶段

处理阶段包括两个工作步骤：步骤7，对已解决的质量问题提出巩固措施，并使之标准化，而对于已完成步骤5，但未取得成效的质量问题也要总结经验教训，提出防止这类问题再发生的意见；步骤8，提出步骤1中发现而尚未解决的其他质量问题，并将这些问题转入下一个循环中去寻求解决，从而与下一循环的步骤衔接起来。

(二) PDCA循环管理的特点

1. 循序渐进

PDCA循环管理必须按顺序进行，四个阶段的八个步骤既不能缺少，也不能颠倒。它就像车轮一样，一边循环，一边前进。这个车轮需要依靠酒店组织的力量和全体员工的努力来推动，才能顺利地前进。

2. 环环相扣

PDCA循环管理必须在酒店的各个部门、各个层次同时进行方才有效。整个酒店是一个大的PDCA环，各个部门又有各自的PDCA环，各班组直至个人也都有自己的PDCA环，形成大环套小环的格局。大环是小环的母体和依据，小环是大环的分解和保证。只有这样环环相扣，每个环都按照顺序转动前进、相互协同，才能产生作用。

3. 螺旋上升

PDCA循环管理不是简单的原地循环，每循环一次都要有新的更高的目标。每循环一次必须既向前推进了一步，又向上升高了一层。这意味着每经过一次循环，酒店的服务质量水平就有了新的提高。

三、ZD管理法

ZD(Zero Defects)管理即零缺陷管理，是由美国人克劳斯比在20世纪60年代提出的一种管理观念。所谓零缺陷管理并不是绝对没有缺陷,而是希望通过有效的ZD管理,尽可能地减少酒店服务的差错。

(一)ZD管理的特点

1. 目标性

ZD管理有其明确的目标,即尽可能弥补酒店服务的不足,努力做到毫无差错地将酒店服务传递给顾客,使酒店服务和产品的提供不断朝着"零缺陷"的方向发展。ZD管理的目标性体现了ZD管理方法的本质,它要求酒店必须做好服务前的预防和服务中的控制工作,尽可能杜绝酒店服务出现问题的"善后"处理,因为服务质量问题一旦产生,酒店损失的不仅仅是大量的补救成本,更重要的是酒店的声誉和品牌的形象受损。

2. 全员性

ZD管理离不开酒店每一位成员的共同努力,每个酒店成员,无论其职位高低、权力大小,都是酒店零缺陷管理中的主角,只有全体成员共同努力,每一个人都力求尽善尽美,才能将酒店服务的差错率降到最低点,达到ZD管理的目的。因此,酒店应努力做好动员和激励的工作,充分调动酒店全体成员的积极性和创造性,让每一位员工都全身心地投入到工作中,做好本职工作,实现酒店服务质量的不断超越。

3. 超前性

ZD管理要把员工工作中的失误减到最少,拒绝偏差,就必须在事前努力做好应有的准备工作,这就决定了ZD管理方法的超前性。它是以酒店全体员工的积极性、主动性及对工作的责任感为前提的。在开始工作前,员工就必须做好一切心理和行动的准备,在工作中必须保持认真踏实的工作作风,一旦发现差错,就必须主动改进,从而保证ZD管理的成功。

4. 一次性

ZD管理要杜绝服务工作的缺点和错误,就必须要求所有的员工一次性就能把工作做好,不得返工或重做,否则就不能称作"零缺陷"服务管理,ZD管理就不能算是成功的。除此以外,ZD管理工作的一次性还可以降低酒店的成本,提高工作效率,这同样也能使酒店服务产品的质量得以保证。

5. 整体性

整体性是ZD管理方法的显著特点。酒店要力求服务工作的尽善尽美,就必须在整体上把握,从全局上控制,不能有一丝一毫的闪失,否则就会产生"100－1＝0"的后果。酒店服务的整个环节中只要有一个环节出现失误,那么无论其他的服务环节做得多么完美,都不会使顾客满意。

(二)ZD管理的工作程序

ZD管理的工作程序包括拟定ZD管理方针、制订ZD管理计划、开展ZD小组活动和进行ZD管理考评。

1. 拟定ZD管理方针

ZD管理方针是指导酒店开展零缺陷管理的方向和指针。在拟定这一方针时,一般要注意四个方面的问题:一是明确ZD管理的目的和意义;二是转变观念,动员全员共

Note

同参与；三是重视单项作业评价；四是建立有效的员工培训与激励制度。

2. 制订 ZD 管理计划

ZD 管理必须针对酒店具体的质量问题展开，制订具有针对性和可行性的 ZD 管理计划，明确 ZD 管理的具体任务和拟解决的主要问题，分析经常会出现错误的原因，并制定详尽的工作步骤。

3. 开展 ZD 小组活动

ZD 管理需要酒店全体成员的共同参与和维护。因此，在具体的 ZD 管理中我们可以把酒店员工按一定需要分成若干个活动小组，明确每个小组的工作目标和具体的任务，并将任务分派给小组内的每一个成员，激发每一位成员的工作热情，使每一位成员成为工作中的主角，在员工的工作中，小组组长要随时做好检查考核工作。

4. 进行 ZD 管理考评

ZD 管理考评就是对各 ZD 管理工作的结果与预期的目标之间的对比，看结果与目标的接近程度，ZD 管理考评的内容包括 ZD 管理活动是否顺利开展、每一位酒店员工的工作失误和宾客投诉问题是否趋向于零、员工的工作动机和工作热情是否提高、班组和部门组织的凝聚力是否增强、酒店成本是否得到有效的控制、组织效益和酒店的服务是否得到很大的提高等。

四、酒店服务质量管理的其他方法

(一) 现场管理

现场管理生产第一线的综合管理是生产管理的重要内容，是指用科学的标准和方法对生产现场各生产要素进行合理有效的计划、组织、协调、控制和检测，使其处于良好的结合状态。所谓现场，就是指企业为顾客设计、生产、销售产品和服务以及与顾客交流的地方，为企业创造出附加值，是企业活动最活跃的地方。就酒店服务质量现场管理而言，就是要使酒店的各项服务工作时刻处于受控状态，现场出了问题要立即解决。

酒店服务生产与消费同步性的特点以及顾客的需求差异，增加了酒店员工的操作难度和酒店的管理难度。不同的酒店、不同的员工、不同的顾客在不同场合、不同时间对酒店服务质量的要求是不同的。顾客需求的多样性和不稳定性要求员工能够短时间内在现场做出快速反应，只有经验丰富、应变能力强的员工能够做到。为此，酒店管理者应该通过现场管理，检查员工的准备工作，督导员工的现场服务，观察其是否严格按照标准工作程序执行各项操作，激励下属员工的工作，做到事前控制、事中指导，在现场及时处理出现的各种问题，从而保证酒店服务质量的相对稳定。

(二) 项目管理

项目管理又称为专项质量管理，是对每一项服务环节的质量进行专项管理。国际标准化组织在 1993 年提出了项目质量管理的建议，旨在强化对质量体系要素中某一环节的有效管控，以便在局部上提高产品和服务的质量。由于项目管理相对实用、更加简练、容易实施，因而受到企业的青睐，被广泛运用于质量管理工作中。酒店经常开展的微笑服务月、礼貌服务周、环境卫生月等活动，均属于专项服务质量管理的范畴。

Note

专项质量管理的特点主要包括：有一个清晰的目标；授权某一个人负全责；由某一个组织完成；在一个明确的时间内结束；有相对简练实用的评价审核标准；项目完成后有完整的质量文件材料。完整的质量文件材料是专项质量管理的重要成果，主要包括：确定项目概念，即项目的质量目标、管理者的期望；进行项目的可行性分析，评估实施该项目的条件、优势和困难；设计并规定项目实施的步骤、评价审核标准等；确定项目执行过程中有关的组织、人员及其相应的任务；进行工作总结，涉及执行情况分析、项目最终结果、实施效果评估和经验教训等内容。

（三）服务竞赛和评比

酒店还可以通过组织和开展服务竞赛和评比活动来促使全体员工树立强烈的质量意识，提高执行酒店服务质量标准的主动性和积极性，形成比、学、赶、帮、超的良好工作局面。酒店内部的优质服务竞赛和评比要坚持三项工作要点：第一，定期组织、形式多样。服务竞赛和评比活动要常态化、多样化，事前要明确范围和意义、确定参与对象及要求、制定评比标准与方法，同时做好动员工作，激发广大员工的参与热情。第二，奖优罚劣、措施分明。服务竞赛和评比活动的开展应有具体的奖罚措施，一般应遵循“奖优罚劣、以奖为主”的基本原则，如给优胜者发放奖金、授予荣誉称号、提供带薪假期等。第三，总结分析、不断提高。每次服务竞赛和评比活动结束以后，所有管理人员都应认真总结与分析，推广好的服务工作经验，避免暴露出的问题在后续服务工作中再次出现，从而不断提升酒店服务质量。

本章小结

1. 广义的酒店服务质量是一个完整的概念，它是指酒店综合自身所有资源和要素，为住店顾客提供的服务在使用价值上满足顾客物质和精神需要的程度。它既包括酒店设施设备、实物产品等实物形态服务的使用价值，也包括非实物形态服务的使用价值。

2. 酒店服务质量管理过程包括服务质量计划、服务质量控制和服务质量改进三个递进的环节。

3. 酒店服务质量的评价主体可分为顾客方评价、酒店方评价和第三方评价和社交媒体评价，评价要素主要包括有形性、可靠性、可信性、响应性和移情性五个方面。酒店服务质量分析方法主要有 ABC 分析法和因果分析法。

4. 酒店服务质量管理方法多种多样，比较普遍运用的有全面质量管理法、PDCA 循环管理法、ZD 管理法等。

思考与练习

全面质量管理的典范——丽思卡尔顿

Note

第五章
酒店营销管理

学习引导

受疫情的影响，全球酒店业市场竞争日益激烈，酒店营销活动与营销管理的好与坏，对酒店能否生存及发展起着关键性作用。酒店先进科学的营销理念、新颖有效的营销活动，将直接影响宾客对酒店的口碑印象，进而影响宾客的酒店产品购买行为。本章介绍了营销理论的演变历程，酒店营销活动的概念、意义、任务与特征，酒店营销的市场调查、市场细分、市场选择和市场定位四大基础环节，酒店产品、价格、渠道和促销组合策略，以及网络营销、绿色营销、主题营销和机会营销等创新营销理念。

学习目标

知识目标：了解营销理论的演变历程，酒店营销活动的概念、意义、任务、特征及创新理念。

能力目标：熟悉酒店营销的四大基础环节及4P营销组合策略，并会开展酒店营销活动方案的策划。

德育目标：树立文化自信和大营销观念，能运用先进营销理念和创新方法开展酒店营销策划，推动酒店业高质量发展。

思维导图

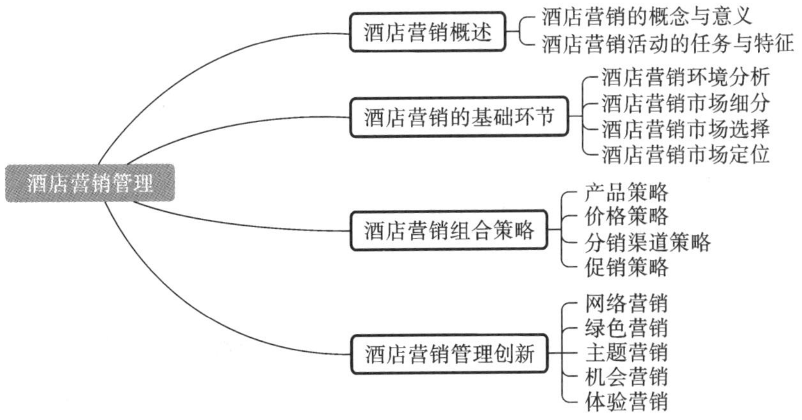

第一节　酒店营销概述

一、酒店营销的概念与意义

（一）酒店营销的概念

酒店营销是指酒店经营者将酒店现有的资源进行整合，不断提高服务质量和产品形象，同时利用传播、沟通等手段深入了解客人需求，通过客人主动购买行为实现酒店经营目标的过程。

正确认识和理解酒店营销的含义，应把握以下三点。

(1) 酒店营销的出发点是创造客人。创造客人，就是根据目标市场客人的需求，有针对性地提供产品和服务，加强与客人的感情交流，培养客户忠诚，使客人主动购买产品并能够获得物有所值的感受。

(2) 酒店营销的重点是不断达成供需双方之间的交易行为和过程。酒店营销的重点就是正确运用营销策略和手段。包括瞄准目标市场，做好市场开发和客源组织，吸引客人来酒店消费；提供优质产品和服务，随时分析市场反馈信息，掌握客人需求变化及其对产品和服务的意见、要求和建议，不断调整产品和服务，使酒店营销和内部管理与服务形成良性循环，保持市场供给和市场需求的最佳组合。

(3) 酒店营销的目的是使双方受益。从经营者的角度分析，其主要目的，一是提高设备、设施的利用率，获得良好的经济效益；二是提高服务质量，提供优质产品和服务，满足客人的消费需求，获得良好的社会效益；三是在经营过程中创造良好的消费环境，获得良好的环境效益，确保酒店营销活动的顺利开展。从消费者的角度分析，其主要目的，一是使客人获得满意的酒店产品和优质服务；二是使客人能利用酒店开展经营活动，获得经济效益。所以，酒店营销的目的是创造客人，使酒店经营者和客人都能获得各自的利益。

（二）酒店营销的意义

不同对象由于对酒店的认识、熟悉程度不同，对酒店营销的反应也不一致。因此，酒店营销对不同的宾客来说所起的作用是不同的。一般来说，酒店营销的意义有以下几个方面：①让客人知晓。通过各种形式的营销，让客人知道某酒店的存在，知道其提供的产品和服务；还要提高他们对酒店形象的认识程度，这也要通过各种形式的推销来实现。②让客人喜爱。这就要求酒店所提供的产品和服务首先必须能满足客人的要求。如果酒店的产品和服务的确有不少不足之处，就应先提高质量，然后再向客人推销和介绍。③让客人偏爱。酒店要着重宣传自己的产品质量、价值、绩效和其他优势，使客人在同行的竞争中偏好你的酒店。④让客人信服。信服是产生购买行为的前奏，也

Note

是促使其反复光顾你的酒店的基础。因此，要通过推销和实实在在的经营管理，使客人对光顾你的酒店所获得的质量、价值深信不疑。⑤促使客人光顾。通过各种营销活动，争取使信服你的客人立即光顾和重复光顾你的酒店。

二、酒店营销活动的任务与特征

（一）酒店营销活动的任务

酒店营销活动以满足宾客的需要实现酒店目标为前提，因此，其任务就是通过周密的市场调查研究，了解宾客的各种需要和欲望，在此基础上设计适销对路的酒店产品来满足宾客的需要。

旅游酒店面临的是一个庞大的异质市场，在这个市场上，消费者的需要、爱好、特征等是不一样的。对酒店而言，这就意味着"商机无限"，可以有机会去开拓更多的市场，但同时也意味着酒店在开拓市场时，应抱着一颗"平常心"，根据自己的实际情况，去选取这庞大异质市场中的一分子作为主攻对象，因为酒店无能力也无精力去满足异质市场的所有需求。所以，酒店应进行市场细分，找出适合自己"胃口"的目标市场，找出适合自己发展的"市场空隙"。从这个意义上讲，酒店营销活动的任务就是发现市场空缺，进行恰当的产品市场定位，做到以特取胜。在感性消费时代，泛泛概念上的酒店越来越少，自身有特定吸引力，能使宾客产生第一选择的酒店将会在竞争中获胜。

酒店在开展营销活动时，关键是要结合自己的长处，选准市场上的空缺，树立一个独特、鲜明、新颖的特殊形象。因此，如何慧眼识"缺"就成为关键因素。

酒店可从消费者的年龄、性别、生活习惯、个性偏好等方面的差异上寻找营销机会，塑造独特形象。当然，并不是说酒店树立了某一特殊形象后就可以坐享其成、高枕无忧了。随着经营情况的发展、市场竞争的加剧和消费口味的变化，这种特殊性很可能会落伍，酒店很可能会因为竞争对手的加入而失去其"特殊性"，这就要求酒店尤其是优势众多的酒店，不要陶醉在现状里沾沾自喜，不要躺在优势上吃老本，而应具备紧迫意识和创新意识，努力维护酒店营销活动的"新鲜度"和"特殊性"，在竞争中处于主动地位，做到人无我有、人有我优、人优我特，只有这样，酒店才有可能在经营上活力永驻。

（二）酒店营销活动的特征

1. 整体性

酒店是一个综合性企业，顾客在消费过程中除了饮食、住宿等基本需求，还包括购物、娱乐、信息交流、商务活动等综合需求。酒店业提供的是整体产品，缺少任何一个部门的产品都无法满足顾客的需求，酒店的这些部门构成了一个相互联系、相互协调并且密不可分的统一体。此外，酒店业不仅存在内部结构之间的相关性，还与社会上多种行业和部门间存在依存关系。因此，酒店营销活动在考虑消费者利益的同时，还要考虑相关行业和部门的利益。

2. 无形性

服务是酒店的主要产品，酒店的所有产品都伴随着服务出售，对酒店产品的质量评价取决于顾客对酒店产品的主观使用感受。酒店产品被顾客购买，只是顾客在一定时间和空间上拥有使用权，而无法永久占有、贮存它们。

3. 不稳定性

酒店业是个非常不稳定的行业，易受季节、政治、经济、社会等因素的影响，尤其是季节的差异性给营销工作带来了难题。因此，酒店营销人员要注意如何设法在旺季扩大生产能力，在淡季加强对顾客需求的刺激，增强其产生购买行为的可能性，为酒店创造更多的利润。

4. 时效性

酒店产品具有不可贮存的特点，其生产、销售和服务几乎是同时进行的，客人从到店、消费至结账离开的过程相当短暂，能否在较短的时间内生产出令客人满意的优质产品，这对酒店的管理水平和工作人员的服务水平都提出了很高的要求。因此，酒店营销活动要抓住客人消费的短暂时间，为客人提供优质的产品和服务。除此之外，所提供的产品和服务还要具有便捷的购买途径和具有竞争力的价格水平。

第二节 酒店营销的基础环节

一、酒店营销环境分析

酒店营销环境的分析是帮助酒店充分利用环境变化的有利因素，克服环境变化的不利影响、结合内外环境条件制定或调整营销策略。内部环境分析是“知己”，外部环境分析是“知彼”。只有“知己”“知彼”，酒店才能制定“百战不殆”的营销战略。

（一）酒店营销外部环境分析

1. 酒店外部宏观营销环境分析

酒店外部宏观营销环境由政治、经济、社会、文化、人口、技术、教育、法律、国际关系等因素组成。外部宏观营销环境虽然不直接影响酒店的营销活动和营销决策，但对酒店的营销决策有一定的间接影响。

国家的政治、对外经济政策、科学技术、国际关系等因素对商务旅游和会议旅游的影响较大。营销人员在分析酒店外部大环境时，应考虑社会、政治、经济、技术、文化及当地旅游开发等因素的发展和变化，认识和识别环境为酒店营销带来的机会和威胁，酒店要抓住机会，避免威胁，使酒店能够不断得到发展。

2. 酒店外部微观营销环境分析

(1) 市场。伴随着外部宏观营销环境的改变，市场需求也随之发生变化。营销人员应密切关注市场的变化动向，及时调整酒店的产品组合、价格组合、销售渠道组合及促销组合，以适应市场的变化。

（2）客人。客人有商务、会议、度假、观光等不同类型。客人的类型不同，购买和使用酒店产品的方式也不相同。酒店营销人员应根据酒店特点，分析酒店提供的产品和服务最适合哪种类型的客人，以及如何满足不同类型客人的购买行为及消费方式。

（3）供应商。酒店餐厅需要供应商提供食品原料和饮料，酒店客房部要求供应商提供客房所需的日常用品。酒店与供应商之间的关系对酒店来说十分重要。如果酒店购买日常必需品的价格提高，就会引起酒店产品成本的提高，而产品成本的提高，势必引起酒店产品价格的提高，从而影响酒店的竞争能力和市场形象。所以，供应商对于酒店是否盈利具有重要意义。酒店营销人员必须及时了解原材料市场的供应情况和市场的价格变化。

（4）销售代理商。许多酒店的客源来自销售代理商。销售人员要分析销售代理商的种类、声誉及其对酒店贡献的大小。进行酒店销售渠道组合时，营销人员可以开辟新的渠道，也可以通过与销售渠道成员签订的合同来牵制旅游销售代理，防止销售代理商选用竞争对手的产品。

（5）竞争。不同的竞争形势对酒店营销会产生很大影响。如酒店目标市场、营销策略等的确定，均或多或少受到竞争的影响。因此，酒店营销人员应善于分析酒店面临的竞争形式、竞争对手的数量与规模、竞争手段等，从而制定出有效的竞争对策，争取在竞争中占据优势。

（二）酒店营销内部环境分析

1. 酒店企业文化

企业文化是指企业员工共同拥有的一系列思想观念和企业的管理风格，包括价值标准、经营哲学、管理制度、思想教育、行为准则、企业形象等。企业文化在调动员工的积极性、发挥员工的创造性、提高企业的凝聚力等方面起着重要的作用。创造良好的企业文化环境，需要酒店制定并实施相应的人事、激励、组织等多方面的规章制度，吸引全体员工积极参加活动，增加对酒店宗旨的了解，增强员工的主人翁意识。

2. 酒店资源

酒店资源包括人、财、物、技术、信息等。其中，员工是酒店营销策略的确定者和执行者，是酒店最重要的资源；酒店资金状况和硬件设施是酒店营销活动的物质基础，决定了酒店营销活动的规模；准确迅速地获取有效的市场信息是酒店开展各项营销工作的前提。

二、酒店营销市场细分

市场细分概念是美国市场学家温德尔·史密斯在20世纪50年代提出的。所谓市场细分，就是从区别消费者的不同需求出发，根据消费者购买行为的差异性，按照一定的标准，把整体市场划分成两个或两个以上具有类似需求的亚市场群，从而确定目标市场的过程。

市场细分是酒店营销的一项重要的基础性工作。市场细分的步骤因市场类型的不同而各有差异，借鉴美国市场营销学家麦肯锡提出的七步细分法，酒店市场细分步骤（见图 5-1）如下。

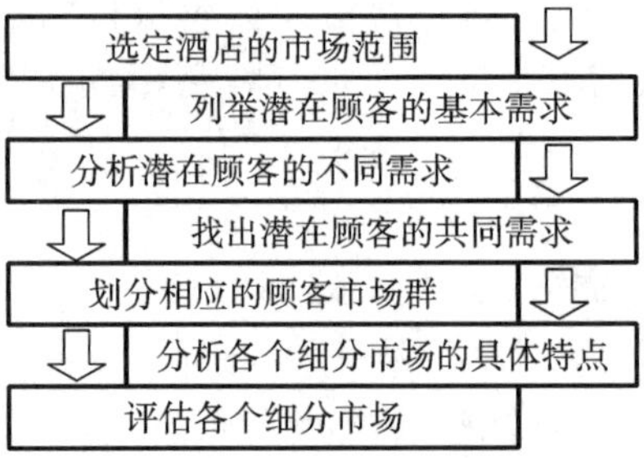

图 5-1　酒店市场细分步骤

（1）选定酒店的市场范围，即确定酒店提供什么产品和服务。产品市场范围应以顾客的需求，而不是产品本身特性来确定。

（2）列举潜在顾客的基本需求。

（3）分析潜在顾客的不同需求。对于列举出来的基本需求，不同顾客强调的侧重点可能会存在差异。

（4）找出潜在顾客的共同要求，而以特殊需求作为细分标准。

（5）根据潜在顾客基本需求上的差异性，将其划分为不同的群体或子市场，并赋予每一子市场一定的名称。

（6）进一步分析每一细分市场需求与购买行为特点，并分析其原因，以便在此基础上决定是否可以对这些细分出来的市场进行合并，或作进一步细分。

（7）评估每一细分市场的规模，即在调查基础上，评估每一细分市场的顾客数量、购买频率、平均每次的购买数量等，并对细分市场上产品竞争状况及发展趋势进行分析。

酒店市场细分的方法较多，依据细分市场限量的多少，细分方法有单变量细分法和多变量细分法。所谓单变量细分法就是选择影响酒店市场细分的最显著变量，作为细分的唯一依据，对市场中不同消费者群体进行划分的方法。这种方法比较抽象，不利于对市场的深刻分析与研究。多变量细分法顾名思义，就是选择两个或两个以上主要影响市场需求的变量作为依据，对酒店市场进行细分的方法。这种方法较为准确具体，有利于酒店合理地制定市场营销策略，是实际工作中常用的市场细分方法。

三、酒店营销市场选择

（一）目标市场营销策略

从酒店目标市场的选择来看，酒店的目标市场范围宽窄不一、大小有别。针对不同的目标市场，酒店应采用不同的营销策略。按照涵盖目标市场的方式，可将酒店目标市场策略概括为以下三种。

1. 无差异目标市场策略

无差异目标市场策略是指酒店不考虑细分市场的差异，将整个市场视为酒店的目标市场，也称之为整体市场策略。采用这种策略的酒店对整个旅游市场只提供一种产品和服务，用以满足消费者共同的需求。酒店依靠大规模宣传以便在人们头脑中树立他们的产品形象。

无差异目标市场策略能够降低成本、简化市场调研及分析过程；容易形成垄断性名牌产品的声势和地位。但是，由于采用无差异目标市场战略，酒店一般只针对最大的酒店市场提供单一的酒店产品和服务。当几个酒店同时参与竞争时必然会加大他们之间的竞争激烈程度，最终导致较大的细分市场因吸引来的激烈竞争而利润减少，较小的酒店细分市场需求又得不到满足。所以，无差异目标市场策略不能满足对目前日益增长的酒店多样化的需求。无差异目标市场策略适用于酒店市场中供不应求或竞争较弱的酒店产品和服务。

2. 差异化目标市场策略

差异化目标市场策略，就是酒店针对不同的细分市场，设计不同的产品，制定不同的营销策略，同时为几个甚至全部细分市场服务，以满足不同的消费需求。

但差异化目标市场策略并非完美无缺。酒店要针对不同市场推出不同的营销策略，这往往会导致酒店运营成本上升，并给酒店营销管理带来难度。差异化目标市场策略实施应遵循的一个基本原则是，差异化带来的销售收入的增加要大于实施差异化的成本费用增加。对于现实营销中有些酒店过度强调差异化，实施所谓“超细分战略”（市场细分过度导致价格不断增加，影响销售数量和利润），酒店应在一定程度上实施“反市场细分”。差异化目标市场策略不是任何酒店都可以使用的，受到酒店资源、条件和能力的限制，相当一部分酒店，尤其是小型的单体酒店无力采用这种策略。此外，不正确的差异化会分散酒店资源，使酒店不能集中经营，无法发挥整体优势，甚至在酒店内部出现彼此争夺资源的现象。

3. 集中化目标市场策略

集中化目标市场策略，就是在市场细分的基础上，集中酒店所有资源和能力选择一个细分市场作为目标市场，实行高度专业化生产和销售，提高市场占有率。大部分中小型酒店或初次进入市场的大酒店多采用此策略。

（二）营销目标市场选择的因素

1. 酒店的资源状况

资源雄厚的酒店，如拥有大规模的生产能力、广泛的分销渠道、高质量产品标准化、好的内在质量和品牌信誉等，可以考虑实行无差异市场营销策略；如果酒店拥有雄厚的设计能力和优秀的管理素质，那么可以考虑施行差异市场营销策略；而对实力较弱的中小酒店来说，适于集中力量进行集中营销策略。酒店初次进入市场时，往往采用集中市场营销策略，在积累了一定的成功经验后再采用差异市场营销策略或无差异市场营销策略，扩大市场份额。

2. 酒店的产品特点

一般对于同质性高的产品如标准间等，宜施行无差异市场营销，对于同质性低或异质性产品，差异市场营销或集中市场营销是恰当选择。此外，产品所处的生命周期的阶段不同，表现出的特点也不同。产品处于导入期和成长初期，消费者刚刚接触新产品，对它的了解还停留在较粗浅的层次，竞争尚不激烈，酒店这时的营销重点是挖掘市场对产品的基本需求，往往采用无差异市场营销策略。等产品进入成长后期和成熟期时，消费者已经熟悉产品的特性，需求向深层次发展，表现出多样性和不同的个性，竞争空前的激烈，酒店应适时地将策略转变为差异市场营销或集中市场营销。

3. 酒店的市场区分

供与求是市场中两大基本力量，它们的变化趋势往往是决定市场发展方向的根本原因。供不应求时，重在扩大供给，无暇考虑需求差异，所以采用无差异市场营销策略；供过于求时，为刺激需求、扩大市场份额殚精竭虑，多采用差异市场营销或集中市场营销策略。从市场需求的角度来看，如果消费者对某产品的需求偏好、购买行为相似，则称之为同质市场，可采用无差异市场营销策略；反之，为异质市场，差异市场营销和集中市场营销策略更合适。

4. 竞争者的策略

酒店与竞争对手选择不同的目标市场覆盖策略。例如，竞争者采用无差异市场营销策略时，你选用差异市场营销策略或集中市场营销策略更容易发挥优势。酒店的目标市场策略应慎重选择，一旦确定，应该有相对的稳定性，不能朝令夕改。但灵活性也不容忽视，没有永恒正确的策略，一定要密切注意市场需求的变化和竞争动态。

四、酒店营销市场定位

酒店市场定位是指根据目标市场上同类产品的竞争状况，针对客人对该产品某些特征或属性的重视程度，为酒店产品塑造强有力的、与众不同的鲜明个性，并将其形象生动地传递给客人，求得认同。市场定位的实质是将本酒店和其他酒店区分开来，使客人明显感觉和认识到这种差别，从而在客人心目中占有特殊的位置。

市场定位与产品差异化有密切关系。在营销过程中，市场定位通过为产品创立鲜明的个性，塑造独特的市场形象来实现。产品是多个因素的综合反映，包括性能、成分、包装、形状、质量等。市场定位就是要强化或放大产品的某些因素，形成与众不同的独特形象。因此，产品差异化是实现市场定位的手段。但是，产品差异化并不是酒店市场定位的全部内容。市场定位不仅强调产品差异，还通过产品差异建立独特的市场形象，赢得客人的认同。

（一）市场定位的步骤

（1）确定竞争对手。酒店竞争对手就是酒店的替代者，具有与本酒店产品相同或相近的特点。如郑州索菲特国际饭店和河南中州皇冠假日酒店互为竞争对手，同为五星级、商务酒店，相距只有百米，价格也很接近。但是，郑州一家三星级酒店不会与上述酒店构成竞争，因为它们之间的差别较大，难以互相替代。

两家酒店产品是否是竞争替代产品，一个简便的测定方法是，一家酒店降价时，另一家酒店的客人如果转移过来，说明这两家酒店是竞争对手。转移过来的人越多，说明竞争程度越高；反之，竞争程度就越低。

（2）对竞争对手的产品进行分析。确定竞争对手后，可以派有关人员入住竞争对手酒店，收集竞争对手的有关资料，询问员工和客人有关问题。这是一种实地考察体验

Note

的调查方法，能掌握竞争对手的一些真实情况。

(3) 确立产品特色。确立产品特色是市场定位的出发点。首先，要了解竞争者如何定位，他们的产品或服务有什么特色。其次，要研究客人对某类产品和属性的重视程度。最后，考虑酒店自身的条件。

(4) 树立市场形象。酒店产品特色是有效参与市场竞争的优势，要发挥优势，影响客人的购买决策，以产品特色为基础，树立鲜明的市场形象。同时，积极主动与客人沟通，引起客人的注意和兴趣，求得客人的认同。

(5) 巩固市场形象。客人对酒店的认识不是一成不变的。竞争者的影响或沟通不畅，会导致市场形象模糊。所以，树立市场形象后，酒店应不断强化客人对酒店的看法和认识。

(二) 市场定位的策略

(1) 与竞争对手定位相同的市场，以争取更多的市场份额。这一策略又称迎头定位，即选择与竞争对手重合的市场位置，争取同样的目标客人，彼此在产品、价格、分销、供销等方面稍有区别。采用迎头定位，必须做到知己知彼，明确自己是否拥有比竞争者更多的资源和能力，能否比竞争对手做得更好，否则，迎头定位可能是一种非常危险的策略。

(2) 定位需求尚未被发现和满足的新市场，以获取利润。这一策略又称避强定位，是一种避开强有力的竞争对手的市场定位策略。不与对手直接对抗，定位于某个市场“空隙”，发展目前市场上没有的特色产品，开拓新的市场领域。这种定位能使酒店迅速在市场上站稳脚跟，并在消费者心目中树立一定的形象。此定位方式市场风险小，成功率较高。

实际工作中，以上两种定位方法往往结合起来使用。

第三节　酒店营销组合策略

酒店营销组合是指为了满足目标市场的需求，酒店对自己可以控制的市场营销因素进行优化组合，使各个因素协调配合，发挥整体功效，最终实现酒店经营目标。20 世纪 60 年代，美国密歇根州立大学的麦卡锡教授对尼尔·鲍顿提出的市场营销组合理论进行了总结，提出了著名的 4Ps 组合理论，即产品(Product)、价格(Price)、地点(Place)以及促销(Promotion)。4Ps 组合理论在酒店营销实践中得到了广泛的应用。

一、产品策略

产品策略是酒店营销组合策略的基础。酒店产品是酒店向宾客提供的所有物品产品和服务产品的总和，它是有形产品和无形服务的有机结合。有形产品主要包括产品的实体及其品质、特色、品牌等，能满足顾客对有形产品的需要。无形产品主要包括产品形象、质量保证、声誉等，能给顾客带来利益和心理上的满足与信任感，具有情感性价值，能满足人们心理上的需求。因此，酒店必须向宾客提供具有完整效用的产品，给宾客带来完整的消费满足。整体产品概念包括核心产品、形式产品和延伸产品三个层次。

核心产品是酒店产品的最基本层次，是酒店产品提供给宾客的核心利益，这种利益表现为宾客希望由酒店所解决的各种基本问题，如住宿的安全、舒适、卫生，以及饮食卫生、健康等。

形式产品是酒店产品核心利益的外在表现形式，如酒店建筑、地理位置、周围环境、店内氛围、价格等，在一定程度上直接影响宾客的购买决策。

延伸产品是指宾客购买酒店产品时所得到的附加利益的总和，如酒店免费提供的停车场、机场接送服务、代订飞机票和火车票等。随着市场竞争越来越激烈，酒店所提供的产品的附加利益在市场竞争中越来越重要，成为竞争的重要手段。

经典案例

东航赏月主题航班对酒店业的启示

2021年9月19日，中秋佳节将至之际，东航客舱部组织开展以“花好月圆庆中秋”为主题的特色航班，由上海往返三亚，为旅客打造独特的空中赏月飞行体验。本次赏月航班除了让旅客在万米高空欣赏月色，还以“食·中秋、乐·中秋、礼·中秋”为特色。航班餐食为旅客准备了“玉兔奔月”蛋糕、“流星揽月”传统月饼、可爱萌趣的兔兔冰皮月饼和各色甜咸茶点。航班上还安排了“乐在中秋 云端喜猜灯谜”活动，并为旅客送上了特色书签、灯笼、玉兔造型曲奇、飞机模型等中秋和航空主题的文创纪念品。

值得一提的是，当天航班上，还有一对空乘夫妻档——东航客舱部的“90后”新婚夫妻吴先生和张女士，这是他们婚后的首个共飞航班，还没来得及度过“小家”的佳节甜蜜，他们便在工作中共度这特别的“客舱团圆”，这也是每逢佳节之际，许许多多民航“双飞家庭”的缩影。

对酒店业的启示：中国传统节日是中华民族悠久历史文化的重要组成部分，其形式多样、内容丰富，是酒店业开展营销活动的重要载体，也是文化自信的重要体现。酒店业可以基于春节、元宵节、端午节、中秋节等开展酒店餐饮、客房等产品营销活动，同时还可以与旅游企业如旅游景区、旅游商店等开展联合营销，这必然会对酒店客人产生强大吸引力，进而推动酒店业高质量发展。

（资料来源：根据相关资料改编）

二、价格策略

（一）酒店产品价格的概念及形式

价格是市场营销组合中不可或缺的重要内容，酒店产品的价格是否适当，直接关系

Note

到酒店产品在市场中的竞争能力。所谓酒店产品价格，就是宾客为购买能满足其某一需求的酒店产品和服务支付的货币总额。酒店产品价格通常以单项价格形式出现，如餐饮价格、客房价格。但酒店产品除一般价格外，还有差价和优惠价等价格类型。差价是同种酒店产品由于时间、地点或其他原因所引起的有一定差额的价格（地区差价、季节差价、质量差价、团体与散客差价等）。差价能使消费者得到质价相符的产品，有利于酒店控制需求，改善经营管理，提高服务质量。优惠价是在明码标价的基础上，给予消费者一定比例的折扣或其他优惠条件的价格。优惠价是酒店争取市场的手段之一，有利于酒店同宾客保持良好的关系。

酒店价格是由酒店产品所包含的社会必要劳动时间的消耗，即有形物质产品的价值和无形服务产品的价值量所决定的。除此之外，酒店价格还受产品成本、市场条件及环境、汇率变动、政府干预等因素的影响和制约。而包含定价在内的酒店一切经营活动，其最终目的是获得最大利润，即在各种内外部条件的约束下所能取得的最大收益。

（二）影响酒店定价的因素

（1）酒店产品成本。成本是定价的主要依据。企业以一定的价格销售产品要收回成本，同时也要实现盈利。因此，产品成本应是酒店在正常的市场环境中定价的最低点。

（2）市场因素。主要是指需求状况和竞争状况对价格的影响。价格是调节需求的有效手段之一。较高的价格会减少一定的需求量，较低的价格则会引起需求量的反弹。因此，产品在定价时必须考虑需求的约束。

（3）营销目标。酒店的不同时期应当有不同的营销目标，或是为了扩大销售量，提高市场占有率；或是为了击败竞争对手，站稳脚跟；或是先打开知名度，再扩大美誉度等。不同的营销目标会影响酒店产品的定价高低。

（4）酒店营销组合策略。定价只是酒店借以实现其营销目标的诸多营销组合工具当中的一种。价格一定要与产品的设计、分销渠道及促销策略相互协调，构成一个统一而有效的市场营销计划。

（5）竞争。酒店的价格策略受到竞争状况的影响。酒店首先要了解竞争的强度。竞争的强度主要取决于产品生产的难易程度，是否有专利保护，供求形势及具体的竞争格局。其次，要了解竞争对手的价格策略，以及竞争对手的实力。最后，还要了解、分析酒店在竞争中的地位。

（6）政府或行业组织的干预。政府为了维持经济发展，或为了其他目的，可能通过立法或其他途径对酒店行业的价格进行干预。政府的干预包括规定毛利率，规定最高、最低限价，限制价格的浮动幅度或规定价格变动的审批手续，实行价格补贴等。价格的制定和变动在宾客心理上的反应也是价格策略必须考虑的因素。在现实生活中，很多宾客存在“一分钱一分货”的观念。面对不太熟悉的酒店，宾客常常从价格判断酒店的好坏，以经验把价格同酒店的价值挂钩。因为宾客心理和习惯上的反应是很复杂的，所以某些情况下会出现完全相反的反应。

（7）其他因素（政策、宾客心理习惯、酒店产品等）。

Note

（三）定价策略

酒店产品的定价方法和策略是多种多样的，酒店须根据自己的定价目标和原则，以及本酒店的实际情况和市场供求状况，选择最有利于实现定价目标、达成营销目的的定价方法和策略。酒店产品的定价策略可分为四类：①差别价格策略，包括地理差价策略、时间差价策略、质量差价策略、批量差价策略。②新产品定价策略，包括撇脂价格策略、渗透价格策略。③心理价格策略，包括尾数定价策略、整数定价策略、声望定价策略、招徕定价策略、分级定价策略。④折扣价格策略，包括数量折扣、现金折扣、季节折扣、同业折扣。

三、分销渠道策略

酒店分销渠道是指酒店产品和服务从酒店向顾客移动时取得酒店产品和服务的所有权或帮助转移其所有权的所有企业和个人。它主要包括中间商、代理中间商，以及处于渠道起点和终点的酒店与顾客。在市场经济条件下，市场的范围广阔，大部分酒店产品和服务必须依靠一定的分销渠道才能转移到宾客手中。分销渠道在很大程度上决定着酒店营销活动的质量和效果。

（一）分销渠道的基本类型

酒店产品分销渠道的基本类型主要包括直接分销渠道和间接分销渠道两种。直接分销渠道是指酒店不通过任何中间商而直接将产品和服务销售给消费者的营销形式。随着旅游市场的不断发展，酒店宾客的分布越来越广，酒店要将产品销售给这些分散的宾客，单靠直接分销渠道是不可能的。于是，间接分销渠道便应运而生。间接分销渠道是指酒店产品和服务从酒店向宾客转移过程中要经过一个或一个以上中间商的营销形式。在这一过程中，中间商的种类和数量不同，间接分销渠道的长度和宽度亦不相同。

（二）分销渠道选择策略

酒店分销渠道的选择是指酒店在综合分析分销渠道影响因素的基础上，对分销渠道的长度、宽度以及渠道成员等做出的决策。

(1) 分销渠道长度的选择。分销渠道的长度是指酒店产品和服务从酒店向宾客转移过程中所经过的中间商种类的数目，中间商的种类越多，说明分销渠道越长。酒店在选择分销渠道的长度时，应根据酒店的自身条件、产品的特点、市场竞争状况及中间商的特点加以确定。

(2) 分销渠道宽度的选择。分销渠道的宽度是指酒店产品和服务从酒店向宾客转移的每个环节中所涉及的同类中间商的数量。同类中间商的数量越多，分销渠道就越宽。酒店对分销渠道宽度的选择可考虑三种策略：①广泛分销策略，即通过尽可能多的中间商进行销售，以便顾客购买。②选择性分销策略，即在一定的市场区域内只选择少数几个较好的中间商经销本酒店的产品和服务。采用这种策略的目的是加强与中间商的联系，提高渠道成员的销售效率。与广泛分销策略相比，采用选择性分销策略可以降低分销成本，加强对渠道的控制。③独家分销策略，即在一定的市场区域内只选择

Note

一家经验丰富、信誉卓著的中间商进行销售，要求该中间商只经销本酒店的产品和服务。采用这种策略的目的是提升酒店产品和服务的市场形象，提高售价，促使中间商竭尽全力销售本酒店的产品和服务，并加强对中间商定价、促销、信贷及各种服务的控制。

(3) 渠道成员的选择。酒店在选择渠道成员时主要应考虑：①中间商的经营范围。中间商的经营范围必须与酒店目标市场相一致。②中间商的市场经验及市场反馈能力。市场经验丰富的中间商一般销售实力较强，销售效率较高，同时能够及时地向酒店反馈有关酒店产品和服务的市场信息，如宾客喜好、购买习惯、旅游者流向等。这会为酒店完善营销策略，为更好地满足宾客的需求创造有利条件。③中间商的经营实力。酒店选择中间商时，必须考虑其经营规模的大小和财务调度能力的高低。中间商经营规模的大小直接决定着其为酒店带来的预订量和销售额的大小，而中间商的财务调度能力则体现着其抗风险水平。此外，营销人员还必须综合考虑中间商的经营历史、发展趋势、市场声誉、客户特点、网点分布，以及与本酒店合作的可能性等因素。

四、促销策略

促销是指酒店为了培育和强化企业形象、激发顾客的购买欲望、影响他们的购买行为、扩大酒店产品或服务的销售，而与酒店外部环境因素进行的一系列沟通工作。它要求酒店在对消费者潜在需求进行调查分析的基础上，将最能激发消费者购买欲望的信息以恰当的方式传达给目标消费者。促销策略是指对促销对象或领域、促销任务、促销目标、促销效果、促销投入、各种限制条件等进行科学的选择、配置、控制和分析，使信息宣传、沟通手段和过程系统化、规范化，尽量提高促销活动的效果、效率，使促销活动低投入高产出。在设计促销组合策略时，为了保证促销活动的有效性，酒店应周密考虑各种不可控因素或不确定因素对促销活动带来的影响以及相应的对策。

4Ps 理论被提出以来，它对市场营销理论产生深刻的影响，曾一度成功地指导着企业的营销实践，被营销管理者誉为营销理论中的经典。但是它过分地强调企业的自身利益，认为只要是好产品就不存在卖不出去的问题，根本没有从顾客的利益角度出发，势必导致产品还没上市就面临被顾客淘汰的尴尬局面，新的营销理念应运而生。

知识活页

4Cs 与 4Rs 营销理论

随着市场竞争日趋激烈，媒介传播速度越来越快，4Ps 理论越来越受到挑战。1990 年，美国学者罗伯特·劳特朋(Robert Lauterborn)教授在其著作《4P 退休 4C 登场》中提出了与传统营销的 4Ps 相对应的 4Cs 营销理论。4Cs(Customer、Cost、Convenience、Communication)营销理论以顾客需求为导向，重新设定了市场营销组合的四个基本要素：瞄准顾客(Customer)的需求和期望。

Customer(顾客)主要指顾客的需求。企业必须首先了解和研究顾客,根据顾客的需求来提供产品。同时,企业提供的不仅仅是产品和服务,更重要的是由此产生的顾客价值(Customer Value)。Cost(成本)不单是企业的生产成本,它还包括顾客的购买成本,同时也意味着产品定价的理想情况,应该是既低于顾客的心理价格,亦能够让企业有所盈利。此外,这中间的顾客购买成本不仅包括其货币支出,还包括其为此耗费的时间、体力和精力,以及购买风险。Convenience(便利),即为顾客提供最大的购物和使用便利。4Cs营销理论强调企业在制定分销策略时,要更多地考虑顾客的方便,而不是企业自己方便。要通过好的售前、售中和售后服务来让顾客在购物的同时,也享受到便利。便利是客户价值不可或缺的一部分。Communication(沟通)则被用以取代4Ps中对应的Promotion(促销)。4Cs营销理论认为,企业应通过同顾客进行积极有效的双向沟通,建立基于共同利益的新型企业/顾客关系。这不再是企业单向的促销和劝导顾客,而是在双方的沟通中找到能同时实现各自目标的通途。

4Rs营销理论是以关系营销为核心,注重企业和客户关系的长期互动,重在建立顾客忠诚的一种理论。它既从厂商的利益出发又兼顾消费者的需求,是一个更为实际、有效的营销制胜术。

4Rs理论的营销四要素:第一,关联(Relevancy),即认为企业与顾客是一个命运共同体。建立并发展与顾客之间的长期关系是企业经营的核心理念和最重要的内容。第二,反应(Reaction),在相互影响的市场中,对经营者来说最难实现的问题不在于如何控制、制订和实施计划,而在于如何站在顾客的角度及时地倾听和从推测性商业模式转移成为高度回应需求的商业模式。第三,关系(Relationship),在企业与客户的关系发生了本质性变化的市场环境中,抢占市场的关键已转变为与顾客建立长期而稳固的关系。与此相适应产生了五个转向:从一次性交易转向强调建立长期友好合作关系;从着眼于短期利益转向重视长期利益;从顾客被动适应企业单一销售转向顾客主动参与到生产过程中来;从相互的利益冲突转向共同的和谐发展;从管理营销组合转向管理企业与顾客的互动关系。第四,报酬(Reward),任何交易与合作关系的巩固和发展,都是经济利益问题。因此,一定的合理回报既是正确处理营销活动中各种矛盾的出发点,也是营销的落脚点。

(资料来源:现代营销理论的演变,https://www.sohu.com/a/160359853_99921754/)

TOURISM

Note

第四节 酒店营销管理创新

一、网络营销

互联网的出现与发展,导致人们的生活方式发生了巨大的改变。在商业及酒店领域,信息网络也为顾客及企业带来了革命性的重大影响。对于顾客来讲,这张无形的网为他们提供了更多产品、服务和价格上的选择,他们能够以更便捷的方式了解、挑选、预订和购买酒店的客房及餐饮产品;酒店方则克服了产品不可运输带来的各项困难,客房的销售变得更加容易。网络的普及使得酒店竞争的战场发生了转移,即从现实世界的竞争转移向虚拟世界的竞争,但在这个虚拟的世界中,酒店之间的竞争变得更加透明、更加激烈。酒店必须借助于网络进行营销,这是信息经济时代对于酒店提出的新要求。

(一) 网络营销的特点

与传统的营销模式及营销方式相比,互联网信息技术的即时性、信息表现方式的多样性以及快速便捷等特征使得网络营销具有一些独特的优势与特点。

1. 突破了时空对于传统营销的限制

由于互联网具有超越时间约束和空间限制进行信息交换的特性,因此,网络营销使得企业脱离时空限制达成交易成为可能,只要有网络,企业或酒店可以 24 小时全天候地为全世界各地的宾客提供营销服务。消费者可以在网络上浏览并知晓在未来的某一天,自己期望入住的酒店是否有空房提供给自己。在网络营销的环境下,企业或者酒店可以有更多的时间和更大的空间从事营销活动。

2. 信息交换具有经济高效性

随着信息技术的不断完善,网络传输信息的速度日益加快,电脑可储存的信息容量也日益增加。通过互联网进行信息交换,企业或者酒店一方面可以及时更新产品及价格的信息,及时有效地了解并满足消费者的需要,以快速地达到营销预期的目标;另一方面可以节约各方面的成本,如向广告媒介支付的成本、各种印刷邮递成本等。因此,网络营销使得企业与宾客之间的信息交换变得更为快速,更为经济。

3. 通过多种媒体以交互式的方式进行与消费者之间的沟通与传播

互联网综合了平面媒体与电视广播等多种媒体的优点,可以传输多种形式的信息,如文字、声音、静态乃至动态的图像等,将信息以上述综合的形式发布并传递给公众,显得更加形象生动。例如,消费者在预订酒店客房时,可以通过图片甚至三维立体图像或者视频的方式看到自己即将下榻的酒店客房或者前往就餐消费的餐厅、酒吧是什么样的,内部装修与装饰状况如何,这些都有助于顾客做出购买决定。互联网不仅可以展示商品目录与商品形式,为顾客提供产品信息查询,还可以和顾客做双向互动的沟通,可以收集市场中的信息情报，进行产品测试或者消费者的满意度调查等活动，因此，网络是酒店进行产品设计、提供商品信息并且在顾客到店前向宾客展示自身产品与服务的最佳工具。目前，微信、微博及抖音等 App 已成为多媒体营销的宠儿。

4. 成长速度快，具有光明的发展前景

网络的使用者多属受教育程度较高的年轻人，这些人收入颇丰，具备较强的购买能力，勇于尝试新的购买方式，是酒店网络营销享用者的中流砥柱，以及酒店企业锁定的主要对象。不仅如此，互联网使用人群数量还在快速增长，且其范围遍布全球，因此，网络营销的市场潜力极大，通过网络，企业及酒店可以迅速扩展自己的市场影响力，可以说，网络营销在未来具有极其光明的发展前景。

5. 对于技术的依赖性较强

网络营销倚重的工具是以高新信息技术为基础和支撑的互联网络，企业实施推行网络营销必须拥有一定的技术投入、技术支持和技术人才，因而在网络营销模式下，企业与酒店必须引进既懂得营销又懂得电脑技术的复合型人才，同时改变传统的组织形态，强调并提升信息管理部门的功能，只有这样才能在信息经济时代跟得上时代步伐，不被市场所淘汰。

综上所述，互联网是一种功能强大的营销工具，借助于网络，酒店与企业可以将不同的营销活动统一设计并规划协调起来，以统一的形象体系向消费者传达信息，这种整合功能是其他任何一种营销模式都不具备的。

（二）网络营销的基本形式

从酒店利用网络资源和技术的深度和广度来分，网络营销包括利用网络媒体登载广告、利用电子邮箱进行邮件营销和利用网站进行全方位网络营销三种基本形式。

按酒店网络营销的具体功能来分，网络营销包括网上市场调查、网上形象塑造、网络产品展示、网络促销、网络分销、网络公关、网络客户服务等形式。按酒店网络营销的目标群体来分，网络营销包括 B2C 营销、B2B 营销、C2B 营销和 C2C 营销四种形式。B2C 是酒店对单个顾客的营销方式，它主要是为潜在顾客提供影响其购买行为和购买决定的商业信息；B2B 是酒店对供应商和赞助商等机构或公司的营销方式，它主要是维持和不断改善公司之间的合作伙伴或战略伙伴关系，从而使合作双方或各方达到互惠互利，双赢或多赢；C2B 是单个顾客对多个酒店产品进行自由选择、组合和定价，由酒店竞标接盘；C2C 是单个顾客根据酒店提供的产品信息和参加活动的提示，自行安排参加活动的行程。

（三）网络营销的功能

在网络环境中，酒店市场营销具有以下几个方面的基本职能。

1. 形象塑造

通过开展网络营销，酒店得以在较短时间内树立和强化形象，并在网站建设和网站展示过程中不断完善和提升形象。网络营销的重点是网站推广，而网站又是品牌的网络展示窗口，可以使更多的人了解产品和服务。从营销的角度来讲，网站不仅仅是一个品牌的网上窗口，更是塑造和提升品牌的重要营销工具。因此，在网络营销的网站建设中，必须突出网站方便的导航功能、完善的帮助系统、快捷的下载速度、简单友好的用户界面，以及对搜索引擎友好的链接。

2. 信息沟通

通过网络信息高速公路，传递和接收市场营销信息，可以使酒店缩短与客源市场的距离，适时掌握市场需求变化情况和趋势，从而提供能够适应和满足市场需求的酒店产品。

3. 市场促销

网络产品信息展示的多媒体化和信息沟通的交互性优势，使酒店能够通过网络进行更有效的广告和营业性促销。具有链接功能的有弹跳式视窗广告、旗帜广告、按钮广告、网上拍卖等网络促销手段，可以根据消费者的兴趣提供酒店活动一般广告、详细活动介绍、网上预订甚至网上优惠直销服务，这样能有效激发需求者的购买欲望、影响其消费行为和增加酒店产品销售量。

4. 产品开发

通过市场调查，酒店可以借助网站开发和测试符合市场需求的新的可选活动项目，并根据网络调查得到的反馈意见筛选和完善酒店活动。产品开发与测试的网络化具有成本低、信息反馈快、针对性强、客户参与性强等特点。通过开发与测试过程的公开化，加之在网站新闻通讯和页面的重点宣传，新的活动项目能得到更广泛的推介。

5. 网络分销

利用具有网上交易功能的网站，酒店可以使其分销渠道通过国际互联网延伸到世界各地，形成四通八达的全天候、无国界产品分销网络。由于酒店产品是通过消费者而不是产品的空间移动来实现其商品交换，所以以产品销售信息和购买信息沟通为主要特征的网站平台，成为大型活动机构理想的低成本、高效率的分销渠道。网络分销的主要形式包括独立网站的直接分销、合作伙伴网站之间的交换代理间接分销和专业销售网站的委托代理间接分销等。酒店活动主要为顾客提供特定主题的活动经历与感受，并为活动参加者提供活动期间的住宿、饮食等服务和与活动主题有关的小纪念品，所以比较适于采用网络营销手段。

6. 客户服务

互联网为酒店提供了形式多样、功能强大的客户服务手段，其形式包括客户常见问题解答、列表电子邮件、电子公告板、聊天室、新闻发布等，其内容包括活动主题介绍与相关知识、目的地概况、活动日程安排、预订咨询与受理、相关规定与注意事项、日程变更通知、酒店活动成果与评价等。

7. 市场调查

借助互联网进行市场调查，酒店可以有效降低调查成本、缩短调查周期、提高问卷回收率。网上调查通过调查主题吸引读者，使感兴趣的读者在方便的时间、以简便的选择方式或少量的键盘输入方式提供调查答案，生成调查统计数据。网上调查信息沟通的即时性和交互性，保证了酒店能够在第一时间掌握市场变化的最新动态，并对酒店活动产品进行市场反应的跟踪调查，适时改进或调整产品结构以满足不断变化的市场需求。

8. 网上赞助

借助大型活动的公益主题和轰动效应，吸引有关政府部门、名人和一般公众进行网上赞助和捐赠活动，作为交换可以为赞助者和捐赠者提供各种网上广告宣传和名誉宣传，如在网站中设立政府赞助、大公司赞助、名人捐赠、公众捐赠、主题赞助、分主题赞助等广告宣传栏目或荣誉榜。

酒店自媒体引流＋获客玩法

二、绿色营销

（一）绿色营销的含义

所谓绿色营销，是指社会和企业在充分意识到消费者日益提高的环保意识和由此产生的对清洁型无公害产品需要的基础上，发现、创造并选择市场机会，通过一系列理性化的营销手段来满足消费者及社会生态环境发展的需要，实现可持续发展的过程。

酒店行业因为大量使用一次性用品、每天更换清洗床上用品、大量使用各种洗涤剂成为大气和水污染元凶之一而广为环保人士所抵制。越来越多的酒店经营者接受绿色营销观念，减少使用甚至弃用一次性用品，并呼吁客人配合重复使用床单至离店，并以此宣扬酒店文化，树立良好的酒店形象。

（二）酒店绿色营销策略

（1）对酒店设施进行“绿化”建造时采用节能环保材料，使用节能设备和节能电器，尽可能采用清洁能源；改造酒店灯光、通风、取暖设备，使酒店建筑成为绿色建筑；做好废物处理工作，对有利用价值的物品进行二次利用。

（2）所谓绿色技术是技术的使用达到降低污染、保护生态、减少浪费、循环使用、节能降耗的要求，且符合环境保护和生态平衡的要求。绿色技术的采用是绿色营销的物质保证，没有绿色科技，便没有绿色营销。

（3）开发绿色产品是实施绿色营销的关键环节和支撑点。绿色产品是指从内在质量到外部包装都无害于人体健康和安全，而且在其生产、使用及处理过程中符合环保要求，不会对环境产生危害，且有利于资源再生和回收利用的产品。目前，酒店业的绿色产品包括三大类：绿色客房、绿色餐厅和绿色服务。

绿色客房是酒店的主体，也是酒店向客人提供的主要产品，创建绿色酒店就应该开辟绿色客房。严格意义上的绿色客房要求酒店从设计开始到提供产品的全过程所涉及的环境行为必须符合环保要求。房屋设计必须使用绿色建筑材料，客房采用生态建筑材料、天然涂料，以及木头、天然石料等装饰材料；厨房的装修可使用瓷砖、不锈钢或玻璃等无污染材料。此外，要求客房所有用品都是绿色产品，减少一次性用品，尽可能多次反复使用。地板是天然木材和石料，家具选择天然的藤木制品或玻璃器皿，床上用品是纯天然棉麻织物，肥皂使用纯天然油脂皂，使用绿色文具、绿色冰箱、节能空调和灯具，减少房间物品的洗涤次数，房间使用分类垃圾桶和节水马桶、淋浴设施，并摆放生机盎然的绿色植物，降低客房噪声等。

开设绿色餐厅的关键是推广绿色食品。绿色食品是指遵循生态经济的原则，按照特定生产方式生产，经专门机构认证，许可使用绿色食品标志的无污染的安全、优质、营养类食品。绿色食品应具备的条件：一是原料产地必须符合绿色食品生态环境质量标准；二是农作物种植、畜禽饲养、水产养殖及食品加工必须符合绿色食品生产操作过程；三是产品必须符合绿色食品质量和卫生标准；四是产品包装、储运必须符合绿色食品包装储运标准。酒店餐饮部应慎重选购绿色食品，在烧菜及制作点心时使用天然色素，不用化学合成添加剂；不用珍稀动物和野生动物制作菜肴；尽量多使用具有“绿色标志”的原材料。

绿色服务是指以保护自然资源、生态环境和人类健康为宗旨，并能满足绿色消费者要求的服务。酒店的绿色服务主要伴随其产品一起向消费者提供，并贯穿生产和消费全过程。如在餐饮服务中，向客人推荐绿色食品和饮料，点菜做到经济实惠、营养合理、资源不浪费；餐后主动为客人提供“打包”服务。与此同时，酒店应该利用自己在食、住、行、游、购、娱中独特的地位，以及买方市场较多的选择机会，促使所有向酒店供应物品的供应商增强环保意识，要求他们同样提供绿色产品和绿色服务。这样，酒店便能通过控制自身服务和供应商的配合，保证绿色服务的全部性和完整性。

引导绿色消费。不少酒店在客房内放上了这样的卡片“如果你不需要更换被单，请把卡片放到你的枕头上”，让客人自己做出选择。

三、主题营销

主题营销酒店市场供过于求，宾客讲求个性消费已是一个不争的事实。面对这一压力，“如何脱颖而出、木秀于林”成为酒店营销研究的重点。当下，主题营销成为这种市场态势下一种有效的营销策略。它以差异性、文化性作为酒店企业的经营卖点，成为酒店营销的新策略。

（一）主题营销的内涵

主题营销就是酒店企业在组织开展各种营销活动时，根据消费时尚、酒店特色、时令季节、客源需求、社会热点等因素，选定一个或多个主题为吸引标志，向宾客宣传酒店形象，吸引公众的关注并令其产生购买行为。它的最大特点是赋予一般的营销活动以某种主题，围绕既定的主题来营造酒店的经营氛围。

（二）主题营销的基本思路

主题营销的基本思路是酒店企业在组织策划各项主题活动时，应根据自身的特色、消费的时尚、对手的表现，因地、因时、因人选择不同的主题。这些主题包括民族地理类主题、历史故事类主题、影视歌舞类主题、运动休闲类主题、文学艺术类主题等。酒店可采用不同的方式实践主题营销这一理念。

(1) 完全主题化。完全主题化是指酒店赋予自身以不同的主题文化内涵，以主题酒店的面貌立足于市场并成为市场的最大卖点。主题酒店的概念起源于美国，如著名的迪士尼度假俱乐部就是经营主题酒店的专业机构。近年来，主题酒店在地域上呈全球化分布趋势，并且可供选择的主题也趋向多样化，从原来单纯的与地理环境特征相一致的主题发展到音乐、高尔夫球、历史传说、体育活动等各种主题。在经营管理、营销策划、装修构思等方面均融入了新思路。

Note

(2) 主题活动。主题活动的本质是酒店在组织策划各类促销活动时，以某一文化作为主题，推介产品，推介这一主题文化。酒店企业在策划经营型的主题活动时，应不断研究消费需求以挖掘“对路”的新卖点。这种主题活动成败的关键在于能否恰到好处地选择主题并做好相应的文章。鉴于此，酒店企业可根据一些时尚消费趋势，每月(或每季度)推出一个主题来引导消费，同时将酒店的环境、服务、品牌和文化融入主题进行全方位展示，以形象促消费；也可根据酒店的主题定位，策划各类主题活动，强化酒店的主题特色。

四、机会营销

酒店的成长和发育除了依靠自身的努力，还极大地受制于当地的政治、经济、文化、治安等因素，因而人们将其称为机会行业。对酒店而言，要善于开展机会营销，寻找机会、把握机会、创造机会、利用机会，这样才能在市场经济条件下取得市场营销的成功。

机会营销是以“尚未得到满足的或尚未得到完全满足的消费需求”为研究对象，因此，酒店企业应精于捕捉和利用机会。信息海洋中往往蕴藏着巨大的营销机会。酒店可从信息中判断机会的有无，要有目的、有计划地通过报纸、杂志、网络等途径，收集各种信息尤其是与本行业有关的信息，并加以分析、筛选、分类、利用。社会潮流也往往预示着巨大的营销机会。酒店应注重观察各种消费潮流(有些消费潮流可能表面上与酒店无任何关联，但也可能为酒店营销带来机会)，并准确预测未来的消费潮流，如环保潮流、休闲潮流、科技潮流、健康潮流、社交潮流、文化潮流等。酒店还可借力开展机会营销，包括借名人之力、活动之力、同行之力、员工之力、宾客之力、媒介之力、会展之力、关键人物之力等。酒店在借力时，要遵循可能性原则、时机性原则和创新性原则，关键要在借力的基础上有所发展、有所创新。

五、体验营销

(一) 酒店体验营销的内涵

体验营销可定义为，以满足消费者的体验需求为目标，以服务产品为舞台，以有形产品为载体，营造一种氛围，设计一系列事件，让顾客主动参与其中而产生深刻且难忘的体验，这种生产经营高质量产品的一切活动就构成了体验营销。

(二) 体验营销在酒店业中的应用

伯德·施密特教授在《体验式营销》中构建了体验式营销主体框架的模型——通过消费者的感官(Sense)、情感(Feel)、思维(Think)、行为(Act)、关联(Relate)五种体验模块来建立体验营销战略支柱。体验营销的主体框架在酒店中的应用也不外乎这五种，即感觉营销、情感营销、思维营销、行动营销和关系营销。

1. 感觉营销的应用

感觉营销是通过刺激消费者的视觉、听觉、触觉、味觉和嗅觉，建立感官上的体验，为其创造值得回忆的感受。根据环境心理学理论，顾客通过感官对有形物体的感知及

Note

由此所获得的印象,将直接影响到他们对酒店产品的质量及酒店形象的认识和评价。消费者在购买和享用酒店服务之前,会根据那些可以感知到的有形元素所提供的信息来对酒店产品做出判断。酒店可以利用的进行体验营销的有形元素主要有"外环境"——有形物(包括酒店的建筑、设备设施、有形产品)和"内环境"——环境氛围、员工及其工作态度。

2. 情感营销的应用

情感是人的需要得到满足时所产生的一种对客观事物的态度的内心体验。消费者对于符合心意、满足实际需要的产品和服务会产生积极的情绪和情感,这能增强消费者的购买欲望,促进购买行为发生。情感营销是以消费者内在的情感需求为诉求点,寻找整个消费过程中导致消费者情感变化的因素,探究消费者的情感反应模式,努力为顾客创造正面的情感体验,从而在顾客心目中树立酒店良好的形象。这种营销是一种更人性化的营销方式,它真正从消费者的感受出发,细心体察与呵护消费者的情感。例如,有位 30 年后再次访问曼谷的英国客人,无意中讲到他昔日睡在蚊帐里的乐趣,客人所在的东方酒店立即派人送来一顶大蚊帐,放在这位客人带空调的房间里,为客人找回了当年的情境。

3. 思维营销的应用

思维营销以启发人们的智力为目的,通过在产品的营销中加入一些有创意、知识性的因素,以引起消费者的兴趣和促使其参与营销活动,并在消费过程中获得认识和解决问题的体验,满足消费者的求知需求。体验经济时代的旅游者在酒店产品功能上将更加注重通过酒店产品促进个人知识、见识、能力的发展与完善,希望酒店能够创造一个学习的舞台,营造一种轻松舒适的学习环境,通过团队合作交流、自主探索学习等方式而不是专业人士做教练,让客人在没有任何压力的情况下熟练掌握其需要的新技能,使客人既享受到轻松休闲的时光,又学习到知识。例如,地中海俱乐部聘请非专业教练教初学者打网球;美国一些度假酒店为老年人提供学习使用电脑的项目;泰国一些酒店可以教授顾客泰式烹调技巧。这些酒店产品成功的奥秘就在于它们带给顾客新鲜体验的同时,很好地满足了顾客追求自我发展的需要。

4. 行动营销的应用

体验的前提是参与。体验经济认为,顾客是体验的主体,也是体验的产品,仅仅是走马观花式的旁观,而不亲自参与其中,并在参与中思索与体会,就无法得到真切的体验。深入参与以及主动参与,能给客人留下更加深刻的印象。行动营销的目标就是通过增加人们的亲身体验、展示做事情的其他方法和另一种生活方式来丰富顾客的生活。客人在酒店,希望自由享受,酒店要提供一个表演的舞台,使顾客在整个休闲娱乐过程中表现出精神上的愉悦、情感上的满足。这个特别的舞台就是酒店员工的工作岗位和场所。剧作者是酒店,剧本是酒店的生产经营活动的主题思想,道具是酒店的产品和服务,表演者是酒店的员工和顾客,演出就是酒店的经营活动,导演就是酒店经营活动的组织者,顾客具有双重身份,既是表演的参与者,又是观众。比如我国某酒店西餐厅在情人节当天推出这样一个节目:让客人把自己的照片制作成红酒商标,自己动手制作巧克力,自己动手煎牛排,然后一对情侣一边品尝着自己制作的巧克力,一边欣赏经典的爱情影片。让客人亲自参与的活动能使其感受到参与其中的乐趣,为顾客创造一种轻松、自由的生活体验。

5. 关系营销的应用

关系营销包含感觉、情感、思维和行动营销的成分，但它超越了增加个人体验的感受，把个人与理想中的自我、他人和文化联系了起来。在这个关联中，顾客希望自己能更接近理想中的自我，希望得到他人的肯定。体验经济时代，商业产品创造的是一种“情景舞台”，真正的主角是消费者自身。消费者在参与酒店产品和活动项目的设计、生产过程中扮演特定的角色，顾客从中可以感受独特的服务及主题活动项目的体验经历，在活动平台中可以开展更广泛的交际活动，以及锻炼自身各方面的能力。酒店的关系营销就是要对消费者进行细分，划分不同的顾客群，研究不同顾客群的消费特点，根据群体内人们共同的背景、信仰、爱好和文化，建立符合其消费体验的主题客房或主题餐厅，使消费者对酒店产品产生共鸣，如体验民俗风情的“窑洞客房”、北京凯莱大酒店的运动城餐厅，体验藏文化的玛吉阿米西藏风情餐吧等，都因能给消费者提供特殊且难忘的经历和体验而深受顾客青睐。

本章小结

1. 伴随着企业生产及销售活动的变化，企业的营销指导思想经历了一个漫长且复杂的，由“以生产为中心”转变为“以顾客为中心”，从“以产定销”转变为“以销定产”的演变过程。

2. 酒店营销管理是现代酒店管理的重要手段之一，酒店营销活动不断提高服务质量和产品形象，同时利用传播、沟通等手段深入了解客人需求，通过客人主动购买行为实现酒店经营目标。

3. 成功的酒店营销活动必须经过细致的市场环境调查、准确的市场细分、明确的市场选择、精准的市场定位，只有这样才能在竞争中立于不败之地。

4. 4Ps组合理论包括产品（Product）、价格（Price）、地点（Place）以及促销（Promotion）四大策略的组合，在现代酒店营销实践中得到了广泛应用。

5. 酒店营销策略的使用和酒店营销新理念的运用能够使酒店营销活动事半功倍，为宾客带来更好的体验感受，使酒店谋求更多的利益。

思考与练习

广州白天鹅宾馆的BOSS直播首秀

Note

第六章
酒店品牌管理

学习引导

我国酒店正进入一个快速发展的阶段，酒店集团化发展趋势加强，酒店的集团化发展离不开酒店品牌的支持，以品牌为核心的发展道路正成为新时代企业发展的重要特征。当今供给大于需求的酒店业进行品牌建设尤为必要。进行酒店品牌建设研究，探索适合国情和企业实际的品牌建设模式，树立中国知名品牌酒店企业形象，提升我国酒店品牌核心竞争力，是我国酒店业发展的重要战略。

学习目标

知识目标：了解品牌创建、维护和提升的途径和方法。

能力目标：具备分析品牌资产和价值的能力。

德育目标：通过中国酒店品牌建设中对中国优秀传统文化的创造性转化和创新性继承，加强学生对中国优秀传统文化的学习，增强学生的民族自豪感。

思维导图

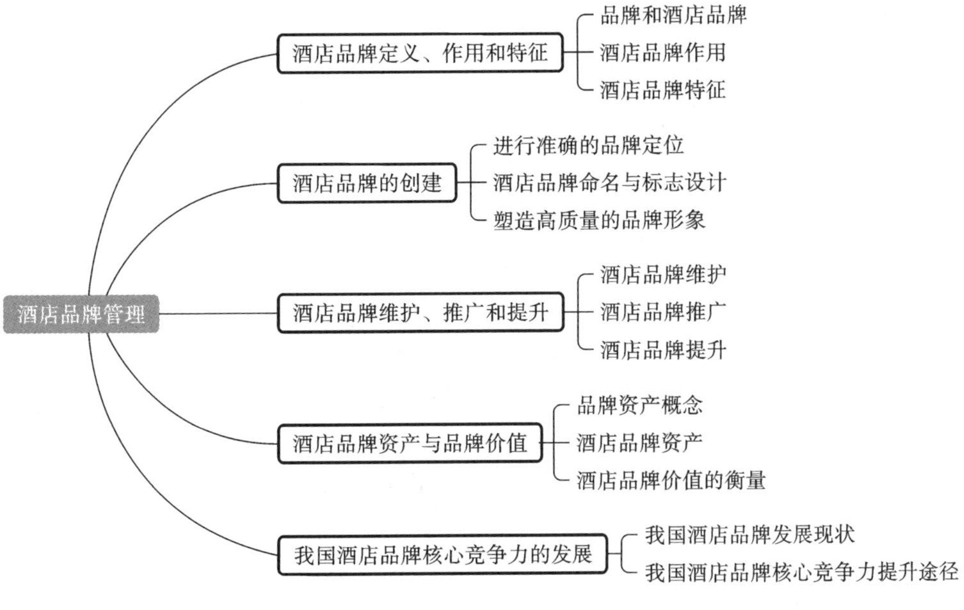

第一节 酒店品牌定义、作用和特征

世界著名酒店集团凭借强有力的品牌开发能力，根据市场需求不断孕育出新的品牌，如洲际酒店集团推出全新套房酒店品牌——Atwell Suites，希尔顿酒店集团推出的 MOTTO by Hilton，定位为城市微型生活方式酒店品牌。我国酒店及大住宿业已步入品牌争雄、IP 并起的阶段。近几年，在国内的各类酒店投资及特许经营展会上，常看到各类酒店品牌"各显神通"的场面。国内中端酒店市场，大量新生品牌兴起，维也纳、雅斯特在短短几年发展成几百家的规模。铂涛集团旗下的麗枫、希岸、喆啡、7 天优品，ZMAX 等多个空间生活方式品牌，还有许多个性十足的品牌闪亮助阵。再加上最近进入酒店中低端区间的黑马 OYO 以及携程主导的 OTA 系品牌丽呈等，都在进行品牌化建设，大刀阔斧，步步为营。酒店品牌化建设和发展已经迫在眉睫。

一、品牌和酒店品牌

（一）品牌的定义

"品牌"一词最早来源于古挪威文字 Brandr，意思是"烙印"，它非常形象地表达出了品牌的含义——如何在消费者心中留下烙印？如同众多的管理学概念一样，不同时期的品牌管理者从不同角度给出了品牌的定义。到目前主要有如下三种观点。

1. 符号论

美国市场营销协会（AMA）在 1960 年出版的《营销术语词典》中把"品牌"定义为，用以识别一个或一群产品或劳务的名称、术语、象征、记号或设计及其组合，以和其他竞争者的产品或劳务相区别。

以菲利普·科特勒为代表的传统营销理论认为：品牌是"一种名称、术语、标记、符号或设计，或是它们的组合运用"；建立品牌的目的是"借以辨认某个销售商或某群销售者的产品或服务，并使之同竞争对手的产品和服务区分开来"；品牌的要点是"销售者向购买者长期提供的一组特定的特点、利益和服务"。

2. 形象论

创建品牌形象理论的代表人物——大卫·奥格威认为，品牌是一种错综复杂的象征，是属性、名称、包装、价格、历史、声誉、广告风格的无形组合。

3. 关系论

定位理论开创者杰克·特劳特和艾·里斯认为，品牌就是某个品类的代表或者说是代表某个品类的名字。建立品牌就是要实现品牌对某个品类的主导，成为某个品类的第一。当消费者一想到要消费某个品类时，会立即想到这个品牌，我们就说你真正建立了品牌。

著名品牌战略管理专家凯文·莱恩·凯勒于 1993 年提出了著名的 CBBE

(Customer-Based Brand Equity,基于客户的品牌资产) 模型,对品牌与客户的关系,品牌资产的来源、建设路径等进行了系统阐述,被菲利普·科特勒誉为"给出了有关品牌构筑的艺术和科学最新、最完整的思考"。凯文·莱恩·凯勒指出,品牌的力量存在于消费者心中。构建起在消费者心目中强烈、独特、美好的品牌知识(消费者对品牌认知的总和,包括产品知识、视觉形象、购买体验、品牌联想等),进而使消费者对品牌发起的营销动作产生积极响应,从而达成持续销售、兑现品牌溢价、实现品牌可持续发展等目标,是开展品牌管理的核心动机和终极目的。

上述三类观点对"什么是品牌"这一问题的认知是一个不断深入和演进的过程。被大家所普遍接受的观点是:品牌是存在于消费者心目中的稳定、一致、积极的联想。人们对品牌的体验不仅仅是功能性的产品和服务,同时还包括感受与联想。成功的品牌一般都具有出色并且一致的品牌理念,这一品牌理念经由特色鲜明的特有品牌语言传达给目标受众,并与目标受众建立稳定的品牌关系。

简单来说,品牌就是企业在目标人群心目中的印象及借此建立起的互动关系。品牌建设的路径就是在目标人群心目中植入强烈、独特、美好的品牌知识,进而建立品牌关系。品牌知识主要来源于品牌认知和品牌联想两大部分。

(二) 酒店品牌的内涵及构成

酒店品牌是酒店为了使消费者识别其产品和服务,并区别于其他酒店,所用的具有显著特征的标记,任何一个酒店品牌都必须有名称,通常也称商号,这是合法经营所必须具备的。酒店品牌由三个要素构成,即酒店品牌名称、酒店品牌标志和商标。

(1) 酒店品牌名称。酒店品牌名称是酒店产品及其他特质的识别标志,能使人联想起该品牌的产品、服务、价格、文化理念等。酒店品牌名称涵盖了酒店产品和文化属性的内容,好的酒店品牌名称为酒店树立产品的品牌形象建立了良好的传播基础,有利于品牌的宣传和产品的销售。

(2) 酒店品牌标志。酒店品牌标志即酒店品牌的形象符号,是品牌形象化的标识符号,可以形成内容丰富又高度抽象的概念,主要起速记、识别和传播的作用。形象符号可以唤起人们对该品牌的联想,有利于形成品牌的个性,便于识别和记忆。

(3) 商标。商标是从法律上来保护酒店品牌的。商标作为品牌的法定标记,可区分经营者的身份,涉及酒店品牌在什么区域及什么样的产品范围内受到保护。商标的设计要符合《商标法》,注册后受《商标法》保护,是知识产权中的一个类别,在市场上是区别和验证商品和服务的标志。

二、酒店品牌作用

(一) 识别要素特性,区别同类产品

品牌可以帮助消费者辨认出品牌的制造商、产地等基本要素,从而区别于同类产品。酒店品牌包含着其所提供的服务产品的功能、质量、特色、文化等丰富的信息,在消费者心目中代表着服务形象和酒店形象。在市场营销中,消费者对品牌产生一种整体感觉,这就是品牌识别。当消费者购买酒店的服务产品时,其购买行为首先表现为选

择、比较。而品牌在消费者心目中是服务质量的标志，代表着服务的品质、特色，即识别的感觉，消费者通过这种感觉确定是否购买这种产品。

（二）引起消费者注意，扩大酒店销售

由于酒店品牌代表着不同的服务特色和品质，消费者常常按照品牌选择产品，因此品牌有利于引起消费者注意、满足消费者需求、实现扩大产品销售的目的。消费者往往依照品牌选择产品或服务，促使酒店更加关心品牌的声誉，不断创新服务产品，加强质量管理，树立良好的酒店形象，使品牌经营走上良性循环的轨道。

（三）沉淀无形资产，促使酒店增值

品牌是酒店的无形资产，它本身就可以作为商品被买卖，具有很大的价值。品牌的价值对于拥有它的酒店来说，要通过产品的销售才能体现出来。产品中包含的品牌价值不同，产品的价值也会有很大不同。《2022 中国饭店品牌价值报告》显示，香格里拉饭店品牌以 196.12 亿元的价值位居“国内饭店品牌价值 100 强”榜首，全季酒店品牌价值 167.28 亿元，位于第二，亚朵 124.96 亿元，位于第三。中国酒店在品牌迭代更新、品牌创新、品牌规模发展、品牌服务提升、品牌定位及品牌忠诚度方面均表现优异，品牌价值正在稳步提升，品牌附加值逐步提升。

（四）提高企业知名度，促进酒店宣传

品牌传播可以提高企业的知名度、塑造企业形象、提升企业美誉度、培养品牌忠诚度，为促进企业的发展起到事半功倍的作用。特别是名牌形成后，就可以利用名牌的知名度、美誉度来传播酒店名声，宣传地区形象，甚至宣传国家形象。

（五）增强员工凝聚力，提升酒店文化

一些知名国际酒店集团如万豪国际、希尔顿、香格里拉等，它们的良好形象及生活、工作气氛，使员工在工作中会产生自豪感和荣誉感，并能形成一种酒店文化，给每一位员工以士气、志气，使员工精神力量得到激发，从而更加努力、认真地经营。名牌的内敛效应聚合了员工的精力、才力、智力、体力，甚至财力，使酒店的经营和管理得到提升。

三、酒店品牌特征

（一）文化性

每一个酒店品牌无不具有自己独特的个性和文化内涵。经过几个世纪的发展，酒店行业已经从提供简单食宿服务的客栈演变成为旅行者的“家外之家”和当地重要的社交场所。20 世纪 90 年代以来，小旅馆也演变成提供饮食的中档酒店，如汉普顿酒店和假日快捷酒店等，越来越多的服务功能赋予了酒店品牌不同的文化特色。不同类型的酒店品牌会体现出不同的文化特性。例如，经济型酒店品牌往往表现出亲切的、平易近人的文化特征，如“洁净似月，温馨如家”的如家酒店；豪华酒店品牌则是高贵的、奢华

Note

的、典雅的、稳重的，如四季酒店、丽思卡尔顿酒店等。对国际酒店集团来说，企业在国际化的进程中还需要吸收不同地方的区域文化，以适应当地市场的需求。如洲际酒店集团旗下的英迪格酒店，遍及全球40多个城市，秉承以邻间文化作为设计灵感，英迪格酒店遍寻各地人文精粹，用真切的邻间故事等待着每一个为灵感而来的客人。

（二）情感性

品牌和顾客关系中，情感因素很重要，正是品牌的个性和态度吸引了顾客，并维持了大量的忠实顾客。事实上，优秀品牌的创建本身就是进行大量的情感投资的过程：首先通过大量的广告、公关等营销手段建立品牌知名度，在轰炸式营销中使顾客初步认识和了解酒店品牌；其次在服务质量、酒店特色上有所作为，在目标顾客中建立较高的美誉度，这是强化知名度、进行情感经营和特色服务的结果，顾客不仅认识了这一品牌，而且发现与其有相同或相似的价值取向；最后顾客对品牌产生信任，发生多次购买行为，从而在品牌认可的基础上建立起品牌忠诚，成为该品牌的忠实顾客。

（三）排他性

从法律角度讲，品牌是一种商标，表明了商标注册情况、使用权、所有权和转让权等权属情况。酒店品牌一经注册或申请专利，其他酒店或企业就不得擅自使用该品牌从事商业活动。这就是酒店品牌法律意义上的排他性。同时，酒店品牌的排他性具有市场意义。酒店经营中可能会有这种现象：只要一家酒店引进了较受欢迎的菜品或娱乐设施，其他的酒店就会在极短的时间内群起而模仿，始创者的优势很快就会荡然无存。而品牌则不同，良好的品牌一经顾客的认可进而形成品牌忠诚，无形中强化了品牌的专用性，竞争对手是难以模仿的。即使竞争对手设计出相似的品牌标志（实际上，经过注册的品牌标志是受法律保护的，在特定情况下模仿其他酒店的品牌设计会惹来法律纠纷），并且提供相似的服务，也无法带走忠实顾客。一个成功的酒店品牌与其市场定位、企业文化是紧密结合在一起的，代表了客人对酒店的全部体验，这些是其他酒店所望尘莫及的。尤其是在酒店品牌具有一定的知名度和美誉度并形成口碑后，排他性体现得更加明显。

第二节　酒店品牌的创建

一、进行准确的品牌定位

酒店品牌设计需先解决品牌定位，即树立一个什么样的酒店品牌形象，来满足消费者某个层面上的需求，使自己的品牌与其他企业的品牌区别开来。酒店品牌定位是针对目标市场而确立的独特品牌形象，对品牌的整体形象进行设计、传播，从而在目标客户心中占据一个独特的、有价值的位置的过程和行动。

Note

（一）酒店品牌定位的关键

1. 把握顾客心理

酒店品牌定位的基础是建立在顾客心理基础上的，其着眼点是目标顾客群的心理感受，在目标客户心中确立酒店产品品牌与众不同的价值地位，这是一个基于心理认知的过程。酒店品牌定位的策略要适应顾客的认同感，要审视品牌环境，目的是使品牌的心理定位与相应产品的功能、利益相匹配。顾客的认同和共鸣是酒店产品销售的关键，定位需要掌握顾客的购买动机，激发顾客的消费欲望，不失时机地进行市场宣传。

2. 确定市场细分

品牌定位不是盲目的，而是针对目标市场的，其前提就是市场细分。通过市场细分，能使酒店明确产品的消费对象，进一步了解其需求，发现市场商机，从而设计、塑造出独特的酒店产品和品牌个性。品牌定位应该在市场细分与竞争分析的基础上，结合酒店的各种内部资源来确定服务对象，然后制定包括产品、价格、销售、广告、公关等在内的具体营销策略。实际上，酒店的品牌定位就是酒店与某一消费群体在不断的双向沟通过程中，对彼此的认可与承诺，对酒店来说是“量身定做”，对客户来说是“物有所值”。

3. 创造产品价值

酒店的品牌定位是否成功，取决于是否抓住了酒店产品的优点，是否能引起客户的消费兴趣，同时必须让顾客切身感到产品的品质，创造能吸引顾客忠诚的产品价值。如近几年快速发展的中档酒店在强化自己的核心产品之外，更注重创造另一种商旅生活的空间，让客人在消费享受核心产品高附加值的同时，享受另外一种与众不同的空间感觉。上海人民路上的中星君亭酒店，就把大堂设计成客厅和书房，客人进店后，可以享受免费的现磨咖啡，也可以在沙发上享受书香时光。

（二）酒店品牌定位的步骤

要使酒店的品牌定位更加科学合理，就需要按照一定的步骤进行，酒店品牌定位的基本步骤有以下几方面。

1. 营造酒店的文化氛围

随着市场经济的日渐深入，文化消费潮流是大势所趋，酒店的品牌竞争有时也表现为文化氛围和主题的竞争。创造出个性化的文化氛围，有助于提升酒店品牌张力及市场影响力。每个酒店都应有自身特色的文化氛围，或是建筑，或是服务，或是地域特点，或是民风民俗等，应将其作为文化卖点进行综合开发。利用当地特有的建筑形式、材料和一些固有的建筑符号和元素，建造出散发着浓厚地域文化风情的酒店建筑；或通过室内概念设计、空间设计、色彩设计、材质设计、布艺设计、家具设计、灯具设计、陈设设计等，可产生一定的文化内涵，达到文化性体现。

2. 提升酒店的产品服务

酒店产品与服务质量是酒店品牌的基础。酒店生产出好的产品，还需要良好的服务才能获得客户的认同和信赖。同样质量的产品，可以因服务好而增值，也可能因服务不好而贬值。酒店在服务方法、手段、策略上要不断地体现新理念、新内容，还应在产品

Note

中注入文化内涵和特色，从而增加品牌的“含金量”和附加值。洲际酒店集团旗下的皇冠假日酒店是一个在亚太区发展极快的豪华商务型酒店品牌，该品牌为成功的商务活动所提供的互动平台使其成为商务旅客和会议组织者的理想选择。现代化的设计氛围与品牌所推崇的迅速高效的服务理念完美融合，为公务繁忙的商旅人士提供细致周到的服务体验。

3. 挖掘酒店的品牌价值

酒店品牌的影响力和覆盖范围是衡量酒店品牌价值的重要标志。品牌价值越大，其影响力就会越大。所以企业应努力挖掘出本酒店品牌的内在价值，并加以广泛宣传。酒店品牌建设也应朝着市场化和国际化的方向发展，才能融入世界潮流。

4. 确定酒店的品牌定位

酒店品牌定位是针对目标市场确定的，其着眼点是目标客户的心理感受，其途径是对品牌整体形象的设计，其实质是依据目标客户的种种特征设计产品属性并传播品牌形象，从而在目标客户心中形成一个刻意塑造的独特形象。品牌定位并不是针对产品本身，而是要求酒店在消费者的内心深处下功夫，在消费者心目中确立酒店品牌与众不同的价值地位，让消费者能够轻易地区别于其他同类产品，而对本品牌产品情有独钟。

知识活页

亚朵酒店品牌创立于2013年，创业成员的背景分布于酒店、文化和互联网三个行业。亚朵酒店的CEO曾是华住酒店集团联合创始人之一。2013年7月31日，第一家亚朵酒店西安南门店开始营业，全国首家人文精品酒店落户古都西安。亚朵酒店的品牌定位以酒店为起点，但不止于酒店，后逐步形成生活方式类的品牌，即便不存在住宿需求，消费者也将消费亚朵的文化类服务。

亚朵酒店定位为以阅读和人文摄影为主题的中高端精品酒店，只提供有限服务，全力打造高品质的设施环境和服务水平，致力于为旅客提供极致的旅途享受。亚朵酒店旨在塑造一种全新的轻生活方式品牌形象，高品质的客房产品、温馨细致的服务注入浓郁的人文情怀，为中高端商旅人士提供“舒适、简约、朴实、静谧”的住宿体验。在保证旅客获得舒适的住宿环境的同时，通过看不见的服务为旅客提供看得见的高品质享受，亚朵酒店品牌以一种全新的理念向消费者诠释服务的内涵。因此亚朵酒店在进行目标市场细分时，主要选择进入收入中高等的消费群体，其中包括对亚朵酒店的人文主题表示认同的顾客群。如亚朵酒店曾多次举办书友会及摄影大赛，此类活动均吸引了知识人群，从而使他们成为酒店的潜在顾客。

（资料来源：亚朵官网）

TOURISM

Note

二、酒店品牌命名与标志设计

（一）酒店品牌名称

品牌名称是品牌的核心要素，是形成品牌概念的基础。它是指品牌中能够读出声音的部分，它有可能是商标名称。对于一个品牌来说，最重要的是名字。酒店命名也是一种文化，是酒店文化氛围营造的重要组成部分，酒店命名有潜在的心理功能，能使消费者引发记忆，唤起联想，产生消费欲望。因此要给酒店起一个既合适又有寓意的名字。

1. 酒店品牌命名原则

（1）简单明了、朗朗上口。简短的名称便于给顾客留下印象，以便顾客慕名而来。简短有力、朗朗上口的名字更容易让顾客记住且易于传播，一般以两三个字为宜。绝大多数知名度高的酒店品牌名称都是非常简洁的，多为2—4个字，如“假日”“7天”“四季”等。

（2）寓意美好、富于联想。富于联想指品牌的名称要有一定的寓意，让顾客能从中得到愉快的联系。比如“如家”这个名字与品牌定位保持了高度一致性，取“家外之家”之意，希望客人能够有“宾至如归，温馨如家”的感觉。“希悦”作为酒店名称是不可多得的，“希”即希望，它承载着酒店的希望与梦想，仿佛预示了酒店即将走过一段光辉历程，而“悦”字则凸显了酒店服务行业的属性特征，意为愉快、欢乐，旨在为消费者带来愉悦，“希悦”二字意为“承载希望”。

（3）构思奇巧、新颖别致。新颖别致指名称标新立异，不落俗套，有独特的个性和风格，不容易与其他品牌名称相混淆。万豪旗下的全球现代奢华时尚生活品牌“W酒店”就是一个典型的例子。该酒店的目标定位是追求时尚潮流的创造者。所以该酒店在名称设计上有别于其他国际品牌酒店，大胆创新，以单个字母命名，给消费者鲜明的印象和感受，也与酒店特立独行的个性与风格相一致。

（4）彰显理念、气势恢宏。“汉庭”之名颇为大气，有“汉室兴旺，日角龙庭”之气魄。作为酒店名称，其能够很好地诠释优质服务。这类名字有责任、肯担当，绝不是中小酒店敢为的。“华住”作为酒店集团，命名更是大气，取“中华住宿”之意，目标直指“中华住宿业的世界级酒店集团”。

（5）国际通用、利于传播。酒店的国际化发展和扩张已成趋势，国内大的酒店集团如华住、锦江等都开始走国际化道路，进军国际市场，因此，酒店品牌在命名时要重视相应外文名称的设计，不得违背国外的习惯和法律。为以后酒店品牌国际化发展奠定良好基础。

2. 酒店品牌命名的文化思考

文化是旅游的灵魂。酒店产品和服务的文化特色已成为酒店凸显自身竞争优势的重要突破点，因此，酒店品牌的命名也应充分考虑文化因素。中国是文化大国，将中国优秀的传统文化元素融入酒店品牌的打造，势必更能增加其竞争力。在酒店品牌命名时要注重对传统文化的定位性思考、恒久性思考及发展性思考。

（1）定位性思考。酒店品牌命名中的传统文化元素选择要建立在酒店定位的基础

Note

上，即做好定位性思考。比如，休闲度假酒店和政务型酒店由于定位不同，其命名时对传统文化因素考量就有较大差异。度假型酒店如悦榕庄，借鉴了“道法自然”的老子思想；而政务型酒店如北京钓鱼台国宾馆，带有鲜明“国宾馆”传统文化元素。反之“传统文化对于酒店品牌的创造性介入”能成功展示酒店的定位，引导消费者关注品牌的深层文化底蕴。

结合酒店定位，酒店品牌命名往往符合或者融合本国显著文化元素，而如果丢掉本土的东西，不能有意识运用传统文化优势，就会失去特色，丧失酒店竞争优势。若酒店有明确定位，但品牌命名没能融入传统文化元素，则品牌名称内涵不够深刻。比如以茶文化为主题的雅安西康大酒店，地处世界著名的茶马古道起点，拥有三百多年历史的雅安茶厂生产的金尖藏茶砖砌成的主题茶屋，使客人身处茶香扑鼻的酒店内感觉异常惬意。可以看出，雅安西康大酒店主题鲜明、定位明确，若品牌名称融入传统茶文化元素，其品牌的民族性、特色性则会更加鲜明。简而言之，传统文化元素深度介入酒店品牌建设，在集体无意识或潜意识层面激发受众的文化归属感，继而激发受众的消费欲望，从而使受众认同酒店品牌的文化内涵。为此，应结合历史、地域、民族等传统文化特色，有意识地把酒店定位与传统文化介入作为首要的发展战略。

（2）恒久性思考。酒店品牌要做恒久性思考。国际品牌酒店大多采取特许经营策略，这既是快速提高市场占有率的重要渠道，又能迅速创造不菲的市场价值。酒店品牌一旦明确，就要满怀信心地去经营，心无旁骛地去坚持。国际著名的酒店品牌，如万豪、希尔顿、最佳西方、四季等，都保持着恒久性。从品牌维护、产品和服务研发、特许经营、顾客管理等方面都应该围绕品牌核心价值去演绎，坚守品牌核心理念，打造品牌常青树。因为酒店品牌名称一旦确定，就难以发生改变，即使成功改变，其成本往往是非常高昂的，还容易产生品牌形象模糊的负面影响。传统文化是伴随着文明演化过程，经过不断汇集、冲突、融合而逐步形成的，反映民族特质和风貌的民族文化，是民族历史上各种思想文化、观念形态的总体表征，其内容当为历代存在过的精神的、物质的和制度的文化实体和文化意识，具有最强大的恒久性。酒店品牌打造非但要定位科学，而且要“咬定青山不放松”，借助于传统文化代代相传恒久远的特性，二者的契合往往能取得事半功倍的良好效果。

（3）发展性思考。酒店品牌发展是指品牌不断应对挑战、抓住机遇、改革创新、保持领先、扩大影响，要成长为业界的翘楚，就要在“质”与“量”方面持续提升。其中“量的扩张”主要是品牌图谱的丰富以及每个品牌旗下酒店数量的增加；但尤为重要的是“质的提升”，主要包含服务水平的提高、综合营销策略水平的提高与整体优化等方面；考虑到品牌文化中传统文化的因素，因此不能故步自封、食古不化，而要注重持续更新原则，坚持古为今用，大胆改革，尽可能使消费者的每一次消费都能获得新鲜感，并且兴致勃勃地期待下一次新的体验。

（二）酒店品牌标志

酒店品牌标志是酒店品牌中能被识别但不能用语言直接读出的那部分文字、图形或者两者的结合，它代表酒店的形象、特征乃至酒店的信誉和文化，是宾客心目中酒店的另一个重要的识别工具，酒店品牌标志能够引起宾客认知、宾客联想和宾客对企业的偏好，进而影响品牌标志体现的酒店产品质量与宾客的品牌忠诚度。

1. 酒店品牌标志的种类

(1) 图形标志。图形标志是将标志设计成图案，一目了然。一般有抽象图案和具体图案两种，具体的图案让人能很快联系到品牌的意义，而抽象的图案则只是起到品牌区分的作用，很难快速向消费者传递品牌所代表的含义。因为缺乏文字的直接展示作用，酒店品牌中用单独图案标志的比较少见。

(2) 文字标志。文字标志是用独特形式书写的品牌全称或首个字母。文字标志是酒店品牌名称和品牌标志的统一，它直截了当地将品牌名称展示给宾客，使宾客增加了对酒店的印象。W 酒店是万豪旗下的全球现代奢华时尚生活品牌，其官方的定位是 Lifestyle 品牌，业内普遍将其归类为大型的 Boutique Hotel 路线。激发灵感、创造潮流、大胆创新的 W 酒店在业界影响深远，为宾客提供终极的入住体验。其标志是个硕大的灰色字母“W”，简洁明了，让人过目不忘。

(3) 图文标志。文字标志尽管直接展示了品牌名称，但不容易引起联想，而图文标志尽管容易引起联想，但又不能直接展示品牌名称。因此很多酒店品牌采用了图文标志，将品牌名称中的某个字母或字母的某一部分转化为图案的形式，形成比较形象的图案。如香格里拉酒店，不仅名字让这个品牌亚洲式的好客之道更具形象度，其 Logo 设计也是秉承香格里拉(Shangri-La)优美名称的深切含意。高耸入云的山峰反映在澄清的湖泊上，配以融合现代化及亚洲建筑特色的“S”标志，完美的象征香格里拉以亲切、和谐及自然美的精神为顾客服务的宗旨。

图文标志中的图案有的也是抽象图案，让人难以知道其品牌的寓意，但其图文标志让人印象深刻。如文华东方酒店集团的标志是一把展开的折扇，它标志着文华东方酒店集团生于东方，以及致力提供奢华、雅致和舒适酒店服务的承诺。这个扇子 Logo 一直是文华东方引以为傲的标记，其寓意扇子既能给人带来凉爽之意，又能给人雍容华贵的感觉。这把扇子从 1985 年起，不仅成为文华东方酒店集团的 Logo，也为其后来的 Fan(英文单词中兼有扇子和爱好者之意)系列广告埋下伏笔。扇子 Logo 是文华东方酒店集团品牌文化的一部分，11 片扇叶标志，象征着集团秉承的东方传统的 11 道精髓。

2. 酒店品牌标志的作用

作为品牌必备的要素，品牌标志主要发挥以下作用。

(1) 加强品牌识别。在酒店 VI 设计的品牌标志独有的图案、文字和色彩元素的影响下，消费者更容易识别和记住品牌，特别是当品牌标志和品牌名称相呼应的时候，消费者的识别和记忆程度会更高。

(2) 增加品牌联想。一个带有图案的酒店品牌标志更能够引发消费者的品牌联想。例如，JW 万豪是小万豪先生为纪念父亲而创立的顶级酒店，其 Logo 是由上半身的鹫和下半身的狮子组成的神兽，分别采用这两种动物的上下半身代表的是远见与卓识、力量和胆识。狮鹫 Logo 象征着狮子的力量，代表着鹫的远见与飞翔能力，是 J. W. Marriott 先生本人的象征符号，也代表着他的远见和创造一家世界级酒店管理公司的梦想、力量和实力。一个好看的 Logo 不仅能带给客户强烈的形象感知及深刻印象，同时其承载的品牌内涵和美好寓意也伴随这些酒店稳定成长。就如 J. W. Marriott 先生的愿望一样，现在的万豪不仅是一家世界级的酒店管理公司，而且已经成为全球较大的酒店管理公司。

（3）表达品牌身份。品牌由于受到限制而无法写出全名，如全名太长或者在特定位置写出全名不美观等，这时酒店 VI 设计的品牌标志就起到了很好的传播作用。标志是品牌身份的代表，是品牌信息的浓缩。站在大街上，在纷繁的广告牌中只要看到金黄色的"M"，我们就知道那是麦当劳。在国际性体育比赛上，各国国旗也起到这样的作用。

3. 酒店品牌标志的设计原则

酒店品牌标志设计是酒店品牌建设的基础，是酒店的一项长期的品牌资产，酒店品牌标志凝缩着企业的灵魂。因此品牌标志设计是酒店行业在品牌建设初期必不可缺的元素，是酒店品牌建设的"核心"。酒店品牌设计要遵循以下原则。

（1）个性原则。酒店品牌标志应体现酒店产品与服务的特征、品质，体现品牌价值和理念，成为酒店企业形象的象征；在设计上应别出心裁，使标志富有特色、个性显著，并与其他酒店 VI 设计品牌标志区别开来。

（2）创新原则。酒店品牌标志应醒目直观、新颖独特、视觉冲击力强，以及便于消费者识别、理解和记忆。

（3）美感原则。酒店品牌标志设计应符合平面设计的要求，在色彩、布局、搭配等方面要讲究整体的均衡性、对称性和协调性，使标志具有整体、优美、强势的感觉。

（4）认知原则。酒店品牌标志应符合当地市场的文化背景、风俗习惯和审美价值观，应简洁鲜明、富有感染力。

（5）情感原则。酒店品牌标志应给人以美的享受，激发其丰富的联想，以情感人，打动消费者。

（6）简洁原则。酒店标志的设计要求简单化，不要出现太多的细节。简单并非简单化。优秀而简单的标志在功能上拥有出人意料或是独特的风格。

（7）寓意原则。酒店标志设计不仅仅是一个图案设计，而是要创造出一个具有商业价值的符号，兼有艺术欣赏价值，从而达到准确传递企业信息的目的。

三、塑造高质量的品牌形象

品牌形象和声誉是驱动顾客购买的重要因素。在购买酒店服务之前，顾客无法判断酒店的服务质量，品牌自然成为服务质量的标志。塑造高质量的酒店品牌形象，可以从以下几个方面着手。

（一）提高酒店服务质量

服务是一种活动过程，具有非实体性，顾客通常是借助服务产品的有形部分来对服务质量做出相应的评价。到酒店消费的宾客追求的不仅仅是物质上的需求，更偏向于精神上的需求。只有顾客满意，才会有忠诚的顾客。忠诚的顾客会向别人推荐酒店，从而提高酒店的绩效，同时也为"酒店品牌形象"带来自发性传播。亚朵酒店突破性采用"全员授权服务"，酒店工作人员在为客人解决问题时可自行使用约 300 元的权限。由此，提高了服务效率和服务质量，顾客满意度不断攀升，由各 OTA 平台呈现的顾客点评综合情况来看，亚朵在同类酒店中获得的评分较高，加速了亚朵酒店的品牌形象塑造。

（二）打造酒店个性特色

酒店应追求建筑外观、装潢设计、酒店产品等方面的特色。在国际酒店业激烈竞争的环境下，各酒店业主与管理者们都在力求把自己的酒店做得既舒适，又有特色。如在客房设计上，希尔顿现在推出了“睡得香客房”“健身客房”“精神放松客房”等，雅高推出了“高科技好客”概念客房，喜达屋则拥有“天堂之床”的梦幻客房。所有这些都更好地满足了消费者要求舒适且不断变化的需求。亚朵酒店以阅读和摄影人文主题为切入点进入市场，店面均配备藏有千余册图书的书吧，客人不仅享受免费借阅，还可异地还书。每个店面根据其所设地理位置的差异，设立具有不同属地文化特色的摄影主题，并持续征集高质量的摄影作品，从而精彩展现属地人文的个性。

（三）加强文化内涵建设

企业文化是一种潜在的、无形的、强大的力量。企业文化与品牌密切相关，互相交融渗透。从某种意义上来说，顾客到酒店消费，是购买文化、消费文化、享受文化。因此，酒店不仅要研究文化性的产品，创建文化性的品牌，还要注重服务中的文化内涵，提高酒店从业人员的文化涵养。亚朵酒店定位于以阅读和人文摄影为主题的中高端精品酒店，只提供有限服务，全力打造高品质的设施环境及高质量的服务体验，致力于为旅客提供极致的旅途享受。

（四）注重品牌标识设计

酒店应积极推进品牌形象物化方面的建设，按照企业统一的商标、标志和企业标准色，制作并完善酒店的形象识别系统，在视觉层面塑造一目了然的酒店品牌形象。

第三节 酒店品牌维护、推广和提升

一、酒店品牌维护

为巩固酒店品牌效应，避免酒店品牌效应随着时间的推移而减弱，我们需要对酒店品牌进行维护。品牌维护一般分为法律上的品牌维护和经营上的品牌维护两种。酒店品牌的法律保护主要包括域名权保护和商标权保护。酒店品牌的经营维护则分为保守性维护和积极性维护。保守性维护是指在进行酒店品牌经营时，采取非进攻性、用于加强稳固酒店品牌地位的传播与经营手段；积极性维护则是采取提升品牌形象、增加品牌内涵的传播、经营手段，以及全面质量管理、产品服务创新等方式，积极地跟随市场和消费者需求变化，通过不断创新来维护品牌形象、开拓市场，可采取的酒店品牌经营维护

Note

措施主要有以下几方面。

（一）采取全面质量管理

酒店管理集团要维持其酒店品牌地位，必须在产品与服务质量上始终遵守品牌传达给社会公众的承诺，与消费者达成心理契约，使消费者以重复购买行为对品牌长期不懈地保证质量给予回报。稳定优质的产品与服务质量是酒店品牌满意度和忠诚度最重要的来源，因此，酒店管理集团必须建立先进的全面质量管理体系，强调全员参与全面质量管理，运用系统的方法研究并处理产品与服务质量问题，保证提供的产品与服务既能在功能上满足消费者的需求，又能为其带来更多附加利益，以维持顾客品牌忠诚度。

（二）有效处理消费者投诉

在经营过程中，难免会遇到消费者投诉，若能圆满解决投诉问题，则会更加赢得消费者的认可，提升酒店品牌的美誉度。因此，酒店管理集团在酒店运营中，必须树立正确的处理投诉观念，本着认真负责的态度，勇于承担自身责任，不回避、不找借口、不拖延，综合采取有效沟通、协商、赔偿、道歉等方法，将消费者投诉问题明确处理，并力争维护消费者的品牌忠诚度。

（三）进行产品与服务创新

酒店品牌创新很重要的就是产品与服务创新，包括更新酒店硬件设施、开发新型服务项目、创造先进管理模式等。酒店管理集团可在为顾客提供舒适空间环境、完善旗下酒店硬件设施的基础上，进一步改进原有服务模式，增加更为周到细致的个性化定制式服务种类，同时改进品牌管理模式，更加重视顾客的价值，强调顾客和品牌理念之间的交流，从而留住老顾客、吸引新顾客，最终使各酒店品牌都拥有一批忠诚的消费群体。

（四）妥善防范与处理危机

酒店品牌危机是指由于突如其来的企业内部或外部原因引起的酒店品牌形象遭严重损害、品牌价值大幅度降低以及由此导致的集团经营管理陷入困难的局面。酒店产品与服务在很大程度上属于情感类消费品，脆弱性较强，面对千变万化的市场形势和消费者需求，酒店管理集团更要注意酒店品牌危机的防范，建立品牌危机预警与处理系统，使员工树立起强烈的品牌危机意识。当品牌危机出现时，酒店要迅速做出反应，尽量弥补消费者和品牌的损失，并尽快查清事实，最大限度地控制或消除危机事件带来的负面效应。

二、酒店品牌推广

将酒店打造成具有自身特点的品牌后，我们还需运用现代化市场营销手段将品牌形象与内涵向消费者进行有效传达，进行品牌推广。酒店品牌推广有两个目的，一是在目标市场中培养忠实客户，二是在广泛受众群体中挖掘潜在客户。传播手段不仅包括广告宣传，还包括员工、公共关系、网络等多种手段。酒店品牌传播的短期目标是为了提高旗下酒店入住率，增加主营业务收入，长期目标则是为了建立和巩固品牌在消费者心目中的形象，积累并提高品牌资产价值。

（一）传统广告传播酒店品牌

广告是品牌传播最常用的手段，具有良好的导向性和可控性。在宣传酒店品牌时，广告主要承担将酒店品牌内涵信息传播出去的任务。基于各酒店品牌形象特点与个性内涵，要有目的、有计划地在报纸、杂志等媒体投放广告来实现良好的品牌传播效果。但由于广告效果通常受到媒体特点及公众对广告内容习惯性抵触的影响，酒店管理集团应当十分注意广告媒体的选择、内容的设定等具体事宜，以免引起公众反感，引发品牌传播的负面效应。

（二）公共关系推广酒店品牌

希尔顿酒店集团负责人曾提出，公关就是通过第三方的支持树立酒店品牌自身的积极形象和培育消费者偏好的过程。对于酒店管理集团而言，则应注意保持与员工、顾客、政府、新闻界、行业协会、学术界的关系，利用集团内部会议、外部新闻发布会、社交活动、各类会展、对危机事件的处理等时机，宣传与推广旗下酒店品牌形象与内涵，争取更多有力支持，并在主流媒体上取得更多正面报道，从而达到提升酒店品牌知名度与美誉度的目的。

（三）新媒体营销宣传酒店品牌

随着信息技术在酒店业的广泛应用，新媒体营销已成为酒店品牌最便捷、最有效、最经济的宣传手段。酒店管理集团应致力于集团网站及预订系统的建设工作，加大散客预订系统的销售力度，将相应的酒店品牌形象、内涵、附加值等信息发布到网上，增强品牌宣传力度，让更多公众了解并选择酒店品牌，扩大知名度与增加销售额，同时还应设置消费者建议板块，不断改善品牌产品与服务，使其能够更好地满足各细分市场消费者的需求。

酒店还可以积极利用专业酒店营销平台、团购网站、论坛（社区）、微博、微信、抖音等新媒体平台进行酒店品牌推广，更大范围地传达自己的品牌形象。新媒体的多样化还能够让客户更加了解酒店的营销活动，增加自己对客户的吸引力，从而增加消费。而新媒体传播的低成本和全球化使得酒店能够以更加低廉的成本达到更加有效果的宣传。

三、酒店品牌提升

（一）提高品牌知名度

品牌知名度是指社会公众对品牌的知晓和了解程度，以及这个品牌社会影响的广度和深度。它是衡量酒店品牌现状的一个“量”的指标，衡量的结果揭示了酒店品牌被人知晓的范围的大小以及品牌在市场上的领先能力。酒店品牌可以从顾客知名度、行业知名度和社会知名度三个方面来提高。酒店可以聘请知名酒店管理公司管理、加入一些松散的酒店联盟，加入相关的行业协会，做出对行业有重要意义的服务或管理创新

Note

等来提高行业知名度;还可以选择参加公益活动,承办当地有影响力的社会活动,或以其他方式接近公众来提高社会知名度方面。酒店发展的首要问题是提高顾客知名度,顾客知名度可以通过酒店品牌在顾客心目中的形象建立和形象推广来实现。

(二)形成品牌美誉度

美誉度是指社会公众对品牌的信任和赞美程度,以及这个品牌社会影响的好坏。它是衡量酒店品牌现状的一个“质”的指标,衡量的结果揭示了酒店品牌被人评价的性质的好坏。在酒店众多的知晓品牌中,存在着不同态度的公众,有的对酒店品牌持赞美态度,这些公众就是顺意公众;有的对品牌持反感态度,这些公众是逆意公众。酒店可以从以下几个方面来形成品牌美誉度:建立良好的企业信誉,履行品牌承诺;将实际的质量通过各种方式转化为顾客可感知的质量,让酒店服务的无形性通过可以看得见、摸得着的方式展示出来,例如将厨房改成明档,让顾客亲眼见到食品加工过程,犹如自己亲自加工一样有信任感。酒店也可以通过各种公关活动加深顾客对酒店的了解,更好地与之沟通。

(三)建立品牌忠诚度

品牌忠诚度是消费者对某一酒店品牌产生的感情的度量,它反映了一个消费者的偏好由一个品牌转向另一个品牌的可能程度。一旦建立品牌忠诚,就可为企业获得更多的营销资本,节约促销费用,扩大并延续品牌的宣传效果,让品牌来充当商品或服务的“无形推销员”的角色,在短期内扩大产品的市场份额,减少价格弹性,确保竞争优势。酒店可以通过寻找忠诚顾客、精心设计忠诚顾客的奖励计划、为忠诚顾客提供个性化的产品和服务,以及培养忠诚员工等途径来建立品牌忠诚度。

第四节 酒店品牌资产与品牌价值

一、品牌资产概念

品牌资产(Brand Equity)这一概念为舶来品,是一种超越商品有形实体以外的价值部分。它是与品牌名称、品牌标志物、品牌知名度、品牌忠诚度相联系的,能够给企业带来收益的资产。“品牌资产”一词在 20 世纪 80 年代被广泛使用,然而对它的界定仍是众说纷纭。归纳起来,目前对品牌资产的定义主要存在着三种概念模型:财务会计概念模型、基于市场的品牌力概念模型,以及基于品牌消费者关系的概念模型。

(一)财务会计概念模型

财务会计概念模型主要着眼于对公司品牌提供一个可衡量的价值指标。这种概念模型认为品牌资产本质上是一种无形资产,因此必须为这种无形资产提供一个财务价值。这种概念模型认为一个强势品牌是非常有价值的，应该被视为具有巨大价值的可交易资产。英国 Interbrand 公司的执行董事 Paul Stobart 是该概念模型的典型代表，他认为："关于品牌的一个重要问题不是如何创建、营销，而是如何使人看到它们的成功以及在财务上的价值。"

（二）基于市场的品牌力概念模型

基于市场的品牌力概念模型是顺应品牌的不断扩张和成长而提出的，该模型与财务会计概念模型最大的不同在于，财务会计概念模型着眼于品牌的短期利益，而基于市场的品牌力概念模型研究的重心则转移到品牌的长远发展潜力。在该模型中，学者开始比较深入地研究品牌与消费者之间的关系，并第一次把品牌资产与消费者态度、品牌忠诚度、消费者行为等指标联系起来。

（三）基于品牌消费者关系的概念模型

一般情况下，品牌资产常被定义为品牌给产品带来的超越其功能效用的附加价值或附加利益，这种附加价值或附加利益表现为品牌给企业和宾客提供超越产品或服务本身利益之外的价值。如果某种品牌给宾客提供的超过商品或服务本身利益之外的附加利益越多，则该品牌的吸引力就越大，宾客就越喜欢这一品牌，从而品牌资产价值也就越高。如果该品牌的名称或标志发生变更，那么附加在品牌上的资产也将部分或全部消失。

二、酒店品牌资产

（一）酒店品牌资产界定

酒店品牌资产是指酒店营销者在完善酒店软硬件环境，系统地进行酒店品牌策划与传播的基础上，通过宾客与酒店品牌的互动沟通，使宾客因对酒店形象和核心价值产生某种心理认同与情感共鸣而购买酒店品牌所创造的附加值。酒店品牌资产是以品牌名字为核心的联想网络，也即消费者心中品牌的意义。品牌的意义首先来自品牌名字的字意，并在品牌名字的基础上，通过营销活动和产品购买，使用这两种途径学习积累而成。

（二）酒店品牌资产的特征

酒店品牌资产作为一项特殊的、重要的无形资产，具有以下几个基本特征。

1. 品牌资产的无形性与依附性

酒店品牌资产是一种无形资产，不具有实物形态，并且依附于酒店品牌名称、标志、产品、服务等载体上。

2. 品牌资产形成的长期性

一个良好的酒店品牌资产并不是一朝一夕就能形成的，需要酒店长期不懈的努力与持续的投入。在品牌资产形成后，只要对它进行正确的经营与管理，就可以长期存在。

Note

3. 品牌资产的可量化

品牌资产是能够采用一定的方法进行评估的，是能够用数字将其价值大小表示出来的。英国独立商业评估咨询公司 Brand Finance 的任务就是评估不同品牌的商业价值，每年发布全球酒店品牌价值排行榜。2022 年 Brand Finance 发布的排行榜显示，上榜的 50 个品牌总价值为 609 亿美元，同比 2021 年度增加了 137 亿美元，排在首位的是希尔顿，品牌价值为 120.40 亿美元；排名第二的是凯悦，品牌价值为59.05亿美元；第三名是假日，品牌价值为 41.55 亿美元。总部在中国香港的香格里拉名列第七位，中国内地品牌锦江、汉庭和全季也进入了 50 强，4 个中国品牌总价值 34 亿美元，占比 5.5%，进入榜单的中国酒店品牌总价值仅次于美国和英国，排名世界第三，表明近些年中国酒店品牌建设日益成熟和完善。

4. 品牌资产的波动性

品牌资产的波动性主要是指其价值不是固定不变的，而是会受到多种因素的影响而发生变化。酒店有关品牌决策的正确与否，以及其他酒店竞争品牌的运营成功与否，都会造成品牌资产的价值波动。任何一个酒店的品牌资产价值都处于变化的状态。这种波动的形成与市场环境的波动性密切相关，但根本上是由品牌相互竞争所造成的。

（三）酒店品牌资产的作用

酒店品牌资产的作用主要体现在两大方面：一是对顾客的作用，二是对企业的作用。品牌资产对顾客的作用主要是有利于顾客处理与品牌有关的信息，提升顾客的购买信心，从而缩短购买决策过程。品牌资产对企业的作用主要在于：有利于培养与提高顾客对品牌的忠诚度；可以帮助企业获得超额利润；为品牌的延伸创造条件；构筑进入壁垒，阻碍潜在竞争对手进入行业，为企业建立竞争优势；减少价格变动或竞争对手的营销活动带来的不利影响。

三、酒店品牌价值的衡量

（一）Brand Finance 全球酒店品牌价值排行榜

Brand Finance（英国品牌金融咨询公司）是全球性的独立第三方品牌价值评估和咨询机构，总部位于英国伦敦金融城中心。该公司通过提供品牌估值、分析、战略及交易等服务，帮助客户进一步了解其业务和无形资产的价值。

1. 对品牌及品牌价值的描述和定义

从广度来看，一个品牌包含所有来自消费者、员工和其他相关利益方对一个组织及其产品或服务的期待和观点。

Brand Finance 认为，整个企业的品牌价值是由其所统辖的数个品牌化业务构成的。品牌化业务价值是从属于子品牌的单个品牌化业务所带来的价值，品牌贡献是由品牌的业务所创造的总体经济获益，最终品牌价值是品牌化业务内商标的价值。

2. 理论模型与评价方法

Brand Finance 在其品牌价值排行榜中使用“特许费率法”来计算品牌价值。这种方法包含估计由品牌所带来的预期未来销售以及计算特许费率，该费率以品牌使用来收费，即假设品牌在并未被使用者所拥有的情况下，品牌使用者所需支付的款项。换一个角度而言，即公司拥有该品牌，实际上就是节省下这笔费用，这也是品牌价值所在。“特许费率法”通常被税务机构和法庭所青睐，因为品牌价值是基于参考有记录的第三方交易而计算得出的。该计算可以通过公开可用的财务信息来完成。同时，该方法符合国际评价标准机构和 ISO10668 的要求，可有效确定公正合理的品牌市场价值。计算步骤如下。

(1) 在 1—100 分范围内基于一系列属性诸如情感联结、财务绩效、可持续性指数及其他指标来计算品牌强度。此得分即品牌强度指数。

(2) 确定各品牌行业的特许费率范围。这一步通过审核来自 Brand Finance 的许可协议数据库及其他在线数据库中的可比较许可协议来完成。

(3) 计算特许费率。将品牌强度得分应用于特许费率范围，得出特许费率。例如，如果某一品牌行业的特许费率范围为 1%—5%，同时一个品牌的品牌实力得分是 80 分，那么其在该行业里使用品牌的适当的特许费率为 4.2%。

(4) 通过估计母公司由某个特定品牌带来的收益来确定品牌特定收益。

(5) 通过历史收益、预期资产分析和经济增长率来确定预期品牌特定收益。

(6) 将特许费率应用至预期收益来导出品牌收益。

(7) 税后贴现的品牌收益即净现值，也就是品牌价值。

Brand Finance 的方法论所衍生出的最大特色是品牌评级，这一评级类似于信用评级。品牌评级由品牌强度指数(BSI)推导而来，BSI 可体现对比其竞争对手的品牌投入、资产累计和未来潜力，并由 D 到 A 进行评级。

Brand Finance 最核心的评价标准为品牌强度，由 3 个部分构成，分别是现有表现、顾客评价和未来预期。其中，现有表现包括利润、销售额、市场占有率、定价支持；顾客评价包括知名度、联想度和美誉度；未来预期包括可以用重复购买、竞争者策略等指标衡量。

3. 数据来源

Brand Finance 有四大数据来源：通过上市公司官网以及相关金融机构的公开信息获取上市公司的财务表现；通过专业的数据咨询公司购买市场表现数据；与营销机构合作进行消费者印象问卷调查；从在线许可协议数据库中获取许可相关数据。

4. 主要评估报告

Brand Finance 最重要的报告为每年出具的《全球品牌价值 500 强》(*Brand Finance 500*)。酒店板块每年评选出全球酒店品牌价值 50 强，Brand Finance 平均每周出具一份聚焦某一主题的评估报告或研究报告，内容涵盖互联网、金融、娱乐、电子、消费品、军工等全球所有现有商业板块品牌，其结果主要发布在公司官方网站上供市场参考。《金融时报》《银行家》《经济学人》等全球主流媒体以及专业金融平台会根据需求进行数据引用。

(二) 迈点品牌指数

迈点品牌指数 MBI(旅游住宿业品牌部分)是由中国迈点研究院(MTA)独家发布，用以反映一段时期内品牌在互联网和移动互联网的影响力的指标数据，可为企业及行

Note

业相关人士分析品牌传播及为营销管理提供参考。主要从搜索指数、舆情指数、运营指数、媒体指数 4 个维度来分析品牌在互联网和移动互联网的影响力。这是迈点研究院自主开发的"迈点品牌指数监测系统"提供的一项免费数据分析服务。

1. 迈点品牌指数 MBI 监测对象

迈点品牌监测对象广泛，涉及目前大住宿业业态，包括国际高端酒店、国内高端酒店、精品酒店、全服务中档酒店、有限服务中档酒店、经济型酒店、平价酒店、客栈民宿、服务式公寓、短租公寓。

2. 旅游住宿业品牌 MBI 指数计算方式

迈点品牌指数 MBI(旅游住宿业品牌部分)主要从搜索指数、舆情指数、运营指数、媒体指数 4 个维度分析品牌在互联网和移动互联网的影响力。

计算公式：$MBI = a \times SI + b \times PI + c \times OI + d \times MI$

MBI(Meadin Brand Index)，指某品牌的迈点品牌指数数据；SI(Search Index)，指搜索指数；PI(Public Sentiment Index)，指舆情指数；OI(Operation Index)，指运营指数；MI(Media Index)，指媒体指数。a、b、c、d 是迈点指数各个子维度的加权系数。

第五节 我国酒店品牌核心竞争力的发展

品牌核心竞争力是指在某一个时间段内品牌能够拥有，而竞争对手却没有的资源、能力、优势等。酒店的品牌代表了顾客对酒店的认知程度，更是酒店的一种无形资产。无论是酒店产品、文化，还是后期顾客回头入住，都决定了品牌的影响力。打造品牌是酒店创收的必经之路，更是提高酒店核心竞争力的必要之举。

一、我国酒店品牌发展现状

(一) 知名品牌逐步出现

中国现代酒店业走过了四十多年的发展历程：1980 年至 1982 年为起步阶段，一批中外合资酒店开始出现；1983 年至 1993 年为高速发展阶段，国内外各渠道资金涌入酒店业；1994 年至 1998 年为回落阶段，供需失衡导致行业陷入停滞；1999 年至 2014 年为恢复上升阶段，旅游业的发展成为主要推动力，同时行业竞争愈发激烈；2015 年至今为整合转型阶段，酒店并购频频，集团化、连锁化、品质化成为新趋势。经过四十多年的积淀发展，在连锁中端酒店中，出现了维也纳、全季、亚朵、麗枫和星程等知名品牌，在经济型酒店出现了如家、汉庭、7 天、锦江之星和格林豪泰等品牌。在高端酒店市场也出现了万达文华、瑞华、嘉华，以及锦江等知名品牌。

(二) 海外市场扩张起步

我国本土酒店集团在巩固国内市场的同时也开始逐步向国际市场扩张，在拓展国

Note

际市场的过程中不同酒店集团海外扩张的措施也各有不同。有采用海外直接投资、合资或合作、跨国并购等方式，也有直接收购海外酒店物业或酒店管理集团的，前有安邦保险收购了纽约的华尔道夫酒店，后有锦江国际收购喜达屋旗下的卢浮酒店集团；有内部建立相关事业部的，如铂涛集团就建立了海外事业部直接与东南亚的开发商签约；也有通过授权代理进行海外扩张的，如东呈集团将旗下酒店品牌的海外代理权授予给安达瑞酒店管理公司。海外的巨大市场考验着每个酒店集团对海外市场的把控和开发能力。

（三）多元品牌延伸形成

经过四十多年的市场经验积累，国内酒店集团以品牌为纽带慢慢形成了一定的品牌延伸方式，将旅行社、旅游景区、旅游车船公司等加以整合，以获得利益最大化。例如，锦江国际集团通过新建或购买、控股、参股等方式收购、兼并酒店关联企业，同时，多元化品牌延伸策略也使我国酒店企业逐步向其他行业渗透，例如开元旅业集团向房地产业实行的品牌延伸。

（四）多品牌酒店矩阵形成

通过兼并收购以及同海外酒店集团的合作，中国品牌靠前的几大酒店集团品牌谱系日益完整，形成高端、中端、经济型全面布局比较丰满的酒店谱系。例如首旅和如家合并，形成了优势互补，推动了资源整合，达成了产品全系列、信息全覆盖、会员全流通和价值全方位的整合效果。首旅如家酒店集团旗下拥有以住宿为核心的酒店品牌30多个，形成高端、中高端、商旅型、休闲度假型、社交娱乐型品牌矩阵，包括建国饭店、京伦饭店、和颐至尊、和颐至尚、如家、莫泰、云上四季、派柏·云等知名酒店品牌，覆盖高端、中高端、中端以及经济型酒店市场，形成了体验闭环。

知识活页

萃依东方·领观世界

建国饭店作为新中国较早的星级酒店，也是中国第一家中外合资饭店，在国人心中具有很高的品牌认知度，旨在于喧闹都市中，为客人带去花园绿洲般的轻松和惬意。建国铂萃酒店是首旅如家酒店集团旗下全新打造的高端品牌酒店，传承了建国酒店深厚的历史文化底蕴，萃取东方山水的灵秀气韵，融合当代艺术生活方式，赋予酒店更鲜活的能量，以独特的艺术美学打造出建国铂萃酒店旗舰品牌。酒店沿袭"建国饭店"的血统，以"萃依东方·领观世界"为设计理念，善用"古为今用·中西结合"设计手法。以独特的艺术美学契合都市人群的审美需求，从而营造灵秀气韵的现代城市生活氛围；撷取传统服务精华，甄选出优质的服务人员，为每位宾客提供"萃享家"一对一专属管家服务，给客人宾至如归的感受；推出社群圈层运营"萃享空间"，通过空间跨界共享公区让艺术创意与生活美学的融合成为更多可能；建国铂萃酒店始终注重展现东方文化与世界艺术糅合的独特体验，全力打造成奢华雅致的艺术酒店。该酒店的成长见证了中国酒店服务的提升，越来越得到国内外旅游者的青睐，就像标题所诠释的，精华源自东方，魅力辐射世界，彰显中国酒店文化风采，体现了党的二十大所提出的繁荣发展文化事业和文化产业。

（资料来源：首旅如家酒店集团官网）

（五）品牌国际化运作能力不高

随着世界经济一体化的加剧，酒店品牌国际化已成为一种运作模式的潮流，这种运作模式可以使本土酒店品牌的核心竞争力得以全面提升。但是目前我国的酒店品牌自身建设速度还较为缓慢，品牌也缺乏很高的知名度和影响力。在对外扩张和发展的过程中，由于国际化运营水平不高、品牌文化的严重冲突及品牌经营人才的缺乏，我国本土酒店集团的品牌国际化运作能力普遍不高。

（六）品牌竞争力不强

我国尽管已形成一批知名的本土品牌如锦江、凯莱、亚朵等，但总的来说这些酒店集团的品牌开发力度还不够，与一些知名的酒店品牌相比，本土酒店品牌内容较单一，而且品牌的知名度和美誉度还不高。例如万豪国际集团旗下的品牌众多，仅我国内地就有万豪、万怡、万丽等多个品牌，分别占领不同市场领域。而我国的一些酒店集团也在致力于加速品牌建设，但总体上与国际酒店品牌还有相当大的差距。

二、我国酒店品牌核心竞争力提升途径

（一）明确品牌定位且突出个性化

国际酒店管理集团通常针对不同消费群体，提供不同酒店品牌以满足其特殊需求。从经济型酒店品牌到豪华型酒店品牌，集团依靠明确的品牌价值内涵和市场定位，在各个细分市场为消费者提供极具个性化的服务，从而在我国酒店市场占据较大份额。如雅高旗下的每个品牌都有明确的定位，这些品牌涵盖了各个档次的酒店，其中“索菲特”是五星级豪华型高档酒店品牌，“诺富特”定位于休闲商务四星级中档品牌，“宜必思”是经济型酒店品牌，“1 号汽车旅馆”品牌以便宜、舒适著称。在消费者需求越来越个性化的时代，明确品牌定位，实行特色鲜明的专业化管理与服务，必将成为酒店管理集团实现可持续发展的关键。

（二）创造多元化品牌以增强扩张力

国际酒店管理集团在发展时并不仅仅局限于自身原有的品牌，而会通过收购、兼并、战略联盟等方式，将其他酒店品牌收到自己旗下，将单一品牌扩展为多元化品牌。我国本土酒店管理集团由于起步较晚，加上硬件设施更新速度缓慢，绝大多数酒店集团

没有形成完善的品牌体系，仅依靠一两个品牌难以在全球范围产生影响，而且在同档次酒店市场中，品牌竞争激烈，有些市场却无人问津。但若将单一品牌结构拓展为多元化品牌结构，将能分散单一市场风险，并在品牌规模上获取一定优势，扩大品牌市场覆盖范围，从而增加市场份额，提高集团品牌影响力。

（三）注重品牌内涵的延伸与创新

国际酒店管理集团的发展实践证明，品牌运营与集团发展是一体的，密不可分。为给集团不断创造新的发展空间，必须坚持品牌内涵的延伸与创新。如万豪为全球消费者所熟知，随着集团规模的不断增长以及不同类型酒店的出现，万豪为保持继续在全球各地发展连锁酒店，依然不断推出新型酒店产品，完善各酒店品牌的最佳定位。面对激烈的市场竞争，我国本土酒店管理集团也迫切需要在原有发展基础上持续创新，如大力发展主题型、经济型酒店，努力打造高品位、个性化服务产品等，以适应不断变化的多元市场需求。

（四）高效配置品牌经营所需资源

国际酒店管理集团通常在充分资源聚集与优化配置的基础上进行品牌扩张，借鉴其经验，我国本土酒店管理集团解决品牌经营资源稀缺的途径主要有两种，一是进行外部引入，二是实施内部开发。从国际酒店品牌运营的成功经验来看，拥有资源越多并不意味着品牌竞争力越强，其关键在于是否拥有核心资源和高效配置资源的能力。许多国际酒店管理集团只掌握着能够获得比较竞争优势的核心资源与能力，如品牌资产、核心技术等，而对非核心资源则通过外包的方式获取，便能以低成本、高效率的优势获取巨大的市场份额。目前，尽管我国本土酒店管理集团已在人力资源与信息技术外包方面做了有益尝试，但在资本运营、资金管理、物质积累等方面仍需因势利导，进一步扩充聚集与配置方式，以提高品牌运营能力。

（五）培养酒店品牌管理专业人才

国际酒店集团非常注重人才的培养和建设。“万豪国际集团人才培养发展中心”是万豪国际集团在中国合作培养紧密型高规格人才之地，在资源共享、学生实践教学及实习就业、教师挂职培养和酒店管理实务培训等诸多方面和高校全方位合作。洲际酒店集团与中国高校紧密合作开设洲际英才班等为企业的发展储备人才。在共同研究制定人才培养方案，共建综合素质高、实践经验丰富的师资队伍和人才培养基地等方面开展产教融合深度合作，共同打造具有国际水平的现代高等教育体系，培养更多具有良好专业知识、高素质的应用型人才。“订单式”人才培养模式使学校和酒店集团供需对接、资源互补、合作双赢，是我国酒店集团和高校之间最紧密、最直接、最有效的人才共同培养模式。

Note

本章小结

1. 酒店之间的竞争已从服务竞争进入品牌竞争的时代，品牌是酒店最重要的核心资产，酒店集团之间的竞争归根到底是品牌影响力的竞争。

2. 国际酒店品牌正在加速向中国市场扩张，酒店行业竞争加剧，微利时代已经来临。建立酒店品牌不仅可提高酒店的核心竞争力，还能增加酒店的无形资产，同时也关系到酒店的可持续发展能力，是酒店的核心竞争力和财富，是酒店发展的重要战略手段，对酒店来说关系着其发展前途。

3. 酒店品牌资产是酒店重要的无形资产，需要长时间的积累才能形成，酒店品牌资产具有可量化和可交易特征，酒店集团应努力提升自己的品牌价值，提高品牌价值排行榜排名。

4. 我国酒店品牌呈现知名品牌逐步出现、多品牌酒店谱系开始形成、酒店品牌海外扩张开始起步的发展阶段，但同时也存在酒店品牌竞争力不强，酒店品牌多且杂乱等现象。

5. 管理集团要实现自己的战略远景和发展目标，必须通过锐意进取、分析市场、准确定位、塑造品牌形象等一系列措施来打造酒店品牌，获取经济效益。

思考与练习

酒店世界的人文咖，时尚生活的完美控——锦江旗下白玉兰酒店品牌建设

Note

第七章
酒店人力资源管理

学习引导

酒店业是劳动密集型行业，人才是酒店经营发展的第一资源和第一生产力，从业人员的职业操守、素质能力和工作积极性等成为酒店经营成败的关键因素，因而对酒店人力资源管理提出了较高的要求。人力资源管理不仅仅是人力资源管理部门的专职工作，而是所有酒店管理者都应该关注和掌握的一项工作技能。本章概述了酒店人力资源管理的内涵、特点、原则与目标，将酒店人力资源管理的内容体系按照六大模块进行了系统解析，阐明了酒店员工激励的基本原理与方法，介绍了酒店职业经理人的定义、等级与职业要求。

学习目标

知识目标：了解酒店人力资源管理的内涵特点和酒店职业经理人的职业要求，掌握酒店员工激励的基本原理与方法，熟悉酒店人力资源管理的内容体系。

能力目标：具备制定和实施酒店人力资源规划的能力。

德育目标：使学生树立强烈的人才意识，培养"寻觅人才求贤若渴，发现人才如获至宝，举荐人才不拘一格，使用人才各尽其能"的人才观。

思维导图

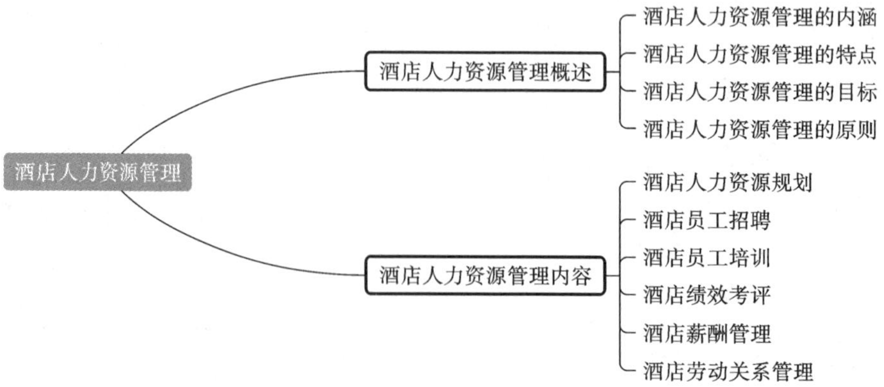

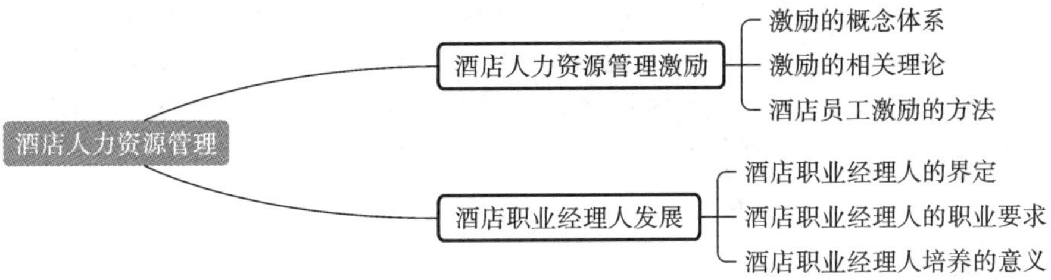

第一节 酒店人力资源管理概述

进入 21 世纪，人力资源价值与知识资本优势逐渐成为衡量企业整体竞争力的标志。酒店是典型的服务性行业，提供的产品具有无形性，这种特殊性决定了酒店人力资源管理将贯穿酒店服务的全过程。为了全面提升酒店的服务质量，提高酒店管理水平，必须将酒店人力资源管理纳入酒店管理的理论体系之中。

一、酒店人力资源管理的内涵

人力资源是发展经济和社会事业所需要的具有必要劳动能力的人口，反映了一个国家或地区人口总体所拥有的劳动能力。酒店人力资源又称劳动力资源或服务资源，它是酒店全体员工所有劳动力的总和，具体表现为员工的生产或服务能力。

在酒店的人力、财力、物力和信息四大资源中，人力资源是最为重要、最为活跃的因素。一家酒店无论组织结构如何完善、设施设备如何先进，如果不能有效发挥员工工作的积极性，就不可能成为一流的酒店。因此，酒店人力资源管理是酒店组织的一项基本职能，只有对酒店人力资源进行科学有效的开发和管理，才能使其在激烈的市场竞争中取得良好的综合效益，并始终立于不败之地。所谓酒店人力资源管理是指以提高劳动效率、工作质量和取得效益为目的，运用现代管理学理论中的各项管理职能，对酒店的人力资源进行有效的开发与利用，实现人力资源价值最大化的一种全面管理。

人力资源管理的概念是建立在传统的人事管理基础上的，但范畴比传统的人事管理更深、更广。传统的人事管理是按照企业管理职能划分出来的一项具体的职能，只将企业中的人作为一种简单的生产要素来进行管理。人力资源管理则是以人为本，强调人是一种特殊资源，将人作为管理中最关键的要素。在管理过程中，酒店既要继续实行一般性劳动人事管理工作，更要采用现代科学管理的方法和手段，关注员工的需求，激发员工的积极性和创造性，从而实现酒店经营管理目标。

二、酒店人力资源管理的特点

（一）综合性

酒店人力资源管理主要是对组织内的人的全面管理，而人是复杂的，因此，酒店人力资源管理需要综合考虑多方面的因素，如环境因素、经济因素、文化因素、心理因素、生理因素等，涉及社会学、经济学、管理学、心理学、组织行为学等学科。在实际操作中，针对酒店员工的素质的考察也是全面、综合、系统的，除了具有丰富的综合知识、专业的操作技能、较强的信息沟通能力、良好的服务态度和服务意识外，还必须具备良好的政治思想素质、品德修养和职业道德等。这些都突出体现了酒店人力资源管理的综合性。

（二）科学性

酒店人力资源的日常管理工作应该遵循标准化、程序化、制度化和定量化的原则，从而保障其科学性。标准化是指对酒店所有工作制定有关数量、质量、时间和态度等详细、具体和统一的要求，如服务工作就有质量标准。程序化是指将酒店各项管理工作的过程进行科学分段，并规定每个阶段的先后顺序、工作内容、标准、责任者、完成时限等。制度化是指酒店人力资源管理必须有严格的规章制度作为保证，使录用、招聘、考核、选拔等工作顺利进行。定量化是指管理者要经常进行测试、统计和定量分析，以制定或修改定额，进行合理定员，为酒店考核系统提供科学的数量依据等。

（三）动态性

人力资源的动态性管理体现了现代人力资源管理强调的因人而异、因地制宜的权变思想。酒店人力资源的动态性管理体现在两个方面：其一，管理者要根据酒店的整体目标选拔合适人才，对酒店员工的录用、培训、奖惩、晋升和离职等进行全过程管理；其二，要注重员工工作动态过程中的管理，即重视员工的心理需求、了解员工的情绪变动和思想动态，并采取相应措施调动员工工作积极性，使全体员工发挥潜在能力。

（四）服务性

服务性是酒店行业的重要特征，也是酒店人力资源管理的重要特征和理念。美国罗森帕斯旅游管理公司总裁曾向“顾客就是上帝”的传统观念发出挑战，认为“员工第一、顾客第二”是企业成功之道。他认为只有把员工放在第一位，员工才会有顾客至上的意识。由此可见，酒店人力资源管理是酒店实施服务竞争战略、完成高质量服务、实现酒店组织目标的必要保证。酒店人力资源管理始终体现着“以人为本”的管理理念，人力资源管理并非行政式的“管”人，而是一种柔性的人性化管理，它通过在营造酒店良好的组织文化和竞争氛围的同时，从员工的实际需求出发，进行谋求员工利益和企业利益共同发展的一系列的服务活动，所以酒店人力资源管理体现的是一种为员工服务的特点。

三、酒店人力资源管理的目标

酒店人力资源管理的目标是使酒店组织更具核心竞争力。人力资源管理活动直接影响到组织目标的实现，有效的人力资源管理目标和组织目标是一致的。酒店人力资源管理的目标可以分为三个层次，即终极目标、直接目标和具体目标。终极目标是通过有效的人力资源管理来维持酒店组织的生存，促进其发展和利润的增长，提高其适应外部不断变化的环境的灵活性，保证酒店经营管理目标的实现，使酒店在竞争中保持相对优势。直接目标是通过人力资源管理活动吸引员工、留住员工、激励员工和再培训员工,调动员工的积极性和创造性,维持和提高员工的工作生产率。具体目标则体现在建立优秀员工团队、形成最佳员工组合、创造良好工作环境等方面。

(一) 建立优秀员工团队

酒店要取得良好的经济效益和社会效益,酒店员工的素质就要符合酒店业务经营的需要,即酒店需要建立一支专业化程度高的优秀团队。专业化的员工是指具有酒店意识和良好职业习惯的员工。专业化员工是通过管理者有意识地挑选、培养和激励,即对其进行人力资源开发与管理,并经过一定时间的锻炼才能逐渐形成的。因此,管理者首先要根据酒店的特点和经营发展的需要,精心挑选合适的员工;其次要加强对员工的培养,不仅要进行业务技能的培训,更要着力培养员工的服务意识和职业自豪感。此外,还应通过科学的管理和有效的激励,激发员工的积极性,使员工队伍在数量上和质量上保障酒店业务活动的正常进行,最终形成一个高素质、强能力的"素能结合型"员工团队。

(二) 形成最佳员工组合

从群体的角度来说,每一个员工的主观能动性并不一定能形成群体功能的最佳效应。一支优秀的员工队伍必须经过有机结合和科学配置,才能形成最佳的人员组合,使得每个人的行为与他人的行为协调一致,形成合力,共同完成酒店的预期目标。在酒店经营管理活动中,管理者应该通过科学的排列、组合,使员工各得其所,对每位员工制定明确的岗位职责,做到职责分明、各尽所能,形成最大的整体工作效能,进而形成一个有序、高效的酒店组织。

(三) 创造良好工作环境

人的管理实质并非"管人",而在于"得人",谋求人与事的最优匹配。酒店人力资源管理就是要通过各种有效的激励措施,发挥最佳的群体效应,创造出良好的人事环境,使员工安心工作、乐于工作,最大限度地发挥员工的积极性和创造性。为了达到这一目标,酒店应建立一套科学的人力资源管理体系,以制度为保障。除此之外,还要充分了解员工心理、分析员工行为,做到在严密的管理制度基础上,辅之以灵活的管理方式和领导艺术,力求使员工在工作中有获得感和成就感。

四、酒店人力资源管理的原则

为了合理开发和利用人力资源,有效地挖掘员工的潜力和激发员工的工作积极性和创造性,酒店人力资源管理应当遵循以下三个基本原则。

(一) 任人唯贤,唯才是举

酒店管理人员应注重选拔和重用德才兼备、成绩突出的员工,反对和杜绝任人唯亲。推荐和晋升员工要以素质能力和业绩贡献为标准。重视人才的使用是创造良好人事环境的重要举措,它不仅会给酒店培养出一批年轻有为的后备军,还会直接创造出极

Note

大的财富。

（二）合理流动，最佳组合

在酒店人力资源管理中，注意量才适用、知人善任、因事求才、因才施用、事得其人、人尽其才，通过工作分析和人事配置，形成最佳组合的状态。酒店组织作为一个有机体，要想保持活力就要不断进行“新陈代谢”，补充新成员，辞退不称职的员工。只有保持酒店员工的合理流动，才能给酒店带来新的生机与希望，防止员工队伍老化。

（三）注重实绩，有效激励

酒店各级管理人员都要充分认识到人力资源开发利用的重要性，加强对员工职业道德、业务水平、工作能力和工作态度的考核，并把考核结果作为员工晋级、奖励、惩罚的依据，真正做到奖罚分明、奖勤罚懒，对于做出突出贡献的优秀员工，要给予重奖表彰，树立标杆与典范。

知识关联

2022年10月16日，习近平总书记在党的二十大报告中指出，要深入实施人才强国战略。真心爱才、悉心育才、倾心引才、精心用才，求贤若渴，不拘一格，把各方面优秀人才集聚到党和人民事业中来。

第二节　酒店人力资源管理内容

酒店人力资源管理的内容体系按照模块的方式可以划分为六大部分，即人力资源规划、员工招聘、员工培训、绩效考评、薪酬管理、劳动关系管理。

一、酒店人力资源规划

人力资源规划是一种战略性和长期性的活动，与酒店的总体经营战略目标有很大的关系，是酒店发展战略及年度计划的重要组成部分，是人力资源管理各项工作的前提。

（一）酒店人力资源规划的含义

人力资源规划作为连接酒店人力资源管理现在和未来的桥梁，是每个酒店都应该关注的重点。具体地讲，酒店人力资源规划就是根据酒店人力资源管理战略目标和任务要求，通过分析酒店人力资源现状，科学地预测酒店人力资源需求与供给状况，制定出一系列的政策和措施以确保酒店在所需时间内和所需岗位上有足够数量和较高质量的员工，并使他们的利益与酒店的利益保持长期一致。

酒店人力资源规划的实质是具体落实人力资源战略，其质量和精确性取决于酒店高层决策者的战略管理能力，战略目标明确程度和组织结构、财务预算、经营计划等的有效性，也有赖于人力资源信息的准确性和有效性。

（二）酒店人力资源规划的构成

1. 酒店人力资源计划的基本要素

酒店人力资源计划的核心是对人员、工作、时间和资金的合理安排与配置，其基本要素主要包括时间区段（从何时开始到何时结束）、计划目标（数字化的人力资源供需目标）、情景分析（目前状况、未来状况）、计划内容（执行时间、责任人、检查人、检查日期和预算等）、计划制订者（董事会、人力资源经理等）、计划制订的时间（董事会正式通过或总经理批准的时间）等。

2. 酒店人力资源计划的主要内容

完整的酒店人力资源计划主要应该包括以下几项内容。

（1）总计划。人力资源总计划又被称为人力资源战略计划，它重点阐述自酒店人力资源计划制订之日起，今后5年以上人力资源管理方面的总原则、总方针和总目标，具体包括与人力资源管理相关的企业文化、人力资源总量、员工素质结构、人力资源管理的绩效标准和员工满意度标准等，并对以下各种中、短期人力资源计划起指导作用。

（2）职位编制计划。主要描述酒店的组织结构、职位设置、工作说明和工作规范要求等内容。

（3）员工配置计划。需要根据酒店战略与经营发展，对酒店员工进行定岗定编，阐述酒店每个职位的员工数量、职位空缺补充途径及各类职务的序列等。

知识活页

酒店共享员工

共享员工是指不同用工主体之间为调节特殊时期阶段性用工紧缺或富余，在尊重员工意愿、多方协商一致且不以营利为目的的前提下，将闲置员工劳动力资源进行跨界共享并调配至具有用工需求缺口的用工主体，实现社会人力资源优化配置、员工供给方降低人力成本、员工需求方解决“用工荒”、待岗员工获得劳动报酬的多方共赢式新型合作用工模式。作为共享经济和零工经济的结合体，其本质上是灵活用工模式的一种创新形态。

酒店共享员工的做法让员工在酒店与其他企业之间临时流动，实现了人力资源的再分配。共享员工的合作成为国内酒店应对疫情进行积极自救的一次创新之举，也使得酒店员工配置计划更具弹性和灵活性。

TOURISM

Note

(4) 员工晋升计划。它实质上是酒店晋升政策的一种方式，一般涉及晋升条件、资格审查程序、晋升比例及未晋升人员安排等。

(5) 员工需求计划。通过总计划、职位编制计划、员工配置计划可以得出员工需求计划。员工需求计划中应阐明需求的职位名称、员工数量、希望到岗时间等。

(6) 员工招聘计划。这是员工需求计划的对策性计划，主要阐述员工招聘的方式(外部招聘、内部招聘等)、员工内部流动政策、员工外部流动政策，以及员工招聘的程序等。

(7) 员工培训计划。该计划主要包括培训科目、培训讲师资格认证、培训内容、培训形式和培训考核方式，以及甄别培训需求的方式。员工培训计划的制订要注意与职位编制计划、员工配置计划等联系在一起，这样培训的目标就更容易明确，培训的效果也会更加明显。

(8) 人力资源管理政策调整计划。这部分应该明确在一定计划期内可能影响酒店人力资源政策调整的因素、调整步骤和允许调整的范围等。

(9) 薪酬及福利计划。该计划通常与员工配置计划、员工晋升计划密切相关，要结合酒店所在地区的经济发展水平、物价指数波动水平及最低工资限制额，制定工资调整周期和幅度、奖励政策，以及福利待遇的适用范围和标准。

(10) 人力资源投资预算。该计划涉及上述各项计划的总费用预算。

二、酒店员工招聘

(一) 酒店员工招聘的原则

酒店员工招聘是根据酒店的经营目标、人力资源规划及业务部门对所需员工的工作要求，由酒店人力资源管理部门主持招聘、考核，挑选优秀、合适员工的业务活动过程。员工招聘是确保员工队伍良好素质的基础，关系到酒店的生存和发展，因此，员工的招聘工作是十分复杂的，需要遵循一定的原则。

1. 遵守法规原则

员工的招聘要符合国家的相关法律、政策，坚持劳动法所规定的相关用人条款，如平等就业、照顾特殊群体、男女平等、有效订立劳动合同等。

2. 双向选择原则

在酒店和劳动者之间建立起来的平等选择机制，是劳动力资源配置的基本原则。它一方面促使酒店为招揽人才而不断提高自己的效益，提高应聘率；另一方面又能使劳动者努力提高科学文化知识和专业技能，增强竞争力。

3. 公开竞争原则

以广告或其他方式发布招聘公告，形成竞争局面，达到广招人才的目的。公开招聘提高了招聘的透明度，体现了机会均等、人人平等的公平竞争原则。同时公开招聘为求职人员提供了信息，便于他们选择中意的酒店和工种。

4. 考核择优原则

考核是对应聘者业务水平、工作能力和工作态度的考查，考核择优是在对应聘者进行全面考核的基础上选优任用，做到任人唯贤。这是保证所招人员质量的前提，也是应

Note

聘者平等竞争的重要条件。

5. 效率优先原则

力争用尽可能少的成本招聘到适应酒店需求的高素质人才。招聘成本包括：招聘费用；因招聘不慎而重新招聘时所花费用，即重置成本；因人员离职给酒店带来的损失，即机会成本。高的招聘效率体现在用最低的招聘成本，招聘到相关岗位的最适合者。

(二) 酒店员工招聘的程序

酒店员工招聘的程序是否科学、合理，直接关系到最后录用人员的质量，同时也影响着整个招聘工作的效率。人员招聘包括两个环节，即招募和甄选。招募是酒店为吸引更多更好的人员前来应聘而进行的一系列前期活动；甄选则是通过各种方法和手段，选取最符合工作需求的应聘者。人员招聘可分为以下四个阶段。

1. 筹划阶段

这一阶段是员工招聘的起点，主要包括：其一，根据酒店经营情况和内、外劳动力资源状况，制订招聘计划；其二，根据招聘量的大小和招聘对象的重要程度成立招聘小组，并挑选和培训招聘工作人员；其三，确定招募途径，是内部选拔还是外部聘用，是员工推荐还是广告招聘，是聘用应届毕业生还是有工作经验者等，并拟定招聘简章。

2. 宣传阶段

这一阶段承上启下，直接影响着招聘的效果，主要包括：其一，大力宣传，吸引和鼓励求职者踊跃应聘；其二，应聘者填写求职申请书，通过求职申请书，酒店可以大致了解应聘者的基本条件。某五星级酒店求职申请表如表 7-1 所示。

表 7-1 某五星级酒店求职申请表

<table>
<tr><td colspan="3">Position Applied For(申请职位)</td><td colspan="2">Second Choice(第二选择)</td><td rowspan="5">Photo
(近照)</td></tr>
<tr><td colspan="3">Salary Expected(要求薪金)</td><td colspan="2">Available Date(可上班日期)</td></tr>
<tr><td colspan="3">Chinese Name(中文名字)</td><td colspan="2">English Name(英文名字)</td></tr>
<tr><td colspan="3">Native Province(籍贯)</td><td colspan="2">Contact No.(联系电话)</td></tr>
<tr><td colspan="3">Home Address(住址)</td><td colspan="2">ID No.(身份证号码)</td></tr>
<tr><td>Age(年龄)</td><td>Sex(性别)</td><td>Height(身高)</td><td>Religion(民族)</td><td colspan="2">Second Language/Grading(外语/等级)</td></tr>
</table>

<table>
<tr><td rowspan="2">Education(学历)</td><td rowspan="2">Name of School
(学校名称)</td><td colspan="2">Years Attended(年度)</td><td rowspan="2">Certificate Obtained
(所得之学位/证书)</td></tr>
<tr><td>From(由)</td><td>To(至)</td></tr>
<tr><td>Professional Training
(专业训练)</td><td></td><td></td><td></td><td></td></tr>
<tr><td>University(大学)</td><td></td><td></td><td></td><td></td></tr>
<tr><td>Secondary School(中学)</td><td></td><td></td><td></td><td></td></tr>
<tr><td>Other Studies(其他)</td><td></td><td></td><td></td><td></td></tr>
</table>

续表

Family （家庭主要成员）	Name （姓名）	Age （年龄）	Place of Work （工作单位）	Phone No. （联系电话）
Father（父亲）				
Mother（母亲）				
Wife or Husband（配偶）				
Boys or Girls（子女）				

Do you have any family members working in this hotel?（是否有亲属在本酒店工作?） □No 否 □Yes 是

Chinese Name（中文名）__________ English Name（英文名）__________

Department（部门）________ Position（职位）________ Relationship（与本人关系）________

Employment Record（受雇记录）

List present job first（先填现任的工作）

Name and Address of Employment Company（受雇公司名称及地址）	From（由） Month Year （月）（年）	To（至） Month Year （月）（年）	Position Held（所任职务）	Gross Monthly Salary（税前月薪）	Reason for Leaving（离职原因）

Per-Employment Statement（入职宣言）

I Certify that to the best of my knowledge, the foregoing statements and medical history information given by me are true. I understand that if I am employed, any misrepresentation or omission by me herein will be sufficient cause for dismissal from the service of ×× Group. I also authorize any investigation of the above information for purposes of verification. Any payment made by the Company during absence due to sickness or accident is at the discretion of the Company, and not a legal liability. I consent to taking any pre-employment physical examination required by the Company and such future physical examinations as may be required by the Company.

（本人在此求职申请表所填报之一切属实及正确。如有隐瞒或虚报，愿意接受无偿之立即解雇处分。本人并授权于酒店作出一切有关本人之查询。本人愿意接受就职前和就职后如有需要之体格检查。）

__________________ __________

PLICANT'S SIGNATURE （申请人签名） DATE （日期）

3．测试阶段

这一阶段是招聘工作的关键所在，主要包括：其一，核查应聘者个人资料；其二，初次面谈，通过与应聘者面对面的接触可以确定应聘者仪表、表达能力等是否符合酒店的要求，面谈包括无计划的、结构化的复试及团体面谈、压力式面谈等；其三，测试，目的是了解应聘者的知识和专业技能水平，测试内容与方式以职务所要求的范围和标准为基础。某五星级酒店应聘人员测试评估表见表 7-2。

Note

表 7-2 某五星级酒店应聘人员测试评估表

<table>
<tr><td colspan="2" rowspan="2">Interview Comments
（接见评估）</td><td colspan="4">Code（代号） A=Excellent（优异） B=Good（良好） C=Fair（可） D=Poor（劣）</td></tr>
<tr><td>Code
（代号）</td><td>Remarks
（备注）</td><td>Code
（代号）</td><td>Remarks
（备注）</td></tr>
<tr><td colspan="2">General Appearance（外貌）</td><td></td><td rowspan="10"></td><td></td><td rowspan="10"></td></tr>
<tr><td colspan="2">Personality（性格）</td><td></td><td></td></tr>
<tr><td colspan="2">Attitude（态度）</td><td></td><td></td></tr>
<tr><td colspan="2">Courtesy（礼貌）</td><td></td><td></td></tr>
<tr><td colspan="2">Job Knowledge（职位知识）</td><td></td><td></td></tr>
<tr><td colspan="2">Initiative（主动性）</td><td></td><td></td></tr>
<tr><td colspan="2">Confidence（自信心）</td><td></td><td></td></tr>
<tr><td rowspan="3">Language
（语言）</td><td>English（英语）</td><td></td><td></td></tr>
<tr><td>Putonghua（普通话）</td><td></td><td></td></tr>
<tr><td>Others（其他）</td><td></td><td></td></tr>
<tr><td rowspan="2">Interviewer
（接见者）</td><td colspan="5">First Interview （第一次接见）__________ Dept. （部门）__________
By （由）__________ Date （日期）__________
□Recommended（推荐） □Pending（考虑中） □Rejected（不接纳）
Signature（签名）__________</td></tr>
<tr><td colspan="5">Second Interview （第二次接见）__________ Dept. （部门）__________
By （由）__________ Date （日期）__________
□Recommended（推荐） □Pending（考虑中） □Rejected（不接纳）
Signature（签名）__________</td></tr>
</table>

4. 录用阶段

将多种考核和测验结果进行综合评定，确定出录取人员名单。录用阶段主要包括：其一，任用面谈，在基本确定录用后，在正式任用之前还要对应聘者的个性、经验、兴趣、技能、抱负作进一步的了解，确保人适其职；其二，体检，体检是酒店招聘中非常重要的一环；其三，审查批准，确定录用名单；其四，以书面形式通知应聘者，签订劳动合同；其五，对未被录用者表示感谢和歉意；其六，进行岗前培训、试用与安置。

三、酒店员工培训

酒店是劳动密集型的服务型企业，仅有豪华的硬件设施和先进的技术装备是不够的，更需要员工的个体素质和组织的群体素质作保证。从酒店角度看，员工培训可以使酒店市场竞争水平不断提升，竞争的重心转移到人才的竞争；可以提高管理人员的管理决策水平；可以降低损耗和劳动成本；可以促进员工掌握新技术和先进、正确的工作方法，大大提高服务质量等。从员工的角度看，员工培训可以提高自身素质，通过"培训—工作—再培训—再工作"持续地循环不断地加强员工素质；可以为员工的自身发展提供帮助，通过为员工提供的人力资本增值服务，使其不仅能出色地完成本职工作，还能跨出本职位的限制，更好地完成更复杂和困难的工作，为其职业发展提供条件和保障。

（一）酒店员工培训的类型

1. 按培训性质划分

（1）岗前培训。岗前培训即对新招聘的员工在正式上岗之前的企业文化和业务培训。目的是让员工能尽快适应岗位职责和要求，能顺利完成本职工作。通过岗前培训为酒店提供一个专业的、高素质的员工队伍，以保证酒店服务的质量。

（2）在职培训。在职培训是对在职员工进行的以提高本岗位工作能力为主的不脱产训练培训。在职培训有利于改善现有人员不适应工作需要的局面，从多方面提高员工的业务水平，同时又不影响正常工作的进行和酒店的运转。

（3）转岗培训。转岗培训是指员工由于工作需要或是个人能力的突出体现，需要从一个岗位转向另一个岗位，使转岗人员在短时间内能适应新工作岗位的培训。

（4）技术等级培训。技术等级培训是按国家或行业颁布的技术等级标准，为受训人员达到相应级别的技术水平而进行的有关级别的训练活动，集中培训与所评技术等级相关的内容和技能。

2. 按培训对象划分

（1）职业培训。职业培训主要针对基层员工，培训的重点放在基层员工的具体操作能力和服务技巧上。

（2）发展培训。发展培训主要针对管理层员工，培训的重点为培养和发展管理人员的观念意识与决策督导能力。要求管理者全面了解和掌握酒店内外的经营环境和酒店自身的竞争实力，扩大管理者的经营视角，从而更好地实施各项管理服务职能。

（二）酒店员工培训的方法

1. 专题讲授法

专题讲授法适用于酒店管理人员或技术人员了解专业技术发展方向或当前热点问题，一般聘请资深行业专家或知名学者进行课堂式教学，事先确定好讲授的主题，围绕主题进行理论讲解或组织交流讨论。

Note

2. 操作示范法

操作示范法是针对专业操作技能要求较高的岗位培训所设置的，为了使受训者熟练掌握正确的操作方法，安排部门专业操作技能很好的员工在工作现场或模拟的工作环境中利用实际使用的器材，进行讲解和示范的培训方法。其包括讲授示范操作与模仿两道基本程序。

3. 职务轮换法

职务轮换法是对有潜力的员工实施在不同部门相应职位或不同职位上轮岗工作，以提高员工整体素质和能力的方法。职务轮换法能发现员工的优势所在，从而充分发挥其工作的积极性，提高工作效率。

4. 见习带职培训法

见习带职培训法是酒店对新聘用员工的一种试用机制，在见习期内实施岗位的培训工作，见习期满后进行考察，合格者进一步留在企业就职。

5. 角色扮演法

角色扮演法是模拟实际情境，让员工扮演工作中的不同角色进行训练的一种方法。培训者可以选取工作中主要的、常见的、特殊的场景，要求员工扮演工作所涉及的不同角色，实现角色互换，让受训者体会到工作的不同侧面，从而提高服务的质量和水平。

6. 参观考察法

参观考察法是组织受训员工参观本酒店或其他酒店，甚至是出国考察学习的一种方法。让员工在参观考察中进行横向和纵向比较，发现自身的不足和先进者的优势，学习借鉴先进者的工作经验和工作方法。

7. 案例研讨法

案例研讨法是针对一些工作中的重要问题进行集体讨论的培训形式。在特定的案例分析和辩证中，受训员工集思广益，畅所欲言，各抒己见，不断汲取新的思想，学习经验和方法。案例研讨法的案例要有典型性、普遍性和实用性，以提高员工解决实质性问题的能力和技巧。

8. 视听教学法

视听教学法是运用现代高科技电子技术和成果，将影像、网络等运用于培训教学中，提高培训的质量和效率，还可以降低培训成本。

（三）酒店员工培训的流程

科学高效的酒店员工培训流程一般包括培训需求分析、培训规划设计、培训组织准备、培训现场管理和培训效果评估五个环节。

1. 培训需求分析

全面分析培训需求既是设计培训规划的前提，又是评估培训效果的基础。针对培训的主客体差异，培训需求分析应从两个方面着手进行。一是员工培训需求分析，要明确员工的培训需求是一个长期持续的需求类型，酒店的培训工作应涵盖岗前培训、岗位培训、职务培训等各个领域，照顾不同职业阶段员工的需要。二是企业培训需求分析，着重分析酒店不同部门、不同岗位的素质与绩效要求及实际绩效与目标绩效之间的差距，从而确定基本的培训范围、强度与方向。

Note

2. 培训规划设计

"凡事预则立，不预则废"。要做好培训工作，规划必须先行。一般来说，酒店培训规划需在培训前2至3个月开始进行，其具体内容主要包括培训对象、培训内容、培训讲师等的确定。

(1) 培训对象。由于酒店不同岗位、不同级别、不同阶段的员工需求的知识、技能和关注点不尽相同，为了使培训工作真正做到"因人而异""因材施教"，首先要像细分市场那样细分培训对象，集中同一水平层次的员工在一起培训，这样才能避免员工接受课程深浅不一的情况，规避"一揽子"培训教学的弊端，从而有利于提高培训效率和满意度。在实际操作过程中，培训对象的确定可遵循"向下兼容"的原则，即针对高级别员工开展的培训，低级别员工不宜参加，而针对低级别员工开展的培训，高级别员工可以有选择性地参加。

(2) 培训内容。确定培训内容的基本原则是实用、连贯、新颖。要在充分调研的基础上了解员工在实际工作中的难点和亟待解决的问题，有针对性地确定培训重点，使员工能够学以致用，还要注意培训内容的前后一致性。此外，培训内容要来源于教材又超出教材，紧密地联系理论与实际。

(3) 培训讲师。培训讲师是培训成功的主要保障，酒店对培训讲师的选择要慎之又慎。培训讲师的人品、工作态度、知识储备、讲课技巧、培训经历都是选择时的重要指标。对培训讲师的考查可采取听培训讲师试讲、征询其客户意见、专业媒体报道、专家推荐等多种方式，随着培训市场的规范化，与知名品牌酒店顾问公司合作也是一个比较好的解决方法。培训讲师确定以后，酒店在培训前应与其进行深入沟通，要求培训讲师备课时针对本企业的具体情况进行充分准备，同时把握好成人教育的特点，注重多种培训方法的灵活运用。

3. 培训组织准备

当酒店的培训规划方案敲定后，就进入了紧锣密鼓的组织准备阶段。首先应成立由酒店人力资源部经理领衔、相关部门主管及培训讲师、受训代表参加的培训项目小组，以协调培训中的各项工作，同时对小组成员进行明确的分工。培训项目小组成立后，就需要组织相关人员召开培训动员大会，一般应请酒店总经理出面对员工讲话，强调该次培训的重要意义并提出期望，总经理出面可以体现酒店对培训工作的重视，从而在一定程度上增强员工的积极性。此外，在组织准备阶段，还需落实培训场所与一些必要的辅助培训工具，需要注意的是，培训场所最好不要固定在某一个地方，在培训过程中通过适当变换培训场所有助于吸引员工的注意力，以缓解培训的疲劳。

4. 培训现场管理

在正式的培训工作进程中，做好培训现场管理是至关重要的。酒店人力资源部的培训组织者应加强对培训过程的实时监控，每一个培训项目、每一堂培训课都要形成一个完整的PDCA循环。这一循环过程不仅是针对员工的学习环节，同时也是针对培训讲师的教学环节的，如果培训过程中出现讲师讲课或员工讨论偏离培训主题、员工反映课程节奏太快或太慢等情况时，培训组织者需立即与培训讲师进行沟通协调，以便其及时调整。为了取得良好的培训效果，培训组织者还应协助培训讲师在课堂上营造既有竞争又有合作的培训氛围，使整个培训活动变成一个团队活动。同时，培训现场的应急

Note

补救与后勤安排也是培训组织者需要兼顾的重要内容。

5. 培训效果评估

培训效果评估是酒店培训工作不可或缺的一环，也是一项较为系统的工程，一般来说可以将其分解为在评估时间上递进、由个体评估向整体评估过渡的三个步骤，即知识评估、行为评估和成效评估。首先是在培训刚刚结束后测试参训员工的知识掌握情况，主要评估其是否掌握了培训所传授的相关原理、方法、技能、规程等或掌握的程度如何，评估的方法有卷面考试、专题答辩、实际操作等。其次是在参训员工上岗或返岗后跟踪评估其行为是否规范、熟练，或是否有所起色，评估的方法主要有行为观察、绩效考评、人员访谈等。最后是对酒店整个培训工作实效的评估，主要是在培训一段时间以后通过酒店业绩的实际情况来衡量培训工作是否有助于酒店业绩的提高，这里需要注意的是评估时要将定性评价方法与定量评价方法有机结合。对于各项评估的结果，酒店人力资源部应做好分类档案管理，这一方面能够为酒店的后续培训提供可资参考的基础资料，另一方面还能为酒店进行有效激励提供可靠的依据。

四、酒店绩效考评

酒店绩效考评是酒店人力资源部依照一定的工作标准，采取科学的方法，考核评定员工对其职务的理解程度和职责履行程度，以确定其工作成绩的管理办法。员工绩效考评的主要目的在于通过对员工全面素质的综合评价，判断他们的职务贡献，并以此作为酒店人力资源管理的基本依据，切实保证员工培训、薪酬、转岗、晋升、奖励、惩戒或辞退等工作的科学性。以公开、公正为原则的绩效考评在酒店的经营和人力资源管理中起到很大的作用。

（一）酒店绩效考评的内容

绩效考评包括员工素质评价和员工业绩评价两个方面，具体内容包括德、能、勤、绩四个方面。德，是员工的精神境界、道德品质和思想追求的综合体现，德的衡量标准随着时代和行业的发展在不断变化，它决定了一个人的行为方向和行为方式，具体化、标准化的德的考评具有重要的意义。能，即员工在工作中所体现的能力素质，包括体能、学识、智能和技能等方面。体能主要指与员工身体状况有关的年龄、性别和健康状况等；学识主要包括文化水平和相应的思维能力等；智能包括记忆、分析、综合、判断、创新等方面的能力；技能主要包括操作能力和组织能力等。勤，指员工的工作态度和敬业精神，如工作热情、积极性和主动性、出勤率等，强调员工的强烈责任感和事业心。绩，指员工的工作业绩，包括工作完成的数量、质量，以及带来的经济效益和社会效益，这是员工绩效考评的核心内容。在了解整个酒店业务管理流程的基础上，根据不同的考评目的，将德、能、勤、绩分解成若干个子项目予以考评。

（二）酒店绩效考评的方法

1. 业绩评定法

业绩评定法是一种被广泛采用的绩效评定法，要求评价者根据员工的表现来对各个细化了的评价指标进行判断、打分。这种方法的优点在于简便、快捷，易于量化。其缺点在于容易受主观因素和社会关系的影响。

2. 工作标准法

工作标准法，又称劳动定额法。劳动定额是指在一定的物质、技术条件下，在充分调动员工积极性和酒店经营活动顺利开展的基础上，每个员工应保证完成的工作量指标。工作标准法就是将员工的工作成效与企业制定的劳动定额相比较，以确定员工绩效的考评方法。此方法有明确的量化参考标准，易于作出评价结果。其缺点是对于难以量化的工作，无法准确作出评定。

3. 排序法

排序法是一种在限定范围内将员工按绩效表现从高到低进行排列的一种绩效评价法。这种绩效表现既可以是整体绩效，也可以是某项特定工作的绩效。这种方法的优点在于简单易行、速度快，可以避免主观误差；缺点是标准单一，绩效结果偏差较大，容易使员工的自尊心受到打击，而且不同部门间无法进行比较。

4. 硬性分配法

硬性分配法是将限定范围内的员工按照一定的分布将其划分为几个等级，每一个等级规定一定的人数。例如，规定10%为优秀，15%为良好，60%为合格，15%为稍差，把员工划分到不同类型中。这种方法在实际运用中缺乏公平性和客观性，但可以减少误差。

5. 关键事件法

这种方法是管理者把员工在考察期内所有的对部门效益产生较大积极或消极影响的关键事件都记录下来，经过汇总后就能反映员工的全面表现。该方法的针对性强，结果不易受主观因素的影响，但是容易产生以偏概全的情况，如果考察期较长，还会给管理者增加很大的工作量。

6. 目标管理法

目标管理法是管理者与员工经过共同讨论，制定员工在一定时间内所需达到的绩效目标，同时还制定实现这些目标的方法和步骤，这种考评方法的基本程序如下。

(1) 管理者和员工联合制定评价期内要实现的工作目标，并为实现特定的目标制定员工所需要达到的绩效水平。这些目标常用营业额、利润、竞争地位或酒店内人际关系来表示。

(2) 在说明酒店员工状况的同时，管理者和员工还根据业务和环境变化修改或调整目标，管理者要经常关注每个员工目标实现的情况，帮助员工制定具体措施以保证目标的实现。

(3) 管理者和员工共同检测目标的实现程度，对照目标衡量成果，讨论失败的原因。

(4) 当目标管理的循环即将结束时，管理者和员工共同制定下一评价期的工作目标和绩效目标，开始新一轮的循环。

实行目标管理法，管理者起到了提供顾问和咨询的作用，具有充分的民主性和培养性特点，执行过程由下级自主执行。这使员工增强了工作自主性和独立性，能提高员工的工作满意度，进而以更积极的态度投入工作。

Note

经典案例

碧水湾温泉酒店的积分制管理

2016年2月开始，广州从化碧水湾温泉酒店与中南空管局网络公司合作，量身定制研发了一套全新的积分制管理系统。与传统积分制模式不同的是，这套系统结合温泉、酒店管理的实际，在形式和内容上都进行了大胆创新，充分融入了碧水湾的企业文化、管理理念、管理权责等内容，对员工的个人能力、工作和行为进行全方位的量化考核，从而达到加强人才建设、提升核心竞争力、完善激励制度、降低管理成本、提高管理绩效的目的，更加契合酒店等服务型企业的管理实际需求。根据碧水湾温泉酒店积分制管理的相关规章制度，员工不仅可以在工作中通过优异表现来获得积分，同时，积分的获取渠道还涵盖了员工的生活层面，比如关心和帮助同事、有一技之长等，连支持国产产品等这样对员工有教育或引导意义的项目也被列入积分的加分项目当中。

五、酒店薪酬管理

薪酬是酒店对员工给酒店所作贡献的一种肯定，是酒店给予员工的各种财务报酬，包括薪金、福利及各种奖励。

（一）酒店确定薪酬的依据

1. 绩效考评的结果

绩效考评是评价员工工作成绩、奖励优秀的基本依据。薪酬的确定也要依据绩效考评的结果，使薪酬的发放公平、客观。

2. 职位的相对价值

酒店应当系统地评定各个职位的相对价值，依照每一职位的工作对酒店的贡献率、重要性、工作性质、工作经验、特殊技能、履行职责的风险等来评定各个职位的排列顺序，并以此作为获取薪酬的依据。

3. 劳动力市场供求状况

薪酬相当于劳动力的市场价格，劳动力市场的供求变化直接影响着价格的变化，相应的薪酬水平也会随着变化。因此，要注意劳动力市场的价格变化趋势，进而确定薪酬的多少。

4. 居民生活水平

社会进步、经济发展的突出表现就是居民生活水平的提高，酒店的薪酬水平与当地居民的生活水平也具有客观的可比性。

5. 酒店财务状况

只有酒店有可观的经营效益，才会有更多的资金进一步投入到薪酬上。酒店的财务状况直接影响酒店的薪酬水平，尤其是可以浮动的那一部分，如奖金和福利等。

Note

（二）酒店薪酬的结构设计

薪酬有直接和间接两种表现形式，直接薪酬由工资和奖金组成，间接薪酬又称福利，由集体福利、补助、带薪休假和保险组成。

1. 工资

（1）结构式工资制。结构式工资制是由若干不同功能工资组合而成的分配制度，主要由基础工资、职务工资、工龄工资、效益工资、津贴等部分构成。基础工资又称固定工资，是按国家政策和满足员工基本需求而设计的。职务工资又称岗位工资，是根据工作分析中员工所担任的职务或岗位级别来确定的，一般职务越高、责任和风险越大、贡献越多，岗位工资就越高。工龄工资是根据工龄的长短而确定的工资部分。效益工资又称奖励工资，它根据酒店的效益和员工的表现而浮动。结构式工资制在一定程度上体现了按劳分配的原则，具有操作简单、直观简明的特点，适合中型或小型酒店。

（2）岗位等级工资制。岗位等级工资制是按照各个不同岗位和每一个岗位中不同等级而确定工资标准的工资制度。根据岗位规模、职责范围、工作复杂程度、人力资源市场价格等方面综合评定各个岗位和岗位内部不同等级的工资水平。其中，岗位规模是指该岗位对酒店的影响程度和影响范围；职责范围是指完成工作独立性难度，沟通频率和方式；工作复杂程度指任职资格、作业的难度、工作环境情况等；人力资源市场价格是人力资源供求状况和所需人才市场价值的体现。综合评定这些因素，利用点数法分析和测定酒店各个岗位的点数，根据不同的点数，将岗位划分为不同的等级，以及同级岗位内部的不同等级，从而确定各个等级的工资水平。

（3）计件工资制。计件工资制最初是从工业产品制造行业中开始的，酒店行业的计件工资制是根据员工所完成的工作（如按客房出租率、餐厅营业额、商品销售量等）衡量要素的数量、质量和所规定的计价单价核算而支付劳动报酬的一种形式。工资的数额由工作标准和工作成效所决定，是典型的按劳分配。这种工资制最好与其他的工资制结合使用，才能达到较好的效果。

经典案例

某五星级酒店客房部计件工资管理方案

为提高员工工作积极性和工作效率，体现多劳多得的原则，现对客房部楼层员工工资实行计件考核，具体规定如下。

一、考核范围及标准

（1）考核对象：客房楼层服务员，每人每月保底工资 2000 元。

（2）考核标准：

标准房：退房（C/0）4 元/间；住房（0）2 元/间；干净房（VC）1 元/间。

普通套房：退房（C/0）6 元/间；住房（0）3 元/间；干净房（VC）1.5 元/间。

豪华套房：退房（C/0）8 元/间；住房（0）4 元/间；干净房（VC）2 元/间。

Note

二、操作方法

(1) 由每日客房部值班督导根据当天客房清扫情况统计每位员工清扫房间数，登记客房每日清扫记录表。

(2) 根据客房清扫记录表编制每日客房计件统计表，上报财务审核，并附上当日房态表。

(3) 财务审核人员根据当日的房态记录及当日离店房间数量进行核对，无误后签字确认。

(4) 月末由财务部根据每日客房计件统计表统计每位员工应得工资，上报综合办编制工资表。

三、管理规定

(1) 经济房与管理房视同为标准房考核。

(2) 客房部需认真准确统计员工实际做房数，按时报财务部。

(3) 财务部应认真核对每日客房统计数，把好审核关。

(4) 客房部应将员工每日应得工资数进行张贴公布，以保证公平公正。

(5) 考核员工的不达标扣款将从保底工资中减扣。

(6) 其他部门协助抢房者，经客房部负责人批准，并经检查合格，可纳入此方案。

2. 奖金

奖金是酒店对员工付出的超额劳动或优秀表现而支付的一种劳动报酬。它是员工工资的一种必要的补充形式，能够及时、准确地反映员工的劳动成效，起到很好的激励作用。按照奖励内容，奖金可分为单项奖和综合奖；按奖励的对象，奖金可分为个人奖和集体奖；按照时间，奖金可分为月度奖、季度奖和年终奖。单项奖是将员工完成某一项主要指标的情况作为得奖的条件，该奖项目标单一，考核项目少，简单易行，且通常是一次性奖励；综合奖则是按照已确定好的考核指标，考虑员工多项指标要素的得分而取得的奖励。

3. 福利

福利泛指酒店内所有的间接薪酬，多以实物或服务的形式支付，是报酬的一种有效补充形式。常见的福利形式包括：集体福利，如子女入托、免费工作餐、职员公寓、医务室、阅览室、活动室等；福利补助，如工伤抚恤金、通勤补助、住房补贴、度假旅游补贴等；休假，如带薪休假、婚丧假、年休假、产假等；保险，如劳动保险、医疗保险、养老保险等。福利的主要作用是满足员工的安全需要，同一酒店员工所享受的福利差别不明显，如果适当增加员工根据自己需要选择福利项目的权利，会提高员工满意度。

六、酒店劳动关系管理

劳动关系主要是指酒店所有者、经营者、管理者、普通员工及其工会组织之间在酒店经营活动中形成的各种权、责、利关系，主要涉及两个方面的内容：劳动者同用人单位之间有关工作方面所形成的劳动关系；代表单个劳动者利益的工会同用人单位所形成的劳动关系。劳动关系的管理涉及各方的利益，具有一定的复杂性。

（一）劳动合同及其管理

劳动合同是劳动者与酒店确定劳动关系、明确双方权利和义务的协议。劳动合同的签订是劳动者与酒店劳动关系确立的标志。《劳动法》规定，劳动合同依法订立即具有法律约束力，当事人必须履行劳动合同规定的义务。这对于稳定酒店员工劳动关系、减小流动率、建立长期的合作和提高员工的忠诚度提供了可能。

劳动合同的管理包括劳动合同内容的确定、劳动合同的期限、劳动合同的订立与变更、无效合同的判定、劳动合同的终止和解除、违反劳动合同的责任等。

（二）劳动安全与劳动保险

劳动安全在酒店显得格外重要，在酒店从业人员的日常工作中，安全因素需要随时注意，员工的人为失误、机器故障、危险物质和能源储存不当等都有可能造成无法弥补的安全事故。因此，要在实际操作中，提高安全意识，实施严格的安全责任制，制定安全操作规范，紧抓安全事故的防范和预防，从而保证全体员工在一个安全的环境中，全身心地投入工作。

劳动保险是一种社会保险，保证员工在遇到各种特殊困难时，能够得到一定的物质帮助，以尽快恢复正常生活的一种安全保障形式。劳动保险包括：员工因工负伤、致残、死亡保险；员工非因工负伤、致残、死亡保险；员工疾病的公费医疗保险；员工生育保险；员工退职、退休保险；员工直系亲属的保险等。

（三）工会组织与民主管理

工会组织是以协调雇主与员工之间的关系为宗旨而组成的团体，包括员工工会、雇主商会及由员工与雇主组成的其他合法组织。这里所谈到的工会主要是指员工工会，是以员工利益为基础，与雇主进行有效沟通的一种组织形式。员工可以通过工会获得教育、援助、福利和优惠服务，参加酒店的民主管理等。

第三节　酒店人力资源管理激励

激励是管理的核心问题。如何实现持续而有效的激励一直是管理学研究的重要课题。古典管理学理论认为，经济因素和物质条件是重要的激励因素，相应的管理方法是严格奖惩。行为科学理论认为，社会因素和心理因素是首要的激励因素。现代科学管理理论将人们的视线转移到“合理利用和开发人力资源”上，认为人的贡献本身就是极有价值的东西，相应的管理方法是内在激励法，使组织目标和任务实现高度个人内在化，求得最大限度的认可和认同。有效的员工激励不仅是酒店人力资源管理活动的一项重要工作，也关乎酒店的生存与发展。

Note

一、激励的概念体系

(一) 激励的含义

“激励(Motivation)”这个词语来源于拉丁文“movere”,原意是采取行动,后来逐渐成为心理学中的重要概念。现代心理学将激励定义为:在外界环境诱因的作用下,个体根据自己的内在驱动力,通过运用一定的自我调控的方式,从而达到激发、引导、维持和调节行为并朝向某一既定目标的过程。就其本质而言,它是表示某种动机所产生的原因,即发生某一行为的动机是如何产生的?在什么环境中产生的?同样一个人,为何有时工作积极,有时却消极怠工?将“激励”一词引入到酒店人力资源管理中来,则赋予了新的含义:激励是指酒店为了使员工的需求得到满足,而激发其个人动机,使之有一种精神力量或内在动力,朝着一定的组织目标行动的心理活动过程,或者说是调动员工积极性的过程。尽管每个员工都可能朝着组织的目标而努力工作,但他们之所以愿意这样做,是因为这样做的同时也能够满足他们的个人需求。对酒店管理者而言,在清楚地了解员工的个人需求和动机之后,就有机会引导员工的行为方向,使之与组织目标一致,并通过有效的刺激措施,帮助员工通过努力工作去实现这一目标。

(二) 激励的功能

持续而有效的激励是检验酒店人力资源管理成败的重要标尺,是提高员工工作效率和酒店效益的关键环节。酒店要有较好的经营业绩就需要员工有较高的个人绩效水平。有时一些素质优良的员工其绩效水平却很一般,其中一个很重要的原因就是,优秀的绩效水平不仅取决于员工的个人能力,还取决于员工的努力程度。为实现经营目标,酒店必须在管理中及时、有效地对员工进行激励。进一步来说,有效的激励对酒店实现其经营目标能够起到多重促进作用,如为酒店吸引大批优秀人才、协调组织目标和员工个人目标、形成良性的竞争环境等。

(三) 激励的类型

按激励的内容,可分为物质激励和非物质激励。物质激励作用于员工的生存需要,从马斯洛需要层次论可以看到生存需求是基本需求,员工只有满足了基本需求,才能更好地追求精神需求,挖掘潜力,完成好工作。物质激励的方式有发放奖金、分红、持有公司股份等。非物质激励则是针对人的精神需求,提供精神满足的激励,如上级的夸奖等。

按激励的性质,可分为正激励和负激励。正激励就是对员工目前的行为表示满意,并通过表彰和奖赏来保持、巩固和发展这种行为,以达到激励的目的。负激励则是员工的行为和表现不符合组织的要求,而通过教育、批评或惩罚的方式来进行激励的过程。

Note

这两种激励的方法都要注意把握“度”的问题，不然会引起员工的反感，导致激励的失败。

按照激励的形式，可分为内激励和外激励。内激励是从员工的心理特点出发，通过启发和诱导，激发其主动性和积极性，在工作上投入极大的热情。外激励则是运用外部环境条件来制约员工的行为动机，加强团体合作，从而达到组织和个人的目标一致性。

二、激励的相关理论

激励与需求和动机紧密相关。需求是内心体验到的某种事物的缺乏或不足，而动机是一种信念和期望，一种行动的意图和驱动力，它推动人们为满足一定的需求而采取行动，从而表现出某种行为。需求是动机的源泉和基础，动机才是驱动人们去行动的直接原因和动力。心理学家提出了许多科学的激励理论来揭示需求产生和动机激发的原理。[①] 这些理论对酒店管理者采取有效的激励手段提升员工的工作积极性和创造性具有重要的指导作用。

（一）马斯洛需要层次论

美国心理学家亚伯拉罕·马斯洛提出了需要层次论，将人的需要归结为五个层次，由低到高依次为生理需要、安全需要、社交需要、尊重需要和自我实现需要。当一个人一无所求时，也就没有什么活力与动力；反之，若一个人有需求，就必然存在着可以被激励的因素。五个层次的需要是人生来就有的，只不过每个人的需要强度、显露程度可能不同。正因为如此，要调动人的积极性，就必须针对不同的人引导其满足不同层次的需要。对大多数人的共同需要可以采用共同方法来激励，而对不同的需要则要采取不同的方法，如表 7-3 所示。

表 7-3 不同需要层次的激励要点

需要层次	追求的目标	激励要点
生理需要	待遇、健康的工作环境、各种福利	工资、奖金，医疗保健制度，合理的工作时间，工作餐、住房、通勤等福利
安全需要	职业保障、意外事故的防止	雇佣保证、劳保制度、退休金制度
社交需要	友谊（良好的人际关系）、团体的接纳、组织的认同	团体活动计划、互助金制度、群众组织、教育培训制度

① 邢以群.管理学[M].北京：高等教育出版社，2007.

Note

续表

需要层次	追求的目标	激励要点
尊重需要	地位、名次、荣誉、权力、责任、与其他收入的比较	人事考核制度、晋升制度、表彰制度、奖励制度
自我实现需要	能发挥个体特长的环境、具有挑战性的工作	决策参与制度、提案制度、革新小组

（二）双因素理论

20 世纪 50 年代末，美国心理学家弗雷德里克·赫茨伯格在广泛调查的基础上提出了别具一格的双因素理论。该理论修正了传统的认为满意的对立面就是不满意的观点，认为满意的对立面是没有满意，不满意的对立面则是没有不满意，两者之间是质的差别。赫茨伯格将影响人的工作动机的种种因素分为两大类：能够使员工感到满意的因素称为激励因素，会使员工感到不满意的因素称为保健因素。据调查，激励因素包括成就感、得到认可、工作本身的挑战性和趣味性、责任感、个人的成长与发展等；保健因素大多属于工作之外的因素，如公司的政策、监督、人事关系、工作条件、薪金等。当有激励因素，如给予赞赏和发展机会时，员工会感到满意；而没有激励因素，即不表扬、不授权时，员工也不会感到不满意。当有保健因素，如工作有报酬时，员工不会感到不满意，只是没有不满意感；但若没有保健因素，如光让干活却无报酬时，员工就会不满意。需要强调的是，激励因素是以人对工作本身的要求为核心的。如果工作本身富有吸引力，那么员工在工作时就能得到激励；如果奖励是在完成工作以后，或离开工作场所之后才有价值或意义的，则对员工工作只能提供极少的满足。赫茨伯格的双因素矩阵如图 7-1 所示。

	具备	缺失
激励因素	满意	没有满意
保健因素	没有不满意	不满意

图 7-1 赫茨伯格的双因素矩阵

（三）公平理论

公平理论是美国心理学家斯塔西·亚当斯提出的人们以来自于自我与他人的投入与产出进行比较而感知公平感的激励理论。该理论认为人是社会人，一个人的工作动机不仅受其所得报酬绝对值的影响，而且受到相对报酬多少的影响。每个人都会把自己所得的报酬与付出的劳动之间的比值同其他人的比值进行社会比较，也会把自己现在的投入产出比值同过去的投入产出比值进行历史比较，把自己的所得与组织中的制度规定相比较，并且根据比较的结果决定今后的行为。也就是说，员工评价自己是否得到了公正的待遇，在一般情况下是以他人、制度或自己以前的情况等作为参照的。在上述各种比较中，若发现比值相等，心里就比较平静，认为自己得到了相对公平的对待；当发现比值不相等时，内心就会感到紧张不安，从而会被激励去采取行动以消除或减少这种引起心理紧张不安的差异。因此，管理者必须对员工的投入和贡献予以恰如其分的承认，客观地评价员工的工作业绩并确定合理的工作报酬，从而规避员工可能会产生不公平的感觉。

三、酒店员工激励的方法

（一）薪酬激励

薪酬是员工从事劳动，而得到的以货币形式和非货币形式所表现的补偿，是酒店支付给员工的劳动报酬，是保障和改善员工生活的基本条件。通过设立科学合理的薪酬制度，充分体现公平性和效益性，对核心人才予以薪酬倾斜，其中奖金部分所起到的激励作用最为显著。

（二）竞争激励

安定的工作环境不利于发挥员工的聪明才智，只有竞争的环境才能有效地调动员工的工作激情，激起奋发向上的工作干劲。员工也希望在工作中得到成长和发展，并获得满意。为了实现这种愿望和要求，酒店有必要帮助他们制订好职业发展计划，使其有明确的奋斗目标，在竞争环境中，不断得到发展。

（三）领导激励

企业经营的好坏在很大程度上取决于管理者的战略眼光和管理艺术，好的人力资源管理者应该具备合格的人力资源管理专业技术以及良好的 IQ 和 EQ。在酒店人力资源管理过程中，应充分理解员工、关怀员工、信任员工，增强员工的自尊、自主意识，进行合理的授权，在精神上激励员工，这就是领导者激励机制。

（四）文化激励

企业文化，是指酒店在处理外部环境和内部环境整合的过程中所形成的共同思想和价值观念、作风和行为准则。优秀的企业文化能够培育员工的认同感和归属感，建立起成员和组织之间相互依存的关系，使之凝聚在一起，自我激励、自我改造、自我调控、自我完善。

（五）综合激励

综合激励，是运用多种手段的多方面、多角度的综合激励机制。例如综合运用榜样激励、培训激励、任务激励、环境激励、荣誉激励等，针对每个员工的不同特点，使用对员工个体最有效的激励方式，达到最好的激励效果。

Note

知识活页

酒店"首席员工"制

"首席员工"制作为人力资源管理的一种制度创新，为现代酒店提供了一个针对技能型员工的有效激励方案。酒店"首席员工"是指在酒店的一线工作岗位上能力超群、业绩突出、有标杆示范作用的员工，它是一种荣誉称号，而并非一种职务或职称；实行"首席员工"制的岗位应严格限定为酒店中的非领导岗位，它标志酒店普通员工身份与高超技艺水平的融合。对于评聘的"首席员工"需在待遇方面予以必要的倾斜，如发放"首席岗位"津贴，享有职业培训、继续教育、带薪休假等的优先权，参与企业战略决策等。因此，酒店"首席员工"制实际上是现代酒店从精神和物质两方面对"蓝领"员工进行双重激励以促使其完成工作目标和自我实现的手段，或者说是一种价值留人、事业留人的策略。

TOURISM

第四节 酒店职业经理人发展

职业经理人起源于20世纪50年代，到现在已经发展成为一个全球流行的概念。职业经理人走上中国经济舞台的历史较为短暂，却因其在企业发展中发挥的重要作用已在我国各行各业遍地开花。酒店业是我国最早引入职业经理人的行业，酒店职业经理人是酒店人力资本的重要组成部分，日益激烈的市场竞争对酒店职业经理人的个人素质和职业能力也提出了更高的要求。

一、酒店职业经理人的界定

（一）酒店职业经理人的界定

酒店职业经理人属于酒店中的管理层，一般应具备酒店管理职位的职业能力并有相当的从业经历，能够作为一种人力资本意义上的"商品"在市场中自由流动，从而获取薪酬和实现自身职业生涯的目标。2004年8月1日，由中国饭店协会起草，国家质量监督检疫总局和国家标准化管理委员会联合发布的《饭店业职业经理人执业资格条件》(GB/T 19481—2004)正式实施，这是我国的第一个职业经理人国家标准。该标准对"饭店业职业经理人"给出了官方定义，即运用系统的现代饭店经营管理知识和经验，对某一饭店(或一个部门)进行经营和管理，以经营管理饭店为职业的经营者。对于一个现代酒店的职业经理人而言，在不同场所需要扮演好多重角色(见表7-4)。

Note

表 7-4 酒店职业经理人的角色定位与角色扮演

角色识别	角色定位	角色扮演
关键性角色	指挥者	具有决策能力和组织指挥能力，能做出周密的计划，善于识人与用人，并有勇往直前的进取心
	执行者	忠于职守，善于领会上级意图，埋头苦干，任劳任怨，具有过硬的专业知识和技能，有较强的组织能力
	督办者	公道正直，熟悉业务运作的方法与标准，并掌握第一手的材料和情况
	反馈者	具有客观性，敢于直言不讳，同时要具备较强的综合分析能力
辅助性角色	宣传者	对外积极宣传酒店形象，推介酒店的产品和服务，参与交流与合作；对内宣传酒店的政策和制度，传达各种最新信息
	谈判者	代表所有员工的利益，与用人单位协商员工待遇与福利等
	协调者	拥有良好的人际交往关系，协调酒店内部员工之间的关系，协调与供应商、政府等的关系

（二）酒店职业经理人的等级

根据酒店职业经理人的学历背景、任职经历等，可将其分为初级酒店职业经理人、中级酒店职业经理人和高级酒店职业经理人三个等级。《饭店业职业经理人执业资格条件》(GB/T 19481—2004)中对不同等级酒店职业经理人的资质条件进行了明确的规定，在受聘情况、适用职位、学历背景和工作经历等方面都体现出显著差异，如表 7-5 所示。

表 7-5 不同等级酒店职业经理人的资质条件

	初级酒店职业经理人	中级酒店职业经理人	高级酒店职业经理人
受聘情况	受聘于一家或多家酒店的现职中级管理人员	受聘于酒店或酒店管理集团的现职中高级管理人员	受聘于酒店或酒店管理集团的现职高级管理人员
适用职位	包括但不限于部门经理、部门副经理、主管	包括但不限于总经理、副总经理、执行总经理、总监、副总监、部门经理	包括但不限于酒店集团CEO、总监，酒店的总经理、执行总经理、业主
学历背景	具有大学专科以上学历（或同等学力）	具有大学专科以上学历（或同等学力）	大学本科（或同等学力），或酒店、旅游管理专业专科以上学历
工作经历	在一个或数个酒店中级管理职位上有两年以上的全日制工作经历	在一个或数个酒店中高级管理职位上有三年以上的全日制工作经历	在一个或数个酒店高层管理职位上有三年以上的全日制工作经历

Note

二、酒店职业经理人的职业要求

酒店职业经理人是实现酒店目标的主导要素。那么，什么样的酒店职业经理人才能真正担负起酒店经营管理的重任呢？酒店职业经理人的职业要求体现在如下三个方面。

（一）职业道德

良好职业道德是成为一名合格酒店职业经理人的前提条件，包括遵纪守法、爱岗敬业、忠诚可靠、诚实守信、办事公道、服务精神等要素。具体而言，就是要遵守国家法律、法规，遵守社会行为规范，遵守企业章程及管理规章制度，做到自律守节；要具有敬业精神，热爱本职，能够承担责任，竭尽全力履行应尽的职责；要忠于职守，恪守信义，维护企业的利益；要实事求是，取信于客户和员工，严守企业的商业秘密，遵守竞业避止原则；要坚持真理，明确是非，追求正义，秉公办事，不徇私情；要具有社会责任感，发扬无私奉献精神，为社会创造价值。

（二）职业素养

职业素养是酒店职业经理人胜任力的核心指标，包括团队意识、进取意识、客户意识和自我管理等要素。具体而言，就是要将自己融入整个团体对问题进行思考，明确团队目标、尊重和激励团队成员、加强团队沟通、树立团队精神；要能够接受新的知识，能够迎接挑战，能够创造和把握机会，不惧怕犯错误，并勇于承认和纠正错误；要一切以客户为中心，提供优质服务，主动捕捉市场信息，深入分析市场需求和抓住市场机会，持续改进经营策略；要有稳定的情绪和强烈的自信心，尊重他人的观念、有效地开发自己的潜能。

（三）职业知识

职业知识是酒店职业经理人专业化程度的体现。要求酒店职业经理人必须掌握较为全面的酒店业知识和了解较为前沿的企业管理知识。前者包括酒店人力资源管理、会计和财务管理、餐饮管理、客房管理、工程管理、市场营销等方面的专业知识；后者涉及领导艺术、组织行为学知识、行政管理知识等。

三、酒店职业经理人培养的意义

（一）提升酒店核心竞争力

酒店职业经理人直接或间接地参与酒店的投资、酒店发展战略、酒店经营管理决策等关系酒店发展的重大问题，直接操纵整个酒店的日常经营管理事务。因此，酒店职业经理人的领导能力和管理能力至关重要，在竞争日益激烈的酒店市场，我国酒店企业能否在国外强势的酒店品牌面前立足并与之抗衡，酒店职业经理人的素质能力起着决定性作用。从某种意义上说，酒店职业经理人是酒店核心竞争力的体现。因此，提升我国

Note

酒店职业经理人的能力，不断培养并塑造高素质的酒店职业经理人才，是我国酒店是否具有核心竞争力的关键。

（二）创造和实现酒店价值

酒店是一个服务性行业，为顾客提供的产品和服务主要通过酒店员工的对客服务来体现。员工的服务技能和服务水平直接关系到酒店产品和服务的质量。酒店职业经理人从事酒店的日常经营管理事务，有效地组织酒店员工从事酒店服务的生产和销售，对员工的工作进行标准化和规范化的管理，不断考核评估员工的工作，培训员工的服务技能，通过全面的质量管理真正保证酒店的产品质量和服务质量，从而创造酒店的价值。因此，不断对酒店职业经理人进行能力提升和素质培养，对保证酒店产品和服务质量、实现酒店价值有着重要的意义。

（三）推动酒店可持续发展

中国加入 WTO 以后，我国酒店业逐渐与国际接轨。万豪、洲际、希尔顿等众多国际著名的酒店品牌纷纷落户中国，国内的酒店集团（如锦江、开元、万达、港中旅等）也纷纷崛起，中国酒店业市场竞争将更加激烈，同时酒店消费者对酒店服务的要求也不断提高。在这样的市场环境下，酒店职业经理人必须不断提升自己的职业能力和自身价值，才能跟上酒店业快速发展的步伐。因此，对酒店职业经理人进行素质和能力培养是保证酒店持续发展的动力。

本章小结

1. 酒店人力资源管理是指以提高劳动效率、工作质量和取得效益为目的，运用现代管理学理论中的各项管理职能，对酒店的人力资源进行有效的开发与利用，实现人力资源价值最大化的一种全面管理。作为酒店组织的一项基本职能，它具有综合性、科学性、动态性、服务性等特点。

2. 酒店人力资源管理的内容体系可以划分为人力资源规划、员工招聘、员工培训、绩效考评、薪酬管理、劳动关系管理等六大板块。

3. 持续而有效的激励是检验酒店人力资源管理成败的重要标尺，是提高员工工作效率和酒店效益的关键环节。酒店员工激励的方法主要有薪酬激励、竞争激励、领导激励、文化激励、综合激励等。

4. 酒店职业经理人是酒店人力资本的重要组成部分，需要从职业道德、职业素养和职业知识相结合的角度对酒店职业经理人进行培养。

思考与练习

锦江酒店（中国区）人力资源数字化改革

第八章
酒店企业财务与收益管理

学习引导

本章的主要内容将结合当前酒店企业财务管理和收益管理的相关理论与方法,结合酒店经营实践而展开,共包含四个方面的内容。首先探讨酒店企业财务管理的特点、主要内容、原则和组织机构。在酒店企业的成本与费用管理控制方面,主要介绍了酒店经营保本点的预测、成本费用预算和控制等内容。本章的后半部分将集中探讨酒店收益管理及其实践运用,主要内容包括酒店收益管理的概念及其演化、酒店收益管理绩效的衡量指标和影响因素,酒店收益管理中的定价决策、需求预测、客房控制及收益管理的应用等重要方面。

学习目标

知识目标:了解酒店企业财务管理特点、目标和主要内容、酒店企业成本费用管理的主要内容和方法;理解酒店企业财务管理的原则、方法及收益管理的概念、绩效衡量指标等;了解酒店企业收益管理中的定价、需求预测与客房控制等策略与具体应用。

能力目标:通过团队协作、小组学习等方式,锻炼沟通表达,初步建构酒店财务管理、收益管理思维,提升系统性和批判性思维能力。

德育目标:理解企业发展需要有立足于长远、全局、整体的战略思维,酒店企业发展注意要平衡好收益和风险,不断提升资源利用效率,夯实核心竞争力。

思维导图

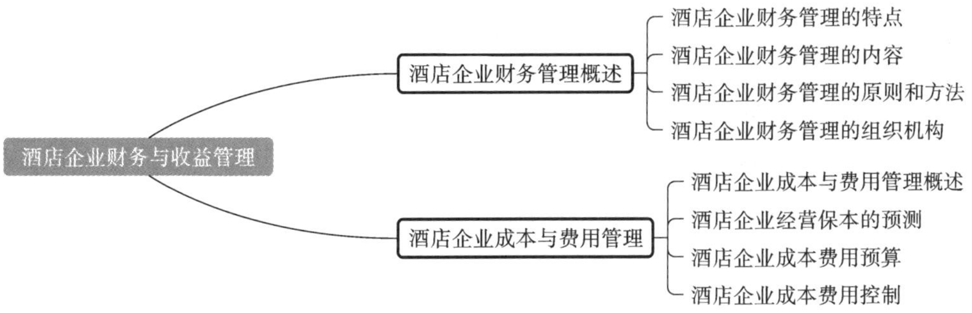

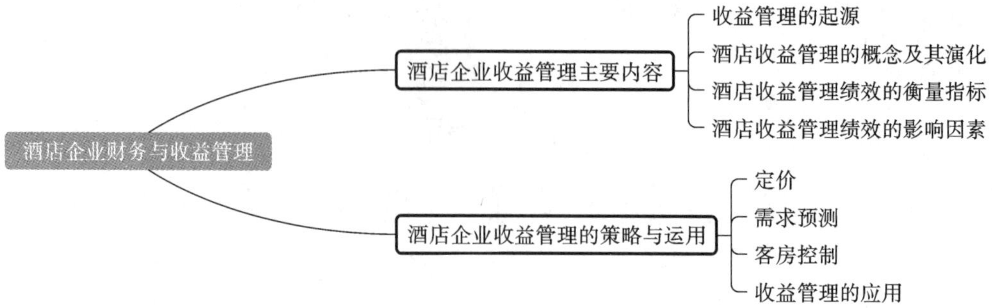

第一节　酒店企业财务管理概述

一、酒店企业财务管理的特点

企业财务管理的特点是由财务管理对象决定的，酒店业的经营特征决定其财务核算的特点。由于酒店业属于第三产业，总的来讲，其经营特点表现为以服务为中心，辅之以生产和商品流通，直接为消费者服务。酒店企业与工业企业和商品流通企业相比，在财务核算上表现为以下特点。

（一）核算方法不同

酒店企业同时执行生产、零售和服务三种职能，在财务核算上就必须结合工业企业、流通企业的财务核算方法进行核算。饮食企业在业务经营过程中，同样执行生产、零售和服务三种职能，即一方面从事菜肴和食品的烹制；另一方面将烹制品直接供应给消费者。在供应过程中，为消费者提供消费场所、用具和服务活动。此外，饮食制品的质量标准和技艺要求复杂，在财务核算上也很难像工业企业那样，按产品逐件进行完整的成本计算，一般只能核算经营单位或经营种类耗用原材料的总成本，以及营业收入和各项费用支出。

（二）收入和费用分布结构不同

酒店业是传统的服务业，服务业通常由专门从业人员提供带有技艺性的劳动，以及运用与之相适应的设备和工具作为主要服务内容。在财务核算上，需反映按规定收费标准所得的营业收入、服务过程中开支的各项费用和加工过程中耗用的原材料成本。

（三）自制商品与外购商品分别核算

为了分别掌握自制商品和外购商品的经营成果，加强对自制产品的核算与管理，经营外购商品销售业务的企业，还要将自制商品和外购商品分开进行核算。

知识活页

财务管理的目标

财务管理目标，是企业在特定的理财环境中，通过对组织财务活动和财务关系的处理所要达到的目标，主要有以下三种观点。

1. 利润最大化

20世纪50年代以前，西方财务管理理论界普遍认为，利润最大化是财务管理的最优目标，利润代表了企业新创造的财富，利润越多就说明企业的财富增加越多，从而也能表明企业经营的成功。

但这种观点中，企业财富仅仅体现在利润方面，在实际运用中会存在一些缺陷，例如：没有考虑获得利润所需的时间，没有充分考虑所获利润和投入资本额的关系，没有考虑当前利益与长远利益之间的关系，没有考虑所获利润和所承担风险的关系，有可能会使企业的财务决策带有短期行为。

2. 股东财富最大化

股东财富最大化是指企业通过财务管理的各项决策，为股东带来更多的财富。在股份制经济条件下，股东财富由其所持有的股票数量和股票市场价格两方面来决定。在股票数量一定时，为使股东财富最大化就要保证股票价格不断上涨。与利润最大化目标相比，股东财富最大化目标有其积极的方面，主要在于科学地考虑了风险因素，并在一定程度上有利于克制企业在追求利润上的短期行为。同时股东财富最大化目标比较容易量化，便于考核和奖惩。

但股东财富最大化的目标也存在一些缺陷，它只适合上市公司，非上市公司则很难适用；它只强调股东的利益，而对其他利益相关者的利益重视不够；股票价格受多种因素影响，这些因素并非都是公司所能控制的，把不可控因素引入财务管理目标是不合理的。

3. 企业价值最大化

企业价值最大化观点认为，企业价值的大小，不能仅仅从企业的获利水平来衡量，而应该通过企业全部财产的市场价值来反映。所以，企业的价值也包含了潜在的或预期的获利能力。投资者在评估企业价值时，往往以投资者预期投资的时间为起点，并将未来收入按预期投资时间的同一口径进行折现，从而预估企业当前的市场价值。

但是，实践中企业市场价值评估标准很难统一与确定。对于上市企业，虽然可以通过股票市值的变动来揭示企业价值，但仍不能避免股价短期内受众多因素影响。对于大部分的非上市企业，在评估企业的价值时，由于各种评估标准和评估方式的影响，也很难做到客观与准确，这都在一定程度上导致企业价值确定的困难。

Note

尽管如此，综合对比上述三种主流目标，企业价值最大化仍有利于体现酒店企业财务管理的目标，更能揭示企业被市场认可和接受的程度，而且它也充分考虑到了资金的时间价值和风险价值。所以，通常被认为是一个较为合理的财务管理目标。

TOURISM

二、酒店企业财务管理的内容

酒店财务管理的对象是经营过程中资金的运动，因此财务管理的内容反映的是企业资金运动的全过程。企业资金运动从内容上来说包括资金的筹集、投放和使用，以及资金的消耗、资金的回收和分配等主要方面。相应地，财务管理的主要内容包括企业筹资管理、投资管理、资产管理、成本费用管理、利润及分配管理等方面。

（一）筹资管理

企业的任何生产经营活动都必须筹集到充足的资金，酒店也不例外，只有拥有一定数量的资金，企业才能购买所需材料、支付员工工资和其他费用。因此，资金筹集构成了酒店财务管理的重要内容。

酒店筹集资金可以采取多种形式，归纳起来可分为两大类：内部筹资和外部筹资。内部筹资主要通过计提折旧和利润留存两大方式，外部筹资是酒店通过吸收直接投资、发行股票、银行借款、发行债券、租赁、商业信用等方式筹集资金。酒店一般应在充分利用内部筹资的基础上，考虑外部筹资问题。在确定了具体筹资方式以后，通常还需要考虑筹资的组合、风险、成本等问题，从而合理安排企业的资金来源，优化资本结构，降低筹资成本，控制筹资风险。

（二）投资管理

企业筹资的目的是使用资金，形成各类经济资源。同时，资金也只有在使用与流通中才会产生价值。因此，投资方向的选择、投资时机的判断、投资金额的确定、投资风险的规避、投资收益的预期等，构成了酒店投资管理的重要内容。酒店投资包括固定资产投资、流动资产投资、证券投资和对其他企业的投资。

一般来说，酒店的投资决策流程分为三大步骤：首先要拟定投资的基本方针，包括投资的项目、选址、规模及投资等级、投资金额等内容；其次要制定多种备选方案，并进行充分的论证，通过对方案的反复筛选、比较、计算、分析，选出一个比较合理的方案；最后是执行方案，项目一旦实施，必须严格按照既定的计划执行，对于每项投资的支出要严格审核，同时保证所需资金。

（三）资产管理

Note

投资决策确定了酒店资金是流向了企业外部还是内部。投入企业内部的资金就成了企业的对内投资，这部分投资形成了包括固定资产、流动资产、无形资产、递延资产和其他资产在内的企业总资产。对这些资产的管理构成了企业日常财务管理的重要内容。酒店资产管理的重点是对固定资产、流动资产的管理。

（四）成本费用管理

成本费用反映了企业运营过程中资金的消耗，成本费用管理是酒店财务管理的重要内容之一。严格控制成本费用、合理降低成本费用，是企业在商业竞争中获胜、增加企业利润的有效途径。

酒店的成本费用是指酒店在向顾客提供产品和服务的过程中所产生的各项直接支出和间接耗费。成本费用按经济内容可分为主营业务成本、销售费用、管理费用、财务费用等。酒店企业首先要确定成本费用管理的目标，在此基础上编制成本费用预算，明确酒店成本费用管理的方向。为了确保成本费用预算的实现，还要对成本费用进行有效控制，并对成本费用的实际耗费情况进行考核和分析，如果发现问题及时纠正，最终保证成本费用符合预算目标。

（五）利润及分配管理

随着酒店经营活动的进行，在产生资金耗费的同时还会从经营活动中获得收入。经营收入按照经济核算的原则，首先要补偿企业的经营消耗，缴纳税金及附加，再加上企业的投资收益和营业外收支净额，从而最终形成酒店的利润。酒店企业实现利润以后，要按照国家的有关规定，向国家缴纳所得税，剩余部分就形成了净利润。净利润要在企业、职工、投资者之间进行进一步分配。企业要提取法定盈余公积金，用于弥补亏损和转增资本；还要提取法定公益金，用于职工福利和奖励，改善职工集体福利设施等支出；其余利润进行投资者的收益分配或暂时留存企业作为追加投资。上述这些构成了酒店企业利润及其分配管理的主要内容。

三、酒店企业财务管理的原则和方法

酒店企业财务管理的原则是对财务管理活动实践的抽象，也是处理各种错综复杂的财务关系的准绳，同时是酒店财务管理工作的行动指南。

（一）酒店企业财务管理原则

1. 守法守信原则

市场经济是法治经济，法治经济的核心就是用法律维护公平有序的经济秩序和良好的经营环境。只有在公平竞争的条件下，资源才能得到充分有效地利用和开发，社会和经济才会持续、健康地发展。

酒店企业为实现其财务管理目标，必须以遵守国家法律、法规为前提，任何违反国家法律、法规，任何不守信用的行为，轻则受到处罚，重则危及酒店生存与发展。同时，市场经济背景下，酒店企业要与方方面面产生经济联系，形成财务关系，这也要求酒店企业和各合作方必须讲信用，把信用放在第一位。

2. 协调平衡原则

酒店企业的财务管理由若干相互联系的环节组成，只有各个环节协调平衡，统一步伐，才能保证酒店财务目标的实现。

3. 成本效益原则

成本效益原则要求酒店财务管理人员严格控制成本和费用支出，把成本、费用降到合理限度。成本效益原则的目的是企业在成本一定的条件下应取得尽可能大的效益，或是在收益一定的条件下应最大限度地降低成本，以保证企业总体财务管理目标的实现。

（二）酒店企业财务管理方法

酒店企业财务管理方法是企业组织财务活动、处理财务关系、执行财务管理原则和实现财务管理目标所运用的技术手段。按照财务管理的基本环节，财务管理的方法可以分为财务预测、财务决策、财务预算、财务控制和财务分析等。

1. 财务预测

财务预测是财务决策的基础，也是编制财务预算的前提。财务预测是指酒店企业在认识和掌握资金运动规律的基础上，根据有关历史资料和收集的各种经济信息，结合内外部的现实条件，运用科学的预测方法，对企业未来财务活动及其发展趋势所作的预计和测算。

2. 财务决策

财务决策是指根据财务目标的要求，从若干个可供选择的方案中，选出最优方案的分析判断过程。财务决策是财务管理的核心，决策正确与否直接影响酒店企业的生存和发展。财务决策主要包括筹资决策、投资决策、成本费用决策、收益决策等。其中最重要的是筹资决策和投资决策，而投资决策尤其重要。

3. 财务预算

财务预算是落实财务决策的一种行动计划，是以财务决策结果和财务预测情况为依据，运用科学的方法，以货币为主要量度单位，对酒店企业未来财务活动发展状况按照事物发展趋势进行合乎客观规律的规划，以指导企业经营活动的开展。酒店企业财务预算的主要内容包括经营性预算、资本性预算、现金收支预算等内容。

4. 财务控制

财务控制是在财务管理过程中，以财务预算、定额、标准为依据，利用有关信息和手段，对企业的财务活动进行干预和调节，以实现财务预算所规定的各种目标的一种管理方法。

5. 财务分析

财务分析是运用财务报表及其他相关信息，通过对一定财务指标进行对比，以评价企业过去的财务状况和经营成果，并揭示其未来财务活动趋势及规律的一种方法。

四、酒店企业财务管理的组织机构

一般来说，酒店企业财务管理的组织机构主要包括收银部、总出纳、稽核部、信贷收账部、成本部、计薪部、应付账款部、总账部、计算机部等。图 8-1 所示为酒店财务管理工作的常用组织结构。

Note

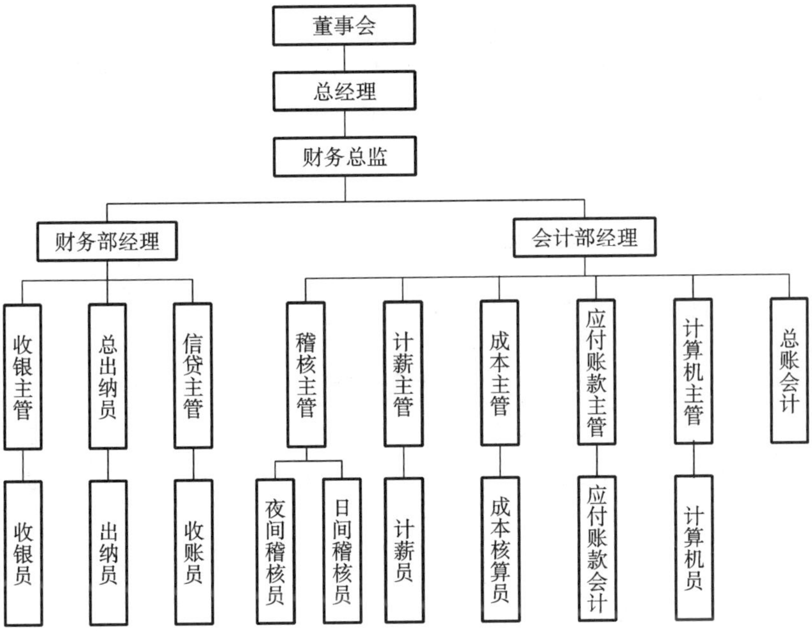

图 8-1 酒店财务管理工作的常用组织关系图

第二节 酒店企业成本与费用管理

一、酒店企业成本与费用管理概述

酒店企业成本与费用主要是指酒店在经营过程中，为顾客提供服务而消耗的各项成本和费用的支出。由于成本费用的支出是影响企业利润的主要因素，因此，合理控制和降低成本费用可以提升酒店的总体经济效益。

按照不同的经济内容，酒店成本费用可分为营业成本、营业费用、管理费用和财务费用等。

按照营业成本占营业收入比重划分，又可以分为人工成本、燃料能源成本、餐饮成本和客房成本。人工成本主要包括员工和各级管理人员的工资、薪酬、奖金以及福利费。酒店属于人力密集型行业，人工成本占到营业收入的 20%—30%都属正常。燃料能源成本主要包括水电费、供气费、供暖费及燃料消耗等费用，一般占营业收入的 5%—15%。餐饮成本主要包括原材料成本、人员工资、能源动力费用、物料用品费用、销售费用、折旧和分摊等。客房成本分为直接成本和间接成本，直接成本主要包括客房消耗、物耗、维修消耗和人工消耗等，间接成本则指客房部固定资产折旧和其他必须摊入客房成本的其他部门的消耗。

酒店成本与费用的管理涉及四个方面，即对支出成本的估计预算、对日常支出情况的核算、对支出情况的统计分析及对支出的考核。

对支出成本的估计预算在于合理科学地管理酒店不同阶段的成本支出以及明确估计未来可能存在的变化走向。对日常支出情况的核算在于在产生成本支出的阶段内，对服务过程可能产生的成本浪费进行控制。对支出情况的统计主要用于对服务过程发生或可能发生的支出变化有一个准确的认识。对支出的考核主要是指对管理各项支出的相关人员的工作情况进行评价和考量。

二、酒店企业经营保本的预测

预测分析是为决策服务的，是决策科学化的前提条件。酒店的预测分析是指在酒店经营过程中，根据过去和现在预计未来，以及根据已知推测未知数据的各种科学的专门分析方法。其中，非常重要的一项就是对经营保本点的预测，因为保本点的预测与酒店的成本费用密切相关。

知识关联

什么是企业的保本点

保本点指的是酒店在这一点上正好处于不盈不亏的状态，即“所得”等于“所费”，或营业收入等于营业成本。保本点在管理会计中是一项很重要的管理信息，是酒店获得利润的基础，任何一个企业为了预测利润，必须首先预测保本点。保本点通常有两种表现形式：以实物量来表现，称为“保本销售量”；以货币金额来表现，称为“保本销售额”。

在预测保本点的过程中，需要正确划分变动成本与固定成本。我们可以将成本按照其与销售量的关系划分为固定成本与变动成本。固定成本指的是其总额不随着经营业务量的增减而变动的成本，如工资、折旧费、保险费等。变动成本是指其总额随着经营业务量的变化而成比例或者不完全成比例变化的成本，例如经营用品、原材料等。

与保本点预测相关的另外一个概念就是边际贡献。

边际贡献是指营业收入减去变动费用后的剩余部分。边际贡献作为营业收入与变动成本的差额，应是从一定数额的销售收入中扣除与之相关联的全部变动成本（直接材料费、直接人工费、变动性制造费用、变动性销售费用和行政管理费）的结果。在正常生产经营条件下，边际贡献既要弥补全部固定成本，又要在弥补之余提供净利润。边际贡献率是边际贡献与营业收入的百分比。

（一）酒店保本营业收入、保本销售量的计算

通常可以用下列公式来计算酒店的保本营业收入和保本销售量：

Note

保本营业收入＝固定成本÷边际贡献率＝固定成本÷(1－变动成本÷营业收入)

保本销售量 ＝固定成本÷单位销售价格－(单位销售价格×变动成本率)

＝固定成本÷单位销售价格×(1－变动成本率)

其中,变动成本率包括税率。

(二) 酒店目标利润预算

酒店目标利润预算是指在预算酒店盈亏临界点的基础上,加上一定量的利润预算。这种方法是利用量、本、利的依存关系,预算酒店所应该达到目标利润和为实现目标利润必须完成的营业收入额。通常可以用下列公式对目标营业收入额和目标利润进行预算。

目标营业收入额＝(固定成本＋目标利润)÷(1－变动成本率)

＝(固定成本＋目标利润)÷边际贡献率

目标利润＝目标营业收入－(目标营业收入×变动成本率＋固定成本)

(三) 酒店餐饮保本点计算

一般餐饮产品具有多样化和价格体系复杂等特点。因此,适合用销售金额法来计算。常用公式如下:

餐饮保本销售额＝固定成本÷边际贡献率

其中,边际贡献率＝边际贡献÷销售收入,边际贡献＝销售收入－变动成本。

餐饮的变动成本除食品原材料外,营业成本中也有不少项目有变动成本的性质,如餐巾纸、牙签、燃料等。但是,也可以简化用毛利率取代边际贡献率来计算保本点,可以根据物料用品、燃料用品支出情况,对毛利率加以调整。

这时,餐饮保本点＝固定成本÷毛利率。

经典案例

A 酒店的餐饮保本点

某市的 A 酒店现有 5000 平方米的餐饮营业区域,大概可以容纳一千人同时就餐。目前的相关数据包括:税金占收入的 6%,人力资源及其他成本支出每月 30 万元,水电等能源费用占收入的 7%,营销宣传费用占收入的 1%,物料占收入的 3%,维修支出占比 2%,管理费占比 4%,均为现金支出。目前的毛利率为 60%,根据这些数据如何对该酒店餐饮的保本点进行预测呢?

可以通过如下计算方法进行大概的保本点预测。

如果该酒店的餐饮菜品的毛利率可达 60%,现在假设税金、水电能源、营销宣传、物料、维修、管理费等支出均随营业收入同比例变化,也就是变动成本,那么总的变动成本率为:40%＋6%＋7%＋1%＋3%＋2%＋4%＝63%,边际贡献率则为 37%。现在只有人力资源及其他成本 30 万/月不随营业收入变动而变动,则保本销售额为:30÷37%＝81(万元)。

Note

三、酒店企业成本费用预算

酒店企业成本费用预算是指通过结合市场的消费形式和酒店的实际成本消耗和费用情况，制定出预算指标，对相关部门和员工进行绩效考核。成本费用预算首先要结合酒店企业自身经营特点和具体情况，通过预算来加强对相关指标的管理和考核。

（一）酒店预算管理的意义和依据

酒店预算管理在酒店的经营活动中起着极其重要的作用，是未来发展方向的总规划。预算作为酒店经营管理中的一个目标和方向，用经营量化的指标与日常工作紧密结合，比较容易找出在实际经营过程中存在的差异和问题，是管理者在制定行动方案时的主要参考依据。

酒店管理者制定预算时，要考虑多方面因素，不仅要关注动态变化的市场环境和竞争形式，也要结合酒店规模和服务设施项目，酒店同比与环比的历史数据，并同时考虑投资者的期望和要求。

（二）酒店预算管理的具体要求

首先，预算管理要做到全面化，不单是财务部门要做好预算工作，酒店其他部门也要做好配合工作，每个部门都要根据酒店整体目标的情况提出自己的预算方案。其次，要建立一套科学完整的预算体系，主要包括预期目标、实施方案、预算监督等环节。预期目标一定要符合酒店自身情况，并有总体目标和分期目标等，并且要具体到实施的各个部门，甚至具体到每个员工自身，使得部门之间可以协同工作。实施方案要有一定的科学性和规划性，并且具有适应性。根据酒店自身特点，实施方案可以按照部门的特点、月份、季度进行，并根据具体情况进行调整。实施方案在执行的时候，必须有预算部门进行监督和管控，特别是对酒店中发生的重大资金流要着重监管，及时追踪资金流的去向。

（三）酒店预算管理的主要步骤

1. 科学合理地设定财务预算目标

第一，确认收入。要成立以总经理为责任人、销售部和财务部等部门人员为主要成员的收入预算分析小组。销售部负责市场分析与预测，收集国内外政治与经济信息，细分市场，为客房、餐饮和其他收入中心预测数据。财务部根据历史数据和市场情况对销售部的预测进行可行性分析，修正预算。第二，确认成本费用。变动成本要按照收入的相应比例进行计提，如客用品费用、食品原材料费用、佣金、奖励管理费的计提均和客房率、房价、餐位数相关，要以历史数据库为基础得出相应比例并进行预测。另外要梳理年度维保合同、服务合同确认相关的固定费用。各成本费用中心负责人提交预算初稿交财务部进行审核。

2. 完善酒店内部控制制度建设

完善酒店业务层面的内部控制制度建设可有效防范酒店管理、经营、安全、质量、效率、发展等方面的风险，因而日益得到现代酒店管理者的重视。对于抗击风险能力较弱

Note

的酒店业来说,更需要内部控制制度建设的保驾护航。

四、酒店企业成本费用控制

(一)酒店成本费用控制的含义和目的

1. 酒店成本费用控制的含义

酒店成本费用控制是指酒店在一定时间内,预先建立成本管理目标。成本控制主体在其职权范围内,对生产消耗、成本控制等各方面的影响因素进行控制和调节,从而实现控制目标。为使酒店获取更大的经济效益,应加强酒店的成本控制管理,财务管理中的成本控制对酒店的经营管理具有重要意义。

2. 酒店成本费用控制的目的

酒店成本费用控制以酒店综合效益最大化为目标。如今酒店业的竞争日趋激烈,成本管理的加强,必然能带来经济效益的提升,促使酒店逐渐走向良性循环。实施成本控制,也能有效约束酒店中的各项成本,使其在指定范围内发挥作用,以降低酒店的成本,增加酒店的经营利润。成本控制的实施,还有效促进酒店正确落实与成本相关的法律法规,保证酒店朝着正确的发展方向发展,最终促进其经营目标的实现。

(二)酒店成本费用控制原则

1. 以满足客人需求为基础

酒店成本控制是以满足客人需求为基础,在满足客人需求、保证服务质量的情况下进行成本控制,从而提高整个酒店服务效率和经济效益,并不是简单地将经营的各项开支减少而已。酒店可以在保证产品优质、服务一流的前提下,采用科学的预算与方法,实现有效控制成本变动。

2. 成本控制具有相对性

酒店成本控制并非简单地将相关费用降低,而是通过科学经营管理从而有效控制经营成本。科学合理地配置和保养酒店的现有资产,延长其生命周期和提高其使用效率,可降低固定成本的消耗。

(三)酒店成本费用控制方法

目前国内大多数酒店所涉及的成本费用控制包括三个方面,即餐饮成本控制、客房成本控制和工程成本控制。酒店成本费用控制的主要方法有以下几种。

1. 确定经济采购量

对购入服务物品的数量及库存情况进行合理管理,进而降低采购成本与储存成本。控制采购成本是控制酒店成本的重要环节,可以通过控制物资质量、价格、数目及采购时间等方面来实现。

2. 完善应收账款控制流程

大型酒店企业每天需要处理的应收账款数目较大,应收账款在一定程度上影响酒店的效益,因此对于酒店的财务管理来说十分重要。酒店的应收账款管理大多是对客户的赊销金额进行管理,因此管理的好坏与客户的信用程度有很大的关系。在进行赊

Note

销时，首先是对客户做好信用调查，根据客户不同的信用等级进行不同层次的赊销，防止赊销款项无法正常回款。其次是建立销售回款责任制，将实际的收款情况和回款人进行一定的联系，可以降低应收账款收不回来的风险。最后是要建立回款奖励制度，对于按时回款、信誉极好的客户，可加大他们的赊销金额，加长还款期限，或者可以进行较大的折扣活动，确保赊销资金回款。

第三节 酒店企业收益管理主要内容

一、收益管理的起源

收益管理(Revenue Management，以下简称为 RM)，有时也被称为收入管理(Yield Management，以下简称为 YM)，是企业实现收入最大化的重要工具，最早于 20 世纪 70 年代起源于美国航空客运业。美国航空公司率先开发和使用了客运收益优化系统(Passenger Revenue Optimization System)并带来巨大的收益，引起了行业的广泛关注。比如美国航空公司(American Airlines，简称为 AA)1989—1991 年实施收益管理战略三年后，其收入从 2.25 亿美元增加到 14 亿美元。

RM 在航空客运业运用的初步成功引起其他相关行业的广泛关注，往往这些行业与航空客运业有一些共同特点，比如允许提前预订、提供一系列不同的价格、接受提前取消预订。随后，RM 的应用领域逐渐延伸到酒店宾馆、铁路、租车、互联网、医院与医疗健康中心、博彩业等拥有易逝库存等相似特征的诸多行业之中。

二、酒店收益管理的概念及其演化

在酒店行业应用层面，万豪酒店集团是 RM 最早的践行者。有关数据显示，1991 年万豪酒店集团通过采用 RM 技术增加了 2500 万—3400 万美元的收入。到 2000 年，RM 已成为北美大多数酒店不可或缺的一项技术工具。“9·11”事件和 2008 年的金融危机给美国酒店业带来的巨大挑战凸显了 RM 的重要性，加快了 RM 从战术工具向战略导向的转变。如今，这个技术含量较高的领域已成为国际品牌酒店管理公司提高利润争夺市场的“秘密武器”。

关于 RM 的概念最早出自利特尔伍德在 1972 年的研究，他指出航空公司的 RM 是在适当的时间将适当的座位卖给适当的旅客。从最初概念的提出到今天，RM 经历了从航空业的有效工具 YM(收入管理)转型成为各行各业广泛应用的 RM(收益管理)，从一种依赖复杂的计算机信息技术的工具转变为一种宏观战略指导理念，从着眼宏观的战略决策逐渐转向关注具体的决策执行。

由收益管理概念及其演化来看，酒店收益管理就是基于顾客接受的酒店利益的最大化，即通过细分市场对盈利能力的识别，确定产品价值、价格设定、折扣生成、订房过滤准则及对价格和客房资源进行有效控制等方法，实现酒店盈利能力最大化的目标。

Note

我们通常可以将酒店收益管理定义为：把最佳的酒店产品或服务，在最佳的时间，以最佳的价格，通过最佳的销售渠道，出售给最佳的顾客，以实现酒店收益的最大化。其核心要素就是产品(服务)、时间、价格、渠道和顾客。通过“五个最”的完美组合，可以有效地解决酒店业有限资源闲置或价格竞争所造成总体收益下滑的现实问题。通过市场细分、需求预测、差别定价、动态定价、容量控制和客房超订等手段，借助互联网数据和计算机技术，使人工经验和计算机智能高度结合，最大限度地减少酒店资源虚耗，挖掘市场盈利能力，最终使酒店收益最大化。

而且，对于酒店企业来说，其产品特征和经营特点为收益管理的适用性提供了完美的空间。第一，酒店客房的可变成本远低于固定成本；第二，顾客的不同需求可以被区分，这意味着客人愿意为相同的产品支付不同的价格；第三，需求可能会有很大的波动而产品总量却相对固定；第四，对于酒店而言，酒店有固定数量的房间出售且酒店房间是不可存储的，酒店房间的不可储存意味着如果当晚房间没有被出售，该房间的收入将永远消失，并不能被弥补；第五，房间可以提前出售，客人可以通过直接或非直接渠道购买。

三、酒店收益管理绩效的衡量指标

在 RM 应用最早也最成熟的航空业，RM 绩效衡量指标表现为每个座位每公里或者每英里航程所创造的收益。随着收益管理在酒店行业的广泛运用，其财务绩效的评价指标也逐渐多样化，并最终趋向相对统一。目前，在酒店企业的经营实践中，衡量收益管理效果的主要统计指标包括：超售客房数(Oversales)、客房出租率(OCC)、平均房价(ADR)、平均可出租客房收入(RevPAR)和平均可出租客房利润(GOPPAR)。除了这些主要衡量指标之外，一些学者也提出收入创造指数(RGI)、市场渗透指数(MPI)在酒店收益管理中也非常重要。我们将目前酒店收益管理绩效的主要衡量指标列于表 8-1 中。

表 8-1 酒店收益管理绩效的主要衡量指标

衡量指标	指标评价
平均房价(ADR)	平均房价(ADR)＝出租房间的总收入÷出租房间的总数，片面反映酒店经营状况，可用来挖掘 RM 成功或者失败的细节原因
客房出租率(OCC)	客房出租率(OCC)＝出租的房间总数÷可供出租的房间总数×100%，片面反映 RM 绩效的优劣，可用来挖掘 RM 成功或者失败的细节原因
平均可出租客房收入(RevPAR)	平均可出租客房收入(RevPAR)＝出租房间的总收入÷可供出租房间总数＝平均房价×出租率，结合以上两个指标，能够更加全面地衡量 RM 绩效的真实情况
收入创造指数(RGI)	计算一家酒店在所处细分市场中每间可售客房收入的应得市场份额，体现了酒店的竞争力

续表

衡量指标	指标评价
市场渗透指数(MPI)	衡量酒店在某个细分市场占有的份额
顾客感知指标	顾客满意度或顾客不公平感知度，通过问卷调查获得一手数据，顾客满意度越高或者顾客不公平感知度越低，表示酒店收益越好，尤其是酒店长期收益

四、酒店收益管理绩效的影响因素

（一）酒店收益管理绩效的外部因素

酒店收益管理绩效的影响因素复杂多样，根据来源可以分为宏观的外部因素和微观的内部因素。现有的诸多研究都表明，收益管理的决策和实施同时受到外部宏观、微观和内部运营环境三个层面的影响，酒店管理者在做收益管理决策时必须把诸如酒店战略目标、财务状况、法律问题、竞争环境、重大事件等因素都考虑在内。

一般来说，酒店外部环境因素较为综合、复杂和难以测量，外部因素主要是指经济大环境，酒店经济环境通常泛指影响酒店生存和发展、影响消费者购买能力和支出模式的社会经济状况及国家经济政策，涉及国家、社会、市场及文化等多个领域。

（二）酒店收益管理绩效的内部因素

相对于多元复杂的外部因素，酒店收益管理绩效的内部因素围绕酒店运营过程，较为明确。因此，酒店收益管理绩效的内部因素将对收益管理绩效水平产生更加重要的影响。我们可以进一步将内部因素分为两大类，一类是酒店质量属性因素，另一类是酒店收益管理决策行为因素。

1. 酒店质量属性因素

第一大类的收益管理绩效重要影响因素是酒店质量属性因素。酒店质量属性即酒店本身具有的表象特征、物理属性等，不受其内部决策行为控制，是长期保持稳定的因素。酒店物理属性对客房价格的变化起着重要的作用，包括酒店大小、设施等方面。例如，酒店客房数量越多，客房类型越丰富，酒店通过超额预订和容量分配来提高客房出租率就越有效。除酒店客房情况外，区位对酒店价格也有影响，区位优越和可进入性高的酒店通常价格更高，考虑到城市化进程，通常位于中心商业区的酒店价格会更高。因此，酒店质量属性中的物理属性（酒店设施总量和客房总量）、名誉属性（星级等级、酒店联盟和指南手册）和位置属性（位置吸引力和便捷性）都对酒店收益管理的绩效产生重要影响。

2. 酒店收益管理决策行为因素

第二大类的收益管理绩效重要影响因素就是酒店企业的收益管理决策行为因素，又可细分为技术决策行为和组织决策行为两类。

收益管理技术决策行为因素主要包括定价类技术决策因素（市场细分、需求预测、动态定价、收益管理系统）和非定价类技术决策因素（容量控制、超额预订和渠道管理）。

在定价类因素中，需求预测是收益管理的决策基础，而市场细分是需求预测的前提。由于会出现预订未到者，因此，超额预订可以有效减少客房的“虚耗”，增加酒店的收益。渠道管理是指对不同订房渠道（如 GDS、酒店订房中心、携程、旅游批发商、公司直接订房、上门无协议散客等）实行及时有效的管理。随着互联网时代的开启，酒店开始认识到自身直销渠道的薄弱和过度依赖 OTA 对预订成本造成的极大负担，酒店对各类渠道的整合和平衡成为一个迫切需要解决的问题。

另外，酒店的组织决策行为因素也是影响酒店收益管理绩效水平的因素。通常可以将组织决策行为分为四个因子：组织支持、管理者素质、考核激励和相关培训。组织支持是酒店为了支持收益管理顺利开展所做的各方面努力，如行政支持、组织承诺和组织结构的有效性等。组织支持包含三个维度：高层支持、组织架构和组织文化。高层支持是组织承诺与资源的关键前提，也是收益管理取得成功的重要因素；建立有利于收益管理决策制定和信息传递的组织架构是收益管理实施的起点，设立专门的收益管理团队一般被认为是最有效的组织架构设置；组织文化渗透在酒店决策的方方面面，组织文化是否与收益管理理念相一致决定了酒店员工对收益管理的接受度和执行力，因此对酒店收益管理的实施效果起着非常重要的作用。

第四节　酒店企业收益管理的策略与运用

在第三节中，我们简要介绍了收益管理的起源，收益管理的概念及其演化，酒店收益管理绩效的衡量指标和收益管理绩效的主要影响因素，本节中我们将结合酒店企业的运营讨论可以用来使收益最大化的各种工具和策略。

经典案例

收益管理理念下 A 酒店集团的价值链成本管理

A 酒店集团拥有 30 余年酒店管理经验，旗下涵盖经济型、商务型和全服务型酒店，形成了区域内服务资源雄厚、服务层次宽广、服务产品丰富、服务质量上乘的酒店集群。酒店集团旗下全服务酒店各项设施齐全，集客房住宿、会议服务、商业租赁、温泉会馆、餐饮茶园、健身娱乐于一体。集团的收入构成以客房收入、餐饮收入和租赁收入为主，其中客房收入约占 40%，餐饮收入约占 29%，租赁收入约占 24%。

近年来，面对疫情造成的收入锐减压力和酒店行业困境，A 酒店集团基于收益管理的理念，在做好“开源”的同时，也更重视“节流”，认真审视价值创造的各项内容，从系统角度梳理价值链，将成本管理由“点状”管理转向“链式”连接，加强成本源头控制，实现多维度成本管控。

同时，组建跨部门的成本管理团队，A 酒店集团成立了成本管理小组，组长由总经理担任，小组成员包括采购、财务、行政、餐饮、工程等所有部门负责人，构建全员、全过程、全方位、全价值链的成本管理体系。

在控制上游价值链成本方面，主要从上游价值链的人力资源、原材料、设备供应等三方面入手。在人力资源方面，根据岗位制定适宜的人员配置方案，通过专业学生实习、劳务外包等渠道降低用人成本。在原材料方面，通过实行集团采购制度，成立定价评审小组和专职采购部门，实行集团大宗物品统一采购，提高议价能力，获得价格优势，有效降低采购成本。设备供应方面，通过综合遴选，与设备供应企业建立战略合作关系，利用设备专业服务机构的专长和优势，把设备季节性维护工作外包给相应的专业公司。

在控制下游价值链成本方面，A酒店集团明确"拓宽渠道、抓住需求、注重收益"的销售策略。选择信誉度、知名度较高的第三方网络预订平台进行战略合作，加强市场引流，积极策划并推出线上促销活动，在其官方微信平台加强在线营销，上线直客通协议模块，开通微信现付、预付预订双模式及电子餐券功能，并做好顾客满意度反馈，保持客户网络沟通；针对公司客户，加强沟通与互动，关注客户需求，多维度开发协议公司客源，签订长期战略合作协议，稳定重点客源，将在店的OTA散客、会务组及相关参会人员作为潜在协议目标客户，积极进行会员转化开发；对于个人散客，通过会员制提高客户的回头率，重视客户关注的问题，维系目标客群，利用春节、国庆节等重要节假日，加大"安心住、放心吃"的宣传力度，提高入住率，提供送餐到家等个性化服务，保证对客服务品质，努力增加营业收入，增强竞争力。

（案例改编自：张永冀，杨舒文．疫情下全服务酒店价值链成本管理研究——以A酒店集团为例[J]．财务管理研究，2022(5)）

在酒店企业，收益管理部门在实际决策中要最大限度地提高所售房间的收入，而不是仅仅专注于销售所有可用的房间。因为酒店客房总收入取决于客房销售数量和平均房价（ADR）这两个因素的乘积。因此，为了最大限度地提高客房总收入，就应致力于同时增加客房销售数量和平均房价（ADR）。因此，收益管理经理要同时注重通过控制房价和入住率来最大化客房总收入。

在第三节中，我们给出了酒店收益管理的定义：把最佳的酒店产品或服务，在最佳的时间，以最佳的价格，通过最佳的销售渠道，出售给最佳的顾客，以实现酒店收益的最大化。由此定义可以看出，在实践运用中，收益管理是对顾客购买趋势的理解、预测和反应的过程。RM考虑收入渠道，预测购买模式，并考虑客户和细分市场的类型。

下面我们将从定价、需求预测和客房控制等方面来探讨酒店企业收益管理的实践运用。

一、定价

酒店产品的价格是指酒店消费者购买酒店产品所支付的货币量。定价是指酒店通过设定和调整价格，从而最大限度地提高盈利能力。定价常见但复杂，是盈利能力的关键决定因素。收益管理的核心是要解决酒店产品价格与需求的有效匹配问题，但酒店产品是一定的，需求却不断在变化，如果以一个不变的价格去应对不断变化的市场和需求，要么是酒店产品价格定高了，卖得不好，要么是酒店产品被低估贱卖了，失去了应该获得的价值回报。因此，根据市场需求来定价，是收益管理的核心。公司尽可能通过所

Note

有渠道为所有产品、所有客户提供不同的合适价格，是定价和收入优化的目标。

(一) 影响酒店定价的主要因素

一般来说，酒店产品价格有三种类型：基本价格、特别价格及合同价格。基本价格是价目表列出的要求支付的价格，也可以称为门市价或者散客价。特别价格是由于酒店经营需要，对基本价格做出的各种优惠或者折让，主要包括团队价、家庭租用价、小包价、折扣价等。合同价格也称批发价格，是酒店给予中间商或者协议客户的优惠价格，一般包括数量折扣、现金折扣和同业折扣三种优惠方式。

影响酒店产品价格的因素，既有外部因素也有内部因素。影响酒店产品价格的外部因素主要有市场需求、市场竞争状况、旅游资源差异、政府干预程度、汇率变动和通货膨胀等。

(1) 市场需求：顾客对酒店产品需求量的变化与酒店产品价格变化的方向相反，当酒店产品价格升高时，顾客的需求量会相应减少。

(2) 市场竞争状况：在由市场需求决定的最高价与由成本决定的最低价格之间，酒店能把价格定多高，取决于竞争者同种产品的价格水平。因此，酒店应该将自己的产品与竞争者同种产品比质比价。

(3) 旅游资源差异：旅游资源差异有两种类型。一种是空间差异，即地区性差异；另一种是时间差异，即季节差异。不同地区的旅游产品价格是不一样的，与当地的物价还有其他因素有关；不同季节旅游产品价格也会不一样，通常淡季和旺季的产品价格会相差较大。

(4) 政府干预程度：政府干预程度也会影响旅游产品价格。有些地方政府会限制物价，防止物价过高影响当地居民生活；有些地方政府会进行价格补贴；而有些政府会采取低价倾销或价格垄断。

(5) 汇率变动：汇率的变化也会影响酒店产品价格，主要是在购买国外酒店产品的时候会有比较大的影响。

(6) 通货膨胀：若发生通货膨胀，商品(包括酒店产品)价格都会发生变化。

影响酒店产品价格的内部因素主要有酒店产品成本、酒店产品特色和定价目标等。

(1) 酒店产品成本：从长远看，任何产品的销售价格都必须高于生产成本和经营费用。因此，产品的生产成本决定产品价格的下限。

(2) 酒店产品特色：通常更具特色的酒店产品会更具竞争力，需求较大，产品价格也会比较高。

(3) 定价目标：定价目标是产品的价格在实现以后应该达到的目的，有维持生存、当期利润最大化、市场占有率最大化、产品质量最优化、维护企业形象、应对和防止竞争及保持良好的分销渠道等。

(二) 常用的酒店定价方法

1. 需求导向定价法

需求导向定价法是指根据国内外市场需求强度和顾客对产品价值的理解来制定产品销售价格，可以分为理解价值定价法和需求差异定价法。理解价值定价法也称觉察

Note

价值定价法，是以顾客对商品价值的感受及理解程度作为定价的基本依据，把顾客的价值判断与酒店的成本费用相比较，定价时更应侧重考虑前者。需求差异定价法则以不同时间、地点、商品及不同顾客的消费需求强度差异为定价的基本依据，针对每种差异决定其在基础价格上是加价还是减价。实行需求差异定价法要具备以下条件：市场能够根据需求强度的不同进行细分；细分后的市场在一定时期内相对独立，互不干扰；高价市场中不能有低价竞争者；价格差异适度，不会引起顾客的反感。

2. 动态定价法

动态定价法是指酒店企业根据市场需求和自身供应能力，以不同的价格将同一产品适时地销售给不同的顾客或不同的细分市场，从而实现收益最大化的策略。动态定价是酒店基于收益管理理念的一种常用的定价方法。一般来说，酒店可以根据时机、市场细分与限量配给、动态推销等方式来对客房进行动态定价。

我们借助表 8-2 来进一步说明根据对市场需求的预测进行客房动态定价。

表 8-2 基于市场需求预测的客房动态定价

客房需求预测	价格策略
90%—100%的入住率	不提供折扣，全价收取
70%—90%的入住率	给予不高于 10%的折扣
50%—70%的入住率	给予不高于 20%的折扣
低于 50%的入住率	给予不高于 30%的折扣

表 8-2 显示了“动态定价”的简化示例。当市场需求较低时，提供较低的房价以增加入住率；而市场需求高的时候，取消折扣。这两种策略的成功取决于管理团队预测市场需求的能力。经理必须能够对市场需求进行足够的预测，以便酒店实行收益管理。

3. 成本导向定价法

成本导向定价法是指依据产品的成本决定其销售价格的定价方法，可以分为成本加成定价法、盈亏平衡定价法、投资回收定价法、目标效益定价法和千分之一定价法。其中，根据核算成本的标准不同，成本加成定价法又可以分为平均成本加成定价法和边际成本加成定价法。

二、需求预测

收益管理的本质是基于预期需求的动态定价。管理层试图通过价格控制和库存控制来优化收入。准确的需求预测是成功实施收益管理策略的关键。酒店一般根据历史、经济和市场趋势及对未来的展望建立预测，预测的主要目的在于两个方面：第一，帮助确定价格。第二，帮助酒店各运营部门更好地服务顾客。掌握酒店即将出售多少客房，可以让各服务部门更有效地分配员工。

因此，预测是根据过去的需求信息来预测未来需求的工具。预测也是收益管理的基石之一，有助于管理层预期约束和无约束的需求期，并确定预期的单位销售和收入。这些信息将帮助管理层做出与定价、运营管理、资源分配、员工调度、供应链管理等相关的决策。

Note

为了创建准确有用的需求预测，收益管理人员通常会查看三个数据来源：历史数据、当前数据和未来数据。了解酒店的历史表现是对未来表现做出良好决定的最佳方式之一。因此，应当每天分析当天数据，如入住率、房间收入和非房间收入报告等。

对历史和当前数据的仔细、持续的监控有助于管理人员更好地了解酒店客房以前和现在的需求。他们还需要了解影响未来需求的因素。这些因素包括需求来源、需求流失、地方和国民经济、新的竞争、季节性及其他可预测和不可预测的因素。在需求预测非常高的时期，实行适当的住宿控制是一个比收取高房价更好的收入最大化的策略。住宿控制的应用意味着，酒店不是以“先到先得”的方式提供房间，而是附加条件到房间的报价上。不满足这些条件的预订即使有空客房也会被拒绝预订。

三、客房控制

收益管理的客房控制主要是根据需求分配团体房及预留散客房，根据顾客停留时间长短及房型的需求做好销售渠道管理，适当运用超量预订确保满房率。容量管理是必不可少的收益管理策略。其目标是通过最大化入住率来最大限度地提高收入。

如果顾客能够在酒店停留多日，给酒店带来的收益显然远远高于只停留一天的顾客。因此，为了提高酒店收益，在销售和预订的时候尽量能够延长顾客停留的时间。

为了尽可能实现最大化的客房销售收入，还必须重视客房的容量控制。容量控制就是更好地把有限的客房资源合理分配，根据预测结果决定多少客房通过预订销售，多少客房留给未预订的顾客，尽量限制打折房间的数量，并缩短折扣价顾客停留的时间。

四、收益管理的应用

（一）差异化定价

在酒店的实际经营中，可以根据客房类型、房间面积、装修豪华程度、家具摆设、房间用品等硬标准，如窗户朝向、楼层高低、房间号码、名气（名人住过）、室外风景、附加服务（免费用车、秘书、管家服务、会议室、早餐、下午茶、康体等）对客房实行差异化定价。

表 8-3 显示了一些房型特色命名的价格等级设置技巧。

表 8-3 房型特色命名的价格等级设置技巧

朝向	海景房 Seaview	湖景房 Lakeview	园景房 Garden view	城景房 Front view	内景房 Rear view
特殊	连通房 Connection	复式套房 Duplex	高级房 Superior	豪华房 Deluxe	行政楼层 Executive
	亲子房 Children	情侣房 Lover	名人房 Famous	商务房 Business	影院房 Movie

比如某城市的 X 酒店根据房型的不同特点，对房价进行如下差异化定价（见表 8-4）。

表 8-4　X 酒店的差异化房价

客房类型	房间属性	房型名称	房价
标准双床间	朝向市景	城景双床房	480 元
标准双床间	朝向园景	园景双床房	520 元
高级大床房	朝向江景	江景高级大床房	580 元
行政客房	行政楼层、园景	行政楼层园景房	680 元
行政客房	行政楼层、江景	行政楼层江景房	720 元
商务套房	朝向江景	豪华江景房	780 元
套间	朝向江景	江景套间	880 元
套间	高层壮丽江景	特级豪华套间	1088 元

（二）超额预订

考虑到酒店行业经常会存在一些客户取消预订的情况，因此为了避免出租率过低导致酒店收益下降，酒店会通过超额预订来应对这种风险情况。超额预订是指酒店管理者通过设计超出预估客户一定比例的客房数量的预订机制来有效降低酒店损失风险的管理方法。一般来说超额预订应控制在 8%—15%，防止出现大量的顾客无房可住影响酒店声誉的现象。为了合理地确定超额预订数量，酒店需要借助数据库技术结合其往年历史经营数据提前做好数据的统计分析工作，掌握各种细分市场比例，如团体订房与散客订房、商务订房、旅行社订房、政府机关订房等的数据比例，重点关注散客订房，根据其他订房比例来对散客订房超额预订进行调整。酒店要清晰掌握其历年延长入住时间及随机入住顾客数量，将其作为确定超额预订数量的重要参考依据，并适时根据季节、活动、同行预订情况等的变化及时动态调整超额预订比例，并考虑预订失信后的善后工作，避免引发服务纠纷影响酒店声誉。

（三）库存控制

库存控制收益管理是指酒店通过预留部分客房以高价形式提供给较晚入住顾客，并以折扣形式提供一定比例客房给提前预订的顾客入住，以此来搭配销售，从而提升客房总体收益的管理方法。由于酒店客房总数一定，高价房增加必然会导致低价房减少，二者之间的平衡效果会直接影响酒店收益水平。因此，酒店需要根据往年历史入住数据确定一个较为合理的高价房与折扣房的比例，划分多个等级档次，根据市场环境变化趋势允许对该比例及等级进行动态调整，注意在调整过程中为了保障客房收益，尽量由低向高调整，即当高价房达到上限时，允许牺牲部分低价房的分配比例来满足高价房的预订需求，从而促进酒店收益实现最大化。

（四）动态定价

酒店首先要通过对市场进行细分来合理设计动态价格结构，市场细分的标准可结合酒店以往历史入住数据的分析结果来确定。比如按照顾客偏好划分为价格偏好、舒

Note

适偏好、服务偏好等，按照顾客群体划分为散客、团体客、商务协议顾客等。针对不同的顾客类别，酒店可推出多等级定价机制与不同的产品类型组合，在确定匹配酒店档次的基准价格基础上设计科学的梯度表及固定数量的折扣价格，根据市场变化动态调整基准价格，可采用固定数量折扣法等为产品打折，以保障出租率。

对于一些品牌认可度较高的酒店，还可通过强化签订协议预订客房、创建 VIP 客户群、组合增加价值定价等方法争取一定数量的基本账户与公司协议账户，给予一些大型旅游或商务团体联合体优惠价格，从而确保酒店获得长期稳定的客源，保障酒店的盈亏平衡。对于各个细分市场，酒店可灵活运用各种价格策略，根据预订时间期限、入住时间长短、特殊入住日期、增加早餐等免费增值服务、部分产品或服务预留保护等方法来适当对产品进行价格调节，保持产品的动态定价。

对于动态定价，建立相应的机制进行持续性改进和完善非常重要。

第一，建立多渠道的动态定价策略。在制定销售方案时要明确各个销售渠道的差异性，包括时间差异、产品差异及消费者差异等，划分更为细致的市场类别，确定各个细分市场的基础价格，基于该价格进行动态调整，并制定更有针对性的销售策略。可通过对细分市场的分析，推出多种价格优惠政策及产品组合来吸引消费者。

第二，建立实时的动态定价策略。时间因素是酒店进行产品定价的一个关键考量因素，通常酒店会给预订或预售客户、常住客户等提供更为优惠的产品价格，这样做，既可以提高固定收益率，也能避免价格动态调高给其他客户带来不满。比如，在一些重要节假日或旺季，为了保障出租率，提高酒店收益，可适当调价，但要注意调价幅度，结合酒店往年数据及竞争对手调价数据情况进行动态调整，并实时关注市场价格变动趋势，对客户进行分级、分类管理，划分价格调整时间段，精准把控市场价格走向，以强化酒店经营对市场环境的动态适应性和敏感度。

第三，建立产品的动态定价策略。一般来说，酒店产品成本相对固定，因此会更加关注客房销售过程中的边际成本、边际收益等相关数据，这就要求酒店要清晰地了解其固定成本、可变成本的损耗情况，在此基础上对各个细分市场的边际成本进行管控，在成本允许范围内进行动态价格调整。同时，酒店要充分了解自身与竞争对手在边际收益率方面存在的差异，深入分析营销策略对收益率产生的影响，依靠市场的力量来拉动销量，而不仅仅局限于自我的动态价格调整。除此之外，还要充分关注客房价格的调整在带动酒店会议、餐饮、娱乐消费等方面的联动效应，从全局角度出发制定价格策略，从而实现整体收益的全面提升。

本章小结

当代酒店财务管理在酒店运营中是非常重要的一部分，是酒店经营活动的核心。本章的主要内容包括以下几个方面。

1. 酒店企业财务管理概述，包括财务管理的特点、内容、原则和方法、组织机构。

思考与练习

乡村民宿如何做收益管理

2. 酒店企业成本与费用管理，包括酒店成本与费用管理概述、经营保本的预测、成本费用的预算和控制等主要内容。

3. 酒店企业收益管理，包括收益管理的起源、概念及其演化、酒店收益管理绩效的衡量指标与影响因素。

4. 酒店企业收益管理的策略与运用，包括定价、需求预测、客房控制、收益管理的应用等主要内容。

Note

第九章
酒店设备物资管理

学习引导

酒店设备物资是酒店运行的基础，是新技术应用的主要领域，通过学习，使学生掌握酒店设备物资管理的要点，理解加强酒店设备物资管理是提高酒店经济效益的重要途径，了解酒店设备物资的分类及其管理特点，同时把握酒店节能和绿色管理及新技术发展下，酒店智能应用的快速发展，从而掌握酒店设备物资管理的理论依据、管理的内容和方法。

学习目标

知识目标：了解酒店设备类型与管理特点，酒店物资分类与使用管理。

能力目标：掌握酒店节能与绿色管理，酒店新技术与智能应用。

德育目标：贯彻新发展理念，通过学习使学生掌握先进技术应用，推进酒店高质量发展。

思维导图

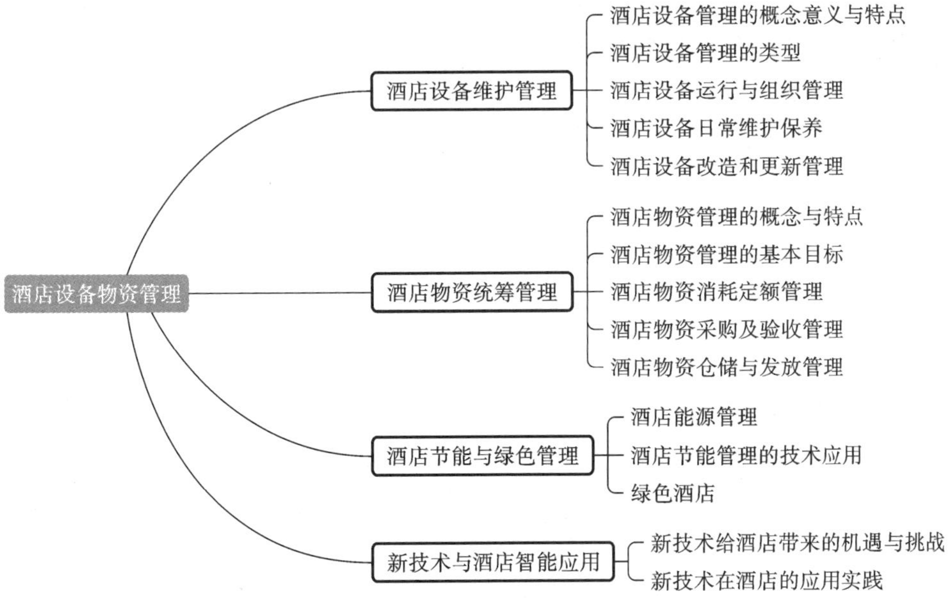

第一节 酒店设备维护管理

一、酒店设备管理的概念、意义与特点

（一）酒店设备管理的概念

酒店设备设施与一般企业设备设施不同，它是构成酒店产品的重要组成部分，是酒店管理中不容忽视的基本环节。酒店设备设施一般指酒店有形的固定资产，包括酒店在生产经营活动中长期、多次使用的机器、工具、仪器、仪表、家具等物资及技术装备的总称。

酒店设备管理是根据酒店经营管理的需求，按照酒店设备设施性能和效用，对其进行选择评估，采购安装，保养维修，更新改造和报废处理等全过程的管理。设备设施是酒店正常运行的物质基础，设备的先进性和完好率代表着酒店的等级和质量，直接影响顾客的消费体验。酒店工程维修部门要按照固定资产管理办法，将设备归口有关部门根据管理、使用、保养、维修的职能和要求进行全员管理，认真贯彻各级岗位责任制和安全操作规程，并落实到部门、班组及个人，设备管理考核指标纳入使用部门评比考核内容。

（二）酒店设备管理的意义

1. 酒店设备管理是酒店经营活动的必要条件

酒店产品包括有形与无形两大部分，有形产品主要是以建筑实体、设备设施等为依托，各国在划分酒店等级时也是依据硬件与软件进行综合评定，因此，酒店要开展正常的业务，必须对设备进行有效管理，加强设备的采购、安装测试、运行、维修保养、更新改造等的管理，为酒店经营提供良好的硬件环境。

2. 酒店设备管理直接影响酒店的经济效益

酒店的设备投资与运行费用较高，包括设备的购置、折旧、维修、能源消耗等费用，这些费用占酒店总投资额的40%—58%，设备运行费用占经营总费用的15%左右，是酒店除人工成本外最大的一项开支。因此，酒店设备管理工作的成效直接影响酒店的经济效益。设备管理做得好，可以大大降低设备故障率，延长设备使用寿命，降低能耗，从而降低设备开支，增加酒店纯收益，这是提高经济效益的有效手段。在当前酒店业竞争激烈，行业微利时代，开源与节流应该受到同等的重视。

3. 酒店设备管理是提高酒店产品质量的重要保证

酒店产品质量包括硬件质量与软件服务质量，客人选择一家酒店，往往先从其硬件构成上感受，比如酒店硬件配备规格与种类、硬件环境的营造、硬件的舒适程度等，在这些硬件能够满足客人需求的情况下，他们才会进一步关注软件服务等，比如，会议客人选择酒店首先要考虑是否有符合其会议要求的会议室、相应的会议设备等。因此，酒店设备质量是客人选择酒店产品的先决条件，是酒店产品质量的重要保证。

Note

（三）酒店设备管理的特点

1. 种类复杂，管理难度大

酒店是为客人提供旅居、商务及度假等服务的公共场所，为更好满足客人需求，酒店一般会提供多种产品与服务，因此酒店设备种类繁多，规格、型号各异，价值差别大，小到工具、仪表，大到机电设备、库房设备，价值有些高达数百万元（如中央空调设备、电梯设备等），且酒店设备分散在不同的区域、部门，技术性强，管理难度大。

2. 商品性强，管理要求高

酒店设备是酒店硬件的主要组成部分，酒店设备（如供客人使用的客房家具、电视、空调、康乐设施等）通过出租给客人使用获取经济效益。设备设施既然是商品，就要符合价值规律，酒店收取客人费用时，就与客人产生了契约关系，有责任为客人提供与价值相符的设备设施，比如设备的完好程度、运行的效率都是影响设备商品性的重要因素，但设备使用人数多且复杂，在使用过程中由于各种原因会造成损坏、效率降低的情况，如果不及时维护保养就会影响后来客人的满意程度，因此需要坚持设备常检查、常维护保养，使设备经常保持完好状态。

3. 磨损率高，管理更新快

酒店设备由于其公用性，有出租周期短、使用频率高的特点，同样的设备设施一般比家用产品的磨损高出很多，通常酒店设备的更新周期在 5 年左右，且很多设备设施的使用和维护技术性强，随着技术的进步需要提前淘汰，如耗能设备、对环境有影响的设备等。此外，酒店产品是提供客人享受的商品，客人的需求具有追求时尚、求新求异的特点，为满足客人的这些需求，酒店的设备也需要不断更新，因此，需要酒店管理者注意设备设施技术发展的新动态，合理确定设备的使用寿命，做好设备更新计划。

二、酒店设备管理的类型

酒店设备种类繁多，但都可以归类到某一设备系统或系列之中。根据设备系统的不同功能，酒店一般有以下设备系统：供热系统、空调制冷系统、供电系统、给排水系统、消防与安保系统、运送系统、通信系统、计算机管理系统、洗衣房，以及厨房设备等。

（一）供热系统

酒店的供热系统就是使热量在酒店内部得到合理分布并对热量进行分配和控制的综合设备系统。酒店供热系统常用的发热设备主要有锅炉、电热设备、太阳能集热器、地热转换设备等。目前，多数酒店用锅炉供热，现在也有越来越多的酒店采用集中供热。集中供热系统比锅炉供热系统更简单、高效。

用锅炉供热的酒店是利用锅炉产生蒸汽，以蒸汽为二次能源向各用气点供热。随着节能技术的发展，一些酒店采用空调的热回收技术，通过一定的回收设备处理，实现酒店热水供应，可以关闭锅炉长达半年以上。

酒店的主要用热部门有洗衣房、厨房和冬天的采暖。其中洗衣房和厨房基本属于直接用气，冬天的采暖则要通过热交换器，用蒸汽加热水来实现。

（二）空调制冷系统

空调制冷系统是一个包含制冷、制热和通风的综合系统，目前国内酒店主要采用壁挂式（柜式）空调和中央空调机组供冷或供暖。据统计，客房数在 40 间时，两种方式提供冷暖的能耗造价基本相等。客房小于 40 间时，宜用窗式、壁式空调。

按照一般节能要求，且能够满足客人需要的原则，室内客房温度：冬季 20—24 ℃，夏季 24—26 ℃；门厅/走廊温度：冬季 18—22 ℃，夏季 25—28 ℃。

（三）供电系统

酒店供电系统的功能是向酒店的用电设备供应电能。供电系统的设置要考虑以下因素。

（1）用电负荷。根据酒店规模大小和活动能量，计算酒店用电负荷，从而避免造成的损失和影响。通常，酒店设置用电负荷应留有余地。

（2）变电站及变压器容量的选择。酒店用电量大，而且要求高质量地持续供电，所以酒店在选择变电站及变压器容量时应考虑变电站位置和数量、配电系统、自动开关装置和配电线路的配合等。

（3）电能的节约。在设计时应合理选择用电设备，提高用电设备的自然功率。同时注意防雷与接地。

（4）酒店用电设备主要包括以下四类：机电设备、电热设备、电子设备及照明设备，其中机电设备和照明设备是酒店主要的用电设备。

（四）给排水系统

酒店经营对水系统的要求是：水量供应充足，水压要适中及水质满足要求。

供水系统的功能是供给酒店各部分所备用的冷热水。供水系统一般由泵站、地下蓄水池、泵房、高位蓄水池、供水管网所组成。在酒店布局中要留有场地放置相应设备。酒店的生活用水和消防用水是分开的，所以酒店的供水系统也分为两类。地下蓄水池要按生活用水和消防用水的总量来设计容量。为了满足客人及员工的生活用水，酒店至少要配备 4 套冷、热水自动循环系统。

酒店排水系统按照排水的性质可分为五类，包括生活废水排水系统、粪便污水排水系统、厨房废水排水系统、洗衣房废水排水系统、屋面的雨水及雪水排水系统。排水系统的要求是通畅地排出使用后的污水和废水，管线力求简短，排水管道要安装正确、牢固，不渗不漏，管线布置合理，工程造价低。

排水系统主要由卫生器具、排水管道系统、通气管系统、排水管的附属设备、污水处理设备组成。酒店厨房排水管道必须设置隔油池，将厨房废水中的油脂分离出来。生活污水则由化粪池进行处理，以减少对水体的污染。

（五）消防与安保系统

消防与安保系统对酒店安全发挥着重要作用，酒店消防系统由火灾自动报警系统、消防联动控制系统、消防灭火系统、防排烟系统等组成。防排烟系统包括排烟系统和正

Note

压通风系统，火灾发生时，防排烟系统将烟雾排到室外，减少因烟雾造成的窒息。消防系统的运行是由消防中心控制的。消防中心根据火灾报警情况，通过联动装置，及时通报相关人员，及时进行现场处理，对酒店从发现火灾到灭火结束的一系列消防救援措施进行处理和控制。消防与安保系统具体包括以下几个。

(1) 消防控制系统，如客房、机房、重要场所装置烟感器、温感器等报警器材，由消防控制中心管理。

(2) 电视监控系统，由多台电视屏幕、摄像机、自动或手动图像切换或录像机组成，保安人员通过屏幕监控各重要场所的情况。

(3) 防盗报警系统。在酒店财务相对集中的场所和需要保护人身财产安全的地方装置报警器，报警信号显示于安全监控中心室。

(4) 通信联络和广播系统。保安人员配无线对讲机，与安全监控中心可随时保持联络。

(5) 跟踪其他控制系统。酒店在各巡逻线上装置跟踪，保安人员巡逻时每到一个跟踪点要打时间卡，建立台账制度，并会在安全监控中心反映出来。

其他还有电梯、电源、水泵等紧急控制系统。

(六) 运送系统

酒店运送系统包括垂直运送和水平运送。垂直运送设备主要有电梯和自动扶梯，水平运送设备主要有自动人行道和旋转餐厅等。电梯是机械、电气、电子技术高度结合的复杂机器，电梯组成包括机房、井道和厅站等。电梯是酒店最重要的垂直运送设备，对于高层酒店更是如此，电梯设备的好坏直接影响酒店安全服务质量及电梯的运行成本，电梯的性能在一定程度上代表了酒店的规格和档次。电梯设备工作性能的基本要求要达到快速、高效、平稳、安全。

(七) 通信系统

酒店的通信系统主要包括音响设备、闭路电视设备和酒店通信设备。音响设备主要包括公共音响系统和专用音响系统，公用音响系统用于播放酒店公共区域背景音乐、紧急广播通知等，专用音响系统主要用于歌舞厅、会议厅等特定场所的独立音响系统。闭路电视设备主要包括卫星电视接收系统、公用天线电视接收系统和共用天线等设备。酒店通信设备包括电话系统、传呼系统和对讲机系统等。

(八) 计算机管理系统

酒店计算机系统是对酒店经营业务所形成的人、财、物等相关信息的收集、储存、传递、加工、维护和使用等的管理活动。通过信息的管理，对酒店经营管理活动及其属性的发展变化进行客观的描述和真实的反映。酒店计算机管理系统包括前台管理系统和后台管理系统。前台管理系统主要由预订、接待、问询、结账、稽核、电话计费等组成，此外还包括客房管理、餐饮管理、康乐管理、商务中心等。后台管理系统由财务部、采购部、销售部、人事部、工程部、保安部等组成。

Note

（九）洗衣房

通常酒店根据星级来决定是否配置干洗、水洗、烘干、熨烫等设施。一般来说，二星级以上酒店必须配置洗衣设备，以满足客人衣物及员工制服的洗涤要求。洗衣房应位于酒店底层的后部或地下室，干洗、水洗、熨烫等各区应有所分隔。

（十）厨房设备

厨房设备是酒店提供餐饮服务必须具备的物资条件。种类齐全、性能先进、布局合理的厨房设备能够极大提高餐饮服务的质量与效率。酒店厨房设备种类繁多，按照功能和用途可以分为原料加工设备、烹饪加热设备、清洁洗涤设备、冷冻冷藏设备四种。

三、酒店设备运行与组织管理

酒店设备管理的主要内容包括设备的投资管理、资产管理、组织管理、运行管理等方面。酒店设备投资管理需要对设备投资进行可行性论证，这里重点介绍酒店设备的运行与组织管理。

（一）酒店工程部组织结构

酒店工程部由不同班组组成，如图 9-1 所示的强电、弱电、锅炉房、万能工等，大型的酒店还会细分具体的工种。

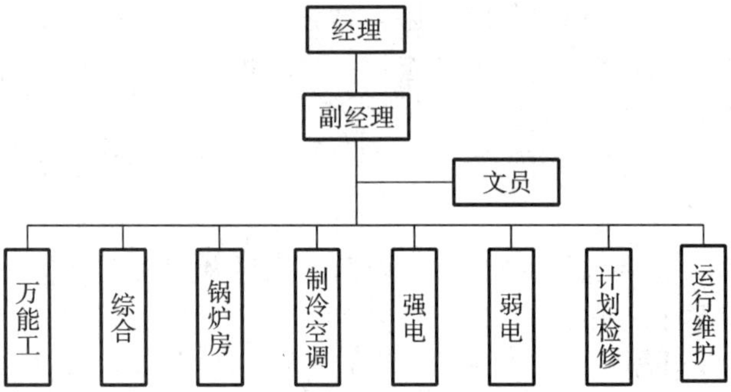

图 9-1　酒店工程部组织结构图

（二）建立合理的设备管理组织

酒店设备管理一般由酒店工程部负责，同时也涉及各个设备使用的具体部门与人员，建立合理的设备管理组织机构和分工明确的岗位是高效开展酒店设备管理的组织保障。工程部通常实施酒店总经理领导下的工程总监或工程部经理负责制，再由工程总监、工程部经理统领一些专业工程师或技术员，承担酒店的专业培训与维修工作，同时，各部门岗位员工需要了解不同设备的使用与维护，接受工程部的设备专业技术指导与管理。

（三）注重设备使用技术培训

酒店设备的使用具有一定的专业性，不合理的使用往往容易造成设备的过度磨损。由于设备的使用分散在酒店各部门和岗位，使用人员构成复杂，加强设备使用的技术培训显得尤其重要。我国现代酒店业经过四十多年的发展，在硬件设施设备配备上已经完全达到世界先进水平，但在设备的维护管理等方面还存在较大不足，因此造成一些酒店出现的"一年新，二年旧，三年破"的状况，这与酒店是否科学合理地使用设备设施有着直接的关系。酒店设备使用的技术培训包括以下方面。

（1）工程部管理制度与岗位职责。

（2）设备基本知识培训（设备基本原理、消防安全、维修要求等）。

（3）设备操作技能（操作时间、步骤、关键环节与要领等）。

（4）服务意识（工作态度、工作重点、时间质量意识、仪容礼貌等）。

（5）万能工培训（一专多能训练）。

培训方式则可根据实际采用班组内部培训、交叉培训、员工换岗或班组合并及店外培训等方式进行。

四、酒店设备日常维护保养

酒店设备使用管理的基本要求就是要保持设备良好的技术状态，以确保设备发挥正常的功能。设备的维护保养是保持设备的正常技术状态，延长使用寿命所必须进行的日常工作，因此是设备管理的重要内容。设备维护工作做好了，可以减少设备故障，从而节约维修费用，降低成本，保证服务质量，给酒店和员工带来良好的经济效益。

（一）酒店设备完好标准

设备的技术状态是指设备所具有的工作能力，包括性能、精度、效率、安全、环保、能源消耗等所处的状态及变化情况。酒店设备技术状态是否良好，直接关系到酒店的服务质量和经济效益。

设备完好的标准包括性能稳定、运行良好、能耗正常三方面。

1. 性能稳定

性能稳定是指设备的各项功能达到原设计或规定的标准；运转时无超温、超压现象；机电设备的性能良好，可靠性高，能满足酒店经营和生产的需要。

2. 运行良好

运行良好包括设备零配件齐全，安全防护装置正常；没有影像设备性能的磨损、腐蚀现象；控制系统、计量设备、仪器仪表和润滑系统工作正常，安全可靠。

3. 能耗正常

能耗正常是指设备在运行过程中无跑电、漏油、滴水现象，燃料、电能、润滑油等消耗正常。

判断一台设备是否完好，应按照上述三个方面做出具体的评价，其标准由主管部门根据各设备的具体情况制定。

（二）酒店设备使用的基本要求

设备在额定的负荷下工作并发挥其正常功能的过程，即为使用过程。设备在使用过程中，由于受到各种因素的作用和使用方法、工作规范、工作时间、环境条件等的影响，设备产生磨损，工作能力会逐渐降低。要减缓这一进程，酒店应该要求各部门对设备的使用做到“三好”“四会”。

1. 部门要做到“三好”

各部门负责人在业务运行中，对设备负有重要职责。各部门要做到“三好”，即管好设备、用好设备、维护好设备。

（1）管好设备：酒店各部门要秉持“谁使用，谁负责”的原则管理好本部门所使用的设备，对设备使用、维护过程实施监督、控制；确保每一台设备都有专人负责。

（2）用好设备：所有的设备都能得到正确的使用，员工都要严格按照相关规程进行设备操作和维护；建立设备使用交接班制度，做好台账记录，不得违规操作。

（3）维护好设备：酒店要定期进行设备维护保养工作，建立设备维护保养制度。各部门应该配合工程部实施定期保养计划。

2. 员工要做到“四会”

设备管理涉及酒店各个部门，设备的正确操作和定期维护直接关系到设备运行的状况与酒店经营的进行。因此，要求每一项操作及使用人员应做到“四会”，即会使用、会维护、会检查、会排除一般故障。

（1）会使用：每一个员工都应熟悉设备的基本原理和用途，熟悉设备性能要求，掌握设备的操作规程，正确使用设备。

（2）会维护：操作员工要掌握并执行设备维护规程，正确实施对设备的维护，做到设备维护的五项要求，即整齐、清洁、润滑、安全、完好。

（3）会检查：要求员工了解自己所负责设备的结构、性能和特点，并能按规定进行检查和维护。

（4）会排除一般故障：要求工程部及其他部门重要设备的责任人，要懂得所用设备的特性，掌握鉴别设备正常与异常表现的方法，懂得拆装方法，会做一般故障排除与调整，解决不了的问题应要及时报告，并协同维修人员进行检修。

五、酒店设备改造和更新管理

骄傲！“三水制造”亮相 2022 年北京冬季奥运会

改造和更新设备都是为了改善酒店经营条件，提升酒店形象，评定星级酒店，适应国家政策法规要求和市场环境的变化，如节能方面、客人对酒店环境的要求等。酒店设备的改造和更新，是酒店设备管理的重要内容。随着酒店经营的年份增长，设备改造和更新的任务就会越重。一般情况下，重要设备改造或更新时，酒店的正常经营会在一定程度上受到影响，且这类设备的改造、更新费用较大，因此要加强对设备改造、更新的管理。

（一）编制设备改造和更新计划书

根据酒店的实际情况和设备的具体技术状况，编制设备改造和更新计划书，其主要

Note

内容应该包括：酒店设备存在的主要问题、出现故障频率及原因分析、技术改造部位与相应要求、改造所采用的新技术及其标准、采用新技术的可行性、设备改造或更新的费用估算、所需要花费的时间及改造更新时间建议等。

（二）进行技术经济分析

通过分析测算，如果大修或改造是不经济的，那么就应更新；如果酒店的经营转向或者整个酒店要进行彻底改造，那么设备继续使用的时间就很短，可以直接用到报废或提前转让到设备二手市场，回收部分资金。因此，对一台设备进行改造和更新，应通过技术经济分析来确定最佳的方案。

（三）设备改造和更新实施

酒店设备的改造和更新，特别是大型设备设施的改造和更新，需要的资金额大，通常采用招投标制实施。要避免改造和更新过程中经常容易出现的工期拖延、设计调整、施工变更等工程纠纷，签订明确的责任合同，加强现场监督管理。

第二节　酒店物资统筹管理

一、酒店物资管理的概念与特点

酒店物资管理是对酒店经营管理活动所需要的各种用品、家具用具、食品原材料、物资用品和工具等物资资料的选购、储存、使用所进行的一系列组织和管理工作。广义的酒店物资包括酒店设施设备，通常是酒店中长期使用的；狭义的酒店物资主要指消耗用品，是本节的主要内容。酒店是一个小社会，其正常运转需要的物资种类繁多，对酒店各种物资进行科学有效的管理可以节约成本费用支出，有效利用资金，促进酒店经济效益的提高。酒店物资管理的特点主要表现在以下几个方面。

（一）物资种类繁多，存在于不同部门

一个现代酒店要为客人提供周到细致的服务，其所需要的物资品种多，从有限服务到全面服务的酒店，酒店物资可以达到成百上千种，因此，酒店物资管理涉及的物资品种繁多，通常包括原材料、燃料、低值易耗品、物料用品和商品等。原材料包括酒店的食品原材料、饮料、调料、配料及相关半成品、成品等；燃料主要包括酒店所储存的各种固体、液体和气体燃料；低值易耗品包括客房和餐饮所有的低值易耗品，如客人一次性用品等；物料用品包括酒店除原材料、燃料和低值易耗品外的酒店经营者所需要的经营管理用品，如床上用品、卫生间用品和清洁用品等；商品为酒店对外销售的产品。这些酒店物资使用在不同的部分，使用对象多元化。

酒店在满足日常物资充足供应的同时，也面临着物资种类繁多、部门分散管理的状况。

（二）酒店物资使用率高，管理构成复杂

酒店物资使用率高，周转环节多，有不少物资是重复使用的，如餐厅的桌布、餐具，客房的棉织用品，这些物品在使用、洗涤、重新使用上经过的环节多，因而每一环节会进入不同的服务部门，如洗衣房、客房、餐厅、仓库等，加上物资种类、功能各异，所以在管理方式、方法上也呈现复杂化、多样化。

（三）物资管理影响酒店服务质量和效益

酒店物资供应直接影响酒店经营服务质量，如果供应不及时、不齐全或质量不符的物资，会导致客人投诉，影响酒店服务质量，如菜单上的菜因原材料供应不上，不能让客人点用，或者客房棉织品因使用时间较长而旧损，都会给客人留下酒店服务质量下降的印象，影响客人入住体验；同时，品种繁多的物资用品，如何选购、采购，储存量的大小也会对酒店经营成本产生影响，最终影响酒店经营效益。

二、酒店物资管理的基本目标

酒店物资管理的目标是物尽其用、降低损耗、减少浪费从而实现降低成本。具体而言要达到以下目标。

（一）适时采购保供应

适时采购是指在酒店经营最需要之时或在市场需要最旺盛之时，采购和供应酒店业务所需的各种物资。

（二）适量储存保经营

适量储存是指在“保证经营，节约至上”的基础上，适量采购、储备的物资，既要保证经营活动的正常进行，又能最大限度地减少资金的占用。

（三）性价对比择其优

各种物资在采购过程中，要货比三家，以保证酒店所需物资来源和质量可靠，若价格优惠，可以通过批量折扣，或建立长期合作关系等来获得优惠，在保证质量的前提下增加资金的投入产出率，也就是用最少的资金购买最大量的物资。

（四）合理保管高效用

酒店物资种类多，不同的物资储存方法不同，如鲜活物资的储存、干货的储存等，要使用科学的方法保管、储藏暂未投入使用的物资，做到无遗失、无损毁、无变质。同时，物资的高效使用也十分重要，应在保证酒店服务等级、服务规格和服务质量的前提下，规范各种物资的使用，尽量降低物耗，降低企业成本，达到每一份物资耗用都能取得最好的经济回报的目的。

Note

（五）物资分类看重点

酒店物资品种多，难以分配精准，做到面面俱到。重点物资重点管理是物流管理领域较普遍的做法，目前较常用的物资分类法是 ABC 分类法。它按物资的品种和占用资金的多少把酒店所有物资划分为 A、B、C 三大类。三类物资品种和占用资金的最佳数量规定如表 9-1 所示。

表 9-1 物资 ABC 分类表

物资分类	占全部品种百分比	占全部资金百分比
A	10%—20%	70%—80%
B	20%—30%	20%—25%
C	60%—70%	5%—10%

通过 ABC 分类法，可以分清物资管理的主次轻重：A 类物资占用资金最多，但数量占比不多，故该类物资储备量必须严加控制，并尽量缩短采购周期，增加采购次数，以加快资金周转。B 类物资占用资金较之 A 类少，但比 C 类多，故要适量控制，也就是要根据供应情况适当地延长采购周期或减少采购次数。C 类物资品种繁多，占用资金较少，对这类物资可一次采购量大一些，采购周期长一些也不会影响酒店资金的周转，并可以节省一定的采购费用。

三、酒店物资消耗定额管理

酒店物资消耗定额管理是酒店管理者对物资的量化管理方法，是确定在一定时期、一定的接待服务水平下，为提供酒店产品必须消耗的物资数量标准。需要特别注意的是，物资消耗定额是一种期望值，它不等于实际的物资消耗量。

确定酒店物资消耗定额常用的方法有以下几种。

（一）经验估算法

这种方法一般用于确定某些受客观因素影响而消耗量变动较大的物资消耗定额。比如一些时令性强的食品原料等。酒店一般是根据过去的经验，通过估算制定物资消耗定额。这种方法虽然简单易行，但易受估算人主观因素的影响而缺乏一定的准确性，一般是在缺乏必要的技术资料和统计资料时采用。

（二）统计分析法

统计分析法是将一定时期内实际消耗物资的统计数字进行输入、加工、整理、计算、分析后，根据它所反映的物资消耗规律而制定物资消耗定额。统计分析法主要适用于确定重复性消耗物品的消耗定额。通过分析过去物资消耗的数据，寻找到其消耗规律，再做出科学的推断和预测。这种方法的优点是客观和准确，一般是在有比较齐全的统计资料时采用。

（三）实物实验法

实物实验法又称写实法，指按照酒店生产经营的客观条件，通过反复的实地操作、测量，经过对实际消耗物资的分析总结，确定物资的消耗定额，如酒店燃料动力的消耗定额等。这种方法测定的准确程度取决于测定的次数和条件，受生产技术和操作水平及测定人员的影响，一般是在工艺简单、物资采购量大时采用。

（四）技术分析法

技术分析法也称为技术计算法，指根据酒店产品设计和服务的需求，按照酒店产品组成部分和影响因素，在充分考虑先进技术和经验积累的基础上，制定经济、合理的物资消耗定额。这种方法计算较为准确，但工作量大，一般是在产品定型、技术资料较齐备时应用。

（五）经济订货量

如图 9-2 所示，经济订货量是在仓储管理上所花费的总成本为最低时的订货数量，总成本由持有成本和订购成本组成，但二者的走势是相反的，随着订货量的增加，订货费用是降低的，但持有成本增加，因此，经济仓储定额就是两个成本交点对应的总成本最低时，确定的最经济订货量。

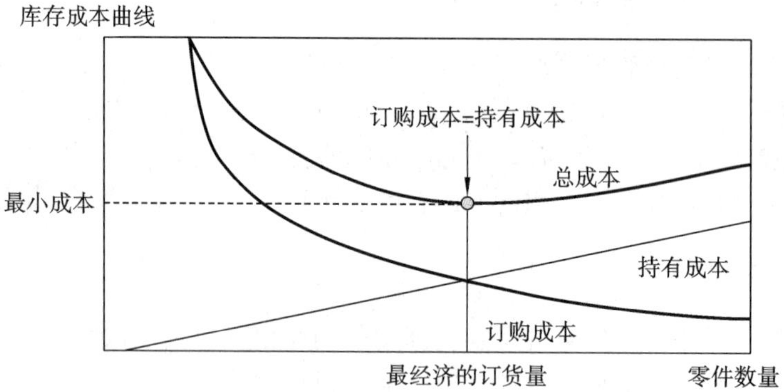

图 9-2　经济订货量

四、酒店物资采购及验收管理

（一）酒店物资采购管理

1. 采购管理的主要内容

(1) 认真分析酒店经营活动的物资需要，根据市场行情，科学合理地确定酒店计划。

(2) 根据酒店各部门对物资的数量、质量需求与成本预算，选择最为合适的物资供应商。

(3) 控制采购活动全过程，做好询价和物资质量比较，制定相关采购制度，规范采购行为，使物资采购按质、按价、按时到位。

(4) 制作并妥善保管与供货商之间的交易合同，保证合同合法有效并对双方有利。

(5) 协助财务部门做好酒店对供货商的贷款清算工作，以利于与良好供货商的长期合作。

2. 酒店物资采购方法

(1) 招标采购法。多是酒店集团进行大批量采购使用的方法。根据招标法相关要求，发布本公司欲采购物资的要求，在招投标公司的组织下，对 3—5 家应标企业进行评估，从中选出最合适的投标供货商。整个招标过程公开、透明，有利于公平合理地招到供货商。

(2) 竞争性采购法。竞争性采购是指采购单位先针对每一种采购物资取得至少三个供货单位的报价，对物资的质量、价格进行综合比较，在市场调查价格的基础上，选择其中性价比最优的供货商进行采购。

(3) 成本加价采购。某种原料的价格涨落变化较大或很难确定合适的价格时，酒店需要与供货商谈判，采用成本加价法，即在供货商收购价的基础上，加上一定的百分比，作为酒店的买入价。

(4) 归类采购。同一类物资、原料，采购部门向同一个供货单位购买，往往可以获得批量折扣优惠且物资、原料的质量相对稳定。同时，只需向供货单位开出一张订单，处理一张发票，大大节省人力和时间，也可以一次订货，分期收货。

(5) 集中采购。大型酒店或集团公司往往会建立地区性的采购中心，为本公司在地区的各酒店企业集中采购各种物资。集团所属各酒店将各自所需的原料种类及数量定期上报给采购中心，采购中心汇总以后进行集中采购。这一做法的优点在于大批量购买，往往可以享受优惠价格。

（二）酒店物资验收管理

采购部门购回的物资必须由库房根据申购表验收，对于不符合要求的采购，库管员有权拒收。供应商或采购人员办理入库验收手续后，验收合格的物资，验收员应详细记录，填写验收单及进货日报表，并将这些物资分类后及时入库或发放给相关的使用部门，同时将入库单客户联交采购员或供应商办理结算。库房在验收过程中发现有专业性较强的物资，应主动请使用部门验收。在验收过程中库房或使用部门有权对不符合要求的物资提出退货要求，经确认不符合要求的由采购人员或供应商办理退货。购买、收货和使用三个环节上的相关人员要相互监督、相互合作，共同做好物资供应工作。

五、酒店物资仓储与发放管理

（一）仓储管理的工作内容

仓储管理的工作内容包括：①组织物资验收入库；②组织物资使用发放；③组织物资的储存整理；④组织废料的回收和利用；⑤及时处理积压物资；⑥定期盘点，通过物料台账及其他的统计分析资料掌握库存物资的动态。

（二）物资发放的原则和要求

1. 物资发放的原则

为确保物资发放过程的严谨性，在发放物资时应遵循先进先出、保证经营，并坚持补料审批、退库核错、以旧换新制度。

2. 物资发放的要求

物品发放要做到定时发放、履行必要手续和正确计价。仓库管理员必须在当日发货后逐一为领料单计价，并及时转交给相关物资成本控制人员，以保证库中物资原料与账卡相符。

知识关联

温特莱酒店是北京的一家金钥匙精品商务酒店，其库存控制讲求科学量化。

温特莱酒店标准库存量不是经理和库管人员凭直觉确定的，而是根据酒店实际的经营需要，结合酒店不同物品的采购周期、制作周期和仓储成本等多方面因素，经过计算而共同确定的最佳组合。

温特莱酒店通过对每年每月的出库数据进行综合统计，再分析数据，确定该酒店的淡季和旺季标准库存量。通过酒店多年积累的出库数据，分析制作出库数据统计表，进行图表对比后发现，酒店每年 4 月、5 月、9 月、10 月为旺季，而每年 2 月和 6 月是淡季。因此，酒店在旺季增加库存量，在 2 月和 6 月削减库存量，达到控制成本的目的。

温特莱酒店通过对酒店库房物资订购次数和储存量的控制，在确保物品正常供应的情况下，降低库存成本，使酒店经营收入逐年增加。

（资料来源：物联云仓. https://www.50yc.com/information/guanli-jiqiao/10363/）

第三节　酒店节能与绿色管理

一、酒店能源管理

酒店能源管理，是旨在控制和减少能源使用的具体政策和工程，维护酒店设备设施正常使用的管理活动。面对日益短缺的能源来源和能源价格的不断上涨，能源成本的上升严重影响酒店的生存和发展，如何节能已经成为酒店业界共同关注和迫切期望解决的问题。

能源费用是酒店主要的成本负担之一，通常酒店能源费用占营收比例为 5%—15%。酒店的能源利用率是反映酒店能源使用情况的综合指标。能源利用率的高低，不仅取决于供能和用能设备的技术状况，还取决于酒店的管理水平。酒店能源管理对能源利用率所起的作用不亚于技术因素所起的作用。目前，许多酒店的设备设施现代化程度不断提高，因此更需要运用科学的方法和先进的技术手段进行管理，从而达到能源利用更合理、更高效的目标。

（一）影响酒店能耗的主要因素

酒店经营中产生的消耗主要包括：日常消耗和设施设备运行中的能源消耗，这两个方面总称为酒店能耗。其中，空调、热水、照明和机电四大项，能耗分别约占酒店总能耗的49%、27%、13%、7%，空调和热水是酒店能耗的主要项目，部分空调设施能耗甚至在酒店总能耗的60%以上。影响酒店能耗的主要因素如下。

（1）酒店的地理位置及其建筑结构。南北方地区在气候、日照时间等方面存在着很大的差异，此外，酒店的建筑年限、保温性能、采光效果及结构形式等也会直接影响其能耗，如北方地区由于气温差异大，酒店大门宜采用旋转门或大堂外增加隔厅的方式以减少能耗。

（2）酒店各机电系统的设计、安装水平。机电系统的设计及安装水平也是影响酒店能耗的一个重要因素。一些缺乏经验的设计或安装往往会给酒店的经营留下隐患，造成酒店运营能耗过大。空调制冷系统是酒店能源消耗中的主要组成部分，占到能源消耗总价的50%以上，在酒店设备中由于各家设计院取值定位不同，最后能源消耗的成本大不相同。酒店空调制冷设计不能以总建筑面积乘以设计基数为依据，这是不合理的，因为在酒店总建筑功能内有15%—20%的功用空间是不需要制冷的。如设备机房、地下车库、设备转换层，在这些环境中只需要加强排风系统就可以达到使用标准。

（二）提升酒店能源管理的途径

（1）对酒店进行科学的规划和设计，贯彻执行国家有关节能的方针、政策、标准及有关规定，制定并组织实施本酒店的节能技术措施，完善各项节能管理制度，降低能耗，完成节能工作任务。

（2）积极利用新技术改造高能耗的设备。如空调余热回收改造、厨房灶炉节能改造和感应电梯改造等。

（3）完善设备运行、使用及维保规范。按照合理的原则，均衡、稳定、合理地调度设备运行，提高能源利用率，避免用能多时供不应求，用能少时过剩浪费的现象。酒店能源控制可以分楼或分层设计，在酒店业务淡季，可以关闭一些楼层进行维修或歇业以减少能耗。

（4）制定科学合理的考核指标。建立健全酒店能源管理体系，明确各级管理者的职责范围；建立健全能耗原始记录、统计台账与报表制度；定期为各部门制定先进、合理的能源消耗定额，并认真进行考核。

（5）对员工进行节能减排的培训教育，培养员工的绿色环保意识，促进全员性节能减排行为的形成。

二、酒店节能管理的技术应用

（一）酒店采用5A及PDS技术

酒店采用高科技不仅提高了档次、满足客人消费需求，而且还能节能。5A技术是指：楼宇自动化（Building Automation，BA）；通信自动化（Communication Automation，CA）；办公自动化（Office Automation，OA）；保安自动化（Safety Automation，SA）；消防自动化（Fire Automation，FA）。综合布线系统（Premises Distribution System，PDS）是针对计算机与通信的配线系统而设计的，对酒店水、电、空调等实行自动控制，达到节能目的。

（二）地源热泵空调系统的应用

地源热泵技术，它是利用水与地能（地下水、土壤或地表水）进行冷热交换来作为热泵的冷热源。冬季把地能中的热量"取"出来，供给室内采暖，此时地能为"热源"；夏季把室内热量取出来，释放到地下水、土壤或地表水中，此时地能为"冷源"。

地源热泵是既可供热又可制冷的高效节能空调系统，且不向外界排放任何废气、废水、废渣，因此是真正的绿色能源。与传统的空气源热泵相比，其能效要高出40％左右，其运行费用为普通中央空调的50％—60％。

（三）采用新兴节能光源

在相同电能消耗情况下，节能光源的发光效率高，因此酒店应尽可能采用节能光源。在照明领域，白光LED作为一种新型的市场照明技术，越来越受酒店业管理者的欢迎。LED照明光源的节能高效主要体现在：同样照明效果的情况下，耗电量是白炽灯泡的1/2、荧光灯管的1/10；其寿命是白炽灯的100倍；单体LED的功率一般在0.05—1 W；它的寿命可超过5万小时，之后维持初始灯光亮度的60％以上。

三、绿色酒店

（一）绿色酒店的含义

欧美等发达国家是绿色酒店发展实践的先行者。20世纪80年代末期，在全球"绿色浪潮"的推动下，欧洲的一些酒店开始改变经营策略、加强环境意识、实施环境管理，极力营造酒店的"绿色氛围"。20世纪90年代中期，绿色酒店的理念传入我国，在国际上，绿色酒店被称为Green Hotel，也有些被称为Eco-efficient Hotel、Environmental-friendly Hotel，意为生态效益型酒店、环境友好型酒店等。

2015年底国家旅游局（现更名为文化和旅游部）颁布了行业标准《绿色旅游饭店》。该标准中的绿色旅游饭店（Green hotel）是指以可持续发展为理念，坚持清洁生产、维护饭店品质、倡导绿色消费、合理使用资源、保护生态环境、承担社区与环境责任的饭店，

Note

其核心是为客人提供舒适、安全、有利于人体健康要求的绿色客房和绿色餐饮，并且在生产经营过程中加强对环境的保护和资源的合理利用。

（二）我国绿色酒店评定标准

《绿色旅游饭店》行业标准（LB/T 007—2015）于2016年2月1日实施。

1.《绿色旅游饭店》的等级划分及标志

绿色旅游饭店分为金叶级和银叶级两个等级。金叶级应达到设施设备评分评定细则240分及以上，银叶级应达到设施设备评分评定细则180分及以上。全国范围内，正式开业一年以上，并满足酒店必备项目检查要求的酒店具有参加评定的资格。

2.《绿色旅游饭店》标准的基本要求

1）环境管理要求

酒店在运营过程中应该遵守环保、卫生等方面的法律法规，构建有实施绿色旅游酒店的创建与管理的组织体系，开展培训并创造能使员工充分参与创建与管理绿色旅游酒店的内部环境，倡导并建立绿色消费、绿色采购等方面的规章制度和管理要求，应因地制宜，开展形式多样的绿色旅游酒店的宣传活动，鼓励酒店消费者、供应商参与绿色旅游酒店的实施工作。

2）环境质量要求

对酒店锅炉大气污染物排放，厨房排烟，污水排放，垃圾分类及管理，酒店噪声，酒店新建、改建工程后酒店室内空气质量应达到的标准做出明确规定。同时，提出了酒店能源计量系统标准，强调了申请绿色旅游饭店的酒店要在一年内未出现重大环境污染事故，无环境方面的投诉。

（三）创建绿色酒店的意义

1. 创建绿色酒店重点关注了公众关心的环境问题

长期以来，旅游酒店被认为是“无烟产业”，而事实上，随着旅游业的快速发展，对环境的影响不可低估。据研究表明，旅游业的碳排放占全球温室气体排放的5%，并有增长趋势，其中又以旅游航空、住宿占比较高。随着公众环保意识的增强，公众对环境问题的关心日益增加，绿色酒店在为顾客提供绿色消费的同时，减少对环境污染，重视公众及国家长远利益，重视减少大区污染物、水污染物排放，废弃物管理以及食品质量改善等问题。

2. 创建绿色酒店提升了酒店企业的社会责任

《绿色旅游饭店》标准中强调酒店应该承担社会责任，具体通过：①绿色理念宣传，包括向顾客传播绿色理念，提高顾客的环保意识；定期发布绿色旅游饭店创建成效，采取奖励、优惠等措施引导顾客参与饭店绿色计划。②绿色采购，包括优先选择提供环保型产品的供应商，积极与供应商协商，在产品包装、物流、仓储等环节降低消耗、减少环境污染。③社区服务，包括应参与社区的各种公益活动和环境改善活动。④环境绩效改善，包括建立能源管理体系和单位综合能耗水平逐年下降等。

3. 创建绿色酒店体现了顾客核心利益

绿色酒店倡导安全、健康、理性的消费理念。在建立绿色酒店的过程中，要为顾客

Note

提供设施品质高、智能化水平高的客房，高品质、安全、健康食品明确要求对影响人身及财产安全的要素进行控制，比如完善消防系统、门禁系统，对影响人体健康的室内装修材料、温度、湿度、噪声、光线、通风等也都有明确要求。这些要求保证了顾客的核心利益。

4. 创建绿色酒店有利于酒店品牌的塑造

创建绿色酒店的活动，很多是从树立酒店品牌出发的。调查显示，绿色酒店会向顾客展示酒店企业的正面形象，通过开展和参与一系列有关健康、环保的社会活动，赢得社会公众的认可，从而将绿色酒店融进自身品牌的建设之中，绿色产品、绿色服务和绿色营销越来越成为酒店竞争的重要途径。

天津市首家“碳中和”酒店探索绿色转型新方向

第四节　新技术与酒店智能应用

一、新技术给酒店带来的机遇与挑战

新技术给酒店带来更多机会，同时也带来前所未有的挑战。

（一）新技术使更多的酒店业态得到发展，竞争日趋激烈

当今酒店业的发展，已经突破了传统的酒店类型，综合性的度假村、亲子乐园、移动海上酒店、各式主题酒店、非标准化的民宿、农家乐等多种提供住宿产品的酒店不断出现。无人酒店已经开业，且过去远离城市的民宿也可以通过互联网技术实现顾客预订，丰富了产品类型，推动了酒店全产业链的发展与繁荣。同时，各类住宿产品的涌现，满足顾客不同的住宿需求，酒店式公寓、分时度假等兼具度假与投资功能的产品给顾客更多选择，也给酒店产品经营者提出更高要求。

（二）新技术开拓了酒店更广阔的市场，品质要求更高

传统酒店的市场拓展主要靠传统的营销手段，如广告、人员促销、活动推广等，新技术的应用，可以开拓酒店更广阔的市场空间，如通过“互联网＋营销”的方式，尤其是新媒体的应用，能够更广泛地与客户互动。酒店借助互联网建立的会员制，不仅增加了回头客，更是精准营销的优质渠道。

（三）新技术使得信息更加对称，选择更多元

新技术在为酒店带来高效率的同时，也使得信息更加透明公开，现在客人通过网上预订系统，可以很方便地查到并比较各酒店的价格、质量、评价等。还出现了各种比价网，顾客输入一家酒店查询，会出来若干家预订渠道的价格，其中不乏一些优惠活动信息。这使顾客有了更多的选择，也使得酒店面临更激烈的竞争。

（四）新技术使酒店经营更高效，求新求变更快

传统酒店的经营管理更多的是凭经验，现代酒店新技术的应用，除了经验，还需要

不断学习新技术，如基于客户关系的大数据分析，能够帮助酒店更有针对性地服务好忠诚顾客。市场的大数据分析为酒店收益管理提供了优化的基础，使酒店能够更好地为顾客提供适合的产品并赚取更高的利润。这些新技术需要酒店员工和管理者不断学习新知识和新技术，才能适应酒店新时代的发展需要。

二、新技术在酒店的应用实践

技术创新将给酒店设计带来什么改变？

技术进步日新月异，越来越多地应用到酒店业，为酒店带来更多的机会，同时提高了顾客体验，具体表现在以下几个方面。

（一）新技术应用改善酒店硬件环境

技术日新月异，越来越多地应用到酒店行业。例如，现在国内已经有地方采用了天幕技术打造类似威尼斯人大酒店的不夜城，酒店的移动外景将不再局限在旋转餐厅，而将会有动态变化的客房外景。新的科技成就不断应用于酒店，太空酒店、冰窖酒店、海底酒店为人类插上了想象的翅膀。

（二）新技术给酒店带来实在的效益

目前新型节能环保技术不断应用于酒店，节能减排、刷脸技术使酒店更安全、更可靠，而且还降低了人工成本。酒店采用大数据挖掘分析技术，可以更精准地找到客户和竞争对手，有利于营销与品牌推广，共享平台、物资采购、技术互援、业务外包、人力资源优化等都为酒店带来了看得见的效益。从技术角度而言，酒店有了众多的选择方案，需要酒店管理层大胆探索和实践。

（三）新技术提高酒店经营管理效率

越来越多的专业咨询公司及开发的应用软件应用于酒店经营管理，针对新形势下酒店业的发展方向和特殊需求，以精细化管理、品牌标准化运营为核心目标，为顾客提供从管理咨询到搭建智能云端运营管理平台的一站式解决方案。根据酒店的实际情况和需求，灵活结合信息化系统部署，从根本上解决管理困难、成本高、资源配置不合理等问题，包括服务质量控制体系、人力成本管控体系、内部运营管理体系等。客房事务管理体系致力于帮助酒店快速处理客房的日常性任务，全面落实周期性事务，实现对人力和物料的系统管理，高效落实酒店客房事务的每一个细节，保证客房设施完善、卫生达标，全方位提升顾客体验。提高酒店快速响应顾客需求的效率，有效预防和处理顾客投诉，提升顾客满意度。配套系统可自动统计客人的相关数据，生成客人偏好档案，为酒店的个性化服务建立数据基础等。

此外，受共享经济启发，已有酒店集团开发出线上酒店工程管理集约化平台。该平台解决了酒店普遍存在设备采购价格贵、工程维修专业人员缺乏、工程资源无法共享、工程维保效率低等痛点问题。目前该项目部分功能已经上线，已为某集团节约了23%的年度设备维修保养费用。

Note

（四）互联网技术颠覆传统盈利模式

近几年，随着互联网、信息技术和人工智能的广泛应用，“互联网＋”正颠覆着酒店业的传统思维，互联网思维和互联网技术创新企业运营模式正在成为中国酒店业的一个战略制高点，酒店人和 OTA 都需要做出思考并有所行动。酒店业的管理模式经历了以经验管理，到科学管理，再到以资本或以品牌连锁为依托的战略管理，转向以信息接口为纽带的技术创新管理。很多酒店集团基于海量共享会员信息、酒店数据，开展线上、线下全方位增值服务，探索新型商业模式；在为会员提供积分服务、旅行增值服务的同时，还对“互联网＋酒店”这一模式覆盖的单体酒店提供集约化采购、工程、培训等增值服务。

（五）新技术为顾客体验提供多场景

虚拟现实（Virtual Reality，VR）、人工智能（Artificial Intelligence，AI）等新技术应用于酒店业，给客人更多新鲜体验，顾客可以利用 VR 技术更逼真地了解酒店产品状况，降低购买风险，AI 技术在智慧酒店、无人酒店方面广泛应用，给顾客更私密的酒店住宿空间，更耐心的服务。

同时，以客户关系和大数据为核心的新技术，在提升酒店核心竞争力的同时，也为顾客带来享受和体验。例如：酒店集团基于积分奖励忠诚客户的计划；酒店集团会员首次预订集团旗下的酒店，可以享受首晚折扣的优惠；酒店与支付宝的合作，为客人提供信用担保，客人住店离店不用押金，不用结账，入住结束顾客确认后支付宝再扣款，为守信用的顾客提供尊贵享受。

另外，酒店集团还联手传媒集团，为客人提供会员频道、直播频道等多方位的服务。所属会员可以很方便地在集团旗下酒店或者商场、铁路客运，通过连接热点进入会员专属频道，观看不占用流量的院线大片等。

思考与练习

携住科技与华为签署深化合作协议，为酒店行业升级提供变革新方向

本章小结

本章内容包括以下几个方面。

1. 酒店设备管理的概念、意义与特点，设备管理的类型，设备运行与组织管理，设备日常维护保养，设备改造及更新管理。

2. 酒店物资管理的概念与特点、基本目标、物资消耗定额管理、物资采购及验收管理、物资仓储与发放管理。

3. 酒店节能管理的方法，节能管理的技术应用，绿色酒店的评价标准和创建意义。

4. 新技术给酒店带来的机遇与挑战，以及新技术在酒店的应用实践中对酒店硬件环境、管理效率、盈利模式等方面带来的效益。

第十章
酒店投资规划管理

学习引导

酒店项目往往具有投资规模较大、回收周期相对较长的特点，因此，酒店从筹建开始就应该做好投资规划与盈利模式设计。为此，本章从酒店投资的特征及酒店投资规划的主要目的出发，系统介绍酒店常见盈利模式和投资策略。随后从内部设计的角度介绍酒店功能规划设计的基本原则和酒店投资规划的可行性分析。

学习目标

知识目标：了解酒店投资、功能规划、筹建等工作的基本内容和过程。

能力目标：具备较为基础的酒店投资规划与可行性分析能力。

德育目标：理解生态理念与中华文化在酒店设计与主题营造中的潜力，进一步深入探讨本土文化融入酒店设计的可能模式。

思维导图

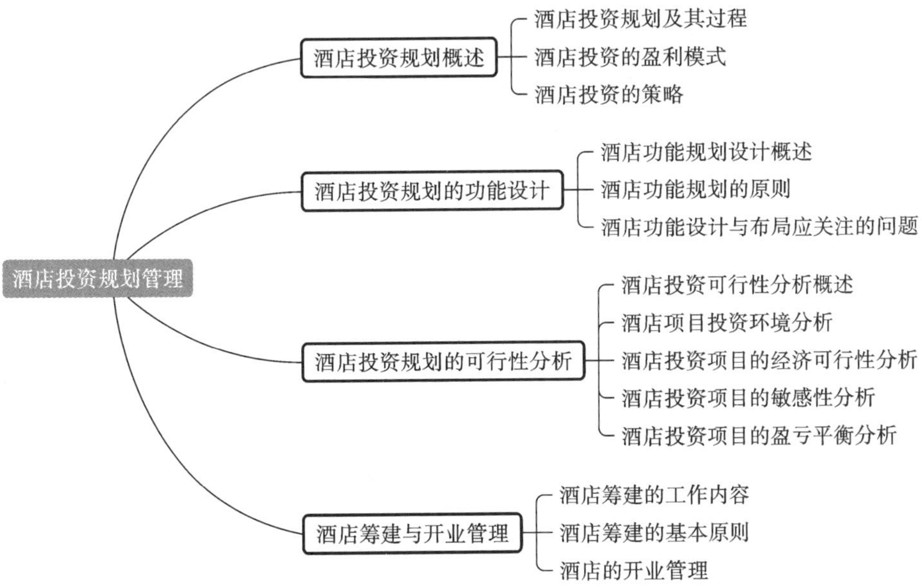

第一节　酒店投资规划概述

一、酒店投资规划及其过程

（一）酒店投资

酒店的投资回报率较为稳定，且投资价值较高，加上旅游经济的不断发展，酒店投资项目日益受到投资人的追捧。所谓酒店投资是指投资者为了达到预期的收益目标，而将资金投入到酒店行业中购置固定资产和流动资产，用于生产经营的行为。从投资的类型上来看，酒店投资与金融证券等行业的投资行为不同，酒店投资的绝大部分都投放在建筑、设施、设备等实物方面，属于实物型投资。

从特征上来看，酒店投资具有资金规模要求高、投资风险成本较高、存在较强不确定性等特点。

正是由于酒店投资属于实物型投资，其对于资金规模的要求较高，特别是酒店筹建期，一方面需要资金进行建筑设计和建造等工作，另一方面还有大量的设施设备采购的资金需求，因此，对于资金投入的需求更为迫切。

由于酒店的资金大部分都投资在固定资产方面，而固定资产的变现能力相对较弱，如果投资者不幸遭遇投资风险，或资金链发生危机，前期的酒店投资将面临较高的沉没成本。为此，近年来投资者对于酒店的投资也正发生转型，即从传统的重资产投资的发展模式转向轻资产投资的发展模式，例如早期的锦江之星、汉庭，后来的维也纳、锦江都城、亚朵等中端酒店项目就采取租赁、改造和管理合同经营等方式来减轻投资中的固定资产的比重。

酒店经营发展中，由于回收期相对较长，容易受到外部环境的影响而遭遇投资风险。此外，经营管理能力的差异也导致酒店在投资回报和收益方面存在较大的不确定性。上述不确定性的客观存在给酒店投资带来了一定的挑战。

（二）酒店投资规划

酒店投资规划是指在项目投资前期，针对该项目的投资开展的规划、论证等一系列工作。从酒店投资规划的具体内容来看，酒店投资规划一般包括酒店投资机会分析、酒店投资项目可行性分析、投资资金预算、投资资金筹措等。酒店投资规划是酒店投资能够实现预期盈利目标的重要保证，应当引起酒店投资人的高度重视。

一方面，在酒店投资决策时，应该严格遵循酒店投资规划的步骤和方法，对投资机会进行识别，对投资项目的可行性进行系统全面的分析；另一方面，随着酒店投资和酒店资产交易的不断发展与成熟，酒店资产化的趋势日益明显。在此背景下，投资者需要将资产管理理念引入投资规划工作中，以资产管理理念来指导酒店投资及其规划研究。

Note

例如投资者在酒店投资之初就应该将资产管理前置化，从项目选址、拿地、设计及项目初期就要介入资产管理，这样可以提早进行布局，将酒店产权做到明晰化，方便日后的酒店资产转移。

（三）酒店投资与开发的过程

酒店投资及建设的周期一般都是3—4年，大致可以分为六个阶段。

第一个阶段是酒店投资的市场调查与投资机会分析阶段。该阶段的主要工作是对拟投资区域的酒店市场开展环境和消费者调查，并对未来的酒店需求进行预测，通过上述分析找到可能的酒店投资机会。

第二个阶段是投资可行性研究阶段。该阶段的工作是以上一个阶段的初步分析为基础，对未来酒店投资的社会、经济、环境等方面的可行性和可持续性作出研究和分析。需要注意的是，除了考核社会和经济方面的可行性外，还应该重点关注酒店投资和开发的环境可行性。大自然是人类赖以生存和发展的基本条件。尊重自然、顺应自然、保护自然也是酒店投资与开发所应该秉承的基本理念，在酒店投资与建设过程中，一定要践行绿水青山就是金山银山的理念，站在人与自然和谐共生的高度谋划发展。为了保证酒店投资项目的可行性研究具有客观、可信的结果，一般需要请具有相关咨询服务资质的第三方机构来开展可行性研究。

第三个阶段是酒店投资项目的立项准备阶段。该阶段的主要工作就是按照政府及相关部门的投资、建设等相关规定，在开始实质性的启动酒店投资项目前，进行立项审批及办理各类许可证等。该阶段一般需要半年左右的时间。

第四个阶段是土建和设计期。现时一般所谓的土建工程项目包括：房屋、道路、水务、渠务、防洪工程及交通等。土建和设计需要开展土建工程的招投标、施工合同签订、设计单位招投标、设计方案的确定等工作。一般情况下，该阶段所要花费的时间大概为半年。

第五个阶段是建筑建造及各类酒店设施设备的采购阶段。一般来说，酒店建筑施工与设备招标采购等过程可以同步进行。这个阶段持续的时间在一年左右。

第六个阶段是酒店的设施设备安装、内外部装修及开荒试营业阶段。该阶段酒店在硬件设施设备的安装，以及酒店内部主题装修和设计各种软装等方面开展工作，这一阶段工作所需时间相对较长，一般需要一年半左右的时间。

二、酒店投资的盈利模式

酒店投资的主要目的是实现资本的增值，创造更多的经济效益。为此，在进行投资规划和决策时，需要厘清实现投资回报的路径，也就是投资的盈利模式。一般而言，酒店投资的盈利模式可以归纳为以下五种。

（一）创新经营增收型

所谓酒店创新经营增收型的盈利模式是指，在投资的回报方面，主要依靠酒店创新经营，提升业务竞争力，进而推动酒店利润的增长，这也是酒店投资领域较为传统的盈利模式。依靠客房、餐饮等获得收入是早期酒店盈利的主要模式，随着酒店业的不断发展，行业竞争的加剧使得传统的盈利模式受到了严重的威胁。随着酒店业的竞争日趋激烈，目前酒店经营能力的提升需要酒店管理者在服务创新、产品创新、集约化运营、平台资源整合等方面下功夫。

服务创新能够帮助酒店形成独特的竞争优势，能够有效提升酒店的收入。如新近闯入“2022 年 1 月酒店品牌影响力（MBI）100 强榜单”的派酒店，在服务方面坚持为入住的顾客提供游戏化的体验。酒店设计了一系列的主题活动，如派暗号、派迷宫、派海报找不同、派九连环逃生等，这些项目为入住顾客带来了新奇有趣的体验，因此，塑造了不一样的口碑和形象①。再如随着机器人的逐步普及，酒店服务中机器人及人工智能服务的比例正不断增长。使用智能设备代替人工的做法，能够在很大程度上提高酒店服务效率，从而提升酒店的收入水平。在这一点上，阿里巴巴集团旗下的全球首个无人酒店 FlyZoo Hotel（菲住布渴）应该算是做到了极致。

酒店的产品创新通常会从产品形态、产品类型、产品功能等方面进行考量。强化主题酒店产品设计，目前全球范围内各种奇思妙想的主题酒店层出不穷。亚朵酒店以流动阅读与属地摄影为主题，首创 IP 酒店模式，目前，亚朵在全国已经拥有 10 家 IP 酒店，包括中国首家戏剧主题酒店 THE DRAMA、全国首家星座 IP 酒店“慢一点”星座酒店、“睡音乐”主题酒店、知乎“有问题”酒店等②。这些创新性的主题酒店产品对于酒店的知名度和吸引力都有较大的提升。

此外，酒店通过集约化运营及平台资源整合等，能够在较大程度上提升酒店的盈利水平，从而实现较为理想的投资回报。例如，对酒店空间进行合理规划与利用，提高酒店大堂等公共区域空间、酒店餐厅区域空间和客房内部空间的利用率，让空间的利用既符合功能要求，又充分满足顾客的需求，提高单位空间利用率。再如，借助资源整合，形成酒店住客中的新的产业链和利益链条，瑞典知名家居品牌 IKEA 旗下就有 IKEA Hotel，其中使用的所有家居用品均来源于该品牌。

（二）物业增值支撑型

酒店作为一种物业类型，酒店物业的保值增值也成为酒店投资盈利的方式。如果从物业增值的角度来设计投资，此时的投资者考虑的并不仅仅是酒店目前的价值和长期稳步的经营收益，更多考虑的是酒店未来的升值潜力。一般来说，酒店升值潜力的大小受多方面因素的影响，如交通便捷程度、地段与区位、商业氛围、地产升值、人流聚集状况等，酒店物业价值会随着这些影响因素的变化而产生很大的变化。可见，作为物业增值溢价型的投资设计，投资者需要在酒店及其所在区域的成长潜力方面进行综合判断。

一般认为区位因素是酒店发展的重要因子，因此，具有良好区位条件的地段是酒店投资人的首选。然而，也应该看到，目前区位条件良好的地区，其地租价格及物业租金水平也相对较高，如果缺乏相应的酒店经营管理水平的配合，选择热门的区位地段，反而可能会给酒店发展带来压力。因此，不少酒店投资者也会将目光投向现时交通和区

① 资料来源：根据麓枫酒店官网 https://www.lavande.cc/html/cn/整理。

② 资料来源：根据亚朵集团官网 https://www.yaduo.com/zh-CN/整理。

位条件并不是那么出众的地段，从中长期来看，发展潜力巨大的区位如政府指向的新开发区、城郊景观带等。宋城集团为了获得物业增值利润，物业选址多是城郊未开发区域，通过集团自身力量进行造景，形成旅游流，利用人气带旺整个区域，然后进行酒店、景观房产等多种方式的置业，形成物业增值利润。

经典案例

从李嘉诚收购酒店的策略看酒店的盈利模式

李嘉诚的投资眼光和策略都非常独到，这也体现在其在香港地区和巴厘岛收购酒店的决策方面。40 年之前，李嘉诚突然宣布花 2.3 亿元收购香港中环的希尔顿酒店和巴厘岛的凯悦酒店，这个举动遭到公司股东的集体反对，因为，这两个酒店在当时均处于持续亏损的状态，因此，被其他投资人视为负资产。但是李嘉诚坚持要收购，因为他认为正是因为这两个酒店在亏损中，这样才有机会从业主手中买过来，并且购买的价格相对还是比较低的。同时他还认为，这两个酒店的地段都非常好，香港中环是香港最繁华的地方，寸土寸金；巴厘岛虽然当时很荒凉，但是坐拥世界一流的风景，一定会成为世界知名旅游目的地。在他的坚持下，上述酒店的收购顺利完成。如今巴厘岛凯悦酒店的土地估价就已经超过了一百亿元，用一亿元赚回一百亿元，这就是酒店除了靠经营进行升值外的另外一个路径——地价的升值。

（资料来源：李阳，《李嘉诚传：逆境与抉择》，花山文艺出版社）

（三）资本营运拓展型

资本营运是酒店走外部成长道路的主要途径，它是以促进资本增值、利润最大化为目的，将资产的运作与酒店运营绩效提升相结合，共同推动酒店投资目标的实现。从本质上来看，资本营运的主要目的是优化酒店的资本结构、壮大资本实力，从而增强酒店的竞争力。在资本充足度高了之后，一方面将闲置资产转移到回报率更高的业务领域或企业，例如实施对外投资和资本运作，酒店对外延伸出娱乐、婚庆等盈利率较高的业务形态，或者将存量资本用于收购其他酒店或相关资产，从而盘活资产存量。另一方面，利用不断增长的资本存量来增强酒店在供应链端的溢价能力，从而降低酒店在经营管理中的成本。上述两种路径双管齐下，酒店在投资回报方面的绩效就相当可观。常见的资本直接运作的方式包括证券投资、股票的收回与分割、期权交易、酒店租赁、酒店买卖等。如部分实力强大的酒店管理公司通过资本运作，以较低价格收购经营不善的酒店，然后通过酒店组织和流程的再造实现酒店的扭亏为盈，接着再通过资本市场，以较高的价格出售，从而获得酒店资本盈利。

目前规模较大、发展速度较快的酒店集团，资本运作在其发展过程中都具有重要的影响。例如海航集团以 85 亿美元卖掉以 65 亿美元收购的希尔顿酒店的 25%的股权。同时，2016 年斥资 20 亿美元收购的丽笙酒店集团也在 2018 年卖给了锦江国际集团。而锦江国际集团则是中国规模较大的综合性旅游企业集团之一，在收购丽笙酒店集团前，锦江已是全球第五大酒店集团、中国第一大酒店集团，锦江在近 70 个国家和地区投

Note

资和管理了8000多家酒店。收购丽笙酒店集团完成后，锦江国际运营的酒店数量达到1万家，进一步增强了其在欧洲国家和美国的布局，为顾客提供了更多中高端酒店品牌的选择。

（四）品牌资产增值型

酒店品牌资产增值型的盈利模式主要指投资者借助酒店品牌价值的提升，实现酒店品牌价值的升值，进而增强酒店的经营绩效和竞争力。一般而言，酒店品牌的价格包括两个部分：一是产品本身的价格，即产品价值；另一部分则是品牌在资本市场销售时的价格，即产权价格或形象价值。由于品牌资产增值型的盈利模式对酒店整体的提升效果非常显著，因此，这也是酒店长期盈利的最佳模式。

（五）集团化资产整合型

通过集团化的方式来获得较为有效的资产回报也是酒店领域较为常见的形式。所谓集团化资产整合型的盈利模式，是指通过集团化的经营，扩大酒店规模与实现规模经济效益。因为与单体酒店相比，集团化的酒店可以大大降低营运成本，实现专业化的分工。同时，在市场营销和推广的网络共享、集约化经营等方面都能够获得规模效应。

目前，美国酒店集团化的比例已经达到了90%，欧洲酒店集团也积极通过提高产业集中度来寻求世界范围内的发展。我国酒店集团化的发展趋势也同样日趋明显，中国饭店协会联合盈蝶咨询、北京第二外国语学院发布了《2022中国酒店集团及品牌发展报告》。报告对各大集团的客房总数进行综合排序，最终确定了中国酒店集团中的50强酒店企业，其中排名前五的分别是锦江国际集团、华住酒店集团、首旅如家酒店集团、格林酒店集团、东呈集团。具体来看，报告中显示截止到2022年1月1日，中国连锁酒店客房总规模将近472万间，同比增长3万余间。其中排名前十的酒店集团的客房总数达到327.85万间，在中国酒店市场中的占有率接达69.5%。而从客房数量来看，有6家酒店集团的客房数突破了10万间。从集团拥有的酒店门店数量来看，有8家集团的门店数突破了1000家①。

从酒店集团化的发展路径来看，酒店集团化发展模式可以大体分为内部成长型和外部扩张型两种。内部成长型主要是依靠酒店自身的经营管理能力和拓展能力，在酒店品牌、酒店规模方面逐步增长的发展模式，一般而言，内部成长型酒店集团化发展速度相对较慢。外部扩张型酒店集团化发展模式，则是借助资本的力量，如通过资本纽带、兼并收购、管理合同、特许经营、战略联盟等多种方式来扩大产业规模，形成酒店集团的发展路径。外部扩张型发展模式能够在短时间内获得较显著的集团化发展效果。

三、酒店投资的策略

酒店投资人在进行投资决策时，会充分结合自身的实力及环境特性，制定投资的策略。所谓投资策略是指投资人为了尽可能避免投资风险，获得理想中的投资回报而综合采取的策略。作为酒店投资人，有以下投资策略可以选择。

---

① 资料来源：中国千店规模以上酒店集团突破8家，北京商报，2022-07-10。

（一）以产品为核心的投资策略

在以产品为核心的投资策略下，酒店投资者关注的重点就是酒店产品本身，即希望进行的投资能够创造出具有竞争力的酒店产品，进而借助产品的优势来获得长期性的投资回报。例如，酒店按照其接待顾客的特点，可以分为商务酒店、会议酒店、公寓式酒店、度假酒店，以及 B&B 家庭式酒店等类型。有学者将酒店按照经营特色划分为商务型酒店、长住型酒店、汽车酒店、经济型酒店、全套房酒店、博彩型酒店等；也有学者将酒店产品宏观地分为三大系列，分别是主题酒店、功能酒店和综合酒店。对于上述不同类型的酒店，在产品创意设计与投资开发方面，均有不同的侧重。主题酒店具有较为宽广的创意空间，可以拓展种类丰富且特色鲜明的主题，如具有中国特色的熊猫主题、兵马俑主题，具有欧美国家特色的威尼斯主题（威尼斯人度假村酒店）、巴黎主题（巴黎人度假村酒店），或是以音乐为主题（硬石酒店）等。主题酒店通过整体氛围、文化、细节等方面的塑造，让住店旅客感受到酒店独特的主题内涵。功能酒店则是酒店提供的服务功能具有明确的细分市场指向的酒店类型，如常见的度假酒店、商务酒店、会议酒店、公寓式酒店等均属于此类。此外，综合酒店则是满足一般大众消费市场需求的酒店。与前述两种类型的酒店相比，综合酒店可能在服务和产品中更加大众化，拥有相对完备的酒店服务功能。

选择以产品为核心的投资策略的投资者，往往较为关注长期性的竞争优势与回报，因为好的酒店产品能够带给投资者相对稳定的投资回报。因而，此类投资者在进行投资决策和策略选择时，会更多地关注酒店产品系列的组合与配置问题。

（二）以资金链为核心的投资策略

随着酒店市场的不断成熟，酒店投资者以大投入获取高利润的时代已经远去，并且一般酒店的投资回收期相对较长。因此，酒店项目的投资者必须有雄厚的资金作保证。同时，投资者在进行酒店投资时，会关注如何通过合理的资金循环形成良性的资金链，将投资资金分散在一些防御性强、成长性好的酒店类型上，从而确保酒店投资资金的顺利回收和增值。

从投资成本来看，标准五星级酒店每间客房的成本在 10 万—15 万美元，四星级酒店每间客房的成本在 8 万—10 万美元，三星级酒店每间客房的成本则在 6 万—8 万美元，经济型酒店每间客房的成本为 1.5 万—3 万美元。除了建造成本的差异外，上述不同类型酒店在营收的稳定性、投资回收周期、对抗外界系统风险等方面均有不同的表现。为此，投资者可以根据自身的资金实力、投资回报的稳定性、投资回收的周期等因素，做出投资决策，以保证拥有较为理想的资金链。

（三）以时间价值为核心的投资策略

资金的时间价值是投资分析中的一个基本概念，在选择投资策略时，不仅要关注投入与产出的关系，还应该关注资金的时间价值。这里的酒店投资的资金时间价值，指在酒店生命周期理论的指导下，考虑在不同的发展阶段，如何实现投资的优化组合。因为投资建造酒店是一项复杂的系统工程，一般正常筹建周期为 2—3 年，试营业半年至一年，投资回收期至少为8年，这就需要在投资之初，对酒店投资进行准确的项目估算和收益分析。

（四）以收益率为核心的投资策略

投资收益率是每一位投资者最关心的指标，它可直接反映整个投资活动的状况。然而投资收益率的高低受多种因素影响，在投资中，风险与回报总是呈正比例关系，投资高风险的行业或领域可以获得高回报，但一味追求高收益率的行业也必将面临更大的风险。为此，对酒店投资者而言，充分解析影响投资收益率的因素，并解构其影响机理，能在很大程度上帮助投资者做出正确的决策。一般情况下，影响酒店投资收益的因素包括区位条件、市场供求、经营管理等。其中，区位条件主要涉及经济水平、交通状况、竞争态势、基础设施和制度环境等因素；市场供求则是对市场中的酒店供给和需求的状态及未来发展趋势进行分析，从而找到适合酒店未来发展的市场定位；酒店的经营管理水平则与酒店管理公司的品牌、职业经理人的阅历与经验、酒店及区域人力资源供给状况等因素相关。所以投资者必定会在选址、产品定位、运营管理等方面开展深入的研究，并作出审慎的决策。

（五）以投资人理念为导向的投资策略

投资人理念将在很大程度上决定酒店投资的方向和策略，如投资者的思维方式、经营哲学等。不同类型的投资者，在投资策略的选择方面会有不同的偏好。例如：开拓型、征服型、理财型的投资者往往比较主动，积极寻求每一个投资的机遇；冷静型、行政型的投资者则更偏向于稳妥的长线投资策略。正是在科学的投资决策分析与多样化的投资者个性和理念的共同作用下，酒店投资的形态和策略组合才变得异彩纷呈。

第二节 酒店投资规划的功能设计

一、酒店功能规划设计概述

（一）酒店功能规划的概念

酒店功能规划设计是酒店设计中的重要内容，其主要的工作内容就是对酒店的空间分割及功能划分等进行设计，并对酒店内外建筑设施的合理布局等做出安排。

从酒店设计的流程来看，在酒店功能规划设计之前，还需要对酒店的主题定位加以研究和明确。因为酒店的主题定位将决定酒店最基本的属性和特征，是酒店的"灵魂"。酒店投资的功能规划则是酒店的"躯干"和"四肢"。"灵魂"起到引领酒店整体发展方向的作用，往往受到酒店选址及当地的自然社会环境、历史、民族、艺术等因素的影响较多。

例如，在海南三亚，如果酒店位于亚龙湾和海棠湾，则受地段、环境及市场需求等因素的限制，该区域酒店的定位一定是在滨海度假或健康疗养等方面。

再如，法云安缦是阿曼集团（全球顶级的小型精品度假村集团之一）在中国内地开的第二家度假酒店。该酒店藏匿于一个风景如画的山谷中，四周围绕静谧的茶园、天然森林、别具风格的小村庄和佛教古寺灵隐寺，拥有无可比拟的自然风景和独特的地理位置。由于该项目所在的地方，原先是一个叫“法云村”的古村落，因此，最终其主题被设计为“18 世纪的中国村落”，尽量保持了杭州原始村落建筑的木头及砖瓦结构，房间以不同的形式遍布于小村庄。买下这个小村子后，安缦把整个村子改建成酒店，原来的茶场被很好地保存下来，目前法云安缦内有 22 块茶园地。法云安缦的主题设计体现出一种文化传承的感觉，这种主题定位很明显是与投资项目所在的区位条件、宗教氛围、历史文化等因素有非常大的关联性。安缦位于中国的第四家酒店——上海养云安缦则定位为城市中的一座静谧村庄。该酒店位于上海市闵行区马桥镇的香樟园林，这个酒店的特别之处就在于酒店房间所使用的建材都来源于从外地被保护下来的明代与清代民居。这些千里迢迢被搬迁过来的明清民居，每一块古老的石砖都被重新整理并组合，构建出安宁而雅致的空间。养云安缦中樟树与古村庄故事所承载的思想，是内省式的静修，见证了一片森林所记录的不寻常的过往，以及一段被用心保留下来的历史。

从上述中国的两处安缦酒店的主题定位就可以看出，酒店在开展具体的功能设计之前，应该明确酒店希望强化和演绎的主题。这两处安缦酒店的主题选择与整体投资规划较好地展示和提炼了中华文明的精彩内涵。同时，也充分考量了项目的环境效益，体现了绿水青山就是金山银山的发展观点。

经典案例

深坑酒店——上海佘山世茂洲际酒店

深坑酒店与其他酒店的最大不同是，一般酒店都是位于地平线以上，建筑本身是向着天空往上发展延伸，而深坑酒店则是反向发展，朝下纵深直至地下 88 米。上海佘山世茂洲际酒店坐落于上海市松江佘山国家旅游度假区的天马山深坑内，由世茂集团投资建设，是在废弃的采石矿坑壁上打造出的全球首个建造在石坑内的自然生态酒店。这个极具创意和挑战的项目先后创造了专利 41 项，授权 30 项，被美国国家地理誉为“世界建筑奇迹”。深坑酒店经过 12 年的打造，在 2018 年 11 月中旬开业，共有 336 间客房和套房，采取地上 2 层、地下 16 层设计，总建筑面积约 61087 平方米，地下客房又被设计成水下客房，地下客房和观景餐厅均可在室内观赏热带鱼景。独特的创意和众多专利给酒店带来了丰厚的回报。根据相关数据，2018 年底开业的深坑酒店受到消费者的关注和青睐，开业当年即实现 3200 万元的营收，2019 年达到 2.79 亿元，在 2020 年全年、2021 年上半年疫情期间，也分别实现人民币 2.65 亿元、1.34亿元的营收。

（资料来源：上海佘山世茂洲际酒店官网，笔者有整理）

（二）酒店功能规划的要素

酒店功能规划的主要内容有服务项目的设置、功能设施的布局和设计、配套设施的布局与设计、功能设施与环境的协调。在功能规划过程中，经常涉及的要素或指标包括酒店的面积、区域空间的划分、住客的移动线路、员工的服务传递线路、酒店常见设备与设施、酒店内部安全、酒店可持续发展等内容。

在功能规划的要素中，面积和区域空间的划分是最为基础的要素，能够描绘出酒店建设之后的总体轮廓。例如某酒店在设计中明确相关面积指标如下：总占地面积为30000平方米，总建筑面积为11540平方米。其中，地上建筑面积80040平方米，地下建筑面积35000平方米。在功能分区方面，设计者就将该酒店划分为客房及客房配套层、中餐厅、西餐厅、宴会厅、多功能厅、会议室、大堂吧、酒店健身区域、商业铺面等区域。

二、酒店功能规划的原则

酒店功能规划是一个具有技术性，又同时需要创新性的工作，从功能设计规划的要求来看，规划设计者一般需要遵循以下原则。

（一）主题导向原则

主题导向原则是指酒店的功能规划设计需要与酒店的文化主题设计保持一致性，并通过相关主题功能区块设计来凸显该酒店的主题。例如，珠海长隆度假区中的企鹅酒店，紧邻海洋王国主题公园，是以企鹅为主题的度假亲子酒店，包含各类主题客房多达2000间，该酒店的功能规划就紧紧依托企鹅的主题，打造亲子互动的理想场景。该酒店中独具特色的是拥有难得一见的企鹅馆，客人可近距离接触憨厚可爱的企鹅。此外，该酒店还在企鹅自助餐厅内设计了企鹅冰上皇宫剧场，由专业技术团队研发创作企鹅相关的节目表演供用餐的客人欣赏。考虑到酒店的亲子主题定位，该酒店还在一楼设置了童趣廊，为客人提供多款特色甜点和软饮，还有丰富有趣的小童娱乐设施、科普学堂及亲子乐园等。可见，酒店在进行功能规划时，应充分研究该酒店的文化内涵和主题设定，以及目标市场群体的特性和需求，然后从主题功能区的设计、主题形象区的设计、主题风格的营造与设计等方面开展功能规划设计工作。

（二）经营导向原则

酒店在进行功能规划与设计时，除了要让酒店住客感受到与主题一致的功能设置、形象展示外，对酒店员工也应该表现出友善和关心，即酒店的规划设计应该使酒店员工的工作变得更为顺畅，让酒店的管理运营工作拥有更高的效率。

比如酒店工作环境的设置如何让员工更舒心？这方面，腾讯的新总部腾讯滨海大厦可以给我们一些启示。腾讯的新总部大楼，两塔楼间通过三个不同高度的天桥相连接，分别是2—5层的“文化连接层”，22—26层的“健康连接层”，以及35—37层的“知识连接层”，与腾讯未来的发展定位有内涵上的互通。该栋建筑为员工提供了非常丰富的休闲设施，如恒温游泳池、城市广场、空中花园、三层楼高的攀岩设施、标准的篮球场、羽毛球场、300米长的环形跑道等。当然，此处举出腾讯滨海大厦的例子并不是要酒店给员工提供如腾讯总部一样的工作环境，而是通过这个例子，说明符合员工生理与心理需要，符合酒店运营需要的酒店功能规划设计是非常基本的要求。

酒店功能规划与设计是一项技术性很强的工作，因为酒店各功能区的划分和比例分配具有一定的规律。例如，一般来说酒店客房所占的面积约为50%，设备及内部管理所需空间约占10%，酒店的公共空间占酒店空间的15%—20%，餐饮、娱乐及其他业态的经营面积占酒店总面积的20%—25%。但同时，不同类型的酒店，在上述功能分区的设置和规模配比方面都有较大不同。与此同时，酒店各项服务之间的衔接，各项设施之间的配套等都需要通盘考虑。常见的失误的例子，如大型宴会厅的接待设施和厕所规模不匹配、厨房的设计与餐厅规模和楼层不匹配、员工的动线没有充分考虑，导致出现使用产生冲突等。此外，酒店功能设计需要考虑实际使用者的需要，包括员工、酒店住客等，因此，需要有一定酒店设计经验的人士参与设计。

（三）产出导向原则

理想的酒店功能设计不仅能够方便使用者和酒店的管理运营，更能够创造出可观的效益。因此，酒店功能规划设计的另一个原则就是产出导向的原则。该原则的本质就是设计者需要在空间规划方面注重景观效果与经济效果的平衡，使得每一个单位面积上的空间都应该尽可能地增加产出。通常来说，好的功能设计规划能够充分利用空间制造消费契机。为此，酒店设计者需要和投资者及未来的管理者一道，多花一些心思在产出导向的设计上。

（四）市场导向原则

所谓市场导向原则是指在酒店功能规划设计时，除了按照国家相关标准和酒店行业的惯例来进行空间分割和功能设置外，还需要在宏观上关注市场需求的变化趋势，同时，在微观设计方面，深入探讨酒店目标住客的入住体验场景，按照不同的体验场景来对功能与空间进行适当调整。例如，随着汽车的普及，自驾游出行比例的不断增加，酒店在停车场的设置中应该增加适当投入。特别是现在电动汽车不断发展，酒店设计者就应该充分考虑到消费者在停车之余的充电需求，从而增加汽车充电装置来提升酒店住客的满意度。

知识关联

电竞酒店的发展

电竞游戏近些年来受到越来越多人的喜爱，数据显示，2017年“王者荣耀”职业联赛(KPL)网上的观看量达数十亿人次。而根据市场研究机构艾瑞咨询发布了《2022年中国云游戏行业研究报告》，2021年中国云游戏市场规模约为34亿元，同比增长54.5%，同时在2021年里，中国云游戏平均月活跃用户规模达到7000万人，同比增长32.7%。目前，电竞游戏已发展成为一种重要的社交手段，年轻人的聚会方式不仅仅是唱歌、吃饭，组团玩电竞游戏已经逐渐成为更多年轻人喜爱的聚会方式。

随着“王者荣耀”等大热，电竞游戏进入越来越多人的生活。而一种依托于电竞游戏的新型酒店也应运而生。顾客不仅可以享受媲美网吧的高品质电竞体验，还可以拥有酒店的舒适体验。这种酒店往往入住时间比一般酒店要长，酒店客房内电竞桌椅和电脑是标配，房间内配有空气净化器和排烟系统，为了组队竞技的需要，此类酒店的房型从二人间至六人间都有。电竞酒店一经推出就受到了年轻人的追捧，2022 年 11 月 24 日，中国旅游饭店业协会与同程旅行联合发布《2022 电竞酒店市场研究报告》，分析了国内电竞酒店的用户消费行为、消费热点及创新业态。同程研究院提供的综合测算数据显示，截至 2022 年 6 月，全国电竞酒店存量约1.1 万家，至 2022 年底全国电竞酒店存量预计为 1.5 万家。

（资料来源：北京商报：全国电竞酒店数量预计到 2023 年将突破 2 万家，2022-11-24）

三、酒店功能设计与布局应关注的问题

（一）个性化与标准化的问题

酒店设计需要妥善处理好标准化与个性化的关系。标准化是个性化的重要基础，特别是在酒店设计方面，标准化的文件提供了重要的参考。如我国现行的《旅游饭店星级的划分与评定》标准就对酒店建设与经营发展起到了较好的引导作用。尽管酒店的发展具有不同的主题和市场定位，酒店产品的类型也具有多元性，但是，无论何种类型的酒店，在建设时如果参照酒店的星级标准要求，如酒店每个星级应具有的最低客房数，公共设施的图文标识、客房核心产品的面积及配套设备设施的要求，装修材料及酒店用品要求等，酒店设计的合理性和科学性可以得到一定程度的保证，对于后期酒店要开展的星级评定工作能够提供良好的基础。

（二）酒店建筑结构合理化的问题

酒店功能设计需要符合一定的比例要求，实现合理化设计。例如，各类设施的面积需要考虑一定的配套合理性。一般来说，客房总面积约占酒店总建筑面积的 50%；设备层及内部使用面积占建筑总面积的 10%；走道、大堂等公共面积占建筑总面积的 15%—20%；餐饮、娱乐及其他经营的面积占建筑总面积的 20%—25%。当然不同类型的酒店根据功能需要不同，会存在一定的变化幅度，但是合理性的布局是需要设计者重点考虑的问题。

（三）酒店设计空间感与盈利的问题

酒店一方面要考虑气派、舒适、时尚的空间设计，同时又要将盈利的问题放在重要的位置来考虑，这也成为酒店设计时需要重点关注和平衡的问题之一。酒店设计既要体现酒店的现代化程度，给客人舒适的空间感，又要有效利用空间和环境的合理布局，提高空间的利用率。不能盲目追求华而不实的过大共享空间，这样会导致投资和运营

成本过高。总的原则是在不影响客人舒适感的前提下，努力提高盈利空间，集中和压缩办公区域，适度布局客人共享区和走道。比如：酒店大堂应有供客人免费休息的沙发，同时可以设置有酒水供应的大堂吧，但后者的面积通常应大于前者；走道至少应在使用服务推车的同时还能保证客人来回行走方便等。

（四）酒店设计与能耗节省的问题

酒店是能耗大户，酒店建筑物部分或整体都实施 24 小时运营。为此，酒店应该通过各类巧妙的设计，循环利用，尽量减少酒店的能耗。比如，空调系统将集中与分散相结合，即多设计几套中央空调系统，并将其分散在不同的楼宇，这样就可以根据需要减少不必要的空调能源消耗。再比如，将生活用水处理后用于保洁、冲洗厕所、喷泉等，这需要设计时统筹兼顾、综合布局管线，一步到位，以免日后又进行拆补。

（五）装修美感与实效的问题

酒店设计时环境营造很重要，因为精心设计的环境能够激发客人正面积极的情绪，也有利于提升客人的体验。但是，在酒店设计时，对于环境和景观的追求还应该注重实效性。比如，各种水体景观往往意味着较高的成本，此时，酒店设计时就可以考虑是否有更好的方式或项目来代替水体景观的设计。再比如，建筑与装饰材料的使用也是如此，沿海地区的酒店，海风具有较强的侵蚀性，因此，在选择建筑与装饰材料时，不能仅考虑美观，还应该考虑耐久性和安全性等。

（六）酒店细节设计与人性化体验的问题

酒店设计应该注重引入人体工程学，以及充分考虑各种应用场景，这样设计出来的酒店才能让客人感觉方便、熟悉，真正有家的感觉。比如，随着国际旅游市场的扩大，酒店会接待不同国家和地区的客人，其中一个最为直接的问题就是不同制式的插头之间的转换与使用的问题。以往客人都会配备一个电源插头的制式转换器，如果酒店在设计时，一步到位地使用万能插座，就可以让客人觉得非常方便。再比如，手机已经成为人们随身携带的必需品，也是重要的社交及消遣工具，此时，卫生间的设计就应该充分考虑到这种需求，对于重度手机使用者的细节化设计能够为其带来便利。

第三节 酒店投资规划的可行性分析

一、酒店投资可行性分析概述

（一）可行性分析的概念

可行性分析与投资者的经济利益直接相关，对于某些重大项目的可行性分析甚至还会影响该地的经济发展。所谓酒店投资可行性分析是在酒店项目投资之前，通过一系列调查分析和预测工作，来确定投资项目是否具有可行性的过程，它是项目投资前必不可少的一个重要步骤。从内容上来看，酒店项目投资的可行性分析涉及酒店开发项目用地的调查及动迁安置、酒店市场分析和建设规模分析、酒店投资的环境影响评估与保护、酒店投资的资源供给、酒店项目开发的组织机构及管理成本分析、酒店开发建设设计、酒店投资项目的经济及社会效益分析等，并在此基础上，通过成本与收益的比较，对项目投资的可行性加以最终判断。

（二）可行性分析的原则

1. 科学性原则

可行性分析要力求科学、准确，这既包含了在评估过程中要以科学理论作为指导，也包括了评估者要有严谨的工作态度。因此，在可行性分析过程中要力争收集到客观、准确、最新的相关数据和资料，并利用现代科学技术和专业知识做出客观、公正、独立的可行性评价。

2. 责任细分原则

可行性分析的质量决定了项目投资的成败。为了保证可行性分析具有较高的质量，一般要建立严格的责任制度，让研究人员承担与自己的职权相称的风险和责任。只有这样才能减少可行性分析过程中的盲目性和随意性，保证可行性分析的严肃性和科学性。

3. 微观、宏观经济效益一致的原则

在进行酒店投资开发可行性评估时，不仅要考虑项目本身的盈利情况、财务生存能力，还应当考查该项目的宏观经济效益。从根本上来看，宏观经济效益和微观经济效益是一致的，企业的经济效益是实现宏观经济效益的基础，而宏观经济效益的提升又能为企业经济效益的实现创造更好的环境。

4. 三大效益统一的原则

酒店投资开发的可行性分析不仅要分析经济效益，而且要将经济效益、社会效益、生态效益三大效益结合起来综合分析。

（三）可行性分析的分类

按照可行性分析的工作步骤可将可行性分析划分为以下三类：投资机会分析、初步可行性分析、具体可行性分析。

1. 投资机会分析

投资机会分析是指在一个确定的区域范围内，利用现有市场分析的研究结论，于市场中寻找最有利的投资机会的过程。投资机会分析主要为投资的建设项目提出建议，此类分析需要根据研究者占有的数据分析市场潜力、竞争形势等。

2. 初步可行性分析

初步可行性分析是指在投资机会分析的基础上，对市场容量加以详细考查，对经济状况加以分析，对投资酒店项目的未来发展前景加以初步评估，从而确定是否有进行最终具体可行性分析的必要。

Note

3. 具体可行性分析

具体可行性分析是指通过初步可行性分析后，在项目的经济和技术可行性方面进行的论证。具体可行性分析需要以大量的数据为基础，并对项目投资回收期、每年净收益、预期市场份额等经济指标予以准确计算。

二、酒店项目投资环境分析

从酒店项目的投资环境来看，酒店项目投资可行性分析主要包括以下分析。

(一) 项目的竞争状况分析

项目的竞争状况分析主要指酒店投资可行性分析的机构需要对该区域内潜在的竞争者进行数据搜集与分析，即存在竞争关系的酒店的客房间数、客房牌价、餐厅数量和设施、产品质量、酒店的内部设施和维修、所在地的分类和评价等信息，帮助酒店项目投资者做出关于市场竞争态势的正确判断。

(二) 项目概念的前景分析

项目概念的前景分析是从市场竞争的角度来对酒店投资项目的概念设计进行可行性分析。对于此部分的研究工作，一般需要了解过去的市场、现在的市场及未来的市场情况和趋向，以及确定酒店产业投资者计划在未来市场中的定位与目标市场空间。一般而言，具有较为清晰目标定位的项目，在可行性方面具有更明显的优势。下面就是一个漂浮酒店的概念设计之初步分析的例子。

知识关联

漂浮酒店的设计初衷

漂浮酒店概念设计的初衷就是实现对环境的保护与自然的和谐相处(见图 10-1)。超大玻璃外墙为游客提供了观赏美景的绝好视野。每个双船体都可以自主地以慢速在水面移动，让游客可以选择私人地点。同时，12 个双船体也可以和主酒

图 10-1 漂浮酒店概念示意图

店连接在一起。对于那些想要享受自然风光又不想破坏环境的游客来说，漂浮酒店是绝佳的选择。游客可以在双船体上钓鱼、晒日光浴，与世隔绝又享受了各种娱乐，如果你想偶尔逃离现实生活，享受大自然，漂浮酒店大概是你最完美的度假胜地。

（三）酒店项目的微观环境分析

酒店项目的微观环境分析是可行性分析中一个重要的过程，在这个环节中要系统地评价酒店未来所处位置的优缺点。一般而言，该部分的分析需要注重交通区位、基础设施配套及自然环境条件等状况的分析。

1. 交通与地理区位分析

在说明与分析投资项目的交通与地理位置时，要在城市地图上注明酒店项目的位置，说明酒店周围的环境、交通状况和行车时间，以及城市内和酒店周围的名胜距酒店的距离和行车时间等。良好的区位条件是酒店投资项目获得成功的重要基础条件。在考虑酒店的区位时，除了交通条件外，还应从区域协调发展的角度，适当考量该区位的选址是否与区域发展的大方向相一致，如配合城市更新及打造宜居、韧性、智慧城市等。

2. 基础设施配套状况

综合分析酒店投资项目所在地现有的基础设施情况，如通信、水电、管道、煤气和有关的市政工程，同时，还要了解土质情况、开工前的准备工作、道路扩建规划、停车条件、建筑高度限制等。如果基础设施和建设施工条件不成熟，会带来投资成本和后期项目建设管理成本的激增，因此，也需要在可行性研究中加以重点关注。

3. 自然环境条件分析

在酒店投资项目的可行性分析中，环境分析还应针对自然环境条件开展调查和分析。自然环境构成酒店项目基地的基本特征，会直接影响酒店的景观和吸引力，例如在湖滨、海滨或半山区域建造酒店都会让客人拥有绝佳的景观视线和入住体验。一般来说，自然环境条件分析时关注的主要内容包括酒店项目的地形地势、地质条件、气候、水文、动植物生态，以及特殊景观等。一方面，自然环境会影响投资的成本。例如，对于投资项目基地的坡度，一般都会要求场地的坡度在15%以内，如果高于该坡度，就会产生不菲的场地平整费用。另一方面，自然环境条件也会对投资项目产生限制。例如，水源保护地、生态保护区、潜在地质灾害发生区等都不太适合进行酒店开发与投资。

三、酒店投资项目的经济可行性分析

（一）酒店建设规模分析

在供需分析中，要根据市场预测的需求情况确定未来五年的客房需求增幅。同时还要考虑现有酒店的出租率和在建的同类酒店数量。通过这种市场预测就可以知道，在当地计划兴建的酒店是否能够盈利。

（二）收益预测

在酒店产品的收益预测方面，一般需要以供需分析为基础，根据各销售部门的建筑格局和特点，预测酒店建成开业后五年的收益情况。对于酒店的收益预测，需要首先对酒店客房出租率进行预测，同时，也需要对酒店餐饮、辅助部门等进行收益的预测分析。

（三）成本分析

在酒店投资者掌握了各项收入数据之后，就可以据此作出成本预测。为了使调查数据符合实际，需要针对各项成本做更为详细的市场调查。

四、酒店投资项目的敏感性分析

敏感性分析是指通过分析，测算酒店投资项目的主要制约因素发生变化时引起经济效果评价指标变化的幅度，了解各种因素的变化对实现预期经济目标的影响程度，从而对酒店投资项目在各种风险中的承受能力作出判断。

如果某因素微小的变化引起经济效果评价指标产生较大的变化，甚至变化超过了临界点，这些因素称为敏感性因素；反之，如果某因素变动较大时，却只引起经济效果评价指标很小幅度的变化，这些因素称为不敏感因素。敏感性分析就是在众多的不确定因素中，确定哪些是敏感性因素，哪些是不敏感性因素，并分析敏感性因素对酒店投资项目的影响程度。

酒店投资项目的敏感性分析主要步骤如下。

（一）确定敏感性分析的经济指标

评价酒店投资项目的经济效果指标有很多，都可以作为敏感性分析的经济指标。但对于某一具体的酒店投资项目而言，没有必要将所有的指标都做敏感性分析，因为不同的酒店投资项目有其不同的特点和要求，即使是同一酒店投资项目在不同的阶段也有不同的需求。因此，敏感性分析指标的选择应根据实际的需要来确定。一般来说，较为常见的经济指标包括项目的利润率、项目的投资回收期、内部收益率、经营成本等。

（二）选择需要分析的不确定性因素

对酒店投资项目产生影响的不确定性因素很多，严格来说，几乎所有对酒店投资项目产生影响的因素都具有或多或少的不确定性。但是，在实际工作中我们不需要对所有的不确定性因素进行敏感性分析。有些因素虽然具有不确定性，但是对经济效果的影响较小，只有那些对经济效果评价指标产生较大影响的敏感性因素，我们才应该做敏感性分析。一般我们应找出那些对酒店投资项目经济效果评价有较大影响，同时又在整个规划期内有可能发生重大变动的因素作为不确定性因素加以分析。较为常见的不确定性因素包括入住率、利率、汇率、物价水平等。

（三）确定经济效果指标对各种因素的敏感程度

常用的分析思路是，假定除敏感性因素外，其他因素都是固定不变的。然后根据敏感性因素的变动程度，重新计算有关的经济效果评价指标，并将其与原指标值进行对比，了解其变动的程度，这样即可得出该指标对该不确定性因素的敏感程度（类似于经济学中弹性的概念）。如经营成本变动幅度与利率变动幅度的比值，可以反映经营成本对利率变动的敏感程度。

（四）找出酒店投资最敏感因素，并分析项目的投资风险

根据前面的分析结果，对每种敏感性因素在同一变化幅度进行比较，选择其中导致变化幅度最大的因素。然后根据最敏感因素的多少及其对经济效果评价指标的影响程度来判断该酒店投资项目的风险大小。

五、酒店投资项目的盈亏平衡分析

酒店投资项目的盈亏平衡分析主要着眼于经营上的盈亏平衡点的分析，即对项目投资产量、成本和盈利之间的平衡关系进行分析，找出酒店项目投资在产量、产品价格和产品成本等方面的盈亏界限，据此判断在各种不确定因素作用下方案的风险情况。

盈亏平衡分析的常用方法主要有以下三种，即线性盈亏平衡分析法、非线性盈亏平衡分析法、优劣盈亏分析法。这里主要介绍线性盈亏平衡分析法。

线性盈亏平衡分析是指投资项目的销售收入和销售成本与产品销售量呈线性关系情况下的盈亏平衡分析。这种线性关系可表示如下。

收入函数：$R=PQ$

成本函数：$C=F+VQ$

其中：R 为销售收入；P 为单位产品价格；Q 为产品销售量；C 为销售成本；F 为固定成本；V 为单位产品变动成本。

线性盈亏平衡分析法主要包括图表法和解析法。

（一）图表法

图表法就是将收入函数和成本函数在同一坐标图上描述出来，构成线性量-本-利分析图，也称盈亏平衡图。图中的两条直线的交点就是盈亏平衡点（Break Even Point，BEP）。

图 10-2 中，纵坐标表示销售收入与销售成本，横坐标表示产品销售量，销售收入线 R 与销售成本线 C 的交点即为盈亏平衡点 BEP，BEP 所对应的销售量 Q^* 是盈亏平衡产销量或称保本量。在 BEP 的右边销售量大于保本量，销售收入大于销售成本，项目盈利；相反，在 BEP 左边，销售量小于保本量，销售成本大于销售收入，项目亏损；只有在 BEP 点上，项目不亏不盈。BEP 点越低，项目的盈利机会越大，亏损的风险就小，项目投资的生命力就越强，反之，风险就大。

（二）解析法

解析法是指通过求解方程，求得盈亏平衡点。在销售收入和销售成本与销售量呈线性关系的情况下，可以很方便地用解析法求出以产品销售量、生产能力利用率、产品销售单价、单位产品变动成本等表示的盈亏平衡点。

Note

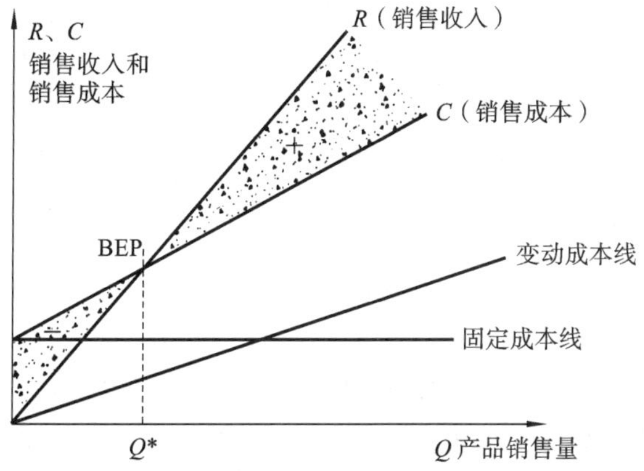

图 10-2 盈亏平衡图

根据盈亏平衡原理，在盈亏平衡点上，销售收入 R 与销售成本 C 相等，即有

$$QP = CF + CV = F + VQ$$

由此等式推导可得以下内容。

（1）盈亏平衡产量或销售量，即保本量：

$$Q^* = F/(P-V)$$

（2）盈亏平衡销售收入：

$$R^* = PF/(P-V)$$

（3）盈亏平衡点价格：

$$P^* = V + F/Q_0$$

（4）盈亏平衡点单位产品变动成本：

$$V^* = P - F/Q_0$$

（5）盈亏平衡点生产能力利用率：

$$E^* = F/(P-V)Q_0$$

知识活页

关于某酒店投资规划方案的盈亏平衡点选择有两种方案，经预测其相关数据如表 10-1 所示，试通过对两方案进行盈亏平衡点分析来加以选择。

表 10-1 酒店投资项目比选数据一览表

指　标	甲 方 案	乙 方 案
固定成本/元	3000000	2500000
单位变动成本/(元/人)	2	3
单位价格	20	20
税率	2%	2%
设计接待能力	220000	200000

Note

甲方案中，盈亏平衡时酒店接待游客量为

$$Q^* = F/(P-V) = 3000000/(20\times 98\% - 2) = 170455(\text{人})$$

生产能力利用率为

$$E^* = 170455/220000 = 77.5\%$$

乙方案中，盈亏平衡时酒店接待游客量为

$$Q^* = F/(P-V) = 2500000/(20\times 98\% - 3) = 150602(\text{人})$$

生产能力利用率为

$$E^* = 150602/200000 = 75.3\%$$

因此，从生产能力利用率看，甲方案稍优。但从盈亏平衡接待游客看，乙方案优于甲方案。

若按照两种项目方案设计的接待游客数量，则两个方案的盈利分别为：

甲方案：$(220000-170455)\times[(1-2\%)\times 20-2]=871992$(元)

乙方案：$(200000-150602)\times[(1-2\%)\times 20-3]=820007$(元)

由此可见，此时的甲方案盈利率高于乙方案。

TOURISM

第四节　酒店筹建与开业管理

在酒店完成可行性分析之后，就开始进入筹建与开业管理的阶段，其中筹建阶段的主要工作就是酒店建筑主体的施工，酒店开业管理则是有序安排酒店开业前的各项文件、制度、设施及员工等，从而保证酒店成功进行试营业。

一、酒店筹建的工作内容

酒店筹建的工作主要涉及工程、人员、物资等环节，工作烦琐复杂，且需要采购大量的外包服务，因此，招投标工作的管理和品质控制是酒店筹建过程中的重要内容。

（一）建筑工程与物资采购的筹备管理

酒店筹备的工程管理工作非常庞杂，包括各类建筑工程设计、电气设备设计、工程招投标、各类设计方案的审批、建筑工程的过程监控与管理、物料采购与验收等。

在酒店的建筑工程与物资采购筹备管理过程中，一方面应加强对相关工程和采购的招投标的管理，另一方面需要加强对工程施工过程的控制与管理。

在工程与物料采购的招投标管理方面，在酒店筹建过程中，为了有效地控制投资成本和工程质量，公开进行招投标是一个常用的好方法。招投标机制的使用，使得竞争机

Note

制在建筑工程施工过程中发挥作用，能够保证最具有竞争力的竞标者脱颖而出。为了保证招投标的效率和效力，管理者应该遵照《中华人民共和国招标投标法》及其实施细则的规定，以及参照各地方政府所指定的招标与投标的相关法规和文件等，在法律法规的指引下，科学开展工程招投标工作。

在工程施工管理方面，首先要遵循依法管理的要求，对于建筑工程、电气工程等施工项目，严格参照工程规范指引进行工程品质验收。管理者在监管时，一方面保证建筑施工单位严格按照设计单位的图纸和品质指标进行施工；另一方面也要注意施工方在材料选用和施工工艺执行方面的问题，防止偷工减料、以次充好，以免造成后期无法补救的后果。为此，管理者应注重全程控制与管理，对于每一项工程的施工作业，均要完成一项检查验收一项。

（二）人力资源筹备管理

酒店开业筹备中要从人力资源的角度，开展酒店管理人员与一般员工的招聘、培训和教育等工作。一般而言，主要包括以下工作内容。

根据酒店规模和各部门的划分，制订酒店的用人计划。此时的用人计划应该注重开业期间成本优先的原则，不应设置太多的员工，以免人浮于事，增加酒店的成本之余，也导致员工可能产生消极怠工情绪。

制定和准备招聘相关的文案并做好准备工作，包括对于相关岗位的工作职责的说明，对于拟聘任员工的基本要求说明等，为后续员工的招聘打下坚实基础。随后，按照人事筹备计划开展相关招聘宣讲、面试、培训等工作。

（三）社交筹备管理

除了上述直接关系到酒店运营的筹备工作之外，酒店的筹备准备还包括对外形象公关、社区关系强化等一些必需的社交筹备工作。所谓社交筹备工作主要是指在酒店的筹备期，酒店与社会之间进行联系与交往的工作，包括办理各项手续、进行社交活动、取得社区支持、进行酒店形象宣传，以及策划与筹备酒店开业庆典等工作。

开业庆典主要指因祝贺酒店顺利开业而举办的庆典活动。由于开幕对于酒店的经营管理具有重要的意义，因此，开幕庆典的安排会对酒店未来发展产生深远的影响，因此，对于庆典举办的时间、形式、内容及流程等都有细致的要求和讲究，并能够突出当地的文化风俗和特色。例如，澳门万利酒店的开业典礼上，较为引人注目的是在其酒店大楼上举行大型的焰火秀表演，艳惊全城。此外，有的庆典仪式会派发礼物，以凝聚人气，如 2012 年澳门金沙城中心酒店开业时，除了表演高空行走等杂技外，还为先入场的顾客派发金币等。对于酒店而言，开业庆典活动具有仪式感和象征意义，酒店可以借助举办开业庆典活动，向外界传递相关信息，并借此机会与业界和社会大众建立良好的关系。如澳门喜来登酒店宏地楼竣工典礼时，就邀请了香港著名演员作为嘉宾，在澳门星光大道上按下手印。

由此可见，除了实体上的酒店工程建设、项目采购及人事方面的筹备外，酒店社交筹备也是酒店开业筹备的重要内容。

Note

二、酒店筹建的基本原则

酒店在筹建的过程中，一般需要遵循以下原则。

（一）计划性原则

酒店筹备的工作涉及的领域非常多，千头万绪，需要管理者能够抽丝剥茧，将众多工作逐项安排妥当。为此，筹建计划的制订显得格外重要。只有充分分析并确定相关工作的轻重缓急，才能保证酒店筹建的顺利进行。

（二）期限性原则

酒店的开业筹备往往对时间有明确的要求，为了保证开业筹备工作按照计划按时完成，对工作进度进行控制和管理十分重要。由于任何工作的延误都可能带来严重的后果，因此在筹备工作的进程管理和总体控制方面，会使用一些管理工具对工作的期限进行设计和监管，较为常用的两种方法是甘特图法和关键路径法。

（三）系统性原则

系统性原则是指各项筹备工作之间应该强调适配度，即充分考虑工作内容与时间之间的相互配合关系。为了保证系统性原则得到有效执行，往往会在组织架构上，设立一个筹备工作的协调委员会，从而让不同专业领域的人士可以在一个协调框架下协商，在筹备工作上达成一致意见，实现协同效应。

三、酒店的开业管理

酒店的开业管理主要涉及的内容包括酒店运营所需的各类文件证照的报批、酒店经营管理的组织架构设计、各类运营所需管理制度的制定、保证酒店正常运营所需的资金设备准备、酒店经营管理过程中所需要的各类员工的聘请和培训，以及酒店的试营业与正式营业等。

（一）酒店运营所需的各类文件证照的报批

酒店经营管理中由于涉及许多不同的业务领域，因此，其在开业之前所需要报批的文件数量繁多，李伟清(2018)将酒店所需的文件列表做了整理如下：

a. 营业执照（市场监督管理局）；

b. 外商投资企业批准书（市场监督管理局）；

c. 税务登记许可证（税务局）；

d. 企业法人代码（技术监督局）；

e. 外商投资企业税务证（税务局）；

f. 外汇登记证（外汇管理局）；

g. 外汇兑换许可证（外汇管理局）；

h. 烟草专卖许可证（烟草专卖局 ）；

i. 卫星收视许可证（文化与旅游厅）；

j. 电梯使用许可证(人力资源和社会保障厅);
k. 环保排污批准书(生态环境局);
l. 消防验收许可证(消防队);
m. 消防安全许可证(消防队);
n. 锅炉使用许可证(人力资源和社会保障厅);
o. 文化许可证(文化与旅游厅);
p. 卫生许可证(疾病预防控制中心);
q. 食品许可证(疾病预防控制中心);
r. 从业人员健康许可证(疾病预防控制中心);
s. 特种行业许可证、公共场所合格证、公共场所安全许可证(公安局);
t. 涉外许可证(文化与旅游厅);
u. 排烟合格证(生态环境局);
v. 物价许可证(商务厅)。

同时,根据酒店经营管理的性质,酒店在开业前还需要购买社会保险、财产保险及公共责任保险等,从而在遭遇相关风险时,能够转移风险。

(二) 酒店经营管理的组织架构设计

酒店经营管理的组织架构设计主要是对未来酒店的经营管理方式进行明确,一般来说酒店业主方与管理方在明确管理模式和组织架构设计时,需要以最大利益原则和关系明确原则为基础。

我国酒店中较为常见的经营管理模式包括委派任命模式、承包经营模式、租赁经营模式、委托管理模式等。委派任命模式在管理涉及的经济关系方面比较简单。承包经营模式则是采取契约的形式,来确定业主、酒店管理者之间的责权关系,并按照所有权与经营权分离的模式实施经营管理。租赁经营模式则指酒店管理公司或个人以一定的条件向酒店所有者承租经营酒店的方式。委托管理模式主要是指酒店的业主方将酒店委托给专业的酒店管理公司开展经营管理活动,并使用酒店管理公司的名号,成为其旗下一员,此种模式下,酒店管理公司收取管理费用,并获得全权委托,代表酒店业主经营酒店并管理其员工,但酒店管理公司并不承担任何经营风险。

(三) 各类运营所需管理制度的制定

酒店各类制度中,最为基础的属于酒店章程,其是酒店根据有关的法律法规,制定的有关酒店经营管理活动、酒店组织结构、组织制度等的基本准则,是酒店日常经营管理活动的依据。

除了酒店的章程之外,开业准备阶段还需要结合酒店的实际情况和特点,设计完整的人事构架。同时,还要以人事架构为基础建立营运制度,编写酒店各部门的工作手册,为酒店各部门提供系统全面的政策与程序指引,还要编制完善的工作职责和工作规范等,最终形成一整套酒店管理的规章制度体系。

(四) 保证酒店正常运营所需的资金设备准备

酒店的经营管理方需要根据经营决策和开业预算,准备一份较为详细的设施设备和物资的采购清单及说明，设计酒店开业前的资金使用计划，并将上述文件提交酒店业主方进行批准。

（五）酒店经营管理过程中所需要的各类员工的招聘和培训

该部分内容主要涉及酒店经营管理者按照此前制定的酒店经营管理的各类制度，开展人员招聘、挑选、培训等工作。该阶段对员工的培训可以大体分为两个部分，一方面是对酒店文化方面的培训，让新加入的员工了解酒店的企业文化，并对其产生认同感和归属感；另一方面是专业技能方面的培训，即从工作岗位所需的技能和知识角度对员工开展上岗前的培训，以便开业后能够胜任相关的工作。

（六）酒店的试营业与正式营业

酒店的试营业就是酒店在正式开业以前，进行充分的运转磨合，找出组织制度设计中存在的问题与不协调的内容，并对其进行改进和优化，从而使酒店各部门有效运行。经过半年到一年的试营业期之后，酒店就可以进入正式营业阶段，此时，也标志着酒店的筹建与开业阶段正式结束。

本章小结

1. 酒店投资具有资金规模要求高、投资风险成本较高、存在较强不确定性等特点。

2. 酒店投资规划是指在项目投资前期，针对该项目的投资开展的规划论证等一系列工作。从酒店投资规划的具体内容来看，一般包括酒店投资机会分析、酒店投资项目可行性分析、投资资金预算、投资资金筹措等方面。

3. 酒店投资以及建设大致上可以分为六个阶段：市场调查与投资机会分析，可行性研究，立项准备，土建和设计期，建筑建造及各类酒店设施设备的采购，设施设备安装、内外部装修及开荒试营业阶段。

4. 酒店功能规划设计是酒店设计中的重要内容，其主要的工作内容就是对酒店的空间分割及功能划分等进行设计，并对酒店内外建筑设施的合理布局等做出安排。

5. 酒店功能规划设计一般需要遵循：主题导向原则、经营导向原则、产出导向原则、市场导向原则。

6. 酒店投资可行性分析是在酒店项目投资之前，通过一系列调查分析和预测工作，来确定投资项目是否具有可行性的过程，它是项目投资前必不可少的一个重要步骤。

7. 酒店的开业管理主要涉及的内容包括酒店运营所需的各类文件证照的报批、酒店经营管理的组织架构设计、各类运营所需管理制度的制定、保证酒店正常运营所需的资金设备准备、酒店经营管理过程中所需要的各类员工的聘请和培训，以及酒店的试营业与正式营业等。

思考与练习

酒店众筹需警惕潜在风险

Note

第十一章
酒店安全危机管理

学习引导

酒店安全危机的应对与管理需要在酒店日常的危机管理中下功夫。本章从酒店安全危机的概念和类型着手，首先探讨了酒店安全危机的概念，随后介绍了酒店应如何制订安全危机管理计划。第三节和第四节则分别从酒店安全危机识别与预警，以及酒店安全危机处理策略与公关等方面，介绍了酒店安全危机管理中应该具备的知识和技能。

学习目标

知识目标：了解酒店安全危机的分类、阶段与常见的管理举措。

能力目标：能够按照危机管理的阶段性对危机开展识别、预警与公关应对。

德育目标：能够将总体安全观融入酒店安全管理中，并切实将顾客和员工的生命安全放在安全管理的第一位。

思维导图

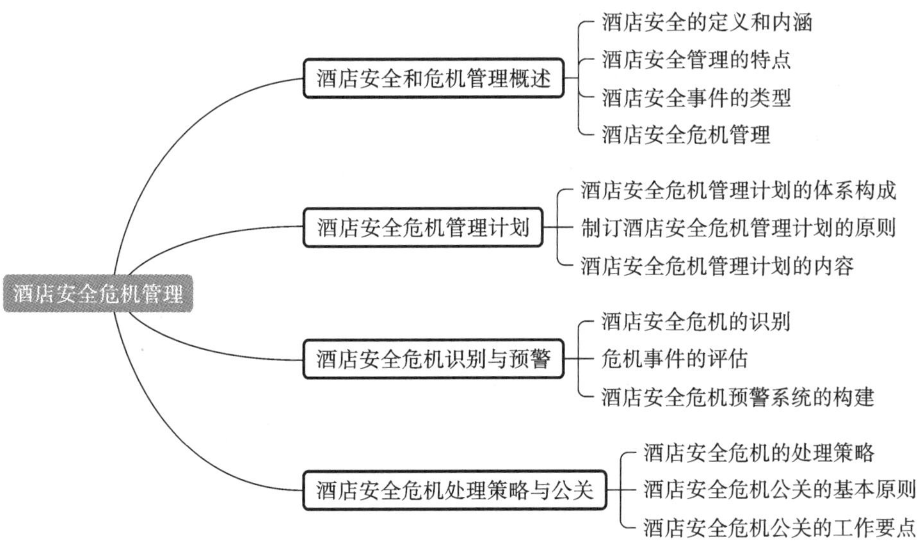

第一节 酒店安全和危机管理概述

一、酒店安全的定义和内涵

（一）酒店安全的定义

从马斯洛的需要层次理论来看，安全需要是人类需求中最为基础的部分，只有满足了安全需要，其他的高层次需要才会有产生的可能。从赫茨伯格的双因素理论来看，酒店的安全可以被归属为保健因素，即酒店能够提供安全的服务并不一定会让顾客感到满意，但是，如果酒店所提供的服务不能达到安全性的要求，相信顾客一定会感到不满意，且这种负面的情绪会十分强烈。而从酒店的本质来看，酒店是顾客离开日常居住地后临时居住的场所，因此，保证住客的人身与财产安全是酒店管理中最为基础的部分。与此同时，坚持人民安全是我国总体安全观的基本要求，为此，在酒店安全管理中必须要将酒店住客及员工的人身安全放在首位。

酒店安全主要指酒店经营过程中各相关主体的一切安全现象的总称。它既包括酒店经营活动各环节中的安全现象，也包括酒店经营活动中涉及人、设备、环境等相关主体的安全现象。酒店安全既指人身的安全，也包括财产的安全；既关注酒店住客的安全，也涉及酒店员工及酒店财产的安全与保全。由此可见，酒店安全具有较为明显的综合性和复杂性特点。这里可以将酒店安全简要概括与界定为：酒店内所有人员的人身财产的安全，既包括酒店内所有人员的人身财产安全，也包括对上述群体的安全可能产生威胁的事件和情境。而酒店安全管理就是要尽早发现并及时消除可能导致上述安全或威胁事故的因素，从而保障酒店经营管理工作的顺利进行。

2016 年 9 月 27 日国家旅游局公布了《旅游安全管理办法》，并自 2016 年 12 月 1 日起施行。在《旅游安全管理办法》中，旅游突发事件按照事件性质、涉及人数、影响范围等分为特别重大、重大、较大和一般四个等级，以及从经营安全、风险提示及安全管理等方面对旅游安全的管理提出了具体的要求。该文件是旅游业安全管理的指导性文件，酒店的经营管理者在面对酒店安全管理工作时，可参照上述管理办法。

在当前使用的国家星级饭店评定标准中，也有不少涉及酒店安全管理的条款，以五星级酒店的评定标准为例，该部分的第一条就是酒店布局和功能划分合理，设施使用方便、安全，同时，在客人的财产保全方面，也要求酒店和客人同时开启贵重物品保险箱，保险箱位置安全、隐蔽，能够保护客人的隐私。在酒店的人员服务设置方面，设门卫应接员，18 小时迎送客人。在客房安全相关的要求方面，明确要求客房门能自动闭合，有门窥镜、门铃及防盗装置，并需要在显著位置张贴应急疏散图及相关说明。该评定标准中，对于厨房的安全更是有非常详尽的说明和要求。关于酒店的公共区域安全，评定标准中也明确需要有紧急救助室，有应急供电系统和应急照明设施，主要公共区域还应有

Note

闭路电视监控系统等。此外，值得注意的是，评定标准的总则中就强调评定星级后，若酒店营运中发生重大安全责任事故，所属星级将被立即取消，相应星级标识也不能继续使用。由此可见，酒店相关主管部门对于安全问题的重视程度。

（二）酒店安全的对象

结合上述有关酒店安全概念的界定，我们可以从酒店安全管理的对象及其目标两个方面来对酒店安全管理的内涵进行理解。

当提及酒店安全管理的对象时，酒店管理者应该具有整体观和全局观，即酒店安全管理的对象除了是入住酒店或在酒店内消费的客人外，所有在酒店范围内的人也都应该被纳入酒店安全管理对象的范围。可见，处于酒店中的人主要包括在酒店消费的客人、酒店雇佣的员工、在酒店范围内但并未与酒店产生合约关系的人三类。这三类群体的人身及财产安全都需要得到酒店管理者的关注与保证，同时，酒店管理者也需尽量防止上述人群成为危及他人安全的危机因素。如曾经发生过非酒店住客因为内急，到酒店内的卫生间如厕，却因如厕姿势不对，蹲在马桶上，最终导致马桶爆裂伤人的事件。

从酒店安全管理的目标来看，酒店安全管理就是要保障酒店全体人员的生命免受危害、人的身体不受任何损害及保障酒店所有人的财物不遭受任何意外的损失。此处需要强调一点的是，除了保障人的身体不遭受损伤外，人的精神及人的基本权利不受到侵犯的情形也应该被归入酒店安全管理的范畴。近年来越来越多的高科技犯罪严重侵害了酒店住客的肖像权和隐私权，也应该属于酒店安全管理的重点内容之一。例如2019年3月20日，韩国警方公布了一起酒店偷拍事件，这起犯罪活动波及韩国10座城市30家酒店的42个客房，受害者大约1600人。更令人咋舌的是，这些偷拍视频在涉案人员的操作下，被上传到非法网站上进行直播。

二、酒店安全管理的特点

酒店安全管理具有如下特点。

（一）复杂性

酒店作为公共场所，人流量大，安全管理涉及范围较广，几乎包括酒店的各个部门和每项工作，所以其管理内容极为广泛而复杂。具体体现为：①安全管理既涉及人身安全、心理安全，还涉及财物安全、信息安全等，且管理要求各异；②人员进出频繁，酒店是公共场所，且大多数都是24小时对外营业，因此，接待的客人构成复杂，且流动性较大。

（二）服务性

酒店的安全管理，不同于行政、企事业单位的安全保卫工作，既要保护好客人，又要做好对客服务，要注意做到：①遵循外松内紧的工作原则，即安全工作在形式上应适应环境，表现自然；在思想上则要保持高度警惕，防范各种安全隐患。②在处理与客人关系时，既要按政策、原则、制度办事，又要文明执勤、助人为乐。③仪表仪容要符合规定要求，服务态度应友善，语言谈吐须礼貌，行为举止要得体。

（三）政策性

酒店是社会的组成部分，其安全管理涉及治安管理、消防安全管理、食品卫生管理、外籍公民管理等诸多方面，涉及国内的许多法律法规、民族政策，以及一些国际法律，因此具有很强的政策性和法制性。在进行酒店安全管理时，既要不违背我国的法律法规，又要注意内外有别，按照国际惯例行事，酒店安全管理人员还必须懂得一些外交、侨务、宗教、民族及对港澳台方面的相关政策，才能更好地处理安全管理中的问题。

（四）全员性

酒店安全管理不是仅仅靠安全部就能做好，更需要酒店全体员工的积极参与，因为酒店的安全工作涉及酒店内的各个部门，涉及每个岗位和每个员工。因此，酒店安全工作具有明显的全员性，只有群防群治，让每个员工都树立本职工作与酒店整体安全有关的观念，才能真正把安全工作落到实处。

（五）预防性

酒店安全管理工作应体现以预防为主的方针。酒店应建立健全安全保卫部门的岗位与职能，装备各种安全设施，健全各种有关酒店安全的制度，同时，加强安全知识培训和技能训练，如火灾、地震灾害的预防演练等，以预防和制止可能出现的各种不安全因素，提高安全事故发生时的快速反应能力。

三、酒店安全事件的类型

受行业特点的影响，酒店与许多行业部门都有广泛的关联性，且由于人员相对密集，因此，所面对的危机类型种类较多。在此，可以根据不同的分类标准对酒店面临的危机进行梳理。

（一）按照安全危机产生的原因分类

（1）不可抗力导致的安全危机。如战争、疾病、自然灾害等不可抗力因素给酒店带来的危机。2003 年非典蔓延，对酒店产生了较为严峻的健康安全危机。再如 2017 年 8 月 8 日四川九寨沟景区发生地震，导致当地酒店住客的人身财产遭受损失。此外，马来西亚沙巴是世界顶尖的潜水胜地，但闲适的美景中也暗藏着风险，其靠近的菲律宾南部是犯罪频发的复杂地区，有反政府组织、恐怖分子，还有海盗匪徒，十几年来发生数起绑架事件。

（2）顾客有意或无意的行为导致的安全危机。酒店住客因为其自身的有意或无意的行为可能导致对自身或其他酒店住客造成危害。例如，2002 年北京凯迪克大酒店突发火灾，就是由住在 1020 房间的客人在房间内划玩火柴后离开而引发，最终造成了三人死亡的重大安全事故。

（3）员工的行为导致的安全危机。酒店员工的一些不恰当或不专业的行为也会引发安全危机。例如当明星入住酒店，而明星应某员工要求拍摄了合影照片。但是

Note

在明星还没有离店时，这个酒店员工就将这张合影附上了时间和地点，发布在朋友圈和社交平台上。员工的这一行为，立刻暴露了该明星的行踪，第二天酒店的大堂也因为这一事件挤满了媒体人员。此外，部分酒店被曝光的“毛巾门”事件也是源于员工在进行卫生清洁时不依照操作流程和规范，导致出现了影响整个酒店行业的安全危机。

(4) 酒店设施故障导致的安全危机。酒店设施的陈旧老化，或者电子设备出现故障时，比较容易产生危害住客安全的事件。例如某酒店卫生间的日光灯长时间开启，整流器发热，里面的柏油流出，正好滴在塑料盖板上，高温的柏油引起塑料盖板的燃烧，燃烧的塑料盖板正好掉在台面的毛巾上，最终引发火灾。再如某酒店发生过因为酒店游泳池回水口设计有缺陷而导致住客被吸住动弹不得，最后不幸溺毙的事故。近年来国内频发电梯故障导致的人身伤亡事故，也为酒店管理者敲响了警钟，如果酒店电梯出现类似的安全问题，也将导致较为严重的危机事件。上述危机事件均属于由于酒店设施故障或存在安全隐患所导致。

(5) 外部人员导致的安全危机。这里所谓的外部人员主要是指酒店中非住客、非工作人员的一类群体。由于酒店属于相对较为开放的区域，非酒店住客也有可能给酒店带来安全隐患。例如 2016 年成为社会热点的和颐酒店女生遇袭事件，其中劫持女住客的陌生男子并非酒店住客。

(6) 酒店供应链导致的安全危机。酒店往往需要与其他行业进行合作，供应链是合作中的重要载体，是合作能够顺利进行的重要基础。如何保证供应链上相关产品和服务的品质，以确保酒店住客的安全，是供应链安全危机管理的主要内容。一般而言，一个中型的酒店，采购的品种都在 2000—4000 种。如此大数量的品种对酒店采购组织的安排和库存能力都有较高的要求。如果因为酒店餐厅原材料供应商的问题，而导致酒店住客发生食品中毒等事件，便属于此类安全危机。

此外，刘丽梅等(2018)借鉴《中华人民共和国突发事件应对法》，将酒店安全事故划分成了四大类型：事故灾难、公共卫生事件、社会安全事件和自然灾害。其中事故灾难主要分为消防事故、设施事故和施工事故；公共卫生事件主要包括食物中毒、突发疾病与死亡、精神安全问题及职业危害等内容；社会安全事件涵盖刑事治安事件、人员冲突事件及非正常伤亡等；自然灾害主要包括气象灾害、地震等各类自然灾害以及由此引起的二次灾害等。

(二) 按照安全危机的性质分类

根据酒店面临的安全危机的性质，具体而言，根据危机的可预测性和可控制性的不同，危机类型可以大体分为以下几种。

(1) 意外性安全危机。这种危机是难以预测的类型，因为此类危机事件的发生概率低，而且管理水平低。恐怖袭击、地震和飓风等都是此类安全危机的代表。尽管此类事件较反常或者很少出现，但是，一旦出现此类危机，将会波及或影响较为广泛的区域。

(2) 可控性安全危机。此类危机主要包括那些有相对高的可预测性和高控制水平的危机。例如客人失窃、人身伤亡事故、深夜加班的员工受到伤害等均属于此类。这些危机导致了相对直接的财产损失，并且是酒店在发展中的较为直接的威胁。

Note

（3）外部性安全危机。这类危机主要是不定期运营危机，包括火灾、食物中毒、溺水、煤气泄漏或者企业资料丢失等。这些危机是以一个相对低的发生概率但是相对高的控制水平为特征。

（三）按照安全危机的形式分类

由于酒店业务关联的人和组织非常广泛，因此，安全危机会有很多不同的表现形式。例如可以分为酒店住客财物的遗失或失窃、酒店范围内的火灾事故、存车或停车场事故、酒店住客发生食物中毒、酒店住客突发疾病等。例如：酒店住客将车辆停放在停车场内，但是离开时却发现车辆被刮花或损毁；酒店住客在酒店停车场内发生交通事故；在酒店范围内非酒店住客与在酒店等候住客的出租车司机之间发生冲突等。由于酒店可能面临的安全危机事件形式多样，因此，无法一一列举。

值得注意的是，一般情况下，人们对酒店住客的安全危机事件给予较多的关注，实际上，酒店员工的安全危机也同样会对酒店的发展造成影响。例如酒店前台员工在登记凌晨房时，胡搅蛮缠客人无理取闹，掌掴前台服务员，造成员工的身体和精神受到严重伤害。此类危机事件也与其他酒店住客相关的安全事件一样，值得酒店经营管理者重视，因为员工是酒店最为重要的资产。

四、酒店安全危机管理

危机管理的主要目的就是要在危机未发生时预防危机的发生，在危机真的发生时，采取措施尽可能减少危机所造成的损害，并尽早从危机中恢复过来。为了实现这个目的通常对危机采取风险评估、危机监测、危机预防、信息沟通、危机反应管理、危机恢复管理等手段。酒店危机管理是指酒店通过加强对危机的监测、防范、决策和处理，避免和减少危机产生的危害，甚至将“危”转化为“机”的管理过程。从具体的流程上来看，酒店危机管理的阶段大体上可以分为事前预防阶段、事中处理阶段，以及事后恢复阶段，如图 11-1 所示。

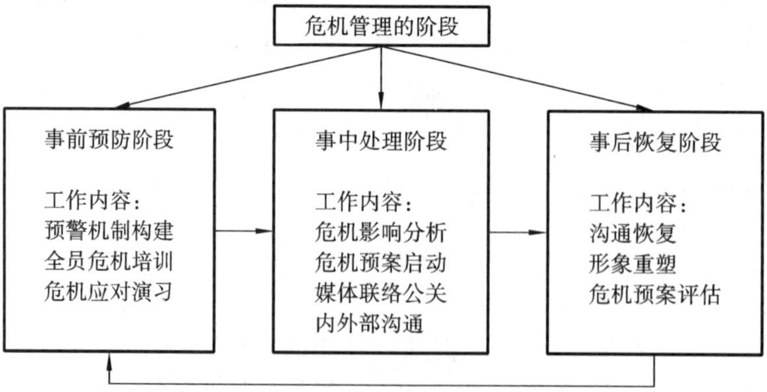

图 11-1 危机管理的阶段

事前预防环节主要的工作内容包括危机事件预警机制的建立，危机应急预案的设计，员工的培训，以及开展实践性的演习等。通过上述工作内容，为酒店的危机应对机制提供技术、制度、人员、经验等方面的保障。

Note

事中处理环节则主要包括对安全危机事件的影响分析，启动危机应对预案，主动联络媒体，进行积极的内外部沟通，从而将危机事件的影响降到最低，同时，展现酒店在处理危机事件方面的最大诚意。

事后恢复环节则主要包括沟通恢复、形象重塑及危机预案评估等内容。

为此，酒店管理者可以考虑从以下方面开展安全危机管理工作。

（一）建立健全安全意识与组织

安全意识与理念是指导酒店员工正确开展安全管理工作的基础，为此，酒店需要将安全意识融入酒店的企业文化中，在全酒店范围内，牢固树立“安全第一”的思想。应该让每一位员工都认识到安全才是酒店开展各项经营管理的基础。同时，酒店管理者需要在组织上提供保障，比如可以考虑成立酒店安全委员会。在酒店总经理领导下，依靠全体员工做好酒店安全保卫工作。同时成立专门的安全部门，一般称保安部，具体落实相关工作。

（二）开展安全工作培训

对于员工实施全过程的安全管理培训。从员工入职开始，就需要严格甄选，务必将思想与入职动机不纯的员工通过筛选机制进行甄别，这是酒店安全经营的第一关。曾经有一起酒店新入职三天员工盗取客人银行卡信息的新闻，某客人在南京鼓楼区一家酒店吃饭后，把银行卡交给服务员去刷卡结账，结果服务员复制了银行卡，还偷看了他的密码，导致卡内的 31.8 万元被盗。

除了入职员工需要严格筛选外，新员工入职应该有专门的安全培训内容，了解安全管理的重要性，掌握火灾、突发疾病、死亡等各类突发事件的处理方法，能使用救火设备及其他安全器材，并且要进行实战演练。

（三）充分了解安全危机的引致因素

酒店管理者需要充分了解酒店行业的特点，尤其是关注酒店业中常见的安全危机事件类型。只有掌握了酒店安全危机的特征与规律，才可以做到有的放矢，有备无患。

李婷等(2018)对 2006—2016 年期间我国酒店安全事故进行内容分析后指出，酒店安全事故发生率高的月份一般都出现在旅游旺季，这个时期人口流量大，因而容易发生安全事故。而根据事故类型，该研究中的 108 个案例总体可分为电梯事故、火灾、劫持偷盗、卫生安全、滑倒摔伤、旋转门和浴室门划伤、液化气爆炸、游泳或泡温泉溺亡、客人信息泄露、酒店工程事故和卫生安全事件等 10 个大类以及其他发生率低的事故。首先，火灾是酒店最易发生的安全事故，其中厨房和客房是发生火灾的主要场所；其次，电梯事故是发生率第二高的安全事故；再次是劫持偷盗、卫生安全，以及滑倒摔伤、工程事故（主要是对工程中的工人）及旋转门和浴室门划伤事故。从 108 个案例来看，火灾、电梯安全、抢劫盗窃、卫生安全的发生率较高，均超过了 10%。

为此，酒店的管理者可以针对上述发生频率较高的安全危机事件进行针对性的应对与设计防范机制。

（四）掌握事故的处理方法

酒店安全管理需要制定预案，对可能发生的安全危机事件做到心中有数，有备而来。为此，酒店管理者和相关职能部门应该根据酒店星级评定要求，制定和完善地震、火灾、食品卫生、公共卫生、治安事件、设施设备突发故障等各项突发事件应急预案。酒店应以上述预案为基础，为酒店员工提供事故应对培训，从而让酒店员工具备应对安全危机事件的意识与自信，一旦安全事件发生，员工可以井然有序地面对和处理。

（五）卫生防疫工作

酒店卫生防疫工作主要是预防食物中毒和疾病传染，也是安全管理的重要内容。随着人们的交往日益频繁，活动半径不断扩大，给一些传染疾病的传播创造了更多的机会。近年来在全球暴发的人禽类、人畜类交叉感染的高致病性流感，使得公众卫生安全成为一个全球共同关注的问题。酒店作为公共场所，既要开门迎客，又要认真做好卫生防疫工作，使客人在酒店能够放心消费，同时还要配合卫生防疫部门做好隔离与防控工作。

酒店的卫生防疫主要包括公共卫生、员工卫生和食品卫生等三个方面。

第二节　酒店安全危机管理计划

尽管危机的发生具有突发性，酒店也应该在危机管理思想的指导下，预先对可能发生的危机事件作出管理计划。即酒店应该根据可能发生的不同类型的危机制订一整套危机管理计划，明确怎样防止危机爆发，一旦危机爆发立即做出针对性反应等。酒店制订的危机管理计划应该囊括酒店多方面的应对预案，并重点体现危机事件预防及处理措施。本节将从酒店安全危机管理计划涉及的主要内容方面进行介绍。

一、酒店安全危机管理计划的体系构成

系统化是治理体系优化的重要内容，酒店危机管理方面也应该健全危机管理和治理体系，进而提升整体管治效率。酒店安全危机管理计划体系，一般来说由信息收集子系统、信息加工子系统、危机警报子系统、危机决策子系统、危机应对预案子系统、危机后管理子系统等构成。

（一）信息收集子系统

信息收集子系统的任务是对有关安全及危机风险源和危机征兆等信息进行收集。信息收集子系统设计时要保证信息收集的全面性，不能遗漏可能显示关于危机的各种信息。根据全面性的要求，危机预警系统要确定信息收集的范围，而信息的收集又要以可能的风险源为导向，因而在建立危机预警系统时要分析危机风险源的分布状况。

Note

（二）信息加工子系统

信息加工子系统的功能包括信息整理和归类、信息识别和信息转化三大功能。安全与危机预警系统收集到信息之后一般是无法直接加以利用的，需要对信息进行整理和归类，尤其是在指标性危机预警系统中，信息与危机之间缺乏显而易见的联系，信息的整理和归类就显得更为重要。此外，该子系统还应具备识别真假信息和排除干扰信息的能力，从而能将繁多的信息转化成能为危机管理系统所用的有用信息。

（三）危机警报子系统

危机警报子系统主要根据信息加工子系统的结果（信号和指标）决定是否发出安全危机警报和危机警报的级别，并发出警报指令。其功能是向危机反应者和危机潜在受害者发出明确无误的警报，使他们采取正确的措施。

（四）危机决策子系统

危机决策子系统的主要功能就是根据酒店安全和危机发生的实际情况，为酒店及相关利益方提供一系列可行的决策和补救措施，尽量减少消费者、酒店或其他相关群体因危机遭受的损失。因此，决策子系统的建立主要是明确酒店危机发生时相关管理者和员工的责权利的问题，同时，在组织架构方面给予危机决策和应对一定的保障。

（五）危机应对预案子系统

危机应对预案子系统就是预先设想若干可能的危机情况，制定可行的具体应对方案，从而让酒店在遭遇安全危机事件时能够从容应对。与此同时，应对预案子系统还包括对员工进行相关情境培训的功能。

（六）危机后管理子系统

危机后管理子系统主要指在安全危机事件爆发之后，酒店如何借助有效的管理来减轻事件对酒店品牌形象的影响，甚至如何借助危机，树立更为正面的酒店形象。

二、制订酒店安全危机管理计划的原则

（一）可操作性原则

酒店安全危机管理计划是一份直接指引酒店员工应对突发事件的应急处理预案。由于安全危机会对酒店住客及酒店声誉产生严重的影响，为保证安全危机管理的有效性，酒店制订的安全危机管理计划需要注重内容与酒店的实际情况紧密结合，具备较强的可操作性。因此，一般来说危机管理计划需要针对不同的情境提供流程式的指引，从而让员工在紧急情况下，仍然有标准化的操作流程（SOP）可供参考。

（二）一致性原则

酒店安全危机管理计划除非有特殊情形需要做出大的调整，一般情况下，计划应该具备系统性、全面性和连续性。尽管每年都需要对危机管理计划做出检视和优化，但是在不同类型危机事件的应对方案方面，主要的负责部门和人员设定应相对稳定，以免由于资讯混乱而影响危机管理的实际效果。

（三）前瞻性原则

由于酒店所面临的环境瞬息万变，加之安全危机事件发生时充满未知，因此酒店安全危机管理计划不能过于僵化和教条，且不能过于细节化。一份好的安全危机管理计划应该注重不同危机事件下的应对原则和总体处理方向，同时，应重视为危机管理的员工保留一定的弹性操作空间，以便在面对不同危机情境时，员工有发挥自己主动性的可能。

（四）全员参与原则

在酒店安全危机管理计划的制订过程中，需要充分发挥员工的积极性，对于酒店可能面临的各类潜在危机，酒店员工应参与探讨，集思广益。此外，在危机管理计划的执行流程设置时，应明确所涉及组织及人员的权利和责任，对人员进行有效配置，做到事事有人管，人人有事做。

（五）应用导向原则

酒店安全危机管理计划是实战导向的战略管理文件，因此，其不仅应该为未来的酒店危机应对与管理提供指引，还应从各方面保证该计划的实际应用不会有障碍。因此，一般而言，酒店危机管理计划应该具有可读性，即除了简练的文字描述外，还应尽可能多地使用各种图表，让危机发生后的报告流程和业务流程变得更为直观。此外，为了保证实际应用，一般还需要明确酒店危机管理的预算安排，同时，还需要制订酒店员工在面对不同危机事件时的演练和培训计划。

三、酒店安全危机管理计划的内容

从内容上来看，尽管酒店安全危机管理计划较为繁杂，但可大致分为四大板块，分别是安全危机管理的目标、安全危机管理的组织构建、全程危机管控的策略和预案，以及危机管理过程中的相关表格和工具等。

（一）安全危机管理的目标

一般来说，安全危机管理计划首先需要明确的是，对于酒店而言，安全危机管理体系构建的意义何在？安全危机管理计划在酒店发展和经营管理中的地位和要达成的目标是什么？比如，在某酒店制订的安全危机管理计划中，将目标和任务表述为“为了明确在安全危机处理过程的责任部门及责任人，以规范安全危机管理的全过程，使安全危机处理过程中有法可依，特制订本计划”。再如，某酒店在制定的消防火灾应急预案中

Note

就指出“本预案的制定旨在提高酒店的安全和处置突发事件的能力，有效地预防和减少突发事件及造成的损害，保障生命财产安全，维护酒店及社会稳定，促进酒店品牌形象的建设和提升”。

（二）安全危机管理的组织构建

组织体系的构建是安全危机管理计划成功实施的重要保障。在酒店面对危机事件时，只有所有员工明确具有管理责权的最高决策者和领导机构，明确安全危机管理的基本制度，才能让员工具有整齐划一的行为模式。

一般而言，安全危机管理的成员应该为酒店的全体员工。然而，为了进一步明确分工与职责，通常会将安全危机管理的统筹者设定为酒店总经理，若当酒店总经理不在酒店时，当班的最高酒店负责人作为总体的统筹管理者。此外，还会设置一个安全危机管理小组，这个小组将是整个酒店中唯一有权进行安全危机处理的团队。由于酒店面临的安全危机种类以及涉及的部门都不太相同，因此，安全危机管理小组的成员不会完全固定，一般都会视具体安全危机的类型而进行组合与搭配。为此，在安全危机管理的组织架构方面，酒店安全危机管理计划的制订者需要明确组建安全危机管理小组的原则、流程与方法，并清晰界定安全危机管理小组和其他相关业务部门或咨询部门之间的关系。

通常情况下，安全危机管理小组的工作任务包括：制定企业的危机管理目标及战略；讨论企业的薄弱环节并建立优先顺序；做出行动计划，分担责任，确定最后完成期限；制订、修改、批准企业的危机管理计划和危机反应手册；挑选合适的酒店发言人；确保安全危机得到优先处理；向决策层提供建议、反馈和忠告等。

知识活页

某酒店在危机管理组织架构方面的“三个中心”

1. 危机管理信息中心

危机管理的组织架构上，需要有一个信息中心作为危机管理的核心与中枢，建议包括这些部门：①酒店总经理办公室。相关责任部门进行动态监控，实现内部重大信息以及生命线危机的及时上报。②营销中心。对影响酒店声誉的事件及售前服务产生的严重纠纷、日常舆情信息进行汇总把控，对可能演变成重大危机的信息进行总控及监管。③法律监察部。负责与安全、法律相关信息的汇总把控及对外发言出口，监测信息上报到酒店总经理办公室进行处理，对各项危机处理过程中涉及法律问题的部分进行总体把握及监管。④工程及法律部门。对工程质量问题危机信息进行监测，并对直线总监进行上报。

2. 危机管理的协调中心

针对一些分界比较模糊的危机（如工程质量、基础设施改进等）或重大生命线危机，在危机管理小组划分好危机分类及负责部门后，进行跨部门沟通协调及时间管理，促使危机处理有序快速顺利进行。

Note

3. 对外信息发布管理中心

按照发布信息的重要性及类别，分为两个层次进行管理：①总经理办公室。重大生命线危机、涉及营销线（与推广、产品、服务相关）的危机，由总经理办公室担任新闻发言人。②法律监察部。涉及安全、法律事务类的危机，由法律监察部担任新闻发言人。必要情况下可采取授权原则，相关业务部门获得授权后，可以在严格遵守酒店总经理办公室及法律监察部的对外口径的情况下，接受媒体采访或者对外发布信息。

（资料来源：公共关系管理和执行手册，https://www.docin.com/p-1844232940.html）

TOURISM

（三）全程危机管控的策略与预案

这个部分是酒店安全危机管理计划中的核心，也是内容较为综合的部分。主要从危机管理的全过程来进行规定，包括危机的分类与等级划分、危机监测与预防、危机预警与通报、危机的应对处理流程、危机的公关流程、员工的培训计划、酒店资源的调配保障等。一般情况下，此部分内容将非常详细地将各种类型危机事件的应对策略进行说明，从而形成具有类似于行动指南功能的文件。

（四）危机管理过程中的相关表格与工具

由于危机管理计划具有较高的实战性要求，因此，除了在文字上对危机管理流程和操作有明确说明外，一般还会同时提供一定数量的标准化表格与危机管理工具。这些表格或管理工具能够让危机管理计划中的相关规定更容易让人们接受和落实。有学者也将危机管理计划所附带的相关表格和工具称为 PACE 清单。其中 P 指 Preparation，即准备；A 指 Action，即行动；C 指 Contact，即联络；E 指 Equipment，即装备。具体而言，此类附件包括危机管理各流程的图表；危机管理程序中所涉及的环节中必须应用的表单，如危机记录和监控表单、危机汇报表单等应用性表单；载有危机管理人员的姓名、职位、联系方式及职责的内部联络表；在危机应对过程中，相关的外部组织联络表等。

经典案例

东京迪士尼乐园危机预案的演练与培训

东京迪士尼乐园的全体员工有一条共同的工作基准，即“SCSE”基本行动准则：安全（Safety）、礼貌（Courtesy）、表演（Show）与效率（Efficiency）。游客的安全作为企业价值观的第一要素，迪士尼员工需要在发生突发状况的时候产生为游客着想的本能反应。

在安全危机的应对培训方面，东京迪士尼对所有的员工都进行日常的防火训练、安全急救知识的培训，培训的频次是两天，也就是每天都有不同的员工在轮流接受培

Note

训。迪士尼经常进行地震演习活动,进行预演的地震强度是6级,假想的游客人数超过10万人,一切都以最坏的打算做考量,才能在灾难来临之际有条不紊,保障游客人身安全。

在地震发生之后,员工们的第一反应便是冷静镇定地去安抚身边的游客,例如,把售卖的毛绒小熊分发给游客并且让其放在头上,可以抵挡一些对脑部的冲击;将商店的各种食物分发给游客充饥;找到园内一切可以用来取暖的东西分发给游客。面对强震的东京迪士尼,7万游客无一伤亡,不是偶然事件,而是得益于迪士尼强大的企业文化及系统的培训和不计其数的实际演练。

(资料来源:强震后7万游客无一人伤亡,背后操作系统揭秘,http://www.sohu.com/a/163953329_657538/)

第三节 酒店安全危机识别与预警

党的二十大报告中关于公共安全治理水平的论述,提出“坚持安全第一、预防为主”,这是酒店在危机管理方面应该遵循的基本原则,积极推动酒店安全治理模式向事前预防转型,做好危机的识别和预警工作。酒店安全危机调查主要指在危机发生之前,对酒店可能遭遇到的危机进行调查分析,并建立科学有效的预警机制的过程。危机评估则是指在危机刚发生之时,对危机进行确认以及评估其影响范围,从而更具针对性地实施应对策略。

一、酒店安全危机的识别

(一)危机事件识别概述

根据酒店安全危机的来源、潜因与类型建立事前危机识别系统。能够及时针对由产品、信誉、市场等危机根源爆发的不同危机类别,进行危机管理与解除。由此,能够保证在危机爆发时,酒店相关部门能够根据预设危机发展方向,进行危机拦截,从而将酒店安全危机的后续影响降至最低。

在危机识别时,管理人员经过调查和分析,应该能够回答以下问题。

(1)危机的风险来源是什么?

(2)该危机可能导致哪些后果?

(3)该危机可能对酒店的经营和发展造成什么影响?

(4)可能会受到该危机事件冲击的利益相关者的构成是怎样的?

(5)危机事件可能发生的时机、地点、原因及方式有哪些?

(6)目前控制该类危机的方法有哪些?

(7)分析现有控制方法无法发挥控制功能的原因并提出改善策略。

Note

（二）危机事件识别的方法

危机事件的识别无法由某一个部门或某一些员工来完成，一般而言，危机事件的识别是全员参与的过程，需要根据不同的危机来源来采取不同的识别方法。可以将危机事件按照来源的不同分为可控类危机和不可控类危机。

1. 可控类危机事件的识别

可控类危机事件是指酒店的经营管理者对此类危机的发生规律有了较为深入的了解，且具备一定的能力对该类危机进行识别，能将其阻止在实际爆发之前的危机类型。此类危机通常属于酒店经营管理的范畴，因此，对于此类危机的识别就需要借助酒店各业务部门按照危机发生的规律，对可能导致危机的要素进行逐项检查。此类危机事件如消防安全、服务设施安全（包括用电、煤气等）、酒店范围内的治安环境与管控危机等。

在对可控类危机事件进行识别时，可以采用的技术和方法包括核对风险清单、运用经验及记录来判断、使用工作流程表、头脑风暴、系统分析、顺序分析，以及系统工程技术等。

2. 不可控类危机事件的识别

不可控类危机事件一般是指导致危机事件的源头不受酒店管理者的控制，如自然灾害、疾病、战争，以及其他一些突发事件等。此类危机事件的识别往往需要依赖专业人士的预测与分析。一方面，酒店可以借助第三方的专业报告或信息披露来对可能产生的危机予以监测；另一方面，酒店管理者也可以邀请相关领域专家组成酒店危机管理的智库。

例如，在某流行疾病盛行的时期，酒店就可以多关注当地卫生部门的权威信息发布，同时，聘请一些医学或流行病学的专家作为酒店的顾问，以便更有效地对流行疾病可能导致的危机进行识别。

在对不可控类危机事件进行识别时，可以采用的技术和方法包括 SWOT 分析方法、头脑风暴、系统分析等。

管理者可以借助危机风险的识别框架模型，来获得风险识别的思路框架，如表 11-1 所示。

表 11-1　危机风险的识别框架模型工作表

危机事件的风险来源	危机事件可能带来的影响					
	财务	人力资源	声誉形象	经营目标	法律责任	服务质量
宏观环境风险						
管理风险						
运营风险						
操作风险						

在该危机风险的识别框架模型工作表中，最左侧的栏位为危机事件的风险来源，每项风险来源皆会对酒店的运作或利益相关者产生许多不同的影响。最上方的栏位主要为每项危机事件类型对酒店营运、利益相关者及形象可能产生的潜在影响。

Note

(三)危机事件登记建档

对于危机事件的识别需要通过规范的文件档案记录在册,方便酒店管理者不断拓展酒店危机事件管理的应对预案。表 11-2 所示的危机事件登记表就可以用来记录酒店识别出来的危机事件。最终通过全面记录所有可能的危机事件类型、影响及可能的应对方式,为后续危机管理的实践打下坚实的基础。

表 11-2 危机事件登记表

危机类型	危机情境及影响	危机事件的应对及处理		
		现有措施	新增对策	负责部门

二、危机事件的评估

在对酒店危机事件来源识别的基础上,可以借助 IPA 矩阵图的思路对各种危机事件进行分析,所谓 IPA(Importance Performance Analysis)主要指重要性及其表现分析法。在危机事件评估方面,重要性可以适当地转化为某类危机事件发生后的影响范围,某类危机事件的影响范围越大,则其重要性也相应较高。而表现则可以转化为某类危机事件的发生概率。通过此种形式可以形成酒店危机事件的分析矩阵,如图 11-2 所示。

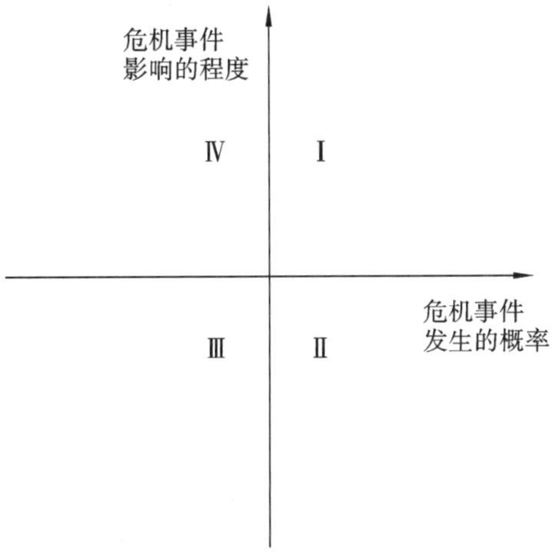

图 11-2 酒店危机事件分析矩阵图

在图 11-2 所示的酒店危机事件分析矩阵图中,危机事件发生的概率和危机事件影响的程度两个坐标轴划分成四个象限,分别为Ⅰ象限、Ⅱ象限、Ⅲ象限、Ⅳ象限。

Ⅰ象限内危机事件发生的概率较高，且该危机事件可能造成较大影响。对于此类危机应该引起相关酒店部门领导及高层管理者的高度重视，一定要做好充足的准备和应对方案。

Ⅱ象限内危机事件发生的概率较高，且该危机事件可能造成的影响程度较小。对于此类危机，酒店管理者可以制定积极的预防措施，防止该类事件的发生。

Ⅲ象限的危机无论是在危机事件发生的概率，还是危机事件可能造成的影响方面，都处于相对较低的水平。对于此类危机因素，酒店管理者可以在综合权衡投入产出的基础上，统筹资源的投放，但对于此部分的危机事件，无须投入过多精力。

Ⅳ象限内的危机事件其可能造成的影响较为严重，但是，通常此类危机事件发生的概率较小。因此，对于此类危机，主要做出监控及紧急应对预案即可。

对于发生概率的判断，可以参照以下标准：概率在0—40%，属于几乎不可能发生，此种危机只会在特殊的情况下发生；概率在41%—60%为可能发生；此类危机在有些情况下会发生；如果概率在61%—100%则属于确定，该类危机事件在大部分的情况下会发生。

在对危机事件识别并进行分类后，还需要列出现有危机事件的管理方法、技术系统和步骤，并充分探讨这些方法的优势及不足。

三、酒店安全危机预警系统的构建

（一）危机预警系统及其发展

危机预警系统是通过对酒店内外部环境的全面监测，识别有代表性的危机征兆，并对这些征兆进行正确的诊断和评价，从而实现在危机爆发之前进行科学预报，以便酒店管理者可以及时采取应对措施，以达到减少酒店因危机而带来的损失的目的。

酒店危机预警系统的构建非常复杂，其主要原因就在于不同的危机事件，危机征兆及其测评指标均存在较大的差异。为此，现有的危机预警系统大多数是从组织整体的角度来构建，因为对一个组织而言，影响组织存续的指标相对较为集中和固定。

（二）危机预警系统构建的过程

如前所述，所谓危机预警系统是从危机事件的众多表征中，筛选出一些相对较为重要的指标用来进行监控和数据采集，并借助统计分析方法构建判断模型。最终以优化和验证后的模型为基础，对组织的发展状况进行分析，并对可能陷入或者已经进入其中的危机事件进行预警。

由此可见，在危机预警系统的构建过程中，指标的选择是十分重要的环节，也是危机预警系统构建诸多步骤的起始点。通常情况下，危机事件的关键指标需要综合借鉴国内外已有的相关研究成果以及取得行业内专家的经验和意见之后，才可以初步设定。

Note

第四节 酒店安全危机处理策略与公关

一、酒店安全危机的处理策略

酒店在面对安全危机时，需要对其情况作出及时的判断，快速决策，并积极采取科学合理的方案和措施应对危机事件，以免对酒店形象造成损害。具体而言，酒店的危机处理应该从以下方面进行。

（一）第一时间确认危机事件与分级

1. 危机事件的调查与确认

危机事件爆发之初，往往是危机公关处理的最佳时刻，当务之急是第一时间奔赴现场进行调查，通过收集信息，进一步确认危机事件的性质、原因及危机发生的详细过程，从而形成危机的正确认识。调查危机事件应收集信息，并形成基本的调查报告，为处理危机提供基本依据。危机调查一般涉及如下内容。

（1）危机事件(突发事件)的基本情况，包括事件发生的时间、地点、原因、事件周围的环境等。

（2）事件的现状和发展趋势，包括事态的目前状况，是否还在发展，朝什么方向发展，已经采取了什么危机处理措施，这些措施的实施效果等。

（3）事件产生的原因和影响，包括引发事件的原因，人员伤亡情况，损坏的财产种类、数量及价值，事件涉及的范围以及在舆论上、经济上、社会上甚至政治上会带来什么影响等。

（4）查明导致事件发生的当事人与责任人，特别要关注是否存在故意破坏行为，这样有助于了解事件的真相与性质。

（5）查明事件涉及的公众对象，包括直接与间接的受害者，与事件有直接和间接关系的组织和个人，与企业有利害关系的部门和个人，与事件的处理有关的部门及新闻界、舆论界的人士等，还要与事件的见证人保持密切的联系。

2. 危机事件评估

一旦确认了危机，危机管理领导小组必须在最短的时间内对危机事件的发展趋势，对企业可能带来的影响和后果，对企业能够和采取的应对措施以及对危机事件处理的方针，对人员、资源保障等重大问题作出初步的评估和决策，并对危机事件的等级和性质予以判定。

一般危机事件可以按照影响程度的不同而分成不同级别。

3. 危机诊断及应对

危机诊断是根据危机的调查和评估结论，进而探寻危机发生的具体诱因的过程。通过危机诊断判断出危机产生的根源。不同程度的危机应采取不同类型的处理方式。

危机诊断可以为危机处理的方向提供依据。

（二）保护当事人权益，尽全力止损

人身安全和相关利益者的权益保障永远需要放在第一位进行考量。为此，作为酒店危机管理的重要策略之一，当酒店爆发的相关危机事件对客人或其他利益相关者造成了实质性的损害时，酒店危机管理负责人就需要尽可能地保护相关当事人的权益，使其遭受的损失降到最低点。同时，无论最终判定责任的归属为哪一方，酒店方面都应在第一时间给予一定程度上的补偿或精神安慰。

（三）做好内部和外部沟通

1. 信息时代，媒体沟通是一柄双刃剑

目前所处的时代，各类媒体高度发达，沟通的品质决定了危机管理的成败。在这样的时代背景下，危机传播的速度不断加快、危机的影响面不断扩大、危机的破坏力也不断增强。尤其是以网络为基础的创新媒体的不断涌现，危机在网络舆情的发酵下，爆发力度和强度都呈现几何级数的增长。

网络舆情是通过互联网表达和传播的，公众对自己关心或与自身利益紧密相关的各种公共事务所持有的多种情绪、态度和行为倾向的总和。如果酒店在危机处理方面，对于信息的沟通处理不当，可能引发新一轮的网络舆情危机。所谓网络舆情危机是针对某一特殊刺激事项所产生的涉及民众利益较深较广的舆情，在相对短时间内生成大量信息，并在一个社区或更大范围内民众中掀起范围更大、强度更强的社会反应，最终与事项刺激方或事项本身形成激烈的认识或观点对抗。

近年来，网络频频曝光某些经济型酒店的保洁服务规范问题（“毛巾门”）与布草安全问题（众多连锁酒店品牌旗下酒店布草清洗外包，用火碱漂白）使经济型酒店的声誉受到较为严重的冲击。

2. 企业不仅要注重对外沟通，内部沟通同样重要

在危机公关中，组织内部加强沟通，统一认识、统一口径是非常重要的，否则如果在酒店内部出现了不一致的声音，也会导致危机管理工作陷入被动。如在 2016 年“和颐酒店女子遇袭”事件中，酒店方面就出现了此种情形，即酒店一边正在向当事人和公众致歉，另一边却有内部员工随意发声，声称是当事人炒作。这种前后矛盾的说法让公众质疑酒店道歉的态度，否定酒店的诚信。

二、酒店安全危机公关的基本原则

在酒店安全危机公关方面，有许多经典的危机公关原则可供参考。如英国的危机公关专家里杰斯特提出的 3T 原则，分别是主动沟通原则、全部沟通原则、尽快沟通原则。我国的危机公关专家游昌乔提出的 5S 原则，分别是承担责任原则、真诚沟通原则、速度第一原则、系统运行原则、权威证实原则等。限于篇幅，这里就不再展开叙述。

Note

经典案例

酒店客房安全危机的应急处理

某住客前往四川省成都市参加一场活动，由主办方安排其入住成都宽窄巷子某酒店。入住当晚，他刚刚将卫生间门打开三分之一时，只听到一声巨响，比半个马桶还大的陶瓷片从墙壁掉落，直接将马桶砸穿……该住客回过神后，只觉自己幸运，若是此时正好坐在马桶上，后果将不堪设想。

于是住客立刻联系酒店工作人员进行处理。前后来了两名工作人员，先来的一位穿西装的男士看了看说回去通报，后来又来了一个工程部管理人员表示很抱歉，因为今天满房了，没办法换房间。住客提出要向酒店总经理反映的诉求则被工作人员以时间太晚、电话打不通等理由进行推辞。随后，酒店工作人员送上了一盆水果以及一张卡片，表达对住客的歉意。

第二天一早，酒店总经理当面向住客表达了歉意，并表示晚上会给他更换房间。但住客对这样的处理结果并不满意，但由于当时急着出门，也没有多说什么。当晚，等他回到房间时，卫生间已经恢复到了原来的样子，令他不解的是，酒店并未提前告知他会对房间进行修补这件事情。

当晚，酒店总经理再次当面向住客致歉，并表示会补偿他两张酒店住宿券以及为他开通该酒店的会员。

（资料来源：网易封面新闻，作者有改动。）

三、酒店安全危机公关的工作要点

（一）快速的反应

在危机公关中，常常有“黄金一小时”“速度第一”的说法，都表明了时机对于公关的重要性。把握住时机，公关效果就会事半功倍，反之则事倍功半。为此，组织应当在危机爆发后的“黄金一小时”内做出危机反应。这种反应可以是阶段性的努力，不一定能够彻底解决危机问题，例如及时地披露一些信息，及时降低危机事件对消费者的影响等。酒店对危机事件作出快速的响应，反映出酒店在危机管理方面的态度和责任心，会直接影响公众对酒店品牌形象的认知。

（二）言行的一致性

所谓一致性主要有两个方面的含义，其一是指陷入危机事件中的酒店，需要用“一个声音说话”，要求所有危机小组官方发言人传播的信息准确且具有一致性，并阻止组织其他成员变成非官方发言人（Seitel，1983），只有酒店对外作出的反应和表态具有一致性，那么酒店的行为和态度才具有较高的可信度。

一致性的另一个含义是指酒店在危机管理的沟通策略方面，应具有一贯性的逻辑思路和安排，即酒店需要尽快查明导致危机事件来源等信息，并依据具体的情境选择对

Note

应的沟通策略。如表 11-3 所示就是学者 Coombs 建议的针对不同危机情境的沟通反应策略。

表 11-3　危机沟通反应策略及危机情境对应表（Coombs，2014）

主策略	子策略	内容	适用情境
否认立场	回击	直接对外界的责备和质疑作出回击	谣言
	否认	通过充分的证据去直接否认危机的存在	谣言
	寻找“替罪羊”	指认其他组织或个人承担危机的责任	尽量避免
淡化立场	辩解	运用合理的借口去淡化外界对危机责任的关注，并且突出危机的不可预知性	较弱责任归因的危机
	正当化	通过强调危机事件当中占据优势的部分（如没有造成财产损失、人员伤亡等）去淡化外界的评议	较弱责任归因的危机
重塑立场	补偿	对危机受害者进行妥善安置，并做出合理的补偿	存在明显受害者的危机
	道歉	承认危机责任，并且做出诚挚的道歉	有证据证明组织应承担主要危机责任
支持立场	提醒	对组织过往所做的好事进行强调，转移公众视线	组织有较好的前期声誉
	逢迎	赞扬利益相关者，潜移默化间感染他们参与支持组织的行动，帮助组织化解危机形势	有外部力量支持的危机
	受害者身份	强调自身在危机事件中同样也受到了打击和伤害	产品中伤、黑客、工作场所暴力、自然灾害

（三）反应的公开性

酒店危机管理的全程都应该被纳入沟通公关之中。为此，危机发生后，酒店所作出的一切努力和举措，都需要通过合适的途径让媒体和公众知悉。将一切放在公众面前，反而会增强公众对酒店的信任，如果采取遮掩的策略，反而会导致相反的结果。

（四）真诚的情感沟通

态度与情感的交流是危机管理和沟通获得成功的重要保证。面对危机事件受害者和社会公众时，酒店应该表现出真诚的态度和具有同理心的言行，这样能够让公众更容易接受酒店所做出的努力。

例如美国希尔顿酒店面对危机事件所采取的行动就较好地践行了上述反应的公开性和真诚的情感沟通的要求。有两位顾客在希尔顿双树旅馆成功预订了一个房间，但两人前往登记入住时，不仅没有得到预订的房间，反而被工作人员粗鲁对待。这两位顾客随即将整个事件经过告知酒店管理层和自己的朋友和同事，媒体也将这一负面消息大肆传播，双树旅馆很快成为服务行业内最大的笑话。一些传统媒体的评论员们将这一消息载入新闻报道和社论中，借此讨论双树旅馆对顾客的冷漠和网络对于公众舆论的影响力。对此，酒店管理层迅速作出反应：一是诚心向顾客道歉，并向慈善机构捐款作为双树旅馆的悔过之举；二是管理层承诺重新修订旅馆的员工培训计划，全力避免类似事件的再次发生；三是通过公众媒体直播酒店高层与两位顾客的协商过程，以示对此次事件的重视，希尔顿酒店的一系列的危机公关取得了顾客与舆论的谅解，把负面影响降到了最低。

（五）认真地配合媒体

危机事件发生后，酒店应该积极主动配合媒体工作，在信息披露、新闻发布等方面为媒体工作者提供力所能及的帮助。例如：对于刚刚发生的事件要设专人管理、掌握媒体，对事件的报道情况；对前来采访的新闻媒体要坚持宜疏不宜堵的原则，做到积极应对。用真诚的态度、精练准确的语言、主动热情地参与媒体记者的新闻报道。必要时可以提供较为全面的信息和新闻通告，以便能够切实把握好现场的对外报道局面，防止事态扩大，力求达到最佳效果。

若事件已产生社会负面影响，则酒店可以考虑迅速组织力量，通过各类媒体发布大量的正面报道，从而借助正面的声音来压制和消除此前的负面影响。

（六）普及危机公关培训

由于危机管理具有全员性的特点，因此，在危机公关方面，酒店也应该针对所有的员工开展必要的培训。要让员工对常见的与媒体沟通互动的技巧与方式、正确的信息披露途径等都有较为初步的了解。

世界旅游组织的危机管理指南

本章小结

1. 酒店安全是酒店内所有人员的人身财产的安全。酒店安全管理要尽早发现并及时消除可能导致安全威胁的因素。

2. 危机是一种可能对企业产生负面影响的紧急情景。时间的紧迫性和可能对组织产生的负面影响与冲击是危机的最为明显的特征。

3. 酒店安全危机管理计划体系，一般来说由信息收集子系统、信息加工子系统、危机警报子系统、危机决策子系统、危机应对预案子系统、危机后管理子系统等构成。

4. 危机管理计划书一般应包括以下三个部分：序言部分、正文部分、附件部分。

5. 在对酒店危机事件来源识别的基础上，可以借助 IPA 矩阵图的思路对各种危机事件进行分析。

6. 酒店安全危机的处理策略包括：第一时间确认危机事件与分级，保护当事人权益、尽全力止损，做好内部和外部沟通。

思考与练习

第十二章
中外酒店集团化管理

学习引导

酒店的集团化发展是当今全球酒店发展的必然趋势。酒店市场的激烈竞争会逐步吞噬单体酒店的生存空间，组建或加盟酒店管理集团并充分发挥其规模经济与范围经济的优势，是我国酒店业跻身国际市场的重要出路。我国酒店过去大多为单体酒店且较分散，这种分散化特征使得酒店既没有规模经济优势，也没有品牌优势，难以与国外酒店集团相抗争。面对各类挑战，我国的酒店业正在通过集团化或战略联盟发展壮大酒店集团，国际竞争力显著提升。

学习目标

知识目标：了解中外酒店集团发展的历程和现状，以及世界排名前十强酒店集团的基本知识；

能力目标：具备分析和解决中外酒店集团发展差异以及中国酒店集团发展过程中出现的问题的能力；

德育目标：通过对中外酒店集团发展的对比，了解中国酒店集团发展的速度，坚持中国酒店集团发展的道路自信，培育学生爱国主义情怀。

思维导图

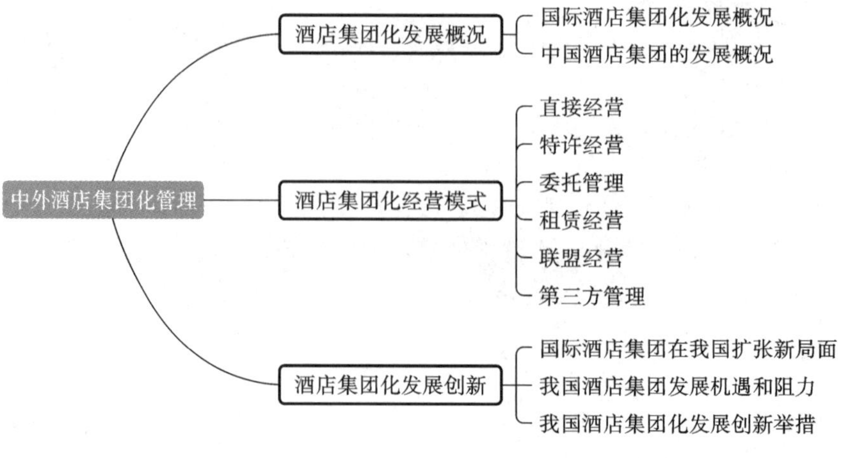

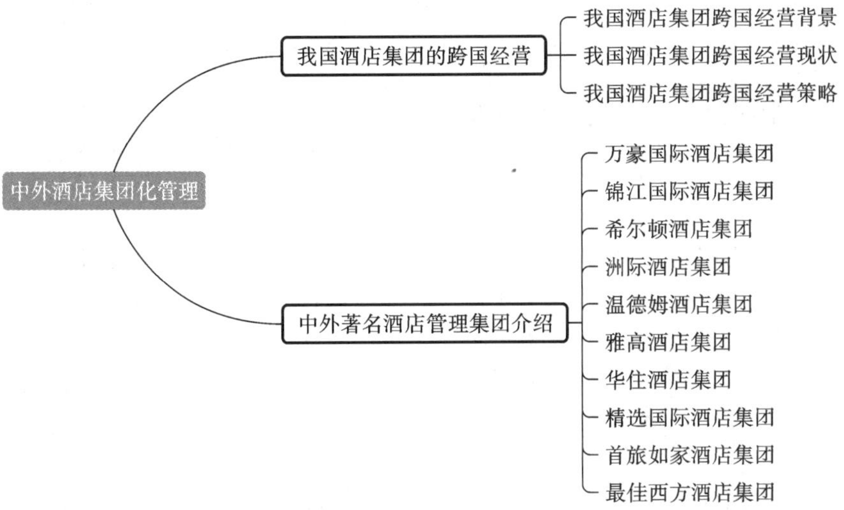

第一节 酒店集团化发展概况

酒店集团是以酒店企业为主体,以经营酒店资产为主要内容,通过产权交易、资产融合、管理合同、人员派遣及技术和市场网络等形式而相互关联的企业集团。酒店集团一般拥有、经营两家以上的酒店,使用统一的名称、标志,并实行统一的经营管理规范与服务标准。

一、国际酒店集团化发展概况

(一)国际酒店集团化发展历程

酒店集团发源于美国。1907 年美国里兹公司出售特许经营权给酒店,出现了酒店集团的雏形,20 世纪 50 年代是世界酒店集团大发展的开端,假日、喜来登、希尔顿等当今世界上知名的酒店集团在美国成立。酒店集团的产生和大规模发展的原因主要有以下几个方面。一是经济的发展和伴随而来的企业组织形式的发展,促使了酒店集团的形成和发展。第二次世界大战之后,一些大资本集团凭借雄厚的实力自由选择投资方向和领域,酒店业是他们资本投向的方向之一。由于有大资本财团的投资,酒店发展迅猛,20 世纪 50 年代大量组建的跨国公司为酒店集团的形成提供了资金及组织上的保证。二是旅游业的迅猛发展,促进了酒店集团的形成。旅游业是一种综合性的产业,它的发展为酒店业带来了丰厚的利润,同时也使酒店业再次成为投资的热点。航空业和其他行业对酒店业的介入和渗透,使航空业及其他行业的公司拥有多家酒店,这些酒店是构成酒店集团或多元企业集团的基本要素。三是酒店业的激烈竞争是形成酒店集团的直接因素。酒店间互相联合、兼并、资本重组是企业扩大规模、增强竞争实力、争取市场份额的有效途径。四是 20 世纪 60 年代到 70 年代,美国银根松动,很多房地产投资公司开发并建立了大量的酒店，但投资公司不善于也不愿意经营酒店，只好交给酒店管理公司来管理，这也促成了酒店集团的形成。

（二）国际酒店集团化发展现状

2022年7月全球酒店行业权威媒体美国*HOTELS*杂志公布了2021年度“全球酒店集团225强”排名，进入榜单前十的酒店分别是万豪国际集团、锦江国际酒店集团、希尔顿集团、洲际酒店集团、温德姆酒店集团、雅高酒店集团、华住酒店集团、精选国际酒店集团、首旅如家酒店集团，以及贝斯特韦斯特国际酒店集团(见表12-1)。其中万豪国际集团拥有7795家酒店，房间数为1446600间，位居榜首，中国的锦江国际集团拥有酒店数11959间，房间数1239274间，排名第二，中国华住酒店集团和首旅如家酒店集团分别排名第七和第九。在前二十强中，还有格林酒店集团、尚美生活集团、东呈国际集团和德胧集团入围，中国共有7个酒店集团入围前二十强，23家酒店集团挤进全球酒店集团前百，中国酒店集团成长迅速。十年巨变，中国酒店集团在中国共产党的领导下，坚定中国式现代化发展的道路自信和文化自信，充分挖掘和利用中国传统优秀文化奠定品牌基因，多家酒店集团跻身国际酒店集团前列，将世界酒店集团发展的重点和焦点成功引向东方。

表12-1　2021年度全球酒店集团225强排行榜前十酒店集团名单

排名	名称	总部所在地	房间数/间	酒店数/家
1	万豪国际集团	美国	1446600	7795
2	锦江国际集团	中国	1239274	11959
3	希尔顿集团	美国	1065413	6777
4	洲际酒店集团	美国	885706	6032
5	温德姆酒店集团	美国	810051	8950
6	雅高酒店集团	法国	777714	5298
7	华住酒店集团	中国	753216	7830
8	精选国际酒店集团	美国	575735	7139
9	首旅如家酒店集团	中国	475124	5916
10	贝斯特韦斯特国际酒店集团	美国	348070	3963

二、中国酒店集团的发展概况

（一）我国酒店集团发展历史

1982年，北京建国饭店正式开业，首次引进了香港半岛酒店管理集团，标志着我国酒店管理业发展的开始。随后假日、喜达屋等国际知名酒店管理集团纷纷入驻我国。我国酒店集团的发展是在不断引进学习的基础上，在国家宏观政策引导下，通过市场行为日益发展起来的，我国酒店管理集团的发展经历了四个阶段。

1. 引进学习阶段(1978—1987年)

20世纪70年代末，酒店业通过合资、独资、合作等方式引进了一批国际知名酒店管理集团。到 1987 年，共有 30 多家国际酒店管理集团及相关品牌进入中国，其中包括假日、希尔顿、喜来登、香格里拉等酒店品牌，这些国际酒店管理集团为我国酒店业现代管理体制建设、市场经营模式变革以及服务操作标准化、规范化作出了重大贡献，在很大程度上推动了我国本土酒店管理业的发展。同时在各级政府优惠政策的引导下，全国兴起了建设高星级酒店的热潮，但此次酒店建设高峰投资主体多为国内优势垄断行业，对酒店管理不了解，一般是采取聘请国际酒店管理集团代为管理的方式进行酒店运营。高昂的酒店管理费和其他差旅、经营费用，使得许多酒店业界人士逐渐意识到发展本土酒店管理公司的重要性。

2. 创立兴建阶段(1988—1997 年)

为鼓励我国本土酒店管理业的发展，国务院及国家旅游局相继出台鼓励建立酒店管理公司的相关文件。该时期，伴随宏观经济的腾飞，我国掀起了新一轮酒店建设高潮，加之政府政策的大力扶持，我国本土酒店管理集团应运而生，如 1984 年上海市政府将数十家涉外宾馆重组整合成大型国企——锦江集团、1992 年成立的广州白天鹅酒店管理有限公司、1993 年成立的南京金陵饭店集团有限公司等。本土酒店管理集团凭借了解国情、收费适中、成本低廉、沟通便利、崇尚人和等优势，逐渐巩固了在中国沿海大中城市和内地部分城市的酒店市场地位，行业业态和空间格局基本形成。但这一时期，国际知名酒店管理集团也看好我国潜在酒店市场，不断加大市场的扩张力度，并开始凭借其强大的市场开拓能力进入我国内陆大中城市和低星级酒店市场，本身经验不太丰富的本土酒店管理集团的生存空间越来越小，市场竞争进入白热化阶段。

3. 开拓发展阶段(1998—2012 年)

自 1998 年起，针对我国酒店管理激烈竞争的状况，我国酒店业的行政主管部门，以及学术界的专家学者共同探讨酒店管理业的发展问题和出路，认为我国酒店管理业必须依照强强联合、公平竞争、优势互补的市场规律，打破原有市场分割格局，突破现有体制和模式的禁锢，早日组建一批跨越地域、行业、国界的品牌多元化、管理规范化的现代酒店管理集团。于是本土许多酒店管理公司开始纷纷进行二次重组，如 1998 年成立的广州岭南国际酒店管理有限公司、1998 年成立的建国国际酒店管理有限公司，2004 年公司改组为首旅建国。2004 年重组后，首旅建国坚定地走上了以品牌立身的扩张之路。一些地方性民营企业也不断加入酒店管理行业中来，如浙江世贸君澜酒店管理有限公司、华天酒店集团股份有限公司、开元旅业集团旗下的开元酒店集团等。新一批的酒店管理公司的成立标志着我国酒店管理业正式步入集团化发展的开拓创新阶段。

4. 调整创新阶段(2013 年至今)

受益于中国经济快速发展、大众旅游需求持续增长，我国酒店业发展迅速。但从 2013 年开始，由于多重因素的影响，特别是疫情的影响，酒店市场格局更加复杂多变，我国酒店业随之进入了理性调整的关键时期。酒店集团之间的兼并收购日益频繁，例如锦江集团先后收购法国卢浮酒店集团、铂涛集团、维也纳酒店集团，并战略投资法国雅高酒店集团，2018 年集团又成功收购丽笙酒店管理集团，坐上全球酒店集团第二的交椅。2015 年首旅集团以 110 亿元购入如家酒店集团 100%的股权，进入全球酒店集团前十。一些小品牌和单体酒店充分意识到“背靠大树”的重要性，很多酒店走加盟这条路，借助集团的品牌资源为其不断“输血”，《2022 年中国酒店业发展报告》数据显示，与2020年相比,中国酒店住宿业减少8.6万家,同时酒店连锁化率却升至35%。在品牌化连锁化成为大势所趋的同时,酒店品牌面对更加激烈的市场竞争。

(二)我国酒店集团发展现状

2022年中国连锁酒店集团排行榜显示,截止到2022年1月1日,中国连锁酒店客房总规模将近472万间,同比增长3万余间。其中锦江国际集团、华住酒店集团等中国十大酒店集团的客房总数达到327.85万间,市场占有率达到近70%。从客房数量看,国内酒店集团排行榜中有6家酒店集团客房数突破10万间,有4家酒店客房数在5万—10万间,从门店数来看,中国酒店集团有8家门店突破1000家。2021年度中国酒店集团规模20强排行榜如表12-2所示。

表12-2 2021年度中国酒店集团规模20强排行榜

排名	名称	总部所在地	客房数/间	酒店数/间
1	锦江国际集团	上海	1043705	10694
2	华住酒店集团	上海	753216	7830
3	首旅如家酒店集团	北京	475124	5916
4	格林酒店集团	上海	337153	4659
5	东呈集团	广州	192210	2235
6	尚美生活集团	青岛	191166	3979
7	亚朵集团	上海	86654	745
8	德胧集团	杭州	78093	466
9	逸柏酒店集团	上海	65287	1024
10	凤悦酒店及度假村	佛山	55932	206
11	住友酒店集团	杭州	43498	785
12	丽呈酒店集团	上海	37107	273
13	雅思特酒店集团	深圳	36080	328
14	恭胜酒店集团	上海	33777	747
15	南京金陵酒店管理公司	南京	32337	148
16	旅悦集团	天津	31405	1382
17	富力集团	广州	28192	93
18	雷迪森酒店集团	杭州	28070	169
19	君澜酒店集团	杭州	25250	103
20	万达酒店及度假村	北京	23268	89

Note

第二节 酒店集团化经营模式

一、直接经营

酒店管理集团同时拥有和经营数家酒店，各酒店所有权都属于同一个酒店管理集团，同属于一个企业法人，这是最简单的隶属形式。这种形式有利于酒店节省运营成本，管理更直接，更易形成自己的风格。这一形式的缺点是资金需求大，经营风险大，管理人员的能力和素质对酒店经营有很大影响。

二、特许经营

特许经营指拥有特许经营权人向受特许经营权人提供特许经营权利，以及在组织、经营和管理方面提供支持，并从受特许权人获得相应回报的一种经营形式。酒店业特许经营权让渡在世界各地的发展都很快。让渡企业要有强大实力及良好的知名度和声誉，才有可能向其他酒店出售特许经营权。受让渡企业是可以获得特许经营权的酒店，它可以使用该酒店集团或公司的名称、标识、经营程序、操作规程、服务标准，并加入该集团预订系统、市场营销，成为该酒店集团的一员。让渡企业有责任对受让渡企业在经营管理中给予技术上的指导和监督。受让渡企业有责任明确企业达到酒店集团所要求的标准，并且交纳特许经营权转让费及使用费。

三、委托管理

酒店管理集团与酒店拥有者签订合同，根据酒店管理集团的经营管理规范和标准，接受业主委托，经营管理业主的酒店。在合同期内，合同经营的酒店使用该酒店管理集团的名称、标识，加入该集团的市场推销和客房预订系统。合同经营中，酒店管理集团收取经营管理费的方法很多，一般由基本报酬和奖金两部分组成，基本报酬按全年经营收入的2%—5%或净利润的一定比例（10%—25%）收取。委托管理是一种投资规模小、扩展速度快的方法，可使酒店集团不直接投资建设酒店或购买股份就能向世界各地发展酒店网点。

四、租赁经营

酒店管理集团与业主签订租约，租赁业主的土地、建筑物、设备等，由酒店管理集团作为法人直接经营管理。租赁经营的具体形式主要有以下三种。

1. 直接租赁

直接租赁是由承租公司使用酒店的建筑物、土地、设备等，负责经营管理，每月缴纳定额租金。一家酒店要经营成功需要一段较长的时间，所以租赁合同要规定较长的租赁年限，以避免经营公司在经营成功之时，被业主将财产收回。

2. 利润分享租赁

在酒店行业中，有许多公司采用分享经营成果的租赁方法，业主愿意将收入或利润分成作为租金。各国都存在通货膨胀现象，土地和建筑物的价值也会随之变化，采取根据收入或利润分成可以消除通货膨胀因素的影响，不需要在合同中规定租金与通货膨胀率之间的条款。

3. 出售-回租形式

出售-回租是指企业将酒店产权转让给他方后，再将酒店租回继续经营。企业出售酒店往往处于各种不同的动机：有些企业拥有酒店产权但急需大量现金周转，便将酒店资产转变成现金；有些企业想减少风险而不愿在经营某酒店的同时拥有这家酒店的产权。这些企业将产权出售给另一家公司时，如果要求继续经营该酒店，双方则签订出售-回租协议，承租经营的公司必须定期向买方交纳租金。对产权的卖方来说，这也是一种筹措资金的方法，这种租赁形式在国际上比较流行。

五、联盟经营

联盟经营指酒店集团与集团之间或独立的酒店业主与业主之间通过契约的形式组织起来的酒店联合体。它们之间的联系一般只是使用共同的预订系统或为组织成员提供有限的营销服务，目的是创造总体形象，增加推销的效果和互荐客源，与那些庞大的集团和 OTA 相抗衡。酒店之间联合形式比较分散。

六、第三方管理

第三方管理是指接受业主（投资方）委托，独立于酒店品牌和业主关系之外，由第三方专业酒店管理公司负责酒店日常运营的管理。其涉及三个不同实体：业主、所选的国际或当地酒店品牌、独立的第三方酒店管理公司。业主取得某酒店品牌的特许经营权，然后业主再与第三方酒店管理公司签订酒店管理合同。业主向品牌持有人支付品牌费，第三方酒店管理公司依据管理合同收取管理费。第三方酒店管理模式在美国等市场已经相当成熟，诸如希尔顿、万豪、喜达屋、洲际、凯悦等国际大品牌酒店集团多数已将部分旗下酒店交由第三方酒店管理公司管理，例如，希尔顿旗下 91% 的酒店由第三方酒店公司管理，万豪这一比例则达到 66%。

第三节　酒店集团化发展创新

一、国际酒店集团在我国扩张新局面

（一）区域覆盖更广

国际酒店管理集团最初进入我国时，通常选择在经济相对发达的中心城市或旅游资源丰富的城市，如香格里拉集团在开业初期基本将酒店选在北京、上海、南京、大连等

Note

中心城市和沿海城市。随着我国酒店业和旅游业的迅猛发展，许多国际酒店管理集团已决定向二线和三线城市渗透。如洲际适时启动了“中国二线城市攻略”，目前除广西、甘肃、吉林等偏远省份外已对我国25个省市区进行了覆盖，其市场范围现已扩张至常熟、常州、丹东、大同、马鞍山等二三线城市；温德姆酒店集团更是对安阳、蚌埠、滕州、诸暨、宜兴等三线城市进行了蔓延。

（二）扩张速度更快

伴随着经济的蓬勃发展，中国消费者的需求也日趋成熟和多元化，客观的市场环境会加速酒店细分化市场的发展，不同地区不同消费人群，不同出行目的，会促生消费者对酒店产生不同的需求。国际酒店集团看好中国市场的增长潜力，加大对华酒店扩张步伐。多品牌组合的大型酒店集团通过多品牌组合优势满足不同层级不同区位的需求。例如洲际酒店集团已扎根中国市场几十年，大中华区成为洲际酒店集团的全球第二大市场。即便在疫情对旅游业和酒店业造成了一定冲击的情况下，因为政府的有效应对和《“十四五”旅游业发展规划》等利好政策的发布，洲际酒店集团对集团在中国的发展，对新时代赋予市场的潜力与机遇充满信心。

（三）品牌扩张更全

国际酒店管理集团的品牌在市场上享有的信誉甚至高于国家制定的行业标准，它们的品牌都有非常明确的市场定位，已经得到社会各层消费者的广泛认同。如洲际酒店集团刚开始进入我国时，仅推出了假日酒店一个品牌，随着集团的发展和市场的需要，现已发展了洲际酒店及度假村、皇冠假日酒店及度假村、Hotel Indigo酒店、假日酒店、智选假日酒店和华邑等。而万豪旗下的喜达屋集团形成了喜来登、圣·瑞吉斯、福朋喜来登、威斯汀、艾美、W酒店、雅乐轩等全方位高档位品牌体系，分别用以满足不同市场需求。雅高集团则按高中低档细分市场的不同特征，在我国引入了豪华五星级品牌索菲特、四星级品牌诺富特、三星级品牌美居、二星级商务酒店品牌宜必思等。

（四）经营模式更多

国际酒店管理集团最初进入我国时，一般采用管理合同的经营模式。随着我国酒店管理市场竞争日趋激烈，酒店管理合同期限呈现缩短迹象。一方面，国内酒店管理公司（集团）越来越多，白热化的竞争迫使不少酒店管理公司（集团）为争取管理合同，主动缩短合同期限；另一方面，委托方面临更多的选择，在签订酒店管理合同时也越来越有经验，对利润等关键条款拥有更多主动权，不再盲目求名求大，且较短期限的管理合同更能刺激酒店管理公司（集团）的盈利能力，因此，委托方也极力压低合同期限，以便在酒店运转顺畅后尽早终止管理合同。在此背景下一些国际酒店集团开始在中国尝试新的经营模式，如洲际酒店集团于2016年5月在华开放智选假日酒店的特许经营模式，在一年半后推广至全服务品牌皇冠假日酒店和假日酒店，并通过不到3年时间达到了在华100家特许经营酒店的开业规模。目前在中国市场，洲际酒店集团旗下的智选假日酒店、假日酒店和皇冠假日酒店都已开放了特许经营，其中，皇冠假日酒店品牌2022

上半年在华新增签约项目更是高达 16 家。除特许经营外，也出现了战略联盟、股权介入等经营模式。

（五）嵌入合作更新

近年来中国酒店集团发展迅速，异军突起，锦江国际、首旅如家和华住等酒店集团进入世界酒店集团前十强，为中外酒店的联合发展提供了基础。国内外酒店集团合作途经和方式更多样。2014 年，法国雅高酒店集团选择华住酒店集团作为合作伙伴，华住成为雅高在中国大陆、中国台湾地区和蒙古的独家总加盟商，雅高将旗下美爵、诺富特、美居、宜必思尚品和宜必思几个中低端品牌的经营与开发权交由华住代理。同年，希尔顿牵手铂涛集团正式引入欢朋酒店（Hampton）品牌，希尔顿开始尝试特许经营模式，2020 年与锦江国际集团宣布续签希尔顿欢朋运营许可协议，将合作延长到 2034 年，计划在华开业逾 600 家希尔顿欢朋酒店。2018 年凯悦酒店集团携手天府明宇商旅共同提高拓展凯锐旗下凯悦嘉轩、凯悦嘉寓在中国的品牌影响力，而天府明宇商旅也将成为中国首家获得凯悦授权许可的特许经营酒店第三方管理公司。

二、我国酒店集团化发展机遇和阻力

（一）我国酒店集团化发展机遇

1. 酒店集团连锁化市场潜力巨大

作为全球最大的两个酒店市场，中国和美国的客房数分别为 1700 万和 500 万，但中美酒店连锁化率分别是 20%和 60%，这就意味着中国如果达到美国的连锁化率，中国市场的潜力相对于美国还有 10 倍的成长空间。以中国酒店目前所有的 1700 万间客房计算，中国前三大酒店集团锦江、首旅、华住的总客房数占比也未超过 10%，中国连锁酒店业的成长空间依然巨大。

2. 民族知名酒店集团巨头出现

我国民族酒店集团经过近三十年的发展，通过学习国际酒店集团管理经验以及自身的成长积淀，出现了锦江国际、华住、首旅如家等全球排名前十的酒店集团。与此同时，酒店集团的品牌地位正在巩固，如万达集团的瑞华、文华、嘉华、锦华，最近又大力推出中端万达美华品牌，绿地集团的铂瑞酒店和碧桂园的凤凰酒店品牌。国内一些以经济型酒店发家的酒店集团也在走品牌多元化发展的道路，尤其是向上延伸的中高端酒店和有限服务型酒店。这些酒店集团逐渐发展出了自己的特色，正在蓄势待发，做大做强，并且走向国际。

3. 消费者对酒店品牌日益认可

随着消费层次的提高，人们的消费观念也在发生着变化，他们不仅追求产品消费的物质享受，而且追求产品消费的精神享受。这种能体现自我存在价值的感受，其最基本的表现就是认知品牌、注重品牌、追求品牌、增加品牌消费。消费者的购买动机往往是被品牌代表的形象、信誉及象征意义所激发甚至是被这些因素所支配。因此，讲究品牌成了一种日益发展的消费趋向，这成为酒店企业实施集团化发展的驱动力。

Note

（二）我国酒店集团化发展阻力

1. 体制创新不足

酒店集团作为企业的集合，必须在现代企业制度下经营，做到产权清晰，自主经营，自负盈亏，才能健康发展。单一的、过多的计划行政手段会阻碍酒店集团的发展。地方保护主义或行政干预过多，市场竞争度不高，也会阻碍酒店集团化发展进程。

2. 品牌影响力不强

品牌作为无形资产对酒店集团的发展和扩大至关重要。目前我国很多酒店集团品牌意识已经加强，但整体来看，还存在以下问题，影响着酒店集团化的发展：一是品牌多且杂乱；二是品牌层次不清，缺少品牌个性规划；三是品牌实力相对较弱，知名品牌少；四是品牌培育时间太短，往往还没成熟就推向市场。

3. 新技术应用不足

没有科技创新做支撑，尽管可以从服务和操作层面，以及从品牌建构的角度取得一些进步，却无法从根本上缩小与国际酒店管理集团的竞争力差距，获得可持续发展。国外酒店集团几乎都有自己的销售预订系统，通过电话网络预订和成员酒店之间互相代办预订，实现全球范围的快捷预订业务，我国目前只有部分酒店集团拥有中央预订系统，如锦江和中旅集团，新技术在酒店集团的应用还有很大的空间。

4. 融资能力不强

酒店集团的发展和扩张需要有充足的资本来做后盾，过去我国酒店集团资本的来源大致经历了从财政拨款到后来走向市场化的侨资以及再后来的外资。在这个过程中我们主要运用了金融资本、产业资本等。酒店是资金密集型企业，进入壁垒小、退出壁垒大。由于资本市场欠发达阻碍了酒店集团的扩张，纯粹通过银行借贷会使酒店集团的负债率过高。

三、我国酒店集团化发展创新举措

（一）拓展发展路径，寻求集团化发展战略

酒店集团应认清自身在行业中的地位，采取适合自身集团化发展的可行战略，以长远眼光看待酒店集团生存和发展问题。在酒店行业权威媒体美国 *HOTELS* 杂志公布的 2022 年“全球酒店集团 200 强”中，锦江国际集团、华住酒店集团和首旅如家酒店集团位列前十，分别是第二名、第七名和第九名。首先，作为市场领先者，这些酒店集团虽然还没有具备与欧美国际酒店集团正面交锋的雄厚实力，但是在其发展战略远景中，可将欧美国际酒店集团作为标杆，吸收和借鉴其国际化集团化的发展经验。其次，凭借自身的本土优势，争取与国际酒店合作的战略机会，充分利用国际酒店集团的平台，寻求最有利于自身的进入国际市场的发展战略。同时应逐渐向中高端酒店市场渗透，可通过差异化的市场定位和市场细分，避开欧美酒店集团占优势的传统市场，开发新的扩张领域。作为市场跟随者，相对高端市场而言，这些本土酒店集团应该借鉴经济型酒店扩张的成功经验。

（二）加强品牌建设，提升集团核心竞争力

中国本土酒店集团在品牌开发、品牌架构、品牌内涵养成等方面与欧美酒店集团存在着一定的差距。以不断丰富内涵切实加强品牌建设作为集团发展的首要任务，在扩张的同时提升品牌价值，构建集团的核心竞争力，是酒店集团扩张的长久之路。首先，我国酒店集团应了解现代消费市场的变化，掌握目标市场信息，创新和寻找稳定的市场发展培育点，合理进行市场定位，开发培育新的集团酒店品牌，尽快形成自己的优质市场品牌和相应的管理模式。其次，我国酒店集团应建立一整套行为规范、企业文化、经营哲学，包括品牌的定位、品牌标准的确定及控制系统和支撑系统的构建，以此建立自己独特的品牌和企业形象，构建出完整的品牌内涵。最后，本土酒店集团应该及时梳理及整合所拥有的品牌，对大型的酒店集团，特别是众多通过行政手段组成的酒店集团而言，品牌战略的实施还要以对现有成员酒店进行品牌梳理和整合为基础和前提，多个品牌之间应有各自明确的市场定位，互不交叉，从而构建集团的整体品牌架构。

（三）开展资本运营，实现存量资产优化整合

酒店业资本运营可以采用多种方式，包括兼并与收购、股份制酒店集团及委托经营等方式。酒店集团应在其成员酒店之间进行以资金为纽带的规范化操作，使之合作建立在牢固的经济基础之上，以实现共同的经济利益。本土酒店集团可以挑选内部优良资产以实现上市，为自己在资本市场运作奠定基础，在条件成熟之后，再通过上市公司以资本渗透的方式收纳其他目标酒店或集团。协议收购或利用行业外部集团资金进行扩张也是目前中国酒店集团利用资本运作实现集团扩张的可行方法。如2015年锦江集团对欧洲第二大酒店集团——法国卢浮酒店集团100％股权的成功收购。通过合理的资本运营，本土酒店集团可完善集团的产品组合，增强多元化经营能力和系统抗风险能力，减少酒店进入新的经营领域和新兴市场的障碍等，提高集团的竞争实力。

（四）培育人力资本，建立人才储备发展机制

人力资本是酒店的第一资本。培养出一批经营训练有素、实际经验丰富、领导才能卓越、具有远见卓识的精英队伍是酒店集团化发展的必备条件之一，也是维持酒店竞争力的根本所在。通过聘请国际上优秀的高层专业管理人士来解决管理层面的人力缺口问题，是我国本土酒店集团的一个现实选择，但是要从根本上解决我国本土酒店集团成长过程中的人力资本短缺的问题，还要吸收、消化国外酒店集团在人力资源开发和培养方面的先进经验，迅速构建酒店企业家和职业经理人的集团管理人才梯形队伍。合理的人才激励机制是最为重要的，本土酒店集团应该加大民族酒店企业家的培育力度，建立起以年薪制、配股制、期权制为中心的有效激励约束机制，最大限度地激发企业家内在的才能，使其成为本土酒店业集团化进程中的最活跃因素。同时，酒店集团应形成常规的职业经理人选拔和培育机制，保证优质中层酒店管理人员的持续性人力供给，这也是酒店集团扩张的重要人力保障。

第四节 我国酒店集团的跨国经营

2014 年中国对外投资规模首次超过外商投资规模，成为中国对外直接投资元年。中国对外投资的良好势头为中国酒店企业的跨国经营奠定了基础，中国外汇储备和资金积累也都为中国企业“走出去”创造了良好的条件。国内酒店行业竞争日益加剧已成为不争的事实，部分有能力的酒店企业开始尝试跨国经营，规避国内投资风险。随着行业发展不断成熟，全球化程度的不断加深，跨国经营成为中国酒店业未来发展的必然趋势。

一、我国酒店集团跨国经营背景

（一）国家政策的支持

国家政策的支持是中国酒店集团走出国门的宏观有利条件。“十二五”“十三五”期间国家出台加大对服务型企业走出去的政策支持力度。随着国家“一带一路”倡议的实施，更为中国企业走出国门提供了便利条件。中国酒店业经历了数十年的发展，各个方面都已经趋于成熟，应当争取国家在资金上的扶持政策，尽快布局国际市场，形成充分发挥中国特色优势的酒店业国际化经营的新局面。

（二）我国酒店集团实力的提升

四十年来我国的酒店行业充分发挥后发优势，引进外资，从组织管理模式、经营模式乃至硬件的设计与配备等方面全方位地借鉴和应用国外先进经验，在短短几十年间走完了外国同行一百多年的发展道路，成为中国实现现代化、国际化和标准化最早、最快、最彻底的行业之一，也积淀了一批有竞争力的酒店集团，具备了参与国际竞争的能力。近几年我国酒店集团的兼并收购更加频繁，出现了锦江国际、华住、首旅如家等挤进全球前十的酒店集团，这些酒店集团逐渐发展出了自己的特色，形成自身管理风格，培育优势品牌，正在蓄势待发，走向国际。

（三）我国出境旅游热的带动

近几年中国出境旅游增速迅猛，为中国酒店集团的跨国经营奠定了市场基础。《世界旅游组织旅游亮点 2018 年版》显示，中国游客 2017 年在国际旅游上花费 2580 亿美元，继续保持世界第一。2017 年世界旅游总收入为 1.34 万亿美元，比 2016 年增加了约 940 亿美元，中国游客的消费接近全球总收入的五分之一。自 2012 年开始，中国一直保持着世界最大出境旅游市场的地位。国际酒店集团入驻中国市场之初，也是以其本国游客为主要客源的。中国经营者更熟悉和了解中国游客的生活习惯、消费心理，在异国他乡，更能给予中国出境旅游者安全感和归属感，中国酒店在境外的经营优势明显。

Note

二、我国酒店集团跨国经营现状

随着近些年中国出境游的发展，中国酒店企业也在逐步进行海外扩张，疫情前占海外地产投资总额的15%左右。国家大力支持服务型企业“走出去”，中国的酒店布局海外、筹划跨国经营的实例比比皆是，尤其是2014年以来，更是如雨后春笋般势不可挡。

2012年前中国酒店企业进行跨国经营的实践较少，专业的酒店集团参与度并不高，只有锦江（2010年）和格林豪泰（2012年）有跨国经营的行动。苏州青旅是国内最早进行跨国经营的旅游企业。2005年，苏州青旅在斐济投资建设斐济SSS国际大酒店，后来又在新西兰、加拿大等地建立海外机构，依托于这些成功的经验，企业正在尝试复制“斐济”模式。2013年，苏州青旅再次在国外投酒店，并计划在加拿大、斐济、英国等9个国家和地区开展以酒店物业为主要载体的文化旅游项目。

2013年以来，中国酒店企业跨国经营的实例数量开始明显增加。跨国经营的主体中，专业的酒店集团的份额不断增多，越来越多的房地产企业开始在国外涉足酒店的经营或管理，企业类型更加多元化。跨国经营主体大多都有继续深耕海外市场的计划，因此，可以说中国酒店企业的跨国经营进入了发展阶段。有专家称2014年是中国酒店跨国经营元年，并预测中国酒店走向国际是未来酒店业的重要发展趋势之一。随着全球化程度的不断加深，以及中国经济实力的不断提升，中国酒店企业的跨国经营将在未来进入快速发展阶段，达到规模更大、成熟度更高、更具竞争力的发展水平。

跨国经营主体中，以住宿业、房地产业、制造业和保险业为主。住宿业中包含锦江酒店集团、东呈酒店集团、港中旅酒店集团等多个中国本土的酒店集团，但这与中国数量庞大的酒店集团相比，还是很小的一部分，中国酒店集团的跨国经营还有很大的空间和潜力。房地产业走出国门，选择投资酒店，主要是以此作为在境外进行房地产开发的手段。此类企业往往选择环境优美、房地产市场潜力较大的国家和地区，追求的是长期的地产收益。制造业是我国产业份额较大、较早开始实践“走出去”战略的行业，近两年有实力雄厚的制造业企业，开始将资本投向境外，并涉足酒店业，或收购外资酒店，或投资自建酒店。此类企业看好飞速发展的中国出境旅游市场，希望获得稳定的投资收益。金融业主要是财力雄厚的保险集团，如安邦保险集团、阳光保险集团等，此类集团主要是通过收购境外酒店的物业资产，获得酒店所有权，但不参与酒店管理，继续委托有经验的酒店管理团队进行管理，从酒店良好的运营收益中获利。2014年，安邦保险斥资19.5亿美元购买希尔顿集团在纽约的华尔道夫酒店大楼，引起了业界轰动。

三、我国酒店集团跨国经营策略

（一）规避海外投资风险

近年来，中国酒店企业海外投资规模不断攀升，占海外地产投资总额的15%左右。海外投资看似前景广阔，可是由于不熟悉当地法律、文化、政策规定，屡屡有国内酒店企业海外投资失败的案例。如2014年，万达酒店集团以2.65亿欧元，在西班牙马德里广场收购了西班牙大厦。原计划将该大厦拆除改建为酒店和购物中心，但当地政府认为这是历史地标建筑不允许拆除，导致计划搁浅，直接影响万达酒店集团 2015 年全年业绩，亏损 2.62 亿元人民币。而锦江酒店集团的海外扩张则较为理性，大都选择了当地的公司作为中介进行并购或特许经营，如 2011 年收购美国洲际集团是与美国德尔集团联手实施的，进驻东南亚市场，则是分别通过菲律宾的上好佳（国际）和印尼的金峰集团。由此可见，选好中介机构进行海外扩张，能够极大地规避海外投资风险。

（二）全面彰显“中国元素”

中国本土酒店品牌海外扩张的主要动因，就是国内游客在境外对“中式服务”的迫切需求。多数国人出境旅游，尤其是去欧美国家，头一两天还能忍受面包、牛排、沙拉和冰水，可时间一长就只能靠国内带来的咸菜辣酱度日，让人无不感叹“在家千日好，在外一日难”。锦江酒店集团布局欧洲对“中国元素”十分看重，在法国巴黎街头的一家锦江之星（原属卢浮集团旗下品牌 Campanile 经济型酒店），早餐就包含中式包子、馒头和白粥等，而且酒店服务手册也有中文解说，客房内也能收看到 CCTV 等中文频道，并且要求外籍服务人员必须学会简单的中文问候语等，“中国元素”的渗入使得这家店的入住率从之前的 65%提升至 85%，为我国酒店企业在海外布局提供了很好的启示作用。

（三）选择合适酒店类型

不同的国家或地区由于经济发展水平、社会文化环境等因素，对酒店类型的需求也是不同的。一般来说，经济发展水平较高的国家和地区对奢华或高档酒店的需求较大，而经济欠发达的国家和地区对经济型或中档酒店的需求较大。因此，酒店集团应当做好市场调研工作，充分了解目标国家的市场需求及潜力，选择适合的酒店品牌类型来拓展其海外市场。

（四）开拓适合目标市场

我国酒店集团最初走出国门时，一般首选东南亚市场。其主要原因是：第一，东南亚是中国游客境外旅游最集中的目的地区域，2018 年中国游客的十大旅游目的地是泰国、日本、越南、新加坡、印度、马来西亚、美国、柬埔寨、俄罗斯、菲律宾，中国酒店品牌在东南亚区域扩张无疑将受到国内游客追捧；第二，东南亚有大量华人，饮食起居及文化风俗习惯与中国相近，国内酒店品牌扩张的壁垒低于欧美或其他地区。

（五）实施不同扩张战略

在跨国经营中，应当首先走专业化发展的道路，市场地位稳定、跨国经营经验丰富之后，再采取多元化的品牌战略。此外，中国酒店走出国门，应当以全球化的高度进行市场定位，在为中国公民的出境旅游提供充分便利的基础上，也要关注当地市场的需求，输出与当地市场需求水平相符的酒店品牌，使客源结构国际化。品牌输出模式对品牌的依赖程度较高，所以，酒店集团需要充分重视酒店品牌的维护，制定详细的运营标准，并做好对品牌使用者的监督和管理，确保酒店的品牌形象良好发展。

Note

（六）采取多种经营模式

在选择跨国经营模式时，也要依据分散风险的原则，尽量同时采取多种跨国经营模式，防范经营风险。2010 年 3 月，锦江国际集团联合美国德尔集团，以 3 亿美元收购美国洲际酒店业，锦江集团由此迈出跨国经营的第一步。此次收购仅限于获得酒店物业，后续仍采取与国际知名酒店管理集团合作的经营方式进行运作。2015 年初，锦江股份终于以超过 12 亿欧元的交易金额，获得法国卢浮酒店集团的全部股权，将法国卢浮酒店业正式“收编”到集团旗下。此次跨国经营，锦江国际集团采用品牌输出与战略联盟两种模式，促进各自的酒店品牌在对方国家的输出，在门店的改造、会员管理系统及预订系统的对接等方面进行进一步整合。

知识活页

锦江国际集团的全球化之路

锦江国际集团很早就开始谋局全球酒店巨头之列。早在 2011 年，锦江之星便与菲律宾的上好佳（国际）正式签约，以品牌输出的方式跨出国门，通过品牌授权经营使锦江之星品牌正式落户菲律宾，成为中国经济型酒店品牌正式走向海外的第一例。此后，锦江国际集团在韩国、法国、印尼等地，不断向外输出品牌。2014 年，锦江之星韩国首尔明洞酒店正式对外开业，也成为锦江国际集团海外首家单店特许经营酒店。除了自有品牌锦江之星的海外开店，近年来，锦江国际集团也在通过不同手段，实现跨国经营的野心。自 2015 年起，接连收购卢浮酒店集团，并战略投资铂涛集团。此后，又以 12 亿元收购控股子公司 Keystone（即铂涛集团）12％的股权，将持股比例提升至 93％，在收购铂涛之后，锦江国际集团也一跃成为国内第一大酒店集团。此后的锦江国际集团并未停止收购的步伐。2016 年，锦江国际集团又以 17.5 亿元收购维也纳 80％的股权。

近两年国内酒店旅游企业拓展欧美市场更为频繁，锦江国际酒店借助上市公司的优势，积极响应国家“走出去”战略，通过行业间的并购整合，锦江国际集团不仅完善了在“一带一路”共建国家和地区的酒店布局，也进一步确立且巩固了公司在有限服务型酒店行业的龙头地位。

（资料来源：收购丽笙 锦江的国际化野心，https//www.meadin.com/jd/190345.html。）

TOURISM

Note

第五节 中外著名酒店管理集团介绍

一、万豪国际酒店集团

（一）集团简介

2016 年万豪国际酒店集团收购喜达屋酒店及度假村后一举跃升到世界排名第一，成为全球最大的酒店集团。万豪国际酒店集团成立于 1927 年，总部在美国首都华盛顿，创始人是约翰·威拉德·马里奥特（J. Willard Alice Marriott，1900—1985）。1927 年 6 月，马里奥特和夫人在华盛顿一起经营莱根汽水店，次年建起了马里奥特第一家路边快餐馆。20 世纪 30 年代后期，随着美国民用航空事业的发展，马里奥特建立了万豪航空食品服务公司，开始为美国 50 家航空公司和 19 家国际机场提供航空食品，成为华盛顿第一家把食品送上飞机的餐馆。1953 年马里奥特的公司已经初具规模，开始向公众出售股票。1957 年，第一家万豪旅馆——双桥汽车旅馆开业。1969 年，万豪旅馆公司成立。到了 20 世纪 70 年代，万豪发展成为一个大型的跨行业集团，它的旅馆也由城郊的汽车旅馆向大型的城区旅馆发展，并开始出售特许经营权。2016 年，万豪收购喜达屋，成为拥有 30 个酒店品牌的全球最大的酒店集团。

（二）主要品牌

万豪国际酒店集团旗下一共经营 30 个酒店品牌，主要的品牌如表 12-3 所示。

表 12-3 万豪国际酒店集团主要品牌

品牌	主要特色
丽思卡尔顿酒店 THE RITZ-CARLTON	全球首屈一指的奢华酒店品牌，遵从着经典的风格，成为名门、政要下榻的必选酒店。它的座右铭“我们以绅士淑女的态度为绅士淑女们忠诚服务”，在业界被传为经典。不管在哪个城市，只要有丽思卡尔顿酒店，一定是国家政要和社会名流下榻的首选
JW 万豪酒店 JW MARRIOTT	JW 万豪酒店及度假酒店温馨典雅，舒适奢华，提供无与伦比的私人服务，真正商务休闲两相宜。每一家酒店都独具特色，简约优雅、宁静奢华

续表

品牌	主要特色
万丽酒店及度假村 R RENAISSANCE HOTELS	万丽酒店专为热爱探索、活力四射的旅客而设。独一无二的风格，有着难以言喻的吸引力。万丽酒店中富有历史感的标志性酒店、时尚的精品酒店、奢华的度假酒店，每一系列都具有鲜明个性、当地特色，以及独具匠心的风格与魅力
万豪酒店及度假村 MARRIOTT	万豪最早的豪华酒店品牌，以其设施豪华而闻名，并以其稳定的产品质量和出色的服务在酒店业享有盛誉。首家万豪(Marriott)酒店于1957年在美国华盛顿市开业
万怡酒店 COURTYARD	万怡酒店深切了解商务人士的需要，量身定制称心服务。无限舒畅、全新入住体验是万怡酒店的服务主旨。酒店内的每项设施均经过细心的挑选，务求能满足客人的要求
万枫酒店 Fairfield	万枫酒店是全球中档酒店的领导者，是万豪国际全球分布第二广泛、全球发展最迅速的品牌，在美国、加拿大、墨西哥及印度四国拥有750多间分店
Moxy Hotel moxy HOTELS	有趣、时尚、充满活力的酒店，以活力、自信、不拘一格而著称，旨在以平易近人的价格满足客人的每一需求，同时力求避免烦琐。万豪与宜家携手打造，目标客户是18—35岁的人群，希望能撼动经济酒店行业
St. Regis(瑞吉) ST REGIS	融合了恒久精致与现代奢华，瑞吉品牌坚定不移地信守其对于卓越的承诺。自1904年John Jacob Astor在纽约创立地标性的瑞吉酒店以来，瑞吉均位于全球最佳选址，以其无与伦比的奢华、妥帖周到的服务和典雅高贵的环境闻名于世。量身定制的服务与休闲设施，风光怡人的选址以及充满当地色彩的豪华装饰，尽显瑞吉享誉全球的独特之处，吸引了全球旅游者的关注
豪华精选酒店 THE LUXURY COLLECTION	创立于1906年的豪华精选品牌，最初是欧洲最负盛名的经典酒店系列。精美的装饰、豪华的陈设、优质的服务和先进的现代化便利设施共同打造出独特而丰富的入住体验。本着“非凡卓越、本地风情、多姿体验”的核心价值，豪华精选致力于为各地旅游爱好者们打开一扇通往全球最激动人心和最令人向往目的地的大门

Note

续表

品牌	主要特色
喜来登 Sheraton	喜来登酒店与度假村集团(Sheraton Hotels and Resorts)是喜达屋(Starwood)酒店集团中最大的连锁旅馆品牌,而它也是集团中历史较为悠久的酒店品牌(最老牌的是威斯汀)。喜来登的酒店型态有许多种,从一般的商业旅馆到大型度假村都有;喜来登品牌一直企图维持高品质形象,全球的喜来登酒店多半被当地机关评选为五星级酒店
威斯汀 WESTIN	威斯汀是喜达屋旗下历史最悠久的酒店品牌,堪称是有益身心、焕发活力的“天堂”,以为客人打造焕然一新的酒店体验为己任。通过威斯汀健身、天梦之床和健康美食菜单等一系列创新计划和贴心设施的推出,为客人提供卓尔不凡的优质服务,让他们高兴而来、满意而归
福朋酒店 FOUR POINTS	始建于 1995 年,致力于营造属于自己的独特风格,从而为客人提供多样化的选择。更简单、更舒适,真正妙趣横生。旅行就该简简单单,将时尚、乐趣和温馨融为一体。让客人体会到真正的物超所值
W 酒店 W HOTELS	W 酒店是喜达屋旗下的全球现代奢华时尚生活品牌,其官方的定位是 Lifestye 品牌,业内普遍将其归类为大型的“Boutique hotel”。激发灵感、创造潮流、大胆创新的 W 酒店在业界影响深远,为客人提供终极的入住体验。奢华酒店,外观极具特色,设计感极强
艾美酒店 Le MERIDIEN	艾美酒店是一个起源于法国的酒店品牌,在世界 50 个国家和地区拥有 120 家酒店。法国艺术大师杰罗姆·桑斯为全职文化策展人,转换一系列客人体验,为客人打造独特的互动空间

二、锦江国际酒店集团

(一) 集团简介

锦江国际集团总部位于中国上海,是中国规模较大的综合性旅游企业集团之一。

1984 年,上海市政府将市政府接待办拥有的数十家涉外宾馆组成大型的国有企业集团——锦江集团,并且通过输出管理的方式将业务扩展到北京、昆明等地。1987 年 4 月,成为国内酒店业首个输出管理的酒店品牌。锦江国际集团多次重组发展成为全球第二大酒店集团和中国最大的酒店集团。

（二）主要品牌

锦江国际酒店集团主要品牌如表 12-4 所示。

表 12-4 锦江国际酒店集团主要品牌

品牌	主要特色
维也纳国际	维也纳国际酒店是维也纳酒店集团旗下中高端商务酒店品牌，是轻五星领袖品牌。维也纳国际酒店以经典艺术、健康美食、智能化为产品设计理念，摒除准五星酒店部分利用率极低的服务板块，精选实用的五星配套，加之特有的“五感助眠空间”系统，引领酒店行业“轻五星”时代
锦江都城	锦江都城酒店（Metropolo）的名字起源于 20 世纪 30 年代的海派文化，将西方的 ART DECO 风格装饰艺术演绎东方文化底蕴，搭建中西文化交流的桥梁，塑造四星级全球化文创品牌，为来自海内外中高端商旅客人提供在地文化探索社交空间
派	轻设计个性化连锁酒店品牌，秉承着圆周率 π 无限不循环的品牌基因，通过轻改造手法打造不同软装主题，为追求个性化的消费者提供百变住宿体验
锦江	锦江酒店充分体现当地的特色文化，以专业的酒店管理背景和卓越的热情，为客人提供高性价比的酒店服务

续表

品牌	主要特色
锦江之星	锦江之星是标准经济型酒店品牌，自品牌创立以来，一直以统一化、标准化的品牌及产品形象呈现给大众。1997 年第一家门店在上海开业，锦江之星以品牌特许经营为主，实施轻资产战略，是公司的主力品牌
7 天酒店	7 天以“年轻的选择”为核心价值观，在表达 7 天与时代同步、永远代表年轻的同时，更希望消费者能选择年轻的生活态度：年轻人应该活出自信，活出真我，用个性与激情点缀青春的精彩；年长者也可以像年轻时那样，改变自己，重温青春的感动，寻找简单纯粹的快乐
麓枫酒店	将薰衣草元素、香氛文化和酒店进行完美结合，倡导“多一点自在”的生活哲学。麓枫相信生活本应是静享惬意，无拘无束的，主张“自然生活，自在工作”的生活哲学，致力为客人打造一个贴心舒适、亲近自然的商旅住宿空间。正如其标志口号“Good Morrow 只为更好地出发”，麓枫酒店希望用宁静和自然的力量，为中途停靠的客人补充能量，助其更好地踏上新的旅途
喆·啡酒店	喆·啡酒店是铂涛集团旗下的中端酒店品牌之一，打破传统酒店经营模式，致力打造首家以咖啡馆文化与酒店完美结合的中端的精品酒店品牌。喆·啡酒店迎合主流中档商旅人士对社交的需求，将咖啡文化和酒店空间完美结合，为忙碌的商旅人士打造脱离紧张、浮躁行程的同时符合自身内心需求的酒店

三、希尔顿酒店集团

（一）集团简介

希尔顿集团分为希尔顿酒店集团公司和希尔顿国际酒店集团（HI），希尔顿国际酒店集团拥有除北美洲外全球范围内“希尔顿”商标的使用权。美国境内的希尔顿酒店则由希尔顿酒店集团公司拥有并管理。

（二）主要品牌

希尔顿酒店集团主要品牌如表 12-5 所示。

表 12-5　希尔顿酒店集团主要品牌

品牌	主要特色
华尔道夫酒店及度假村 WALDORF ASTORIA® HOTELS & RESORTS	愈恣享，愈铭心。华尔道夫酒店及度假村在全球多个标志性目的地开设酒店，充分体现出其所在地点的独特历史文化。华尔道夫对其悠久传统加以时尚新潮演绎，为客人提供超凡出众的住宿环境和名副其实的华尔道夫服务，通过个性化的服务为品位不凡的客人打造难以忘怀的体验
康莱德酒店及度假村 CONRAD HOTELS & RESORTS™	提供的不仅仅是住宿，更有无限灵感。精致奢华是康莱德酒店及度假村所有工作的核心所在。在客人的旅途中提供毫无限制的畅通连接、无与伦比的贴心服务及灵感迸发的精彩体验，是新生代明智豪华旅行者趋之若鹜的首选目的地，为将生活、工作和娱乐彼此相融的繁忙旅客打造完美服务
希尔顿酒店及度假村 Hilton HOTELS & RESORTS 希尔顿酒店及度假村	近 80 个国家/地区设有超过 550 家希尔顿酒店及度假村，是一个书写历史、达成协议、庆祝特殊时刻并享受逍遥时光的完美之所
希尔顿逸林酒店及度假村 DOUBLETREE BY HILTON™	品尝香甜可口的热巧克力脆饼，在简约雅致的宜人氛围中感受非凡体验，为客人的舒适住宿拉开精彩帷幕。希尔顿逸林酒店及度假村深知细节的完美把握对成功的关键作用
希尔顿欢朋酒店 Hampton by Hilton™	“势不可挡的品牌，无法抗拒的特色”这就是欢朋服务，也是希尔顿欢朋酒店要打造的企业文化和精神。令每一位客人的每一次住宿都倍感满意是希尔顿欢朋酒店竭力完成的神圣使命。通过无条件满足保证的 100%满意

Note

四、洲际酒店集团

(一) 集团简介

洲际酒店集团总部位于英国，成立于1777年，入选2018年度（第十五届）“世界品牌500强”排行榜，排名第456。1777年，英国巴斯（BASS）集团成立，成为英国第一家独立注册商标的集团。成立之初，巴斯集团主要以饮料和啤酒的生产和销售为主。20世纪80年代末，巴斯集团转入酒店业，1988年购入Holiday Inns International，开始涉足酒店业。1990年购入the North American Holiday Inn和Holiday Inn，酒店进入国际化。洲际酒店集团是全球排名第四的专业酒店管理集团，拥有洲际酒店及度假村、皇冠假日、假日酒店等多个国际知名酒店品牌和超过60年国际酒店管理经验。

(二) 主要品牌

洲际酒店集团主要品牌如表12-6所示。

表12-6 洲际酒店集团主要品牌

品牌	主要特色
皇冠假日酒店及度假村 CROWNE PLAZA HOTELS & RESORTS	以合理的价格提供高档的酒店住宿设施。它专为满足今日精明的客人的需求而设，并以提供更优质的服务及设施来迎合那些追求物有所值的商务客人。超过140家皇冠假日酒店分布于全球40多个国家，每家皇冠假日酒店均提供先进的会议设施、专职负责会议的专业员工及完善的商业服务，同时，还配备有设备齐全的健美中心、餐饮设施和多样化的休闲活动
洲际酒店及度假村 INTERCONTINENTAL HOTELS & RESORTS	在满足国际商务客人及消闲客人的独特需求方面，洲际酒店已建立了一定的声誉，它善于将全球性的服务标准巧妙地与当地的传统相结合。多年来，洲际酒店远近驰名，一直是各国商界喜爱入住的酒店。此外，洲际酒店具有的独特文化特色及其在顶级酒店市场的地位，使集团的酒店品牌日趋多元化
华邑酒店及度假村 HUALUXE HOTELS AND RESORTS 華邑酒店及度假村	“HUALUXE”中的“HUA”取自汉字“华”的拼音，而“LUXE”则是奢华的意思，象征高端奢华的品质。华邑客房拥有国际化高水准的完善设施，全天候免费提供无线及有线高速网络，配备奢华沐浴设施及国际知名品牌Essentiel Elements和L’OCCITANE（行政客房）沐浴护理用品

续表

品牌	主要特色
智选假日酒店	清新、简洁是智选假日酒店的特色,它为商务及休闲客人提供的收费价格也极具竞争力。推出的 Guest Stay SmartSM 优惠计划,除可让客人免费享用包括新鲜水果、麦片及糕点的早餐外,还可免费使用当地电话服务(只限美国)
英迪格酒店	英迪格酒店是洲际酒店集团旗下的时尚精品酒店品牌,主要针对寻求个性与真实体验的高端客户,为他们提供融合当地历史、文化和自然元素的下榻体验。作为酒店行业的首个全球连锁精品酒店品牌,英迪格酒店以令人耳目一新的邻里文化、清新自然的酒店设计和富于灵感的热情服务,为客人带来引人入胜的入住体验、原汁原味的邻里风情和城市文化。 英迪格酒店是洲际酒店集团旗下颇受追捧的精品酒店品牌,以其创新设计、本地文化特色、与生俱来的浪漫艺术氛围和可持续性发展战略,赢得了广泛的赞誉和客户群体。 英迪格酒店成立于 2004 年,当时是国际酒店集团的一个新部门,专注于在全球范围内开设高质量的精品酒店。英迪格酒店品牌的名字源自紫色的天空,这种颜色在天文学中象征着朦胧美和梦想世界,这也是品牌推崇的浪漫主义价值观所在。 英迪格酒店的品牌理念是"以客户为中心",致力于为客户打造个性化而难忘的入住体验。品牌提倡健康、可持续、真诚和灵动的环境。英迪格酒店注重本地文化特色、创造性的设计和艺术气息,从而获得客人的尊重和赞赏
假日酒店	假日酒店定位于中等价格、高标准服务,秉承客人至上的理念,无论亲子游还是商务商旅,抑或是挚友探险游,都可以在轻松舒适、宽敞明亮且经济实惠的酒店里享受旅行带来的无限乐趣。1952 年世界上第一家假日酒店在美国田纳西州的孟菲斯诞生

五、温德姆酒店集团

(一)集团简介

温德姆酒店集团总部位于美国帕西帕尼市,是温德姆环球公司旗下三大子公司之一,旗下包括三大部门:酒店集团(Wyndham Hotel Group)、度假交换和租赁(RCI)、度假网络(Wyndham Vacation Ownership)。2006 年 8 月 3 日,圣达特酒店集团收购了豪

Note

华五星级知名酒店品牌——温德姆，由此，圣达特酒店集团也更名为温德姆酒店集团。之后，作为酒店专营公司单独拆分，拆分后的温德姆酒店集团于 2018 年 6 月在纽约交易所上市。现今，温德姆已发展成为全球备受尊敬与瞩目的酒店行业领袖。它是全球规模较大、业务较多元化的酒店集团企业之一。

（二）主要品牌

温德姆酒店集团主要品牌如表 12-7 所示。

表 12-7　温德姆酒店集团主要品牌

品牌	主要特色
温德姆酒店及度假店	为客人提供高品质酒店及度假酒店住宿体验，旗下酒店遍布美国、加拿大、墨西哥、美洲中部及南部地区，以及加勒比海地区，以及欧洲、中东及中国。所有温德姆酒店或为特许经营，或由温德姆酒店集团附属公司 Wyndham Hotel Management Inc. 管理运营，或通过合作投资伙伴管理运营
华美达酒店	1954 年在美国成立。华美达酒店适合商务或休闲客人入住，为他们打造可以尽情放松的悠享天地，且价格适中。华美达品牌矢志每时每刻为每一位客人奉上悉心关怀，品牌的宗旨是“做您所想，将余下的事交给我们”
豪生酒店	五星级行政豪华酒店，具有优越的地理位置，服务细致。口号是“超乎希望，精彩难忘”。豪生品牌在 1925 年创立，1939 年发展到 107 家餐厅，1954 年建立了第一家豪生酒店，1961 年上市，当时拥有 88 家汽车旅馆和 605 家餐厅，1990 年被温德姆酒店集团收购，1993 年形成豪生国际酒店集团，1998 年创下一年新开 75 家酒店的记录
戴斯酒店	戴斯是温德姆酒店集团旗下最大、最著名的酒店品牌。在温德姆所有经营的品牌中，戴斯品牌(DaysInn®)占有最高的市场份额。CecilB. Day 于 1970 年创立戴斯，品牌历史超过 40 年
速 8 酒店	速 8 酒店是全球较大的经济型连锁酒店之一，第一家速 8 酒店于 1974 年 10 月在美国南达科他州的阿伯丁开业，其以干净的房间、友好的服务、高性价比著称

六、雅高酒店集团

（一）集团简介

雅高酒店集团成立于1967年，是法国一家大型的跨国企业，其酒店遍布世界大部分国家，旗下酒店品牌众多，从经济型到豪华型酒店一应俱全。雅高酒店集团总部位于法国巴黎，是欧洲最大的酒店集团，也是欧洲酒店业、餐饮行业的领导企业。

（二）主要品牌

雅高酒店集团主要品牌如表12-8所示。

表12-8　雅高酒店集团主要品牌

品牌	主要特色
诺富特	领导商务酒店住宿潮流，商务型酒店。诺富特位于主要国际城市、商业区和旅游目的地的中心。品牌坚持其现代性、良好设计、简洁性和高效性的基本价值观，使客人感觉自然良好
索菲特	奢华酒店重现法式优雅，“雅高的精华”，法式“生活艺术”的代表，豪华五星。索菲特酒店以满足独特要求的特权方式再次赋予了豪华酒店食宿招待的新定义。在世界最优异的豪华酒店里体验法式风格、能力才干、精致高雅的魅力
铂尔曼	轻松入住，优越尽享。铂尔曼酒店服务于国际及国内商务客人和会议的高档酒店连锁品牌，是位于市中心的亲切友好的酒店。铂尔曼重新倡导令客人宾至如归的服务艺术，重新诠释热情款待的真谛，再次发掘旅行和结交新朋友的乐趣
美爵	提供带有地方特色的豪华酒店住宿，五星，专为中国量身打造。美爵拥有一双善于发现的锐眼和一颗善于感悟的心，特将法式浪漫情愫与中国地域文化完美融合，相辅相成，打造全新的住宿体验。让客人在中法融合带来的享受中，发现更多乐趣、惊喜和灵感，由心感悟生活的各种美好与精彩
宜必思	以简朴、服务质量高、经济实惠而美名天下。宜必思在极具竞争力的价格下提供高标准、高品质住宿与服务。自1997年起，宜必思获得了ISO9001国际标准质量体系认证。同时宜必思致力于环境保护，是第一家通过ISO14001国际环境管理体系认证的连锁酒店，品牌旗下有接近三分之一的酒店获得了该认证

Note

续表

品牌	主要特色
美居	结合地域文化打造具有个性的房间和服务，三四星。美居酒店涵盖了豪华酒店、酒店式公寓、度假酒店市场。每间酒店都展示独特风格及服务，反映了地域特色、文化及个性

七、华住酒店集团

（一）集团简介

华住酒店集团是2005年成立的中国多品牌酒店集团。自2005年创立以来，华住在短短数年间已经完成全国31个省市的布局，并重点在长三角、环渤海湾、珠三角和中西部发达城市形成了密布的酒店网络。华住以“成为世界住宿业领先品牌集团”为愿景，在创始人季琦的带领下，在中国超过200个城市里已经拥有2100多家酒店和30000多名员工，旗下拥有多个酒店品牌：商旅品牌，如禧玥酒店、全季酒店、星程酒店、汉庭酒店、海友酒店；度假品牌，如漫心度假酒店等。华住酒店集团为全国客人提供从高端到平价、从商务差旅到休闲度假的住宿体验。

（二）主要品牌

华住酒店集团主要品牌如表12-9所示。

表12-9 华住酒店集团主要品牌

品牌	主要特色
全季酒店	全季酒店是华住旗下针对中档酒店市场的有限服务酒店，以简约而富有品质的设计风格、深受客人喜爱的酒店设施、恰到好处的优质服务，为智慧、练达的精英型商旅客人提供最优质地段的选择。全季酒店在概念上秉承儒家“五德思想”，即温、良、恭、简、让，依循着中国人传统儒学的思想脉络：在酒店风格的设计上去除不必要的元素，回归到使用的初衷；在酒店空间中运用竹、松、木及大面积的留白，在纷扰的城市里面给人带来一片自然纯净的净土；在房间的布局上以简洁的线条，框架的延伸，让客人回归到最真实的体验，亲切而舒适；在服务上提倡适度的安然享受

续表

品牌	主要特色
汉庭	汉庭酒店定位为标准化的经济型酒店，前身为“汉庭快捷”，致力于为商旅客人提供便捷的住宿体验。汉庭安心的睡眠系统、现代的卫浴系统、便捷的商旅配套和轻松的酒店氛围，为五湖四海的客人创造家一般的归属感
禧玥酒店	禧玥，繁忙差旅中一段度假式的住宿体验。禧玥酒店为华住酒店集团旗下的全新高档朴适酒店品牌。立足于中国一二线城市核心区域，优越的地理位置给客人的出行提供了便捷。酒店以时尚的设计理念、多元化的服务特色，打造酒店生活的新方式——繁忙差旅中一段度假式的住宿体验
海友酒店	海友酒店，实惠且干净。海友酒店是华住酒店集团旗下经济型酒店品牌，致力于为客人提供实惠且干净的平价住宿体验。从产品设计到附加服务，海友酒店去除了多余、矫饰和不必要的负担，带给客人简约而自由的氛围。截至目前，海友酒店总数已超过300家，遍布中国一二三线城市与各大中心城市的核心位置，时刻满足客人在悠闲假期或商务旅途中的各类基本需求
怡莱酒店	遇见怡莱，遇见惊喜。作为华住酒店集团旗下的个性品牌，怡莱不同于大多数连锁酒店。我们不强调统一的房间风格，让“个体”变得真实而有魅力。怡莱是一个由形形色色酒店经营者共同编织的梦想：有人相信允许宠物入住才是人道的；有人坚持在早餐单里与客人分享当地美食；有人在酒店设计中注入了自己对中美风格的极度热爱。除了以华住经验把关服务标准与硬件产品质量，怡莱接纳这样每一个独特的待客之道
星程酒店	自在人生，星程相伴。星程酒店于2008年创立，是富有特色的中档酒店，拥有宽敞的空间，传递独特的品位和高雅的格调环境，优质的床品卫浴和完善的各项配套设施带来特别而舒适的住宿体验。星程酒店驻足中国主要商旅城市中心，汇集星级优质的单体酒店，承诺“更多服务、更多空间”，为中产白领人士提供优质且个性化的酒店住宿服务。每一家星程酒店都各具特色，为您的旅程带来更多美好的时光

Note

八、精选国际酒店集团

（一）集团简介

精选国际酒店集团(Choice Hotels International)，又译成选择国际酒店公司，成立于 1939 年。最早起源于信誉良好的品质客栈(Quality Inn)连锁集团，这是一家以中等价格一贯的高质量服务的酒店业先驱。在相继收购了 Clarion、Rodeway Inn 和 Econo Lodge 之后，精选又对 Sleep Inn 和 Mainstay Suites 进行了革命性的改造，使自身的业务范围得到全面拓展，从经济型消费到高消费，从基本服务到高档次的娱乐享受，各种服务无所不包，能够满足社会各阶层人士的需求。到 2018 年 3 月 28 日，精选国际酒店集团公司特许经营店约有 6800 家，包括约 500000 间客房。

（二）主要品牌

精选国际酒店集团主要品牌如表 12-10 所示。

表 12-10　精选国际酒店集团主要品牌

品牌	主要特色
Econo Lodge EconoLodge™ BY CHOICE HOTELS	Econo Lodge 以大众可以接受的中等价格提供整洁、经济的服务带给客人超值的享受，它的名声在世界相同档次的酒店中是最大的
Comfort Inn & Quality Suites Comfort	Comfort Inn 是精选所辖的七个品牌中规模最大、投资回报率最高的品牌。同时也是美国发展最快的酒店连锁。其宣传口号是“拥有 Comfort ，享受份舒适”
Sleep Inn SLEEP INN	Sleep Inn 是现代酒店业中较为创新的设计，它以其一贯的适中服务、中等的价位使整个酒店显出浓厚的艺术氛围，但又去除了任何修饰的东西。其宣传口号是“本身就是一流”

续表

品牌	主要特色
Rodeway Inn	Rodeway Inn 主要面向城市或大小城镇的高级旅游市场，提供中等价格的房间。其宣传口号是“温馨的家园”。其特色房间是“精品房间”
Quality Inns	Quality Inn 以中等价格向客人提供全面服务及设施，并以其盛情待客而闻名世界

九、首旅如家酒店集团

（一）集团简介

首旅如家酒店集团是由首旅酒店集团与如家酒店集团合并后成立的新集团。公司中文全称为北京首旅如家酒店（集团）股份有限公司，英文全称为 BTG HOMEINNS Hotels (Group) Co., Ltd.，合并后的首旅与如家实现了优势互补、资源整合，达成了产品全系列、信息全覆盖、会员全流通、价值全方位的整合效果，为首旅如家酒店集团的整体业务带来升级，加速以酒店为主的住宿产品的迭代更新。首旅如家酒店集团覆盖高端、中高端、商旅型、休闲度假、长租公寓、联盟酒店全系列的酒店业务。集团致力于通过专业和激情的工作，引领大众旅行住宿方式，满足客人多元的个性化需求。首旅如家酒店集团旗下拥有以住宿为核心的近 20 个品牌系列 40 个产品。截止到 2023 年 9 月底，首旅如家酒店集团在国内 600 余个城市运营 6000 余家酒店。

（二）主要品牌

首旅如家酒店集团主要品牌如表 12-11 所示。

表 12-11　首旅如家酒店集团主要品牌

品牌	主要特色
建国饭店	品牌定位：都市绿洲，自在建国。 建国饭店，是奉献给广大商务人士的精品商务酒店品牌，是繁华都市的宁静栖息地，是热爱生活和讲求生活品质客人的旅途居所

续表

品牌	主要特色
建国铂萃酒店	以独特的艺术美学打造出建国铂萃精品酒店旗舰品牌。酒店沿袭"建国饭店"的血统,以"萃依东方·领观世界"为设计理念,善用"古为今用·中西结合"设计手法。以独特的艺术美学契合都市人群的审美需求,从而营造灵秀气韵的现代城市生活氛围;撷取传统服务精华,甄选出优质的服务人员,为每位客人提供"萃享家"1对1专属管家服务
建国璞隐酒店	品牌定位:行走间,为自己留白。 宽敞的厅堂、温馨的大堂吧、绿色人文景观、现代化的会议设施、充分满足客人的个性化需求,为繁忙的商务人士提供细致周到的服务
首旅南苑	品牌定位:服务创造价值,品质铸就经典。 致力于打造中国优质民族酒店品牌,践行中国服务,引领品质生活
京伦饭店	品牌定位:京伦的微笑,首都的骄傲。 以"提供住房、会议产品"为核心,经营模式致力于目标客户群的核心需求,为客人提供便捷、舒适和物超所值的居住感受,"亲情"更是京伦的核心服务理念
柏丽艾尚酒店	品牌定位:尊享人生,爱上柏丽。 首旅旗下的柏丽艾尚酒店追求有格调、有魅力的生活方式,在设计上追求优雅与美学之间的平衡,达到了经典的欧陆设计风格与内敛的现代元素的理想结合,不仅散发着迷人的魅力,更彰显了传统与创新的和谐之美

续表

品牌	主要特色
和颐至尊酒店	品牌定位：全感官精致人文商旅体验。 和颐至尊酒店将东西方文化融合的艺术气息蕴含在酒店的设计中，满足品牌商旅人士的社交情感需求，将人文关怀融入产品和服务之中
如家精选	品牌定位：全感官创意商旅体验。 如家精选酒店是新型中端商旅型酒店品牌，除了一如既往的温馨如家的休憩环境，还为商务洽谈空间和公共休息区域提供更为专业化、人性化和社交化的服务元素
素柏・云酒店	品牌定位：寻初心显真我。 拥有情怀与故事的商旅连锁酒店品牌。素柏・云酒店是自然而然的那种动心，脱颖而出的它们并非因为张扬和夸张的宣扬，也不是因为奢华与高调的包装，而是本真地诉说着不同的情怀与故事
如家酒店连锁	品牌定位：舒适如家。 温馨舒适的商旅型连锁酒店品牌。如家是国内知名的商旅型连锁酒店品牌，自创建以来，始终满足大众多元化的住宿需求，引领未来趋势，为客人提供工作与旅途中温暖舒适的“家”
莫泰酒店	品牌定位：时尚如家。 时尚简约的商旅型连锁酒店品牌。莫泰酒店目前在全国100多个城市拥有近400家酒店，以设计时尚、设施完备、舒适方便为理念，焕发新颖的莫泰酒店高度契合了当代消费者个性化的住宿需求

续表

品牌	主要特色
云上四季	品牌定位：独特地域风情体验。 以品质商务铸造为己任，致力打造传承经典中国元素和体现滇域文化特色的连锁酒店。云上四季酒店主要位于云南省，在全国 10 多个城市拥有近 40 多家店，3000 多间客房

十、最佳西方酒店集团

（一）集团简介

1946 年，拥有 23 年管理经验的旅游业主古尔汀(GUERTIN)建立了最佳西方汽车旅馆。经过 70 多年的发展，最佳西方采取建立战略联盟的方式，把各个成员酒店联合起来，迅速成为世界知名的酒店品牌。最初的最佳西方只是一个由七家单体酒店组成的非正式组织，功能也仅限于酒店前台接待人员之间互相介绍住客。随着后期的发展，最佳西方在全球近 100 个国家和地区拥有成员酒店 4200 多家，总客房数超过 30 万间，是全球单一品牌下最大的酒店连锁集团，在美国、加拿大及欧洲具有广泛的影响。

（二）主要品牌

最佳西方实行的是单一的品牌战略，即集团所属的所有成员酒店均统一采用 Best Western 这一品牌。品牌阐释是 Best Western for a Better World，即“最佳西方是为了更加美好的世界”。

表 12-12 最佳西方酒店集团主要品牌

品牌	主要特色
最佳西方	Best Western 的酒店以温暖、干净及舒适的配套设施及环境迎接过往客人，为客人提供宁静怡人的住宿体验

（三）经营理念与管理特色

(1) 遍布全球的经营网点。

（2）最佳西方网站推出非英文预订网页，其中包含了8个语种服务：英语、法语、德语、意大利语、西班牙语、汉语、日语、韩语。

（3）灵活多样的服务项目。新近的服务项目主要包括：金王冠俱乐部和航空公司合伙、家庭欢乐计划、政府/军事旅游、55＋旅游者等。

（4）最佳西方是唯一一个只拥有成员而不拥有特许经营者的酒店品牌。

（5）最佳西方的质量改革：其中最大的改进是流程作业。改革的核心是质量保证功能与行业内经营支持功能相结合。

（6）北美是最佳西方的主要市场。

本章小结

1. 酒店集团是当今酒店业发展的主要趋势，发达国家酒店集团化率是我国酒店集团化率的三倍左右，中国酒店集团化率仍有很长一段时间的路要走。

2. 酒店集团有直接经营、委托管理、租赁经营、特许经营、联盟经营和第三方管理公司等模式，随着中国酒店管理专业队伍的成长，特许经营和第三方管理公司管理将是未来我国很重要的酒店经营模式。

3. 我国酒店集团化发展，目前面临着酒店集团化市场潜力巨大、知名酒店集团已经形成、消费者对酒店品牌认知意识逐步增强等优势，同时我国酒店集团化的发展也面临着体制创新不足、品牌影响力不强、新技术应用和融资能力欠缺等方面的劣势。应快速、多方位解决我国酒店集团化发展的痛点，促进酒店集团化率的提高。

4. 随着我国出境旅游市场的壮大，我国酒店集团跨国经营逐步增强，应在规避境外投资风险、树立中国特色、选择合适的目标市场、采取多种扩张经营模式方面进一步发力，促进我国酒店集团走出去。

思考与练习

华住酒店集团快速崛起的奥秘

Note

参考文献

References

[1] 姚李忠，齐新征. 饭店管理实务[M]. 合肥：合肥工业大学出版社，2005.

[2] 刘伟. 酒店管理[M]. 北京：中国人民大学出版社，2014.

[3] 丁林. 饭店管理原理与实务[M]. 北京：经济科学出版社，2004.

[4] 谷慧敏，宋潇潇，徐凯伦. 加强文旅深度融合，促进酒店业优质发展[J]. 旅游学刊，2018(12).

[5] 杨劲松. 酒店战略管理[M]. 北京：机械工业出版社，2013.

[6] 刘冀生. 企业战略管理——不确定性环境下的战略选择及实施[M]. 3 版. 北京：清华大学出版社，2015.

[7] 黄其新，陈伟军. 服务性企业战略管理[M]. 北京：北京大学出版社，2011.

[8] 李妍. 基于电子商务物流管理的七天连锁酒店核心竞争力培育[J]. 物流技术，2014(12).

[9] 夏董军. 酒店管理业核心竞争力研究[J]. 中国商贸，2009(95).

[10] 姜子月. 浅析高星级酒店核心竞争力的培育——以杭州滨江银泰喜来登大酒店为例[J]. 现代营销(下旬刊)，2019(1).

[11] 谢艳. 浅析提升酒店核心竞争力的路径[J]. 中国管理信息化，2018(24).

[12] 姜姿彤. 如何提高酒店企业的核心竞争力——以深圳万豪酒店为例[J]. 旅游纵览(下半月)，2018(2).

[13] 王佳，王娟. 知识经济时代酒店核心竞争力的构建[J]. 中国经贸导刊，2009(16).

[14] 李晓东. 企业核心竞争力的培育与误区分析[J]. 中国商贸，2010(26).

[15] 罗伯特 A. 伯格曼. 战略就是命运[M]. 高梓萍，彭文新，邹立尧，等，译. 北京：机械工业出版社，2004.

[16] 金占明. 战略管理——超竞争环境下的选择[M]. 3 版. 北京：清华大学出版社，2010.

[17] 芮明杰，李想. 差异化、成本领先和价值创新——企业竞争优势的一个经济学解释[J]. 财经问题研究，2007(1).

[18] 管益忻，胡迟. 企业战略：从蓝海奔向绿海[J]. 企业文明，2007(3).

[19] 丁开盛，张学渊. 协同竞争：企业竞争新战略[J]. 中外管理，1998(4).

[20] 刘慧贞，李芳菲.浅析提升饭店核心竞争力的途径——以威海海悦建国饭店为例[J].决策探索，2018(6).
[21] 王迎庆.关于股权结构与公司治理的探讨[J].中国集体经济，2018(26).
[22] 沈建龙.饭店管理概论[M].西安：西安交通大学出版社，2012.
[23] 蒋丁新.酒店管理概论[M].大连：东北财经大学出版社，2000.
[24] 陈艳.现代饭店管理[M].北京：对外经济贸易大学出版社，2013.
[25] 杨慧.饭店管理概论[M].成都：电子科技大学出版社，2009.
[26] 吕宛青.饭店管理概论[M].北京：中央广播电视大学出版社，2006.
[27] 王文慧.酒店营销新视野[M].北京：企业管理出版社，2010.
[28] 李伟清，贺学良，李菊霞.酒店市场营销管理与实务[M].上海：上海交通大学出版社，2010.
[29] 伍剑琴.酒店营销与策划[M].北京：中国轻工业出版社，2011.
[30] 李洁，李倩.饭店管理(理论·案例)[M].上海：上海交通大学出版社，2011.
[31] 王瑜.酒店公共关系[M].重庆：重庆大学出版社，2008.
[32] 刘晓琳.现代酒店公关与营销[M].济南：山东大学出版社，2003.
[33] 贺学良.饭店公关部的运行与管理[M].2版.北京：旅游教育出版社，2003.
[34] 张波.饭店管理概论[M].上海：上海财经大学出版社，2007.
[35] 后东升，樊丽丽.饭店市场营销[M].西安：西北大学出版社，2007.
[36] 修宪民，叶晓梅，李聪媛.饭店管理概论[M].昆明：云南教育出版社，2002.
[37] 胡宇橙，王文君.饭店市场营销管理[M].北京：中国旅游出版社，2005.
[38] 罗伟，程丛喜，朱飞.餐饮实务与管理[M].武汉：武汉大学出版社，2014.
[39] 唐秀丽.现代酒店管理概论[M].2版.重庆：重庆大学出版社，2018.
[40] 苏枫.酒店管理概论[M].2版.重庆：重庆大学出版社，2015.
[41] 李伟清.酒店运营管理[M].重庆：重庆大学出版社，2018.
[42] 尹杰.酒店管理必备全书[M].呼和浩特：远方出版社，2008.
[43] 罗伟，刘保丽.酒店前厅客房管理[M].武汉：华中科技大学出版社，2017.
[44] 谢雨萍，周江林.酒店管理概论[M].北京：中国财政经济出版社，2005.
[45] 尹华光，王永强.酒店管理概论[M].长沙：湖南大学出版社，2017.
[46] 伍剑琴.酒店营销与策划[M].2版.北京：中国轻工业出版社，2016.
[47] 邢以群.管理学[M].北京：高等教育出版社，2007.
[48] 邹益民，周亚庆.饭店管理——理论、方法与案例[M].北京：高等教育出版社，2004.
[49] 刘名俭，唐静.饭店管理[M].武汉：华中科技大学出版社，2009.
[50] 蒋丁新.饭店管理[M].2版.北京：高等教育出版社，2004.
[51] 马勇.饭店管理概论[M].北京：清华大学出版社，2006.
[52] 刘法建，张莹，吴润华.国外旅游业和酒店业网络口碑研究进展与启示[J].资源开发与市场，2018(10).
[53] 王海鹏.国际与本土酒店品牌经营管理比较研究[D].青岛：中国海洋大学，2011.

Note

[54] 徐乐蔚.探究我国酒店品牌核心竞争力的培养[J].中国商贸,2013(4).
[55] 顾秀玲.本土酒店品牌提升竞争力的途径研究[J].江南论坛,2012(6).
[56] 吴金林,高玲.酒店品牌建设与管理[M].北京:高等教育出版社,2016.
[57] 戴斌,等.饭店品牌建设[M].北京:旅游教育出版社,2005.
[58] 邹益民,黄浏英.品牌经营——21世纪中国饭店业的战略选择[J].南开管理评论,2000(6).
[59] 谷慧敏.世界著名饭店集团管理精要[M].沈阳:辽宁科学技术出版社,2001.
[60] 袁学娅.中外酒店管理比较——入世后我国酒店管理如何同国际接轨[M].沈阳:辽宁科学技术出版社,2002.
[61] 李玉新,马波.旅游业集团化经营的优势分析和实现模式的探讨[J].社会科学家,2003(1).
[62] 王大悟.确立中国饭店集团的品牌优势[J].旅游科学,2003(2).
[63] 陈明英.基于IPA的亚朵酒店品牌形象影响因素及提升对策研究[D].秦皇岛:燕山大学,2015.
[64] 卢泰宏,黄胜兵,罗纪宁.论品牌资产的定义[J].中山大学学报(社会科学版),2000(4).
[65] 陈雪钧.论饭店品牌资本构成与经营策略[J].江苏商论,2008(2).
[66] 游上,梁海燕.酒店管理概论[M].北京:高等教育出版社,2017.
[67] 魏卫.现代饭店经营管理[M].2版.广州:中山大学出版社,2009.
[68] 马桂顺.酒店财务管理[M].3版.北京:清华大学出版社,2015.
[69] 赵英林,李梦娟,周倩.酒店财务管理实务[M].3版.广州:广东经济出版社,2014.
[70] 荆新,王化成,刘俊彦.财务管理学[M].7版.北京:中国人民大学出版社,2015.
[71] 李沐纯,马素云.我国高星级酒店收益管理绩效影响因素的实证研究[J].旅游科学,2016(3).
[72] 李沐纯,马素云.我国酒店收益管理绩效影响机制研究——理论框架与研究命题[J].华南理工大学学报(社会科学版),2016(4).
[73] 李沐纯,马素云.酒店收益管理绩效及其影响机制研究综述与展望[J].旅游导刊,2017(4).
[74] 仇学琴,罗明义.饭店管理原理[M].天津:南开大学出版社,2013.
[75] 马继刚.酒店管理[M].北京:中国旅游出版社,2016.
[76] 郑向敏.酒店管理[M].北京:清华大学出版社,2005.
[77] 马勇,周娟.饭店投资策略与精细化建设管理[M].北京:中国旅游出版社,2008.
[78] 张丹宇,任敬,王艳红.旅游企业安全管理与从业人员安全意识培育的研究[J].经济问题探索,2013(2).
[79] 高玲,郑向敏.国外旅游安全研究综述[J].旅游论坛,2008(6).
[80] 刘丽梅,陈雪琼,魏晓宇.我国酒店业安全事故的分布特征及防范[J].厦门理工学院学报,2018(2).
[81] 李婷,李文皓.2006—2016年酒店安全事故特征变化研究[J].乐山师范学院学

报，2018(1).
[82] 巴顿.危机管理：一套无可取代的简易危机管理方案[M].许瀞予，译.北京：东方出版社，2009.
[83] 刘成军.我国饭店集团化发展战略研究[D].长春：东北师范大学，2007.
[84] 刘会杰.中国酒店企业跨国经营模式研究[D].郑州：河南大学，2016.
[85] 关菲菲.锦江酒店集团品牌管理探析[J].旅游纵览(下半月)，2014(24).
[86] 王丽，明庆忠.我国旅游饭店集团化的现状及发展战略构想[J].对外经贸，2013(1).
[87] 周敏慧.我国本土饭店集团化的发展之路[J].中外企业家，2016(4).
[88] 旷良兵.我国酒店海外扩张提速[J].现代物业(中旬刊)，2015(1).
[89] 李艳平.国际饭店集团在华扩张战略之比较——以洲际集团和香格里拉酒店集团为例[J].宜宾学院学报，2011(5).
[90] 林璧属.现代饭店管理概论[M].大连：东北财经大学出版社，2016.
[91] 郑向敏.现代饭店经营管理[M].北京：清华大学出版社，2007.
[92] 刘魏华.收益管理在酒店中的应用分析[J].财经界，2020(21).

Note

教学支持说明

普通高等学校"十四五"规划旅游管理类精品教材系华中科技大学出版社"十四五"规划重点教材。

为了改善教学效果，提高教材的使用效率，满足高校授课教师的教学需求，本套教材备有与纸质教材配套的教学课件和拓展资源。

为保证本教学课件及相关教学资料仅为教材使用者所得，我们将向使用本套教材的高校授课教师免费赠送教学课件或者相关教学资料，烦请授课教师通过电话、邮件或加入旅游专家俱乐部 QQ 群等方式与我们联系，获取"电子资源申请表"文档并认真准确填写后发给我们，我们的联系方式如下：

地址：湖北省武汉市东湖新技术开发区华工科技园华工园六路

邮编：430223

电话：027-81321911

E-mail：lyzjjlb@163.com

旅游专家俱乐部 QQ 群号：758712998

旅游专家俱乐部 QQ 群二维码：

群名称:旅游专家俱乐部5群

群　号:758712998

華中科技大學出版社
http://press.hust.edu.cn

电子资源申请表

填表时间：________年____月____日

1. 以下内容请教师按实际情况写，★为必填项。
2. 相关内容可以酌情调整提交。

<table>
<tr><td rowspan="2">★姓名</td><td rowspan="2"></td><td rowspan="2">★性别</td><td rowspan="2">□男 □女</td><td rowspan="2">出生年月</td><td rowspan="2"></td><td>★ 职务</td><td></td></tr>
<tr><td>★ 职称</td><td>□教授 □副教授
□讲师 □助教</td></tr>
<tr><td>★学校</td><td colspan="3"></td><td>★院/系</td><td colspan="3"></td></tr>
<tr><td>★教研室</td><td colspan="3"></td><td>★专业</td><td colspan="2"></td><td></td></tr>
<tr><td>★办公电话</td><td colspan="2"></td><td>家庭电话</td><td colspan="2"></td><td>★移动电话</td><td></td></tr>
<tr><td>★E-mail
（请填写清晰）</td><td colspan="5"></td><td>★QQ 号/微信号</td><td></td></tr>
<tr><td>★联系地址</td><td colspan="5"></td><td>★邮编</td><td></td></tr>
<tr><td colspan="3">★现在主授课程情况</td><td>学生人数</td><td colspan="2">教材所属出版社</td><td colspan="2">教材满意度</td></tr>
<tr><td>课程一</td><td colspan="2"></td><td></td><td colspan="2"></td><td colspan="2">□满意 □一般 □不满意</td></tr>
<tr><td>课程二</td><td colspan="2"></td><td></td><td colspan="2"></td><td colspan="2">□满意 □一般 □不满意</td></tr>
<tr><td>课程三</td><td colspan="2"></td><td></td><td colspan="2"></td><td colspan="2">□满意 □一般 □不满意</td></tr>
<tr><td>其　他</td><td colspan="2"></td><td></td><td colspan="2"></td><td colspan="2">□满意 □一般 □不满意</td></tr>
<tr><td colspan="8">教 材 出 版 信 息</td></tr>
<tr><td>方向一</td><td colspan="2"></td><td colspan="5">□准备写 □写作中 □已成稿 □已出版待修订 □有讲义</td></tr>
<tr><td>方向二</td><td colspan="2"></td><td colspan="5">□准备写 □写作中 □已成稿 □已出版待修订 □有讲义</td></tr>
<tr><td>方向三</td><td colspan="2"></td><td colspan="5">□准备写 □写作中 □已成稿 □已出版待修订 □有讲义</td></tr>
</table>

请教师认真填写表格下列内容，提供索取课件配套教材的相关信息，我社根据每位教师填表信息的完整性、授课情况与索取课件的相关性，以及教材使用的情况赠送教材的配套课件及相关教学资源。

ISBN（书号）	书名	作者	索取课件简要说明	学生人数（如选作教材）
			□教学 □参考	
			□教学 □参考	

★您对与课件配套的纸质教材的意见和建议，希望提供哪些配套教学资源：